南京大学中华民国史研究中心
宋美龄与近代中国研究系列
主编 张宪文等

吾心吾力

政治视阈中宋美龄的思想历程

张立杰 著

人民东方出版传媒
東方出版社

图书在版编目（CIP）数据

政治视阈中宋美龄的思想历程 / 张立杰著；张宪文主编 .
— 北京：东方出版社，2018.10
（“宋美龄与近代中国”研究系列丛书）
ISBN 978-7-5060-9500-6

Ⅰ . ①政…　Ⅱ . ①张…　②张…　Ⅲ . ①宋美龄（1899-2003）—人物研究
Ⅳ . ① K827=7

中国版本图书馆 CIP 数据核字（2017）第 031417 号

政治视阈中宋美龄的思想历程
（ZHENGZHI SHIYU ZHONG SONGMEILING DE SIXIANG LICHENG）

作　　者：张立杰
主　　编：张宪文
责任编辑：梁　欣
出　　版：东方出版社
发　　行：人民东方出版传媒有限公司
地　　址：北京市东城区东四十条 113 号
邮　　编：100007
印　　刷：北京汇林印务有限公司
版　　次：2018 年 10 月第 1 版
印　　次：2018 年 10 月北京第 1 次印刷
开　　本：640 毫米 ×950 毫米　1/16
印　　张：28.75
字　　数：455 千字
书　　号：ISBN 978-7-5060-9500-6
定　　价：68.00 元
发行电话：（010）85924663　85924644　85924641

总　　序

20 世纪末至 21 世纪初，随着历史档案的不断开放，史学界对民国历史人物的研究，开始较多地关注蒋介石与宋耀如家族，对宋子文、宋庆龄发表和出版了较为丰富的研究成果。然而，学界对另一位宋氏家族的重要成员宋美龄却问津甚少。坊间虽然出版了关于她的一些著作、画册等，但是如何审视过去对她的一些误判并给予恰当的历史定位，无疑是历史学界应尽的责任。

2009 年 1 月，我与南京大学三位教授飞赴台北，在邱进益博士的引荐下，与“妇联会”辜严倬云女士相会，商讨合作研究宋美龄事宜。双方相谈甚为融洽，确认了积极开展宋美龄研究的学术计划。时间已经过去多年，《宋美龄与近代中国》研究丛书九卷、《宋美龄文集》五卷，均已顺利完成撰著和编纂工作。其中《宋美龄、严倬云与中华妇女》于 2012 年由台北黎明文化事业股份有限公司出版，《宋美龄文集》（五卷、繁体版）于 2015 年由台北苍璧出版有限公司出版。这是海峡两岸学术合作和宋美龄学术研究的大事，值得祝贺。

宋美龄是近现代中国历史上杰出的女性、著名的女政治家、中国妇女运动的推动者和指导者。2003 年 10 月 24 日（北京时间）逝世于美国纽约。时任全国政协主席的贾庆林于当日发去唁电，表示哀悼，并对这位成功跨越三个世纪的政治家给予了高度评价。

宋美龄祖籍海南文昌，出生于上海。幼时跟随家人赴美国读书，后转入韦斯理学院深造。受家族影响，笃信基督教，是一位虔诚的基督教信徒。

1917 年，宋美龄学成归国。作为一名深受西方文化熏陶的中国女青年，她进一步融合了中国的传统观念和伦理道德，成为中西文化交融的典范，彰显了中国现代女性的特质和风度。

1927 年，宋美龄与蒋介石成婚。之后走上政治舞台，与蒋介石东奔西走，逐步展现其政治才华。作为一名重要的民国政治人物，凭借第一夫人的特殊身份，宋美龄亲历了中国近现代各个时期的重大历史事件，并作出了她的历史贡献。

宋美龄较早地献身于中国的妇女运动，领导创办国民革命军遗族学校，安抚遗孤，培养教育为国捐躯壮士的后代。即使蒋介石在解放战争中兵败退台后，宋美龄仍对引导妇女服务军界、筹建军眷住宅、推动社会福利事业、扶助难童和残障人士等事业表现了特别的关切。

早在 19 世纪后期，中国开始了现代化的历程。辛亥革命的成功，标志着中国由传统社会走向现代国家的道路。然而革命后的社会改造却是更为复杂和长期的过程。20 世纪 30 年代，蒋介石掀起了新生活运动，尝试改良社会风气、移风易俗、改变不良习惯、规范国民生活，虽然这一运动并未取得明显效果，但宋美龄奔走呼号，成为此项运动的重要推动者。

1936 年发生的西安事变，是中国国共两党走上团结抗日的重要转折点。宋美龄亲赴西安，力劝蒋介石转变态度，为事变的和平解决发挥了特殊的作用。

宋美龄一生最光辉的政治亮点是在抗日战争时期。她不仅亲赴前线、引导妇女投入战地救护工作、着力建设中国空军、陪同蒋介石出访印度、拓展中国在南亚的影响，而且还远赴美国，争取美援。其在美国国会的演说，震动了美国政坛，展现了她的外交风范和智慧。抗日战争后期陪同蒋介石出席具有重要历史意义的开罗会议，更加显示了中国女政治家的才能。

晚年，宋美龄逐步脱离台湾政坛，赴美久居，放手让蒋经国治理台湾。终宋美龄一生，其政治生涯既辉煌，又曲折。她为推动中华民族的复兴事业，奉献了智慧和力量，是一位值得浓笔重写的杰出女性。

南京大学中华民国史研究中心组织多位历史学教授，依据大量原始史料，撰著的这套宋美龄研究丛书，有《我将再起：宋美龄的后半生》《家国春秋：宋美龄与宋孔家族》《历史关口：宋美龄与西安事变》《东方魅力：宋美龄与战时中国外交》《新民新风：宋美龄与近代中国社会改造》《陪都岁月：重庆时期的宋美龄研究》《美丽哀愁：宋美龄年谱》《吾心吾力：政治视阈中宋美龄的思想历程》。这些著作的撰写，作者虽然努力做到尊重历史事实，给宋美龄以客观的、实事求是的评述，但毕竟受学术水平和掌握史料所限，因此，著作中疏漏及不当之处，尚请各方人士给予指正。

南京大学荣誉资深教授　张宪文

前　言

全世界范围内的政治家能以如此高寿见证历史的人并不多。当宋美龄以一百零四岁高龄去世时，她被视为一个时代的结束，随之而来，对她个人的关注从各种因好奇引发的传闻戏说，开始渐渐转向理性的研究和评说，她作为“中国现代史上重要的女政治家”① 的地位受到肯定。

但政治家的类型可分多种，如从政治学的角度来看，对政治人物可以依职能划分为三种类型，即政治领袖、政治活动家和政治理论家。②

所谓政治领袖，是指“执政的或在野的政治系统或组织中负责全面或某一重要方面的首脑和关键人物。他掌握着系统或组织赋予的较为固定的重要权力，担负着重要的政治任务，扮演着重要的政治角色。他主要利用巨大的政治权力和组织的力量及个人威望来推动社会政治的运动，维系所属的政治系统或组织的完整，并完成和实现社会赋予他的一定政治使命和个人的政治抱负”③。

所谓政治活动家，“包括政治宣传鼓动家和某些活动成效突出的政客。政治活动家以他们长期不懈的政治热情、政治活动和突出的活动成效与功绩而受到世人瞩目。他们并非是政治系统的首

---

① 张宪文、李峻著：《宋美龄：中国现代史上重要的女政治家》，《钟山风雨》2003 年第 6 期，第 4 页。

② 参见王科编著：《政治心理学》，四川人民出版社 1988 年版，第 162 页。

③ 王科编著：《政治心理学》，第 163 页。

脑，也不一定拥有巨大的或稳固的政治权力。他们往往是凭借个人政治信念、才能、经验、威望和坚持不懈地奔走游说与组织各种政治活动来实现政治系统、政治组织的某些政治目的、雄伟韬略的”①。

所谓政治思想家，“则主要以他们在政治理论、思想学说上的建树和突出贡献服务于社会和政治系统，并以此奠定他们在政治和历史领域中的地位。这些人的思想和理论往往成为一定政治系统活动的依据和准则，或者能精辟地阐明复杂的政治过程，或者能极大地开拓社会政治领域的视野和较准确地预测政治的未来”②。

根据三种政治家类型的定义，宋美龄显然属于政治活动家的类型。首先，无论是在大陆时期还是在台湾时期，宋美龄都不是政治领袖，在中国近现代史上，她虽然扮演过重要的政治角色，但没有固定的重要权力，也称不上在政治系统或组织中负责全面或某一重要方面的首脑和关键人物。其次，她也不是政治思想家，因为她没有什么系统的政治思想和政治理论贡献服务于社会和政治系统。所以，宋美龄只能归属于政治活动家的类型，她擅长演讲和鼓动，并在“新生活运动”、中国空军组建、和平解决西安事变、1943 年访美争取外援活动、坚持“一个中国”立场等事件中表现突出，她的政治生涯一直在为她所归属的政治系统的某些政治目的而奔走游说，充分体现了她作为政治活动家的职责。

由于宋美龄不是政治领袖或政治理论家，所以，在选取她的思想作为研究对象时，必须谨慎地对她的思想进行定位。宋美龄在一生的政治活动中，的确不乏真知灼见，但显然不能形成系统或体系，不能担当创立某种政治思想或政治学说的大任，所以，为了避免出现对她的思想地位拔高而脱离实际的弊端，本书在对其思想进行定位时，采用了这样的标题——“政治视阈中宋美龄的思想历程”，以表明本书重在从政治视角来研究其一生从事政治活动的思想变化的历程，而非为她的政治思想树碑立传。

---

① 王科编著：《政治心理学》，第 163 页。

② 王科编著：《政治心理学》，第 163—164 页。

目　　录

第一章　影响宋美龄政治社会化过程的因素

宋美龄成为政治活动家并非偶然，而是在一个系统的政治社会化过程后的必然结果。所以，在正式展开宋美龄政治活动的思想历程研究之前，有必要先探讨她的政治社会化过程，这可以说是她能够在其政治生涯中有显著表现的前期积累和储备过程。

所谓政治社会化，是指一个人的政治观点体系的形成过程。一个人的政治观点体系包括政治观念、政治态度、政治立场、政治信仰和相应的政治心理面貌等。① 一个人在成长历程中，伴随着社会化的过程——社会通过各种途径和方式对他施加影响和控制，使他逐渐形成了一定的政治观点体系，从而生成政治社会化的过程。了解宋美龄的政治社会化过程，有助于深入了解她选择从事政治活动的缘起和动机，把握其政治观念形成的线索，并更好地理解她后来的政治行为。

政治社会化的过程一般可分为学前期、学校期、调适期和再社会化期四个阶段。②

第一节　学前期接受的思想培育

学前期是一个人政治社会化的初始阶段，这一时期的主要影响通常来自家庭，主要来自父母。父母的言谈举止、态度和教育

---

① 参见王科编著：《政治心理学》，第243页。

② 参见王科编著：《政治心理学》，第246页。

对这时期的儿童政治社会化产生重要的影响，所以，学前期社会政治意识的教育程度视家庭环境而定。学前期儿童的政治认识是十分肤浅的、朦胧的、形象化的、不稳定的，其对儿童未来的影响大小（或关系）要视学校期的教育和环境而定。如果学校教育能与学前期的教育相吻合，则会深化学前期政治社会化的效果。①

宋美龄所处的家庭环境有两个主要的特点：其一宗教性，其二政治性。也就是说，在宗教和政治的氛围中，宋美龄开始了她最初的政治社会化过程。

宋家是个宗教家庭，处处表现出对宗教信仰的虔诚。宋美龄的父亲和母亲都是虔诚的基督教徒，父亲宋耀如（又称宋嘉树或宋查理）在美国接受了基督教的洗礼，是美国卫理公会的虔诚信徒，在经过系统的学习和培训后，他被派回故土传教。回国后，他曾在上海附近从事传教和在教会学校教书的工作，成为一名中国的本土传教士。卫理公会的信条就是强调注重下层社会和主张社会改良，这为回国后的宋耀如所身体力行。虽然不久后宋耀如因生活所迫离开了教会，但他依然坚持向社会传播“福音”。宋耀如还在教堂里担当主日学校的校长，即使在他不任教职以后，仍然是教堂里的台柱。宋耀如对基督教的虔诚信仰和卓越的理教能力，使他在宗教界的社会地位不但没有因为他离开教职而下降，反而在不断升高。② 在当地的基督教社会小圈子里，宋耀如甚至被视为领导人物，由此可见他的影响和地位。

宋耀如

宋美龄的母亲倪桂珍，是明代杰出的科学家、中国最早的天主教徒之一徐光启的后裔。徐光启是最早接受西方传

① 参见王科编著：《政治心理学》，第 246—247 页。

② 参见［美］埃米莉·哈恩著：《宋氏家族——父女·婚姻·家庭》，李豫生、靳建国、王秋海译，新华出版社 1985 年版，第 33—34 页。

教士并皈依天主教的中国人之一，徐光启的女儿嫁到了同样信奉天主教的倪家，倪家直到宋美龄的外祖父倪韫山一代才改信基督教①，宋美龄的母亲倪桂珍就成为一位虔诚的基督教徒。②“外祖母和母亲孩提时即成为施以洗礼的新教徒，并且虔诚地信守十戒。”③在宋美龄童年的记忆中，就已经烙上了母亲的生活“与上帝非常接近”④的印记。母亲长久、静默的祈祷是宋家雷打不动的一道风景，更成为宋美龄记忆中关于幼年生活最深刻的印记，“她常常自闭于三楼的一间屋子里，举行祈祷，祈祷的时间很长，有时天没有亮就开始了”⑤。倪桂珍不仅笃信祈祷的效应，还虔诚于个人行善的永恒价值，并把行善发展成社会性的服务。她非常热衷于基督教女青年会的活动和社会慈善工作⑥，以至于她在人们的记忆中留下的印象是“她总是出门向穷人施舍财物”⑦，大家认为她是世界上最好的女人。

倪桂珍

宋家的子女获得父母在宗教信仰方面的言传身教。他们必须在规定的时间作家庭祈祷，还要定期到教堂参加礼拜式。而系统的宗教训练对人的一生都将产生深刻影响，对于这一点，宋美龄日后有过深刻的总结：“今天想起来，这种常上教堂的习

---

① 参见林荫庭著：《寻找世纪宋美龄：一个纪录片工作者的旅程》，台北天下远见出版股份有限公司 2004 年版，第 22 页。

② 参见林荫庭著：《寻找世纪宋美龄：一个纪录片工作者的旅程》，第 22 页。

③ [美] 埃米莉·哈恩著：《宋氏家族——父女·婚姻·家庭》，第 24 页。

④ 《我的宗教观》，载《蒋夫人言论集》(上集)，台北“中华妇女反共联合会”1977 年版，第 2 页。

⑤ 《我的宗教观》，载《蒋夫人言论集》(上集)，第 2 页。

⑥ 参见林荫庭著：《寻找世纪宋美龄：一个纪录片工作者的旅程》，第 23 页。宋美龄在给艾玛的信中提到，她的母亲开办了一所“街道学校”，只收走读的女孩子。参见《宋美龄写给艾玛的信》(1918 年 3 月 6 日)，载《宋美龄文集》(未刊稿)，南京大学中华民国史研究中心藏。

⑦ [美] 埃米莉·哈恩著：《宋氏家族——父女·婚姻·家庭》，第 28 页。

惯，养成了我做事的恒心，这真是深可感谢的训练。”①

同时，宋家又是个有政治信念的家庭。宋耀如回国后，对国家积贫积弱的状态产生了强烈的改造愿望，这种愿望也在潜移默化之中影响着他身边的人，特别是在家庭教育中，他把这份信念传递给自己的子女。

宋耀如刚刚回国时，他幻想着能通过传播福音的方式来拯救中国，然而，他的这种幻想很快就破灭了，不仅是因为他无法忍受专横的教会上司林乐知博士的处处为难，更主要的是他意识到中国的情况绝非单纯地通过传教能解决的，中国要想摆脱西方列强的压迫，必须先增强自身的实力。所以，他尝试走实业救国的道路，把注意力转向了中国亟须发展的工业方面。就在这时，他与孙中山结识，并为他的革命主张和行动所吸引。此后，宋耀如就发誓效忠于革命事业，革命救国成为他后半生的执着追求。他很快成为孙中山革命活动的支持者、组织者和书记，而且为这位将要流亡多年的革命家的秘密活动作掩护，并甘愿以自己的生命和家庭利益去为革命事业冒风险。② 孙中山成为宋家的常客，宋家的孩子们也很快就把孙中山视为他们家庭的一员。③

宋耀如对孙中山革命活动的多年支持使他的家庭成员也被带动起来。倪桂珍由初时的不知情到接受事实并坚定地支持丈夫的革命事业，付出了很多艰辛。当宋耀如为革命日夜工作时，她除了料理家务，还要设法量入为出，将省吃俭用节余下来的钱，捐赠给革命事业。④ 作为革命者的后代，宋美龄和其他宋家子女一样，接受了父亲关于革命、爱国、改造中国等信念的教诲，并为之吸引。⑤ 在宋美龄很小的时候，她就在父亲的带领下与姐姐和哥

---

① 《我的宗教观》，载王亚权总编纂：《蒋夫人言论集》（上集），第 2 页。

② 参见［美］埃米莉·哈恩著：《宋氏家族——父女·婚姻·家庭》，第 26—27 页。

③ 参见［美］泽勒著：《神秘顾问端纳在中国》，林本椿、陈普译，译林出版社 2001 年版，第 78 页。

④ 参见［美］埃米莉·哈恩著：《宋氏家族——父女·婚姻·家庭》，第 25、76 页。

⑤ 参见［美］埃米莉·哈恩著：《宋氏家族——父女·婚姻·家庭》，第 27 页。

哥一起参加过各种有意义的政治集会，如 1904 年 4 月上海张园的拒俄大会，抗议沙俄霸占我国东北、声援留日学生的拒俄运动；1905 年抗议美国政府迫害华工的运动，并以实际行动抵制美货。[①] 宋耀如对公众事务的关心、对革命事业的倾注、改造中国社会的理想，也都无形地影响着他的子女们，他始终鼓励他们要为改造中国社会做好准备。[②]

宋耀如的理想和信念在对子女的教育中发挥了重要的作用，宋家的子女后来在政治和社会工作中都充当了重要角色。虽然宋美龄当时年龄尚小，但父亲和兄姐们所从事的活动无形之中在她幼小的心灵中打开了一个广阔天地，对她长大成人后始终关注国家命运、积极投身社会服务工作的心理养成产生了不可磨灭的影响力。

对中西文化兼容并包的文化背景，使宋家的家庭关系自然而然地洋溢着快乐平等的气氛。虔诚的宗教信仰使倪桂珍有别于中国传统的家庭妇女，她具有一种积极向上的观念。[③] 虽然宋家的日子在宋耀如从事实业后一天比一天好过，但仍不是十分富裕，即便如此，倪桂珍还是能让全家人都生活得快活和舒适，在最困难的日子里，她也始终保持这样。[④] 宋耀如和倪桂珍有一项共同的爱好，就是音乐。倪桂珍的钢琴弹得很好，宋耀如则喜欢唱歌，他天生有一副好嗓子，而宋家小辈一个个对西方音乐比对中国曲调更加熟悉，特别是大姐宋蔼龄，经常和父亲一起唱二重唱，整个家庭洋溢着欢乐气氛。[⑤] 宋家的孩子们后来在回忆中写道："母亲单独教我们阅读和演奏音乐，我们一起吃了无数的苦，但她心平气和地忍受了这一切。那时，人们刚刚开始认真对待女孩子的教育问题，但母亲却早已打定主意，她所有的女儿都应该到外国去

---

① 参见杨树标、杨菁著：《宋美龄传》，浙江大学出版社 2010 年版，第 18—19 页。

② 参见林荫庭著：《寻找世纪宋美龄：一个纪录片工作者的旅程》，第 25 页。

③ 参见林荫庭著：《寻找世纪宋美龄：一个纪录片工作者的旅程》，第 23 页。

④ 参见［美］埃米莉·哈恩著：《宋氏家族——父女·婚姻·家庭》，第 25 页。

⑤ 参见［美］埃米莉·哈恩著：《宋氏家族——父女·婚姻·家庭》，第 33 页；［美］汉娜·帕库拉著：《宋美龄新传——风华绝代一夫人》，林添贵译，台北远流出版事业股份有限公司 2011 年版，第 14 页。

学习……”[①]

因受过良好的教育，倪桂珍本人不受旧礼教的束缚，没有缠足，她还主张男女平等[②]，这使她的女儿们受益匪浅。在宋家，特别是在教育的问题上，不存在性别差异，他们把教育孩子视为最重要的事情来对待。总的看来，倪桂珍对子女们要求很严格，她尤其注重培养孩子们坚韧、刻苦的精神，这并不影响这个家庭里的快乐和平等关系。除了父亲声情并茂地用中英文混合的方式给他们讲故事，向他们传输科学道理与民主、革命的思想以外[③]，父母亲还决定早早地就送他们去上学（这也是宋家的孩子们都能很早地完成学业的主要原因），而且像对待男孩那样对待女孩，宋家的女儿们是当时中国最早被送到国外读书的女孩。[④] 比较平等的家庭关系对于潜在的平等和参与性价值观的社会化是能发挥一定作用的。学者研究发现，积极参与家庭和学校政策的青年人，很可能到成年时在政治上也表现得非常积极。[⑤]

宋家很注意鼓励孩子们表现和表达自己。倪桂珍曾经希望女儿们能像其他中国姑娘一样学习女红，并请来专门的师傅教她们，但女孩们一点儿都不领情，反而以自己的方式嘲弄了那位师傅。她们当然遭到了母亲严厉的斥责，但这种表达方式却得到了父亲宋耀如的理解，他喜欢看到孩子们独立自主、直言不讳，所以委婉地劝告妻子让孩子们保护好眼力以便更好地用于阅读学习，因为母亲自己也不喜欢针线活，她更喜欢阅读和学习，结果女孩们的表达得到了最好的结果。[⑥] 宋耀如传给子女们“胆大者事竟成”的性格，他经常把自己的冒险经历编成故事讲给子女们，把“不计毁誉，务必占先”确立为家训。宋家还有一份家庭儿童报，由孩子们自己写

---

① ［美］埃米莉·哈恩著：《宋氏家族——父女·婚姻·家庭》，第50页。

② 参见林荫庭著：《寻找世纪宋美龄：一个纪录片工作者的旅程》，第23页。

③ 参见杨树标、杨菁著：《宋美龄传》，第17页。

④ 参见［美］汉娜·帕库拉著：《宋美龄新传——风华绝代一夫人》，第29页。

⑤ 参见蒋云根著：《政治人的心理世界》，学林出版社2002年版，第23页。

⑥ 参见［美］埃米莉·哈恩著：《宋氏家族——父女·婚姻·家庭》，第32—33页。

稿，父亲负责印刷；宋家还经常举行家庭演讲会，由孩子们自己上台演讲[①]，而且鼓励他们使用英文表达。[②] 这些活动可以使宋家的孩子们英文水平得到很快提高，并使他们从中发现乐趣，进而形成了敢于表达的自信，特别是宋家的前四个孩子，日后在这方面都表现出了卓尔不群的能力优势。这些活动也都有助于锻炼宋家子女对社会的观察能力和分析能力，从而深化了他们政治社会化的过程。

宋家还是个勇于开创新风气的家庭。转入实业后，宋耀如成为上海较早代办外国机器的商人，他希望通过机械化来改造劳动条件，从而使那些可怜的中国劳工处境好一些。不仅如此，宋耀如还自己学习安装设备，并在厂里工作。[③] 宋耀如在生意上取得成功后，他在虹口买下了一块面积不小的地皮，并“胆大妄为”地在这荒郊野外亲自设计修建了一幢有特色的住宅，令时人钦佩不已，并纷纷效仿。[④] 更令人瞩目的是，宋耀如的行事方式与当时上海弥漫着的懒散、堕落、虚伪、冷漠、精于世故的氛围格格不入。然而，当他真诚地、毫不掩饰地表现自己的与众不同，并孤独地奋力前行时，与他同时代的人开始时害怕，然后观望，最后也跟着他学起来。[⑤] 正是这样，宋耀如以他自己的方式赢得了世人的尊敬。宋家的子女自然也从父亲身上学到了那种敢为人先、锐意创新的精神。正如宋美龄自己所说：“当我的双亲在我幼时送我留学美国，而不把该项费用储蓄起来作

宋家在虹口所建别墅外貌

① 参见林荫庭著：《寻找世纪宋美龄：一个纪录片工作者的旅程》，第25页。
② 参见杨树标、杨菁著：《宋美龄传》，第17页。
③ 参见［美］埃米莉·哈恩著：《宋氏家族——父女·婚姻·家庭》，第26页。
④ 参见［美］埃米莉·哈恩著：《宋氏家族——父女·婚姻·家庭》，第30页。
⑤ 参见［美］埃米莉·哈恩著：《宋氏家族——父女·婚姻·家庭》，第30页。

日后丰盛的妆奁时，他们似乎是破坏了一切传统的做法。对所有中国少女而言，这件事不仅被认为是一种至善，又且是好父母的一项责任，也是最智慧的一种做法。我的双亲把我送到美国去求学，他们亦是实现一种远见，受过新教育的女子将如何对日益壮大的新中国有所贡献，我的母亲尤能代表一种内在的求知识求真理的强烈愿望，这个可以从她终生学习宗教、语言及数学的一事上看出来。"① 还有什么能比把"远见"和追求真理的强烈愿望送给自己的孩子更有价值呢！

宋美龄学前期在家庭中接受的思想培育为她的政治社会化奠定了坚实基础，是她日后顺其自然地参与社会公共服务和国家事务的先期心理准备。

第二节 学校期获得的思想塑造

学校期的政治社会化过程是最为重要的时期。"这不仅是因为学校期给予个体最长久、连贯、稳定的系统教育和学校环境的集体影响，还因为这一时期正是个体处于生理发展、个性发展和认识发展极为迅速，可塑性极强，对外界事物也极为敏感的青少年时期。这两个原因的结合，就决定了学校期是人们形成世界观的关键时期。"②

一、学校教育的影响

虔诚的宗教信仰使宋家对教会学校有一种格外的亲切感和信任感。宋美龄也同两位姐姐一样，最初被送到卫理公会在上海专门为女孩创办的马克谛耶女校，即当时在上海非常有名的中西女塾，在那里接受启蒙教育。这所学校重视宗教课程的学习，还很重视传授女孩们美国的生活方式和社交礼仪，教学完全采用英语，

① 《善意的幼芽》，载《蒋夫人言论汇编》编辑委员会编辑：《蒋夫人言论汇编》（卷三），台北正中书局 1956 年版，第 74 页。

② 王科编著：《政治心理学》，第 247—248 页。

所有教材都是由美国人撰写的英文课本，这种环境下无疑可以培养女孩们一种美国式的作风。① 但是宋美龄在这里没多久，就因为受到惊吓而被接回家中，开始由家庭教师教她。②

1907 年夏天，在宋美龄主动要求下，父母同意她与二姐宋庆龄一起到美国求学。此后十年，宋美龄在美国完成了她的学校教育，而这十年，正是她学校期政治社会化过程的重要阶段。幸运的是，宋美龄在家庭中所接受的教育和影响与这一阶段的学校期的教育和影响在总体上是基本吻合的，这使她原有的某些观念得以进一步延伸发展。

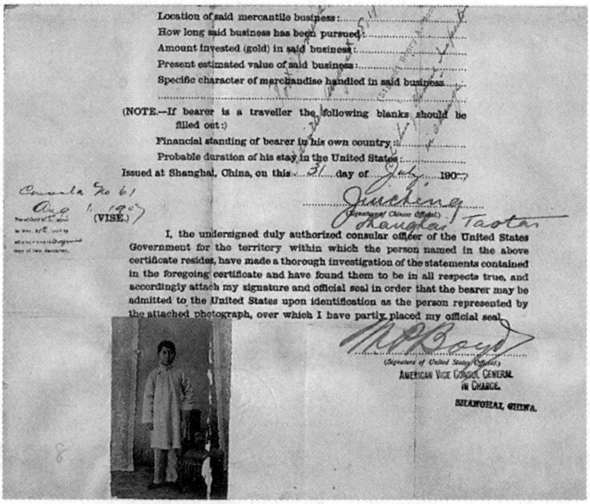

Location of said mercantile business:

How long said business has been pursued:

Amount invested (gold) in said business:

Present estimated value of said business:

Specific character of merchandise handled in said business

(NOTE.—If bearer is a traveller the following blanks should be filled out:)

Financial standing of bearer in his own country:

Probable duration of his stay in the United States:

Issued at Shanghai, China, on this 31 day of July 1907

(VISE.)

(Signature of Chinese Official.)

I, the undersigned duly authorized consular officer of the United States Government for the territory within which the person named in the above certificate resides, have made a thorough investigation of the statements contained in the foregoing certificate and have found them to be in all respects true, and accordingly attach my signature and official seal in order that the bearer may be admitted to the United States upon identification as the person represented by the attached photograph, over which I have partly placed my official seal.

(Signature of United States Official.)

AMERICAN VICE CONSUL GENERAL IN CHARGE.

SHANGHAI, CHINA.

1907 年，宋美龄随宋庆龄去美国留学时的英文护照文件（局部）

初到美国，她们在新泽西州桑密特（Summit）一所寄宿学校上了一年学。③ 1908 年夏天，宋美龄与宋庆龄来到美国南部佐治亚州梅肯市的卫斯理安女子学院（Wesleyan Female College）④ 学习，这所学校创立于 1836 年，是由美国卫理公会创办的世界上历史最

① 参见林荫庭著：《寻找世纪宋美龄：一个纪录片工作者的旅程》，第 25—26 页。

② 参见［美］埃米莉·哈恩著：《宋氏家族——父女·婚姻·家庭》，第 46 页。

③ 参见［美］汉娜·帕库拉著：《宋美龄新传——风华绝代一夫人》，第 21 页。

④ 该学院在 1917 年更名为卫斯理学院，即 Wesleyan College。参见 History of the College，http：//www. wesleyancollege. edu/About/HistoryoftheCollege/tabid/134/Default. aspx。

悠久的女子学院，以“世界第一所获准向女性授予学位的学校”为傲。① 卫理公会本来就以注重下层社会和主张社会改良而闻名，可能正是出于这些原因，她们的父母认定这里最适合她们姐妹们学习。初时，宋美龄因为还不到上大学年龄，与另外两个年龄小的美国女孩组成了一个非正式的班级。

卫斯理安女子学院的校徽

在 1910 年暑假以后，她留在德马雷斯特的皮德蒙特（Piedmont）学校上学，在那里的九个月中，她不但享受了田园般的美景，还体验了美国下层民众朴实的民风，而在学识方面她取得的最大收获是她在英文学习方面取得了重大进步。“我开始进入句子语法分析的迷宫，因为我在美国仅呆［待］了两年②，我的英语知识充其量还很肤浅。我在措词用句方面犯了许多可笑的小错误，这使我的语法老师感到迷惑不解。为帮我纠正，她教我试着对它们进行语法分析，她的努力肯定是卓有成效的……我可以肯定地说，这几学期为纠正不连续的短语和分裂的不定式所进行的刻苦练习，使我在英文语法和修饰方面有了排难解疑的能力，那时的苦练也许与以后我在此种能力上的训练效果相同。”③

1910 年的宋美龄

英语能力的提高是宋美龄融入美国社会的一块敲门砖，她在美国所过的生活远比两位姐姐惬意，而其中的原因不外乎她年纪

① 参见 History of the College，http：//www. wesleyancollege. edu/About/HistoryoftheCollege/tabid/134/Default. aspx。

② 上海领事馆的签证日期是 1907 年 7 月 31 日，可见宋美龄出国应是在 1907 年的事。但在埃米莉·哈恩的书中的确写的是“在美国仅呆了两年”。笔者以为或是宋美龄本人在写信时记错了时间，应是到美三年。

③ ［美］埃米莉·哈恩著：《宋氏家族——父女·婚姻·家庭》，第 66 页。

小，接受能力强，以及英语能力胜出她们一筹。英语能力的培养和提高，其意义还远播她的一生，她的英文写作、演讲和准确选词的能力甚至让一些地道的美国人也感到惭愧。1941—1942 年曾在中国担任蒋介石政策顾问的美国亚洲问题专家欧文·拉铁摩尔（Owen Lattimore）即是其中之一，他在回到美国后，曾在写给宋美龄的信中提到："我常希望我在写演讲稿以及文章时可以请您校阅，因为我常想起您那选择正确词语的能力。"① 可见，在抗日战争中她能以流利优美的英语演讲征服美国上下绝非偶然。

当宋美龄重新回到卫斯理安（Wesleyan）学院学习时，她已经是一个正在进入青春期的少女，认知能力和价值观体系都处于一个敏感、易受影响的时期。此时，中国的妇女仍然被禁锢在家庭之中，美国妇女的地位虽然有所提高，但在智识和职业方面仍然处于摆脱被社会边缘化的努力过程中。在宋美龄到卫斯理安学习以前，卫斯理安学院已经培养出多位创造美国历史"第一"的女校友，如第一位在佐治亚州获得医学博士学位的女性（Mary McKay，1878 届毕业生）、第一位被选入田纳西立法机构的女性（Sara Ruth Frazier，1894 届毕业生）、第一位参与讨论佐治亚州最高法院案件的女性（Viola Ross Napier，1901 届毕业生）等②，这些成就被该学院视为永久性的荣耀而记录在校史上，当然也会于每个在卫斯理安求学的女孩心中留下深刻的烙印——原来女性可以做更多！最值得一提的是，卫斯理安学院早在 1851 年和 1852 年就成立了最早的女大学生联谊会——Adelphean Society 和 Philomathean Society③。前者关注于助学金和奖学金，其设立的原则是学术成就、领导能力、服务他人和姐妹，这些原则直到今天仍对联谊会有着指导作用，其公开的座右铭就是"我们为彼此而活"（"We Live for Each Other"）④。后者则是

① ［美］T. Christopher Jespersen 著：《彼此瞭解：一九三〇与一九四〇年代蒋夫人对中美关系的影响》，载秦孝仪主编：《蒋夫人宋美龄女士与近代中国学术讨论集》，第 320 页。

② 参见 First for Women，http：//www. wesleyancollege. edu/About/FirstforWomen/tabid/133/Default. aspx。

③ 二者后来分别更名为"Alpha Delta Pi"和"Phi Mu"。

④ 参见 Alpha Delta Pi，WIKIPEDIA，http：//en. wikipedia. org/wiki/Alpha _ Delta _ Pi。

一个文学协会，是美国大学中很有影响的一种组织，卫斯理安是第一个成立这一协会的女校。Philomathean 源于希腊语 Philomath，意为“热爱学习的人（a lover of learning）”，其座右铭是 sic itur ad astra，是“thus we proceed to the stars”的拉丁语，意为“就这样我们向着星星（更高的目标）进发”①，这会使每一个参与其中的女孩子都在心中对未来憧憬不已。因为年纪太小，宋美龄与另外两个小女孩没办法与其他大女孩一起参加联谊会，“女学生们的联谊会几乎把她们馋疯了”②。虽然没有直接证据证明宋美龄在卫斯理安学院这两个著名的联谊会中扮演什么重要角色，但有些理念却显而易见地在她的头脑中扎根了，从她后来在妇女工作中所采取的一些措施和行动中可以看出这两个联谊会给她留下的深刻印记，如她鼓励女青年们从事妇女问题研究和文艺创作，并设立了“蒋夫人文学奖金”③；组织各种专门的妇女组织来援助妇女和激发她们为社会作贡献的潜力等。归根到底，她是想通过这些举措来证明妇女的能力，从而激发她们的自信心。这与卫斯理安的校风及其两个联谊会的宗旨如出一辙。

宋美龄于1912—1913年在卫斯理安学院读了一年本科，随后因为宋庆龄毕业回国，她不得不转入了韦尔斯利学院（Wellesley

---

① 参见 Philomathean Society，WIKIPEDIA，http：//en. wikipedia. org/wiki/Philomathean_Society。

② ［美］埃米莉·哈恩著：《宋氏家族——父女·婚姻·家庭》，第57页。

③ 参见《蒋夫人文学奖金简则》，《湖南妇女》1940年第4期，第31页。简则中规定设立“蒋夫人文学奖金”的宗旨是以奖励妇女写作及选拔新进妇女作家为宗旨，奖金总额为三千二百元，征文分两种类型：一种是论文，凡关于妇女问题、妇女工作、妇女修养、妇女运动等研究著述；另一种是文艺创作（小说、戏剧等），以在抗战中的妇女生活、妇女运动为中心题材。作者资格限于30岁以内的女性，未曾出版单行本著作者。分甲乙两级，各取第一名一名，给奖金五百元；第二名各取两名，每名给奖金二百五十元；第三名各取三名，每名给奖金一百二十元；第四名各取四名，每名给奖金六十元。但据曾任宋美龄秘书的钱用和回忆，当时应征者计五百五十二人，实收到征文稿件三百六十份，其中甲种论文一百四十六份，乙种文艺二百四十份，初审后选录一百二十份，由蒋夫人亲自聘请十名评判员组织评审委员会。计取论文第一名一人，第二名三人，第三名四人；文艺第一名因无标准分数故缺，第二名三人，第三名二人，第四名四人，于1937年7月1日，新生活运动促进总会妇女工作指导委员会三周年纪念时在各报揭晓。参见钱用和著：《钱用和回忆录》，东方出版社2011年版，第44—45页。把奖金与研究创作合在一起，颇有取卫斯理安两个联谊会之长的寓意。

College)，以便由当时在哈佛大学读书的宋子文来照顾。韦尔斯利学院位于美国东北部马萨诸塞州（Massachusetts）首府波士顿（Boston）以西约十二里，是当时全美十大学府之一。与哈佛、耶鲁等都市型名校相比，韦尔斯利则属于典型的乡村型学校。[1] 由于有在南方的贵族学校卫斯理安学习五年的经历，初到这个乡村式的韦尔斯利学院时，宋美龄感觉非常不适应，她甚至考虑是否要在这里长留。但很快，她就被韦尔斯利注重个性教育的特色吸引了，并在这里完成了四年的大学学习。

韦尔斯利学院的校训是“Non ministrari sed ministrare”，即“非以役人，乃役于人”，这句话成为很多韦尔斯利人的座右铭。韦尔斯利的使命则是为能够影响世界的女性提供卓越的人文科学教育（To provide an excellent liberal arts education for women who will make a difference in the world）。韦尔斯利学院以严谨、服务的持久重要性的信念（以及把信念付诸实践）和以成为领导者的包容、务实精神来培养学生而闻名于世。[2] 在这所大学里，宋美龄主修英国文学，选修哲学、天文学、历史、植物学、英文写作、圣经史和讲演，还学了法语和音乐（理论、小提琴和钢琴）。此外，1916年夏天，她在佛蒙特大学（University of Vermont）选修教育学，也获得了学分。[3]

韦尔斯利学院的校徽

韦尔斯利的创始人杜兰先生有一句名言：“女人可以做此工作，我给她们这个机会”（Women can do the work，I give them the chance）[4]，这句名言好像为所有在这里学习的女孩打开了一扇心灵之窗，使她们对自己的潜力充满信心；这里蕴藏着一种朴实高

---

① 参见赵海成著：《宋美龄回母校》，载褚钰泉主编：《悦读MOOK》（第17卷），二十一世纪出版社2010年版，第147页。

② 参见Mission & Values，http：//web. wellesley. edu/web/AboutWellesley/Missionand-Values。

③ 参见［美］埃米莉·哈恩著：《宋氏家族——父女·婚姻·家庭》，第103页。

④ 李又宁著：《蒋夫人在美国卫斯理（Wellesley）女子学院》，载秦孝仪主编：《蒋夫人宋美龄女士与近代中国学术讨论集》，台北中正文教基金会2000年版，第91页。

尚的精神，那是创始人为这所女校积淀的精神财富。在这里，宋美龄原来接受的庭训得到进一步升华，从而铸造了她人生最坚实的功底——做事严谨、敢于实践和冒险、不甘于平庸的志向①，并为她进入中国、乃至世界的精英主流奠定了基石。②

宋美龄在韦尔斯利还被要求阅读 *The Nation*、*Saturday Evening Post*、*Ladies Home Journal*、*Harper's*、*New Republic* 和 *Atlantic* 等报纸杂志③，使她养成了广泛阅读的良好习惯，并培养了她关注现实世界和分析时事形势的兴趣与能力。她回国后，一直坚持请她的好友帮她续订这些报纸杂志邮寄回上海或台湾④，甚至一直到她去世之前，她仍然习惯从美国的这些主要书报杂志中获取她了解形势

---

① 1917 年宋美龄从韦斯理学院毕业时，在毕业纪念册上，她与同学们自比为希腊神话中的冒险英雄，历尽艰难航海到世界尽头寻找稀世的金羊毛："我们每个人都有金羊毛待寻，但在完成目标之前，必须横渡惊涛骇浪，必须与恶龙搏斗。"参见林荫庭著：《寻找世纪宋美龄：一个纪录片工作者的旅程》，第 53 页。

② 参见林荫庭著：《寻找世纪宋美龄：一个纪录片工作者的旅程》，第 52 页。

③ 参见［美］汉娜·帕库拉著：《宋美龄新传——风华绝代一夫人》，第 106 页。

④ 这种情况持续了几十年，从 1917 年 8 月到 20 世纪 70 年代，在宋美龄写给艾玛的信中时有提及帮她订阅美国杂志的内容。如 1918 年 8 月 15 日，宋美龄写给艾玛的信中提到请艾玛帮她订阅报纸杂志，包括 *Saturday Evening Post*（《星期六晚邮报》）、*Ladies Home Journal*（《妇女家庭杂志》）、*The Literary Digest*（《读者文摘》）、*Scribner's*（《斯克里布纳杂志》）、*Atlantic*（《大西洋杂志》）、*Harper's*（《哈泼斯杂志》）、*New Republic*（《新共和杂志》）等。同年 11 月 12 日，宋美龄写给艾玛的信中提到："现在我附上二十美元的支票付我所订杂志的钱。"宋美龄在 1919 年 7 月 9 日给艾玛的信的补遗中提到："附上一张五美元的支票，请帮订阅两年的 *St. Nicholas Magazine*（《圣尼可拉斯杂志》）。"在 1919 年 11 月 28 日给艾玛的信中她又提到："现附上一张二十美元的支票，请立即帮我订阅下列杂志，因为我去年订阅的快到期了。"信中列的杂志包括：*The Nation*（《国家民族政坛杂志》）、*The Saturday Evening Post*、*Ladies Home Journal*、*Harper's*、*Scribner's* 等。全面抗战爆发后，宋美龄的这个习惯仍在延续，她在 1938 年 12 月 12 日写给艾玛的信中提到："请你留意一下，我订的下面的这些杂志是不是经过海防中转，寄到了四川省重庆市的国防最高委员会统帅部。"其中包括 *Saturday Evening Post*、*Ladies Home Journal*、*Ladies*、*Asia*（《亚洲》）、*The Literary Digest*、*Cosmopolitan*（《世界主义者》）、*Harpers Magazine*、*Atlantic Monthly*、*Good Housekeeping*（《时尚好管家》）。国民党败退台湾后，艾玛依然在帮宋美龄订阅杂志，1950 年 4 月 11 日，艾玛在写给宋美龄的信中提到："我将在一两天内帮你续订杂志。"1952 年 6 月 16 日，宋美龄在写给艾玛的信中又提到："请你帮我续订两年《星期六晚邮报》。"1953 年 5 月、1954 年 1 月、1955 年 7 月、1959 年 7 月、1960 年 5 月、1962 年 8 月、1968 年 7 月、1970 年 10 月、1971 年 3 月，宋美龄在写给艾玛的信中都曾请求或感谢艾玛帮她续订杂志，1950 年代订阅的美国杂志中出现了 *Time*（《时代周刊》）、*Newsweek*（《新闻周刊》）和 *U. S. News*（《美国新闻》）。1960 年 5 月，她告诉艾玛不再续订《哈泼斯杂志》《美国新闻》和《新闻周刊》了。参见《宋美龄文集》（未刊稿），南京大学中华民国史研究中心藏。

变化的信息。①

宋美龄在三年级时成为 Tau Zeta Epsilon（简称 TZE）的一员。TZE 是韦尔斯利学院里的一个艺术和音乐社团，成立于 1889 年，是半艺术、半学术性的社团组织，在学术活动时间从事艺术和音乐的研讨。它的目标是为学生们提供一个进一步研究艺术的机会，并促进学生之间良好关系的建立。② 参加这个社团，不但提高了宋美龄自幼受家庭熏陶的艺术修养，也对提升她的社交能力有很大帮助，成为她学校期政治社会化不可或缺的一环。

特别是母校“非以役人，乃役于人”的校训，对她日后热诚地选择为社会服务和为国家工作的人生道路有着极其深刻的影响。毕业回国后，宋美龄仍希望“好好重温一下母校的‘传统精神’”③，她自己后来这样总结：“我们亲爱的母校，供给了我们学识，训练了我们人格，以及树立了我们对上帝、对社会、对人类的忠信，送我们到这世界的洪炉里，是要试验我们究竟有没有建造地上乐园的能耐。我们到底有多少供［贡］献，还有待于将来事实的证明，但我可断定，魏斯里（指 Wellesley College，即韦尔斯利学院——引者注）的女儿们，在任何环境之下，总会竭尽她们的全力的。”④

二、社会教育的影响

除了这些显而易见的因素影响着宋美龄在学校期的政治社会化过程以外，还有其他因素也间接地对宋美龄的政治社会化产生了深刻影响。这些因素或小或大，都是宋美龄在学校期政治社会

---

① 参见汪士淳著：《千山独行——蒋纬国的人生之旅》，台北天下文化出版股份有限公司 1996 年版，第 339 页。

② 参见 TZE History，http：//www.tauzetaepsilon.com/history.php；［美］埃米莉·哈恩著：《宋氏家族——父女·婚姻·家庭》，第 103 页。

③ 《宋美龄写给艾玛的信》（1918 年 3 月 6 日），载《宋美龄文集》（未刊稿），南京大学中华民国史研究中心藏。

④ 《致美国魏斯里母校书》，载王亚权总编纂：《蒋夫人言论集》（上集），第 633—634 页。

化过程中亲身经历过的环节，而且有些是至关重要的，多数是学校教育所不能提供的经验。

（一）美国社会下层生存状态的触动

先从小的方面说起。宋美龄在美国学习期间，已经是具有观察、理解和分析能力的年龄，因为在学校里有与不同阶层学生接触的机会，她开始注意观察美国社会下层的民众。1910 年的暑假以后，宋美龄在皮德蒙特学校度过了九个月的学习生活。在这个乡村学校里，宋美龄过得相当快活，与其他快活的记忆相比，她对两件事印象更为深刻。

第一件事是，这期间她感兴趣的事儿——“同我一起上八年级的许多同学都是成年男女，他们来自远方的山区，许多人已在小学里从教多年才获得上皮德蒙特的必要学费，他们对我都极感兴趣，而我却开始了解他们的生活。他们为谋生和求得起码的教育，不得不为之奋斗。同这些生来就没铁饭碗的人们接触，使我这个女孩子深受感化，我从未以别的方式体验过这种接触，它使我看见了他们的真正价值，说到底，他们和他们的一类人一直都是所有民族的栋梁。”① 最后一句也许是多年以后经历了政治洗礼的宋美龄习惯使用的政治式的语言，但并不影响我们对她所关注事物的了解和分析。

第二件事是，宋美龄与另外两个小女孩在一个圣诞节前，买了些食物，施舍给一个美国底层贫困家庭的经历。当时，她们“决定发扬圣诞节的真正精神，为他人谋求幸福。想到这一点，有生以来从未有过的一种仁爱的正义感令我激动不已”②。

从这两件事情中，可以看出：第一，早期家庭教育所种下的种子正在萌芽，宋美龄已经学会用自己的双眼来观察世界，并进行分析和判断。值得注意的是，宋美龄此时已经不自觉地把宗教的信仰与政治的信念混合在一起，这似乎成为宋美龄终生的一大

① ［美］埃米莉·哈恩著：《宋氏家族——父女·婚姻·家庭》，第 65—66 页。
② ［美］埃米莉·哈恩著：《宋氏家族——父女·婚姻·家庭》，第 67 页。

特色。第二，抛开好奇心理，一个 11 岁的女孩子能够注意到这些人以及他们的生存状态，并对这些感兴趣，甚至采取了实际行动去关心他们，实在难能可贵。这看似平常的事情却影响了宋美龄的一生，她人生中多数时间都在为这种工作而努力。当然，宋美龄的个性是高傲的，我们不能把这两件事情的意义太过夸大，那将与事实不符，也将无法解释后面发生的事情。这些感人的故事并不意味着宋美龄从此就与这些下层贫困者站在一起，与他们同呼吸共命运，最多只能说明宋美龄注意到了这些人，而且触动她想做点什么，仅此而已！

（二）美国进步主义运动的冲击和洗礼

众所周知，19 世纪末 20 世纪初的美国正在经历着一次社会转型——由农业社会向工业社会的转型，转型把美国带入一个历史的阵痛期，各种社会问题尖锐地暴露出来，社会改革适时而起，这使美国的面貌发生了巨大的变化，同时也深刻地影响着整个美国社会生活的方方面面——这就是美国历史上著名的进步主义运动（The Progressive Movement）。1905—1916 年是美国进步主义运动最活跃的年月，改革的主要成果多是在此期间取得的。1917 年，美国参加第一次世界大战，舆论的关注点随之转移到战争与和平问题上，美国政府的政策进入战时的运转轨道，进步主义运动的高潮随之逝去。①

而 1907—1917 年，身处美国进步主义运动潮流中的宋美龄，比两位姐姐更完整地亲眼目睹、亲身经历和感受了进步主义运动的过程和产生的成果，不可避免地受到这场运动的冲击和洗礼，这对她的价值观念产生了不可磨灭的影响。这方面的情况在以往对宋美龄的研究中鲜有人注意。

身处美国进步主义大潮之中的宋美龄，在诸多方面都受到它的影响，以下几个方面的影响显得更为深远。

---

① 参见李剑鸣著：《大转折的年代——美国进步主义运动研究》，天津教育出版社 1992 年版，第 4 页。

其一，美国妇女争取政治选举权力运动的成功，使宋美龄进一步树立了妇女的社会地位（包括政治地位）应与其对社会和国家的贡献成正比的观念。

直到19世纪末，美国妇女始终没有脱离家庭的束缚，被视作男性的附属品，主要职责就是生儿育女、料理家务。19世纪末，工业化、城市化为美国妇女从繁重的家务中解脱出来提供了契机，特别是那些经过努力取得教育平等权的美国中产阶级妇女在接受了良好的中高等教育后，开始走出家门，积极参与到社会工作中，热心社会改革，成为美国进步主义运动中最引人注目的新一代女性。她们在参与社会工作的过程中，对各种针对妇女的不公正现象——如教育机会较少、工作报酬不公、多生多育的痛苦、恋爱婚姻的不自由等等——深为不满，在进步主义运动中，各种改革的呼声也激励着美国的妇女精英，她们认为：妇女的各种不平与不幸，都源自妇女不能在政治中表达自己的意愿，不能选举替妇女说话的决策人物。[①]因此，把争取妇女的选举权问题作为当时斗争的主要任务。1910年以后，美国的妇女选举权问题逐渐上升为全国性的政治问题，女权运动日益高涨，到1916年，美国11个州的四百万妇女已经拥有选举权，对此，报纸、杂志进行了广泛的报道。[②] 1917年，美国对德宣战，参加第一次世界大战，广大美国妇女积极参加战时服务工作所作出的巨大贡献，为妇女最终赢得选举权斗争的胜利提供了最有利的条件，因此1918年运动达到高潮时，已有15个州的妇女拥有选举权。1920年8月，美国已有36个州批准了妇女选举权的联邦宪法修正案（美国联邦宪法第十九条修正案），美国妇女终于取得选举权斗争的胜利。

宋美龄自幼就接受了男女平等观念，但在当时，即使是在美国这样的国家里，男女平等仍存在着理想与现实之间巨大的反差，宋美龄是否对此作过深入思考，我们不得而知。但1917年回国的宋美龄经历了美国妇女选举权斗争最激烈的阶段，她不仅目睹了美国妇

---

① 李剑鸣著：《大转折的年代——美国进步主义运动研究》，第125页。

② 宋淑珍著：《进步主义时期的美国女权运动》，《辽宁大学学报》1995年第3期，第68页。

女政治地位的变化，同时也亲身经历了这种变化的过程。从她日后动员中国妇女参加社会工作和战时工作的思路来看，的确有受美国妇女通过参与战时服务工作，为国家作出巨大贡献而得到社会的认同和尊重，并最终赢得选举权斗争胜利的经验影响的明显痕迹，她深刻认识到妇女改变命运的主动权在于自身的努力和奉献。在她关于改善妇女地位的主张中，就把“女权运动”或“妇女解放”等问题都归结于妇女对国家和社会的贡献上，她强调妇女的地位和贡献是成正比的关系。对此，后文将有进一步的阐述。

其二，美国进步主义运动中的“黑幕揭发运动”给宋美龄留下了深刻印象，新闻媒体和社会舆论对社会改造和政府决策所表现出来的惊人影响力令宋美龄感到震撼，她切身体会到舆论对美国政治运作所发挥的作用。

在 19 世纪末 20 世纪初的社会转型过程中，生产力的空前发展使美国社会呈现出前所未有的生机，但是生机背后所隐藏的危机和矛盾却已经到了难以忍受的地步，各种严重的社会问题已经渗透到美国社会的每个角落，扰乱了每个人的生活。“黑幕揭发运动”就是在这样一种情况下，“一批有志于社会改革和社会正义的作家和新闻工作者，利用当时已经大众化的传媒——期刊，伴随着深度解析的报道和言论，抨击了伴随社会转型而来的种种不公和腐败现象，与政界、商界和知识界的其他进步力量一起，通过民众觉醒、支持立法等方式，抑制了社会达尔文主义思潮，避免了可能出现的社会失序，进而巩固了生产力发展的成果和既有的社会体制”①。这场曾被西奥多·罗斯福总统冠以“扒粪者”（Muckrakers，后来被译为“黑幕揭发者”）称呼的运动，产生了巨大的社会效益，正如当时美国杂志所描述的那样：“华尔街不能再像以前那样苦难公众了、保险业运行机制更为健全了，银行正在增加新的防范措施，广告基本真实，食品和药物掺假将冒更大的风险，公共运输公司更为关注人的生命

---

① 展江著：《社会转型的护佑者——美国黑幕揭发运动百年祭》，载展江主编：《中国社会转型的守望者——新世纪新闻舆论监督的语境与实践》，中国海关出版社 2002 年版，第 343 页。

西奥多·罗斯福
（Theodore Roosevelt）

安全，旧时政治老板风光已不在了，各州和各城市都在致力于廉政建设，人们开始提名自己的候选人……儿童在法庭上获得美好童年，弱势群体在和赌博老手和酒馆的对抗中获得保护，我们的公众资源得到了保护。”① 黑幕揭发者的触角伸到了社会的各个角落，激发了美国人的罪恶意识，成为推动美国社会改革的最主要推手。

由于当时美国报纸多为地方性产物，发行上有地域局限性，其涉及的问题也多偏于一隅而且内容庞杂，使它在整个黑幕揭发运动中的作用大打折扣；而杂志则不仅弥补了地域的局限性，而且以突出主要问题的讨论见长，所以，一些重要杂志，如《芒西》《麦克卢尔》《世界主义者》《妇女家庭杂志》《星期六晚邮报》《柯里尔》《哈泼斯杂志》等成为当时黑幕揭发运动的先锋。有趣的是，我们看到这些杂志也出现在韦尔斯利（Wellesley）女子学院指定阅读的书报杂志中，而宋美龄直到回国后，仍然请朋友帮她订阅这些杂志，并保持着随身携带阅读这些杂志的兴趣和习惯。②

多年后，她不仅在国内明确提出要把舆论与政治改良和社会变革联系在一起，强调要引导国内舆论对社会改良发挥“有建设意义”的作用，形成了她独具特色的一种政治意识；而且在对外交往中，

① 展江著：《社会转型的护佑者——美国黑幕揭发运动百年祭》，载展江主编：《中国社会转型的守望者——新世纪新闻舆论监督的语境与实践》，第 348 页。

② 比如，宋美龄的朋友在她上海的家里看到那么多美国杂志后，说她家是“她在中国到过的所有外国人和中国人家里看到的第一家，其主人似乎希望随时关心世界问题”。参见《宋美龄文集》（未刊稿），南京大学中华民国史中心藏。至今在韦尔斯利学院还保存着她在 1937 年 11 月从国内寄给《大西洋月刊》订阅部经理的信，上写：“先生：我曾请一位在美国的朋友代我续订贵刊三年。请你查一查是否已续订。如尚未续订，现请续订三年，账单请直接寄我。我们在卫斯理（Wellesley）上一年级英文课，用的老本是《大西洋》，从那时起，我习惯将此刊放在身边，以便约会之间有一点空闲时，总有一本伸手可及。您诚信的，蒋宋美龄。”参见李又宁：《蒋夫人在美国卫斯理（Wellesley）女子学院》，载秦孝仪主编：《蒋夫人宋美龄女士与近代中国学术讨论集》，第 92—93 页。

她善于运用自己对美国舆论对政府决策的影响力的了解，来打开中美关系的新局面，如她注重利用广播演讲、公开发表专题文章、记者专访等新闻媒体方式为蒋介石和国民政府做宣传，以赢得美国和其他西方国家的支持。对这些方面的分析还要留待后面章节中展开。

其三，在美国进步主义运动中兴起的教育改革运动，对宋美龄的思想也产生了深刻的影响。

约翰·杜威（John Dewey）

19 世纪末 20 世纪初，美国仍然沿袭欧洲传统教育制度，分割为贵族教育和平民教育，具有鲜明的阶级性，同时教育强调严格训练，注重记忆，学生处于被动学习的地位，而且重视学术，轻视职业，使得学术和职业相对立，导致人与社会的隔离。在美国社会转型的大潮中，这种教育显然已经不能适应美国社会日益工业化、都市化和大量移民的需要，从而出现了一种要求对传统教育进行改革的进步主义教育思潮。这种教育思潮开始时主要采撷了欧洲自然主义教育和进化论思想的精华，到 20 世纪初，杜威把实用主义哲学运用于教育中，并成为这种教育思想的核心和基础，对当时整个美国教育的改革产生了重要影响。正如杜威在 1915 年出版的《明日之学校》中所讲：采用进步主义教育理念的共同倾向在于，都“趋向于更大的自由活动，并且使学生的学校生活和他的环境相吻合；再重要一点的，是承认公共教育在平民主义下的职务。这些倾向似乎是现时代的特征”①。在这本书中，杜威还强调，进步主义教育注重保持学生智力发展与身体健康之间的和谐；采用活动教学法，努力使学校为现实生活服务；把兴趣作为教育的出发点，促进学生对民主的认识，以培养他们的社会责任感等。

宋美龄在 1916 年暑假中与宋子文到佛蒙特大学参加了夏日学

① ［美］约翰·杜威著：《明日之学校》，朱经农、潘梓年译，商务印书馆 1923 年版，“原序”第 2 页。

校，她选择学习教育学，并获得了学分。① 当时正是杜威的《明日之学校》在全美引起的风潮正盛的时候，宋美龄之所以选修教育学这门课程，也许正是受其影响。20世纪40年代初为宋氏三姐妹作传记的埃米莉认为："今天中国所采用的新式教学法，与蒋夫人有一定的关系。"② 被埃米莉称为宋美龄"在无形中发展起来的那些教学理论"③，实则得益于美国的进步主义教育思潮的启示。日后，在她主持的遗族学校、难童教育中，均可以找到这种进步主义教育的影子。宋美龄曾这样总结她的教育思想："我的那一套教学法主要是通过总结经验教育的方式取得的。换句话说，我发现在我们的教育制度与我们的现实生活之间存在着某些脱节的现象。比如，仅仅注重书本知识，而不强调学习与现实生活相结合的重要性，也不注意教育学生将来如何做一个社会公民。""在革命遗族学校里，我的学生们在学习如何用自己的双手和肌体进行劳动，以及遇到问题应当如何处理。我总是强调学生必须发扬主动精神、克己自制以配合遵守校规。我力图通过这种方法来取代严格管理的措施。同时，我还在学校里组织了农村服务俱乐部，使学生们能够学以致用，帮助当地农民。"④

其四，美国进步主义运动带有明显的精英色彩和城市中产阶级的印记，那是在中国上海出生和成长的宋美龄所熟悉的气息，美国进步主义运动的局限性也束缚了宋美龄的思想和眼界。

"如同大多数的美国改良运动，进步运动并非要颠覆政府，而是希望利用政府来改良体制，以确保美国生活方式的延续。"⑤ 而且，妇女在这场运动中充当了重要角色。⑥ 美国进步主义运动所涉及的领域十分广泛，进步主义的潮流冲击了从政治制度、经济、

---

① 参见［美］埃米莉·哈恩著：《宋氏家族——父女·婚姻·家庭》，第103页。

② ［美］埃米莉·哈恩著：《宋氏家族——父女·婚姻·家庭》，第117页。

③ ［美］埃米莉·哈恩著：《宋氏家族——父女·婚姻·家庭》，第160页。

④ ［美］埃米莉·哈恩著：《宋氏家族——父女·婚姻·家庭》，第160页。

⑤ ［美］加里·纳什（Gary B. Nash）等编著：《美国人民：创建一个国家和一种社会》（下卷），刘德斌主译，刘德斌、任东波审校，北京大学出版社2008年版，第669页。

⑥ 参见［美］加里·纳什等编著：《美国人民：创建一个国家和一种社会》（下卷），第702页。

劳资关系、社会贫困到文化教育各个领域，从民间到政府，都以改革为时尚，一时间，整个社会都变得沸沸扬扬。[①]

这场进步主义运动的成果表现是多方面的[②]，特别是它使美国社会在可能失序的状态下重新恢复秩序，并顺利平稳地完成社会转型，它给美国社会带来的进步意义不可低估。但同时，这场进步主义运动也具有鲜明的历史局限性和阶级局限性。进步主义运动毕竟是美国资本主义制度的一种自我完善，所以，虽然改革者均以社会正义相标榜，但进步主义运动所追求的，并非普遍的社会正义。他们所力图重建的社会价值体系与文化观念，都带有时代与阶级的特定内容。抵制社会主义运动的发展，防止革命情绪的蔓延，始终都是进步派所自觉承担的“使命”。[③] 进步主义运动的这种阶级属性和意识形态属性从根本上维护了美国资本主义机器的运转，当一切似乎都在向好的方面转变的时候，作为资本主义对立面的社会主义思想的传播注定被视作别有用心而遭扼杀。

然而，并非一切都好转了，正如美国学者分析的那样：“大多数的进步主义者都是环境决定论者，他们深信环境在人们的性格塑造上比遗传重要得多。因此，如果每个人都能营造良好的学校和家庭氛围，那么每个人都会成为对社会有益的人，并且会形成一个更加和谐美好的社会。”“进步主义的领导人几乎都是中产阶级，而且他们完全自觉地试图将他们的中产阶级的价值观传输给

---

① 参见李剑鸣著：《大转折的年代——美国进步主义运动研究》，第5页。

② 比如政治方面，进一步实现了民主化，创制权、复决权、直接预选、民选参议员等直接民主措施出台，扩大了公民对政治过程的参与和对政府的监督；妇女选举权得到宪法的保障；政府的功能得到加强，效率问题也开始引起普遍的关注。在经济方面，政府加强了对企业的管理与监督，通过反托拉斯、管理铁路和保护自然资源，使大公司与社会利益的关系有所调整；现代货币银行体系也得以建立。在社会方面，贫困问题开始成为民间与政府所共同重视的重大问题，如何将经济发展的成果转化为社会整体改善，业已提上议事日程；政府干预劳资关系，劳工立法亦有初步的进展。在思想意识方面，实现了观念的转变，有关政府与自由、个人与社会、人类理性与社会进步等重大问题，都引起了人们的深刻反思，文学艺术、史学研究、学校教育，也发生了革新。可见，进步主义时代，乃是美国资本主义的一个全面的自我改善、自我调整的时期，工业文明的反社会和非人性的后果，得到初步的肃清。参见李剑鸣著：《大转折的年代——美国进步主义运动研究》，第5—6页。

③ 参见李剑鸣著：《大转折的年代——美国进步主义运动研究》，第6页。

移民者和工人阶级。通常，进步主义者仿佛对控制调节比对改良更感兴趣，他们对那些试图获得帮助的人也时常显露出家长式作风。”“进步主义者对人性持乐观态度，他们坚信变革是可能的。在今天看来，他们似乎显得天真或固执，但他们与许多社会问题进行了不懈的斗争。”① “进步主义改革主要是一种城市现象。社会政策改革者聚集在城市并诉说着他们的时代心声。童工及其消逝作为一战前改革的主要关怀，针对的是工业化生产中的儿童，而不是农村中占到农业劳动力百分之六十的童工。保护女工远离危险性和剥削性工作环境的，也仅限于工业中的女工，而不包括农村地区的女性劳动者。”② 而且，“进步时代的社会政策创新反映出，精英的意志支配着对经济与社会弱势群体的资源分配，也支配着分配的可能与变数。进步主义的改革之所以成为可能，是因为位于改革最前沿的是受过良好教育的新兴阶层……进步时代改革者很少对其所研究的社会问题的解决之道作出实质性贡献。绝大多数时候，他们的努力只能周期性和暂时性地支持亟需帮助的人。”③

看到这些评论，就不难理解在中国近代社会转型的大变局当中，宋美龄虽然占据了一个有利的地位，但她就很多问题的认识仍只局限于高高在上的精英层面的意志。所以，尽管她也关注中国社会的根本问题，关注下层民众的生存和发展问题，然而却始终乏于解决之道。她试图在仍然是汪洋大海般的以小农经济为主的中国社会，通过以家长式的精英意志的改良蓝图来达到对中国社会的控制和改造，其结果只能是望洋兴叹！

另外，宋庆龄与宋美龄对社会主义运动的态度存在巨大差别的原因，在这里也可以找到一种合理的解释。19 世纪末，社会主义思潮在美国兴起之时，出于对暴力革命前景的恐惧，进步主义紧随其后兴起。二者虽然都反对社会生活中的不平等、不公正、

① ［美］加里·纳什等编著：《美国人民：创建一个国家和一种社会》（下卷），第 671 页。

② ［美］约翰·海利克（John Herrick）著：《美国进步时代：变革社会中的社会政策创新》，岳经纶、庄文嘉、蒋苒译，《公共行政评论》2008 年第 4 期，第 25 页。

③ ［美］约翰·海利克著：《美国进步时代：变革社会中的社会政策创新》。

不合理，但社会主义者主张只有彻底废除资本主义制度才是唯一途径，而进步主义者相信通过改革资本主义制度就可以逐渐达成同样的效果。在1912年前后美国的社会主义运动达到了顶点时，进步主义运动却正走向高潮，很多社会主义者逐渐转向进步主义。① 宋庆龄恰好在1913年回国，正是美国的社会主义运动由盛而衰的转折时期，虽然难以判断她在多大程度上接受了社会主义思想的影响，但多年以后，她能够接受并坚定不移地坚持孙中山的“联俄、联共、扶助农工”的思想，绝对不是偶然的。

相比之下，宋美龄经历了较为完整的进步主义运动，她在美国的最后四年，又恰恰是美国的社会主义运动走向式微的阶段，多数社会主义者转向了进步主义，进步主义者把防止社会主义革命情绪的蔓延作为改革的主要目标之一，并且取得了改造美国社会实实在在的成就，她自然会对美国进步主义改革的成功持欣赏和肯定的态度，而对社会主义则持恐惧和否定的态度。虽然此时宋美龄的政治心智还未获得完全的激发，但她对共产党由怀疑到敌视的态度和她主张通过社会改良来达到改造目的的思想，已经在她留学期间就潜伏在她头脑中了。

在美国留学期间的宋庆龄（右）、宋美龄（左）与宋子文（中）

由此看来，姐妹俩虽然同样在美国接受教育，但回国后表现出来的思想差异竟如此巨大，竟然终致分道扬镳，就不足为怪了。

实际上，宋美龄在留学美国的十年中，她所受到的美国教育和美国时代文化的影响远不止上述几个方面，而且，这些影响已

① 参见邓超著：《进步主义改革对美国社会主义运动的影响》，《当代世界与社会主义》2012年第1期，第74—78页。

经化作她思维的一部分，永远地留存在她的头脑中，随时随地会在她的言论和行动中有所表现。无论是她对民族国家的认识、对民主政治的认识、对妇女服务国家和社会的认识、对社会捐赠的认识，还是她对美国资本主义经济、政治的运营方式的了解等等，很多方面的影响可能被湮没在当时正在追求向西方看齐的中国社会意识中，但当我们认真解读时，还是能找到那些因果关系，发现宋美龄其实一直都徜徉在对美国文化的记忆中，并希望通过借鉴和效仿，在中国开辟出新的路径。

1913 年，宋美龄和卫斯理安同学合影

当然，尽管宋美龄接受了美国教育的洗礼，甚至美国文化已经溶入了她的血液，使她在美国留学的十年成为对于形成她的性格最有决定意义的十年[①]，是她“身心长育之时期”[②]，以至于她自己也感叹“只有我的脸像个东方人”[③]。但她对美国并不是一切都肯定，一切都接受，她给人的印象是“总保持那么一点距离观望着我们，时而怀疑挑剔，时而乐意赞同，觉得自己多少有点外国人的味道”[④]。多年以后，宋美龄大学的同学回忆起她时评价她是“任性的、非常爱国的中国女孩”[⑤]。

---

① 参见［美］埃米莉·哈恩著：《宋氏家族——父女·婚姻·家庭》，第 115 页。

② 《在美国参议院演说》，载《蒋夫人言论汇编》编辑委员会编辑：《蒋夫人言论汇编》（卷三），第 88 页。

③ ［美］埃米莉·哈恩著：《宋氏家族——父女·婚姻·家庭》，第 106 页。

④ ［美］埃米莉·哈恩著：《宋氏家族——父女·婚姻·家庭》，第 104—105 页。

⑤ ［美］艾玛·迪龙·米尔斯著：《蒋宋美龄（卫斯理学院 1917 级）回忆陪伴她度过“快乐时光”的同学们》，载《宋美龄文集》（未刊稿），南京大学中华民国史研究中心藏。

美国的印记再深刻，宋美龄潜意识当中不可能忘记自己对这个国家来说是个“外国人”的事实。这种潜意识源于她的父亲宋耀如和姐姐宋蔼龄作为相对于美国人来说的“外国人”曾经遭遇的不愉快经历。随着年龄的增长，自我意识的增强，当对美国的种族主义已有了足够多的了解时，她的非美利坚民族的潜在意识也会得到强化。20 世纪 40 年代，宋美龄曾对美国顾问拉铁摩尔表达了这种感受：“她多次非常气愤地跟我讲起她爸爸——他通过为美国传教士效劳而发迹——常被美国人当作出身低贱的中国人对待……当他回来向在上海的传教士汇报时，他必须站在坐着的白人面前。他们从不请他坐下。换句话说，他被看成是仆人而不是同事。她认为美国人对她本人的态度也常常是这样的：‘哦，她当然聪明，但她毕竟只是个中国人。’她觉得他们的态度是种族主义的和自高自大的，她对此深恶痛绝。”①

1915 年，宋氏三姐妹宋蔼龄（前）、宋庆龄（左）、宋美龄（右）合影

宋美龄在后来漫长的政治生涯中，一直保持着站在美国文化的圈外，以她美国式的思维和行事方式，不卑不亢地审视和评判美国的态度。由此可以解释她为何有“亲美”的倾向，却从不“崇美”“媚美”，她对美国的批评往往是尖锐刻薄、入木三分、不留情面的，根源即在于她从未真正把自己当成美国人。宋美龄对作为“中国人”而受到歧视的深刻记忆，更加激发了她改变中国所处世界地位的梦想，而后来的事实表明，她的确为此作出了卓越的贡献。

① ［日］矶野富士子整理：《蒋介石的美国顾问——欧文·拉铁摩尔回忆录》，吴心伯译，复旦大学出版社 1996 年版，第 134 页。

宋美龄在美国为期十年的学习经历，形成了她对美国全面而客观的认知，构成其学校期政治社会化过程中的一个重要组成部分。宋美龄在学校期的政治社会化过程不仅强化了她在学前期政治社会化中进行的思想培育，而且为她在调适期对一生道路的选择提供了依据，对她此后一生都起着至关重要的作用。

第三节　调适期进行的思想抉择

政治社会化的第三个阶段是调适期。所谓调适期，是指从学校毕业后走上社会工作岗位，对自己原有政治观念进行调整或适应社会的最初一段时间。这一时期，同家庭与学校里的正面、积极的教育和相对简单的社会生活环境不同，是一个人真正直接接触社会生活和复杂的社会实际的开始，从前的理想与眼前的现实之间必然存在着巨大的差距，能否适应这种变化，使自己的思想认识得以升华，趋于政治社会化的成熟，是这一时期的关键所在。经过这一时期的社会冲击和思想波动之后，一个人的基本政治观点体系才可以说稳固、定型化了。①

宋美龄在调适期内虽然要面对很多困难和不适应，包括她受到家庭的约束和国内错综复杂的形势的困扰，但最使她烦恼的事情其实是两个需要选择的问题：其一是选择什么工作，她需要一份属于自己的事业；其二就是选择与什么人结婚。在调适期中，宋美龄的政治社会化过程与这两个问题的解决相始终。

一、工作中体现出来的思想特点

对于宋美龄来说，她的调适期在她离开美国之前就已经开始预演了。当毕业前面临回国问题时，她表现出自然的焦虑，因为她知道中国的环境与生活条件已经变得陌生了，她不能设想回国后将会

---

① 参见王科编著：《政治心理学》，第249页。

遇到什么困难。[①] 但这只是暂时的，在父亲的召唤下，宋美龄还是踏上了归国的路程，而且，一踏上归途，她就情不自禁地为自己的国家忧虑起来。当火车停靠在某站，她看到一列车中国苦力时，她的想法是："如他们当中有什么人死亡，死者家属可获得一百五十美元！这就是他们生命的价格！如果我有一点权势，那我就务必要使苦力不被输出，因为中国需要本国的男子去开发矿藏。"[②]

然而，此时的宋美龄不仅不具备任何影响力去干预别人的命运，就连她自己的未来还都是未知数。当时国内形势变幻的确是太激烈了，北方正在上演一出出复辟帝制和破坏共和的闹剧，而南方则忙于讨伐北方的背弃民主共和行为，同时还要应对内部的分裂，大大小小的地方实力派在帝国主义列强的操纵下处于纷争割据的局面，这使大多数中国人都像在迷雾中一般，不知未来的前途会是什么。所以，回国后的宋美龄没有像两位姐姐那样表现出急切地要投身于革命洪流的激情，参与到以孙中山为核心的革命队伍中（或者说她没有像两位姐姐那样的机会直接参与到孙中山的事业中），而是多少带着观望的心态，或者说有些茫然的心情，听从了父母之命，在家中接手打理家务[③]。补习汉语、中国历史和古典文学[④]，还学习钢琴，并参加各种社会活动。

这段经历对宋美龄的政治成长并非是无益之举。她自己也感觉到"我学习中文，掌握了一定的知识，当然算不上优秀……但

---

① 参见［美］埃米莉·哈恩著：《宋氏家族——父女·婚姻·家庭》，第104、106页。

② 《宋美龄写给艾玛的信》（1917年7月3日），载《宋美龄文集》（未刊稿），南京大学中华民国史研究中心藏。

③ 在宋美龄给艾玛的信中多次提到她操心家务，参见《宋美龄写给艾玛的信》（1917年8月7日），载《宋美龄文集》（未刊稿），南京大学中华民国史研究中心藏。

④ 在宋美龄写给艾玛的信中多次提到她在学习汉语、中国历史和古典文学，从信中可以看出，这种学习持续的时间比较长。如她刚回国不久，1917年12月15日，她在给大学同学写的信中提到："早上，我要跟着一位老先生学中文。"1920年3月21日的信中，她说她的中文老师非常优秀，但特别严格，往往要求她做她几乎做不到的事情，她每天要背诵大段大段的文章。1921年7月6日的信中，她写道："我还在攻读中国古典名著，每天早上花三小时（今天早上除外），还有老师辅导。我打算花一段时间好好学习古文，以便能够将中文中美丽、高雅、多彩的瑰宝译成英文供你阅读。"参见《宋美龄文集》（未刊稿），南京大学中华民国史中心藏。

还是取得了一些进步，也打下了较好的基础”[①]。而这些积累也为她日后的政治成长提供了一种不可或缺的训练。比如，打理家务训练了她处理事务全力以赴、当机立断的实际能力，有了这段持家的经历，在抗日战争时期，她曾对蒋介石有感而发说道：“无论商家与住室，若无家主与老板娘时刻贯注全神，管理业务，则必不成”[②]，足见她把理政与治家等同视之的意趣。再比如，对中国历史和文学的学习，更是她在离国多年后重新了解和认识中国、重新融入中国社会的必要条件。多年以后，她对这种学习的重要意义有了更深切的了解，并慨叹：自美回国后，“时余正年富力强，切盼对国家有所贡献。不意余父母坚持余既离国甚久，应先研究中国历史与文学，谓若不更进一步，通晓中国之历史文化，将不能明了中国各问题之错综复杂，且不论余愿致力于任何事业，或盼作任何贡献，势将因不能认识中国社会之基本组织与需要，以致徒劳无功。自此以后，尤其在最近抗战数年中，余与我国各界人士密切合作，益感当日训示之明智与远大”[③]。

宋家的合影

只是当时正值理想炽热、充满青春活力的年龄，宋美龄根本

① 《宋美龄写给艾玛的信》（1921 年 4 月 21 日），载《宋美龄文集》（未刊稿），南京大学中华民国史研究中心藏。

② 黄自进、潘光哲编：《蒋中正“总统”五记：爱记》，台北“国史馆”2011 年版，第 240 页。

③ 《在芝加哥演说》，载《蒋夫人言论汇编》编辑委员会编辑：《蒋夫人言论汇编》（卷三），第 115 页。

不能满足于这样“枯燥”的生活，她反而感觉自己愈来愈麻木，她说：“说实话，金钱永远不会让我快活。我整夜整夜睡不着，觉得自己没有任何长进……在学校里，总有功课要做，可是召集在家里，我也一天忙到晚，却毫无收获。”[①]

多年来，宋美龄所受的教育，特别是她在美国所受的教育不允许她脱离社会、固守家庭，她的天性也绝不是能满足囿于一隅偏安的。宋美龄回国后的第一份工作是在主日学校教英语[②]，随后又被选中成为中国电影审查委员会的成员，她对此的感觉是“真可笑”，像她“那样的一个年轻、纯洁、不通世故的女孩竟然参与审查那些对公众具有指导意义的东西”[③]！她同时还在基督教女青年会做义工，推动组织妇女的工作。但这些事情并不能满足她的兴趣，她在回家四个月后给朋友的信中直言：“我想我是很希望能做一些真正的事情的，也就是能走向发达的事情。我现在正在过的生活，其最终结果只是结婚，我以为自己并非没有想过这是一种完美和合法的营生；但我恐怕自己是那种会因婚姻而意志消退的人。”“如果我有一职业，我就能迫使自己去工作，尽量努力工作。”[④] 此时，她虽然还未完全适应国内的生活，但已经开始认真考虑自己的出路，她不想成为一个吃闲饭的人，又不想像两位姐姐安排的那样去缔结一门“高贵的亲事”[⑤]，她渴望的是有一份她自己真正喜欢、可以认真从事的事业。

机会在半年后出现了，上海公共租界工部局邀请宋美龄加入童工问题委员会，主要工作职责是救助中国社会底层贫困儿童。

---

① 《宋美龄写给艾玛的信》（具体日期不详，根据信的内容推测应该是1918年5月宋父去世之前），载《宋美龄文集》（未刊稿），南京大学中华民国史研究中心藏。

② 参见《宋美龄写给艾玛的信》（1917年9月15日），载《宋美龄文集》（未刊稿），南京大学中华民国史研究中心藏。

③ 《宋美龄写给艾玛的信》（1917年11月4日），载《宋美龄文集》（未刊稿），南京大学中华民国史研究中心藏。

④ 《宋美龄写给艾玛的信》（1918年11月4日），载《宋美龄文集》（未刊稿），南京大学中华民国史研究中心藏。

⑤ 《宋美龄写给艾玛的信》（1918年11月4日），载《宋美龄文集》（未刊稿），南京大学中华民国史研究中心藏。

经过一番犹豫，她接受了。这项工作使宋美龄有机会亲眼目睹中国社会最底层的妇女和儿童的悲惨生活，使她感到震撼，并对此深恶痛绝。然而，更令她不能平静面对的是，在她参加的各种社会服务工作中，看到了官僚体制下人浮于事的无聊与冷漠，“我参与的那些委员会呢？它们什么也不是！它们徒有其表，委员们开会时更多是注视彼此的穿着而不是探讨改进的措施。一事无成啊！”① 显然，这份工作与她的期望是有距离的，她仍然期待着一份积极的社会工作。

此后，她在基督教女青年会当义工处理文书，也被派到募款委员会，并很高兴地投入募捐活动。这可能是这一阶段较能让她满意的一份工作了，这不仅是因为工作条件好，有专车可以代步，节省力气，还因为募捐到款项的成就感，她劝募的对象大多是外国人，她相信“中国人募捐要比外国人更起作用”，她发现“我志愿者的身份给他们留下了非常好的印象”，“我想他们感到印象深的是中国人对中国的事感兴趣！”② 另外，她还尝试着写文章来探讨上海社会改革的问题，但是很快她发现“由于缺乏脑力训练，我一直感到我简直要崩溃了”，她认为自己没有写出过任何一点点有价值的东西，“我的思维应该是很活跃的，但回家后我周围什么都是死气沉沉的，可以说太死气沉沉了”③。这种感觉应该是相当地惊恐和惆怅，她仍然没有找到那份能令她“施展抱负”的满意工作。

令她懊恼的是，在当时的中国，即使像她家那样开明的家庭，也不能容忍一个女孩子自由地选择自己喜欢从事的工作，根深蒂固的男尊女卑观念，更容不下女性与男性平等共事。她尝试着劝说甚至是恳求母亲让她出去做些自己感兴趣的事，但总归没有结

① 《宋美龄写给艾玛的信》（1918 年 9 月 21 日），载《宋美龄文集》（未刊稿），南京大学中华民国史研究中心藏。

② 《宋美龄写给艾玛的信》（1918 年 12 月 7 日），载《宋美龄文集》（未刊稿），南京大学中华民国史研究中心藏。

③ 《宋美龄写给艾玛的信》（1918 年 9 月 21 日），载《宋美龄文集》（未刊稿），南京大学中华民国史研究中心藏。

果："我恳求母亲让我出外做事。义务工作不是真正的工作……有家报纸愿给我一份工作……如果我接受了，家里一定震怒，我一定经受不了那纷扰，尤其是天朝大国之民的笨脑袋瓜里，容不下女孩子和男人共事并不会伤风败俗……真是可恨啊！我认为我如果能够放手做，一定会有一番成就。"① 她在沮丧的同时，并没有对自己失去信心。

实际上，宋美龄心中的不平真实地反映了当时绝大多数中国妇女的社会处境。中国妇女在数千年旧礼教的束缚下，被深深地禁锢在家庭里面。清朝末年逐渐出现了对妇女问题的思考，在资产阶级改良和革命时期日渐形成一种妇女解放的风气。中华民国刚刚建立之初，西方女子参政的思潮涌入中国，有人译文介绍西方各国女子参政的情况，但译文后附录的"译者感想"却又很具代表性地说明绝大多数中国人对中国妇女争参政权不以为然："光复以来，我女同胞亦竞言参政矣。虽然，今日之中国女子，果有参政资格乎，此乃一极困难之问题，而吾人之所亟当研究者也。吾闻之，欧美女子，皆能自立，或为新闻记者，或为银行书记，或为传教师［士］，或为技艺家。凡男子所能为之事，女子无不为之，其予以参政权也固宜。及观我国则何如？女子中之有普通智识者，仅千之一［、］万之一而止耳。彼登演坛言论滔滔不穷，或上书当道，累千万言不休者，吾固知其有参政资格也，然其奈此大多数目不识丁之女子何哉？故吾谓今日中国女子之所亟当请愿者，在予全国女子以教育，不在参政权之有与无也。若女子教育，已能普及，徐议参政，未为晚也。"② 这种分析自然是有道理的，但也体现了当时中国妇女仍处于一种被动的地位。

新文化运动时期，妇女解放的问题再次成为人们热议的话题，一时涌现出多种专门讨论妇女问题的报刊，宣传妇女解放的思想。新文化运动的先锋《新青年》，在 1917 年 2 月 1 日第二卷第六号

① ［美］汉娜·帕库拉著：《宋美龄新传——风华绝代一夫人》，第 105 页。

② 陈霆锐著：《世界女子参政之动机：译美国评论之评论》，《东方杂志》第九卷第 3 号，1912 年 2 月，第 17 页。

上开辟了《女子问题》专栏，国内先锋报刊应声而起，思想界有影响的人物对妇女解放问题都不惜笔墨，著文论说，出谋划策，大造舆论，把妇女解放问题推向一个高潮。[①] 经过这样的努力之后，到20世纪20年代，中国的社会风气已经有了空前的开化，在街市上可以看到妇女们成群结队地行走，在很多领域当中也都可以看到妇女工作者的身影，如西洋文化的研究、铁路、银行、报馆、书馆等，而且江苏和山西两省女生与男生同校达到百分之十三的比例，北京、南京、上海、广州等大城市里的大学都已招收女生，各地的妇女团体亦兴盛一时。[②] 但这种表面兴盛仍局限于一些大城市里的知识女性，而从全国来看，在中国人的心理深层次，仍未根本改变对女性传统的看法。

当宋美龄因顾及家人的感受而未接受到报社当记者的邀请时，她的感慨就颇具代表性。像宋美龄这样生长在较开明的家庭中，且在上海这样开放的大都市里的知识女性都不能完全摆脱世俗的困扰，其他中国女性的处境就更可想而知了！想拥有自己的一番事业对当时的中国女性来说，几乎是一种奢望。更何况，宋美龄渴望的是一份真正能够让她全身心积极投入的工作，她自己对此的表述是："我要去参加一些积极的社会工作，那种艰巨、真实、活跃、有意义、值得做的工作，那种让我身体感到很不舒服的工作，那种让我累得无须择床而眠的工作，那种不涉及虚荣和光环的工作。也就是说，那种对娇生惯养的人没有吸引力的工作。"[③] 但她绝对抵制把自己与"新女性"联系在一起，她认为自己是"归国侨生"，在她看来，"新女性""确实相当可怕，她们分不清什么是自由，什么是放纵。就我个人而言，我还是倾向于尊重和遵守那些旧习俗和老规矩，尽管很烦人，但至少能防止女人去做

---

① 参见张莲波著：《中国近代妇女解放思想历程》，河南大学出版社2006年版，第219—220页。

② 参见蔡哲夫著：《今后之中国妇女解放》，《学生文艺丛刊》1924年第5期，第17页。

③ 《宋美龄写给艾玛的信》（1918年9月21日），载《宋美龄文集》（未刊稿），南京大学中华民国史研究中心藏。

另一个人可能喜欢更加‘商业性’的行为（然后我就给他们讲为什么帮助中国妇女对他们是有益的）。”① 当然，不仅在募捐工作中，联想到宋美龄在整个调适期中，其实她始终都表现出对这种能够掌控局面的积极态度。比如，她从事基督教妇女青年会社交委员会的工作，每月都要为全体上海会员举办一次聚会，“我们得为这一活动安排节目……我花了很大的力气去激发大家的兴趣”②。她曾希望自己有权势，使中国的苦力不被输出。③ 她也曾渴望自己能有力量与日本人对抗，来改变中国的现状。她说：“如果我有办法，我要开设一家工业学校收容街上的孩童。他们应该学些纺织席子的手艺。日本人今天做走了我们制席业所有的生意，如果孩童学会手艺，他们做出来的产品不会逊于日本进口货，这些国货肯定可以卖得更便宜。孩童每天也应该花两三小时学习中文和算术，将来才能够读懂白话文的报纸，才能通晓国家大事。”④ 宋美龄渴望自己掌握某种力量——或者说是某种权力——对改造社会、变革中国发挥作用，这也是她不能满足于一般工作的主要原因。

其三，机智地迎接挑战，自信地展现女性魅力。从事募捐的人如果摆不正自己的位置，往往会陷入一种尴尬的被动，甚至要硬着头皮或不顾个人尊严地去劝说捐赠者。但宋美龄绝对不会允许这种局面出现在自己身上。她会想办法使自己处在一个有利的地位，至少是不卑不亢的地位，“每次我都会对他们讲我是一个志愿者，做这个事不是为了钱，而是因为知道我在为了更加美好的中国而尽力，心里感到很满足；再说由于他们自己不能做这样的服务，我现在就给他们一个提供财力支持的机会”“我从没有乞求

① 《宋美龄写给艾玛的信》（1918 年 12 月 27 日），载《宋美龄文集》（未刊稿），南京大学中华民国史研究中心藏。

② 《宋美龄写给艾玛的信》（1918 年 3 月 6 日），载《宋美龄文集》（未刊稿），南京大学中华民国史研究中心藏。

③ 参见《宋美龄写给艾玛的信》（1917 年 7 月 3 日），载《宋美龄文集》（未刊稿），南京大学中华民国史研究中心藏。

④ ［美］汉娜·帕库拉著：《宋美龄新传——风华绝代一夫人》，第 75—76 页。

他们施舍，而总是让他们做最终有利于他们的事情，因为更好的中国意味着商业上更强大的中国”①，他们在中国经商获利的机会就更大。她半打趣半认真，带着几分表演的心态投入到这份工作当中。她说：“去那些办公室的时候，我总是穿上最好的衣服（当然是适合公众场合的），因为在我看来，戴一顶合适的帽子、脸上适当用些脂粉、穿上华丽的皮衣比什么都更能给人以信心。还有，穿着整齐会有把握得到更多的捐款，男人捐的钱至少不会不够我买双鞋！”② 这表明宋美龄是在用智慧工作，她显然不是那种老老实实靠卖傻力气工作的人。

其四，她更看重物质背后尊严的价值。在国内生活了半年后，宋美龄对金钱和物质的认识在发生变化，她说：“这半年使我认识了金钱的价值，同时也使我认识了自尊的价值！”③ 所以，在面对募捐工作时，她毫不掩饰自己对物质条件的满足感。她说：“我很喜欢做我所做的工作，由于我自己有部车，用不着花费不必要的体力，我可以保留精力去作面谈。”④ 在募捐工作中，专车的使用可以免除她的后顾之忧，从而可以满足她提高做事效率的愿望，同时，也很好地维护了她的尊严。宋美龄的物质生活可以说从来没有出现过匮乏，她不以追求物质享受为荣耀，但她也十分清楚，充分利用物质资源可以带来便利，运用得恰到好处则有裨益于她的尊严和地位的维护。所以，只要条件许可，她绝不会吝啬利用物质条件为自己的生活和工作添光加彩。对她而言，物质上的东西来得很容易，甚至她把这些视为她生活当中理所当然存在的部分。宋美龄把自己的钱投放到债券上去，并肯定自己会“捞进很

---

① 《宋美龄写给艾玛的信》（1918 年 12 月 7 日），载《宋美龄文集》（未刊稿），南京大学中华民国史研究中心藏。

② 《宋美龄写给艾玛的信》（1918 年 12 月 7 日），载《宋美龄文集》（未刊稿），南京大学中华民国史研究中心藏。

③ 《宋美龄写给艾玛的信》（1918 年 1 月 31 日），载《宋美龄文集》（未刊稿），南京大学中华民国史研究中心藏。

④ 《宋美龄写给艾玛的信》（1918 年 12 月 7 日），载《宋美龄文集》（未刊稿），南京大学中华民国史研究中心藏。

多，足可供我挥霍而有余"[①]，所以她对购买债券等入迷。但入迷并不等于沉迷，她习惯于不缺钱，却不是一个十足贪图享乐的人，只是必要的、能维护尊严的身份和地位的象征还是要讲究的，如果有机会的话，她也绝对不会拒绝享受。所以，她在工作的选择上，虽然可以不计较付出多少，但这种付出至少是不失尊严的。

宋美龄在工作上表现出来的兴趣和态度，也正符合她作为上层社会精英的心态。这种精英心态，在她对待普通人的态度上也有很好的体现。她怜悯着下层百姓，却是以高高在上的姿态，这与宋庆龄主张的主仆平等、博爱的观念不同[②]。宋美龄似乎有一种与生俱来的优越感，使她感觉自己有资格凌驾于这些普通人之上，来操控他们、驱使他们、责备他们。她刚刚回国时，就接手掌管家务，其中包括管理五女七男十二名仆人，对此，她有些小兴奋，她说："这不是件容易的事！"[③] 当佣人没有得到允许就溜出去看戏被父亲锁在门外时，她暗自窃喜于他们得到了应有的教训："这几个可怜的坏蛋不得不在马棚里挨一夜冻！我想他们以后不会再偷偷出去了！"[④] 到商店买东西时，汽车夫总是跟着她进商店帮她拿东西，当情况有变时，"我不得不自己拎一包包东西了，而且这期间要被人挤来挤去，以致我几乎要火冒三丈"[⑤]。在她回国后不久，她曾在一位英国姑娘面前毫无顾忌地而且尖刻地表达了她对女仆不会打扫灰尘的不满。[⑥] 而宋美龄大学时代最要好的朋友、一直是她倾诉对象的艾玛，则惊讶于宋美龄对佣人的态度相当粗暴，有

---

① 《宋美龄写给艾玛的信》（1917年11月12日），载《宋美龄文集》（未刊稿），南京大学中华民国史研究中心藏。

② 宋庆龄在大学时代曾写过一篇颂扬家里一名女仆的散文《阿妈》，发表在卫斯理安学院的院刊上，明显表达了主张主仆平等、博爱的观念。参见尚明轩主编：《宋庆龄年谱长编》（上），社会科学文献出版社2009年版，第54页。

③ 《宋美龄写给艾玛的信》（1917年8月7日），载《宋美龄文集》（未刊稿），南京大学中华民国史研究中心藏。

④ 《宋美龄写给艾玛的信》（1917年10月17日），载《宋美龄文集》（未刊稿），南京大学中华民国史研究中心藏。

⑤ 《宋美龄写给艾玛的信》（1918年5月15日），载《宋美龄文集》（未刊稿），南京大学中华民国史研究中心藏。

⑥ 参见［美］埃米莉·哈恩著：《宋氏家族——父女·婚姻·家庭》，第118页。

一天她把字纸篓倒到佣人头上；当艾玛寄宿之家的佣人没有准时替她洗熨衣服时，她追问他的名字，吓得他生怕砸了工作，保证一定努力工作。而这位苦于找不到工作而投奔于宋美龄的好朋友，同样受到了不平等的对待，宋美龄毫不迟疑地要求艾玛替她做事，如采买东西、跑银行、送信、处理海外来函等，却并不付给艾玛任何薪水！① 她不趋炎附势，但也不会平等地对待普通人或佣人，她对他们习惯于高高在上地恩赐和教诲。事实上，她的一生大部分时间都在不知疲倦地这样做，从这个角度来说，她在政治社会化过程中的表现，已经预示着她未来必然会选择走精英路线。

不管怎样，从回国后所从事的社会活动中，宋美龄得到了锻炼，“我发起过游园会、音乐会来筹集善款，组织了各种俱乐部、联谊会，当上了好几个慈善机构的董事。这就是说我干得不错，口碑也很好，大家觉得我有公德心，也有一定的工作能力”，她感觉自己“比一般的‘归国留学生’强”②，事实也的确如此。到1920年秋季，她已经担任了大量的社会活动和社会服务的职务，她是韦尔斯利学院俱乐部的代主任，当主任不在时，她要负责给一百多名会员安排全年的活动。她还是基督教女青年会的董事会董事，又应邀担任了上海玛格丽特·威廉逊医院的董事会董事。她还同时兼任两三个组织的秘书和好几个委员会的主任委员③，这对一个二十出头的女孩子来说，的确是少有的、任务量超大的锻炼。

二、择偶中反映出来的思想意向

与找什么工作相比，家人更关心的是宋美龄和谁结婚的问题。在择偶问题上，宋美龄有自己的考虑，她曾说：“我永远不会没有

---

① 参见［美］汉娜·帕库拉著：《宋美龄新传——风华绝代一夫人》，第110页。

② 《宋美龄写给艾玛的信》（1921年4月21日），载《宋美龄文集》（未刊稿），南京大学中华民国史研究中心藏。

③ 参见《宋美龄写给艾玛的信》（1920年10月11日），载《宋美龄文集》（未刊稿），南京大学中华民国史研究中心藏。

青年时代的宋美龄

钱就结婚，同样也决不会为了钱而结婚。”① 1918 年 6 月，在连续参加了三个婚礼后，宋美龄曾在给艾玛的信中写道：“就关爱而言，我要嫁的男人从我身上得到的只会是友情，现在我还是这样想的。”② 1920 年 9 月，她又在给艾玛的信中写道：“在事业和婚姻二者之间，我选择事业。”③

宋美龄曾经考虑嫁给一个比自己大十五岁的男人，虽然她很可能永远不会爱他，但她喜欢并且尊重他，他是一个很有行政能力的男人，思想保守、很有钱，他告诉她如果她嫁给他，她可以帮他工厂里的几百个劳工做些社会工作，这让宋美龄充满遐思：“我们可以为他的劳工在教育和社会改善方面做很多事情，办成中国第一家这样的私营企业。你想啊，为工厂劳工和受训的社会工作人员办一所学校、一座体育馆、一座娱乐中心，向这些男男女女的头脑里灌输礼貌、民主、人文的思想。而我将在这项伟大的工作中出一份力！”她虽然不知该怎么办，但她明确表示“我会考虑这个问题”④。但显然她最终还是放弃了这个可以考虑的对象，不断有人向她表白求婚，使她感到很累。⑤

虽然苦于母亲的管束、苦于缺少私人空间、苦于找不到适合

① 《宋美龄写给艾玛的信》（1918 年 1 月 31 日），载《宋美龄文集》（未刊稿），南京大学中华民国史研究中心藏。

② 《宋美龄写给艾玛的信》（1918 年 6 月 29 日），载《宋美龄文集》（未刊稿），南京大学中华民国史研究中心藏。

③ 《宋美龄写给艾玛的信》（1920 年 9 月 5 日），载《宋美龄文集》（未刊稿），南京大学中华民国史研究中心藏。

④ 《宋美龄写给艾玛的信》（1918 年 6 月 29 日），载《宋美龄文集》（未刊稿），南京大学中华民国史研究中心藏。

⑤ 参见《宋美龄写给艾玛的信》（1918 年 8 月 24 日），载《宋美龄文集》（未刊稿），南京大学中华民国史研究中心藏。

自己的工作、苦于找不到自己的人生目标，但宋美龄绝对不是怨天尤人、自暴自弃的性格，在她心中，除了个人的苦恼以外，还有很多更有意义的事情需要关注，她认为只有“革命才给一个基本上是王权贵族统治的国家带来民主意识”。她还在考虑“要研究上海这个城市的社会需求，以及如何克服其最突出的弊病”，她认为“市政府对改善最需要改善的人的生活却无所作为”。[①] 对自己处境的不满和对现实的不满，引导着宋美龄继续观察和思考，而且这种观察和思考已经上升到了政治层面。

1918 年 10 月下旬，宋美龄得到机会暂时脱离母亲的管束，和宋子文一同北上，并与随同孔祥熙到北京处理事要的大姐一家会合。[②] 在路途中，她对她的观察作了描述：“我们在北上的途中看到了大批北方和南方的军人，他们总的来说都穿着整齐，但显然缺乏外国军人的尚武气质，这种尚武气质只有经验和严格纪律才能训练得出来。”[③]

她对天津的印象总体还不错，那里有一条无轨电车线路，房屋不像上海那样拥挤，“天津黄包车夫的穿着要比上海的好多了，我在天津没有见过一个乞丐，但在上海，乞丐到处都是”。在天津，宋美龄完全被各种游乐裹挟着，刚刚到那里四天，她就已经去过一家中国戏院、一家日本戏院，看过一次歌剧，每晚看一场电影，还要参加“慈善活动”，去与某夫人喝茶等，忙得不亦乐乎，“过得开心极了！”[④]

她用寥寥数语就把北京的保守和落后描绘得一目了然。北京给她的第一印象是“几乎没有外国商店”，“除了公使馆那一段以外，街道既弯又窄，驴车到处可见，全都是满人的。满族妇女还

---

① 《宋美龄写给艾玛的信》（1918 年 8 月 24 日），载《宋美龄文集》（未刊稿），南京大学中华民国史研究中心藏。

② 参见《宋美龄写给艾玛的信》（1918 年 10 月 29 日），载《宋美龄文集》（未刊稿），南京大学中华民国史研究中心藏。

③ 《宋美龄写给艾玛的信》（1918 年 10 月 29 日），载《宋美龄文集》（未刊稿），南京大学中华民国史研究中心藏。

④ 《宋美龄写给艾玛的信》（1918 年 10 月 29 日），载《宋美龄文集》（未刊稿），南京大学中华民国史研究中心藏。

带着她们的那种滑稽的、难看的高头饰，脸上涂的一英寸的脂粉看上去像小丑”。她把北京和上海作了对比，认为北京的一切还都是受外国影响之前的中国，而上海则在很多方面与美国城市没什么两样了。当然，华丽的宫殿和厚重的城墙也给她留下了深刻印象，甚至让她感觉到一种骄傲：“就建筑之美和坚固而言，我认为中国并不落后。”①

随着宋美龄眼界的扩展，她对中国的现实有了更深入的了解。宋美龄刚刚回国时，她看到中国混乱的局面背后，存在着如何结束乱象的巨大难题，她对此感到无力和“极不安逸”。“有时当我看到贫民区里一大堆肮脏、褴褛的人群，我会产生两种感想：一是感到要建立一个伟大的中国完全是徒劳的；二是感到自己的渺小。”“中国政治真是叫人受不了：谁也不知道接下来要发生什么事；谁也不知道接下来轮到谁的头要被砍掉。”② 第一次世界大战接近尾声时，她曾议论说中国的政局令人忧虑，“南北如此对立，自然谈不上人民所希望的统一行动”。她想当然地认为：“目前中国没有为援助协约国做好准备。我们的政府真正应该做的（以我愚见）是真心实意地推行民主，因为我们已经把自己的命运与那些公开宣称反对专制独裁的国家紧紧联系起来了。为此，最好的办法是建立一支训练有素的军队。”她希望中国拥有一支强大的陆军和海军，这样才能作为一个独立的国家强硬地提出自己的要求，让那些野心大于良心的国家肃然起敬。③ 她显然不相信“公理战胜强权”之类的理想语言。随后的一年，她对中国问题的议论从最初的简单、感性变得谨慎了，当五四爱国运动爆发时，宋美龄保持冷眼旁观，不轻易公开发表言论，但她的观察已经越来越细致，她对北洋政府很失望：“日本人并不怕我们的政府，因为他们知道

① 《宋美龄写给艾玛的信》（1918 年 11 月 14 日），载《宋美龄文集》（未刊稿），南京大学中华民国史研究中心藏。

② 《宋美龄写给艾玛的信》（1917 年 12 月 18 日），载《宋美龄文集》（未刊稿），南京大学中华民国史研究中心藏。

③ 参见《宋美龄写给艾玛的信》（1918 年 3 月 6 日），载《宋美龄文集》（未刊稿），南京大学中华民国史研究中心藏。

那些本身就不光彩，影响又极坏的事情”①。

被找份合适工作的愿望折磨得夜不能寐的宋美龄甚至想到要重返美国去学医。因为在她看来，在中国除了结婚和教书，女人别无出路。去做生意会被人说三道四，招来一大堆闲言碎语，让自己也心烦意乱；做社会服务又空谈太多，收效甚微，没有实实在在的东西。而“医生这一职业涉及人类关心的各种问题，很有意思，也能让我自觉保持一颗仁爱的心”②。当然，学医之路也不过成了宋美龄寻梦过程中的一种假设，她的家人，特别是她的母亲根本不会同意她的这种选择。

从调适期宋美龄所从事过的社会工作来看，比较能令她满意，并称得上“喜欢”的是在基督教女青年会以义工的身份参与过募捐委员会的工作。从这次工作经历当中，我们大致可以看出宋美龄对从事社会工作的兴趣和对待工作的态度。

其一，既可以服务社会，又可以获得成就感。宋美龄对积极的社会工作的渴望一直是以一种强烈的对成就感的追求表现出来的。在募捐工作中，她去拜访银行经理，她发现她在为自己的所作所为将裨益中国而得到满足的同时，银行经理们也为她的这种纯粹尽义务的工作印象深刻，这使她感到兴奋。她深信：她作为中国人，而且是女性从事这项工作要比教会里的洋人来做这项工作更能发挥作用，更能增加这些银行经理对这项工作的意义的信心，这种发现也增强了她自身对这项工作的信心。

其二，渴望能够有机会掌控局面。在募捐中，宋美龄能很好地掌控局面，让事情按照她期望的方向发展。她说：“我总是带一位老的女秘书陪着我，但话都由我来说。”“我从不对两个人讲同样的话，我就是上下打量他们，琢磨说什么样的话最能打动他们，然后就趁热打铁！比方说，一个人可能对发展社会服务感兴趣，

---

① 《宋美龄写给艾玛的信》（1918 年 10 月 29 日），载《宋美龄文集》（未刊稿），南京大学中华民国史研究中心藏。

② 《宋美龄写给艾玛的信》（1920 年 9 月 5 日），载《宋美龄文集》（未刊稿），南京大学中华民国史研究中心藏。

我们的政府软弱，充斥着自私自利的小人。”①

1921 年春季，她前往广州探望二姐宋庆龄。在这次游历中，她注意到广州军政府驻地的军营里，人人都在认真埋头做事，为革命的理想而努力工作，到处都秩序井然，生机勃勃，充满希望。② 她对这种不同于北方的现象充满兴趣。当她看到孙中山和宋庆龄夫妇为共同的目标而充实地工作着、忙碌着，特别是看到二姐宋庆龄那样全身心地投入到支持丈夫的革命事业中时，宋美龄受到了很大的触动，她感到自己相形见绌。在给朋友的信中，她表达了自己的郁闷心情。她说，她常常在想毕业后这几年的日子有什么可以炫耀的呢？她认为自己毕业后的四年“一事无成，或者说没有做过一件有意义的事情”。她设想自己离开上海到没有人认识她家人的地方去教书，但又质疑“会作出成绩吗”。她说那些到外地教书的女子并没有做什么值得做的事情，也不见得比她更快乐或者从生活中汲取了更宝贵的东西，“相反，她们显得十分闭塞，要么冷漠懒散，要么怨天尤人。她们的生活很空虚。那么我到底做了什么，或者现在该做什么，才能获得充满活力的人生乐趣呢？”她为此产生了“干脆结婚算了”的念头，“过一天算一天，什么也不去想”。可是在中国这种男女道德标准下又害怕自己“结婚后成为平庸的家庭妇女，这种担心一直在我心头，让我无法忍受，让我想都不敢想，特别是在当今的中国”③。

能够有机会观察当时中国南北两个对立的政府，是宋美龄在调适期政治社会化过程中的关键。根据在南北方之间游历的体验，宋美龄对中国的现实情况有了进一步的了解，她的政治倾向在此后才真正明确下来。而二姐宋庆龄以自立、自信的姿态与志同道合的孙中山为共同理想而奋斗的形象给了宋美龄无限的遐想，她在潜意识中以宋庆龄为榜样，当她渴望的那份能够吸引她热衷从

---

① ［美］汉娜·帕库拉著：《宋美龄新传——风华绝代一夫人》，第 76 页。

② 参见［美］埃米莉·哈恩著：《宋氏家族——父女·婚姻·家庭》，第 131 页。

③ 《宋美龄写给艾玛的信》（1921 年 4 月 28 日），载《宋美龄文集》（未刊稿），南京大学中华民国史研究中心藏。

事的社会工作迟迟没有出现的时候，她对婚姻的选择就成了影响她事业方向的决定因素。这完全符合宋美龄的个性，她之所以不急于出嫁，是因为“美龄绝不愿意因为结婚，而失去从事建设性工作的机会。她曾经拒绝过为数甚多的追求者，她宁愿不结婚，也不愿意过当时中国上流社会妇女所过的那种自私生活”①。实际上，此时的宋美龄与什么样的人结婚，在很大程度上取决于她对事业的追求倾向。换言之，对宋美龄来说，伴侣的选择明了之后，也就意味着调适期的政治社会化过程尘埃落定，她的政治取向也就基本成形。

孙中山与宋庆龄

宋美龄最终之所以选择蒋介石作为自己的人生伴侣，以下两方面的原因不可忽视：

第一，蒋介石是孙中山革命阵营内的骨干，但不是社会主义者或同情社会主义者。在当时的中国，能够有效发挥与旧势力抗争的政治力量首推中国国民党。宋美龄本能地倾向于进步阵营，一方面，是由于宋美龄受父亲宋耀如多年来言传身教的影响，又有两位姐姐先后报效于革命阵营的示范效应；另一方面，是宋美龄自己在南北方游历中的观察，她认定孙中山所领导的革命阵营代表着中国新生的资产阶级进步力量，是解救中国于贫弱的新生力量，这种发现使宋美龄内心深受触动，她的

① ［美］埃米莉·哈恩著：《宋氏家族——父女·婚姻·家庭》，第151页。

政治心智由此得到激发。她曾经在给朋友的信中欣慰地写道："广州政府在行政方面取得了很大的进展，在战场上也频频告捷。"① 宋美龄与蒋介石的相识就是在她对中国国民党的革命阵营充满期望的时期。蒋介石不仅是孙中山革命阵营中的骨干，而且是相貌堂堂、出类拔萃的青年才俊，在宋美龄众多的追求者中显得与众不同。

这里存在的一个疑问：为什么宋美龄要经过五年的思考才最后下定决心嫁给蒋介石？这也许具有偶然性，但如果根据现在掌握的事实来推测，也许别有答案。1924 年，中国国民党一大确定了"联俄、联共、扶助农工"的新政策，与以社会主义革命为目标的中国共产党实行了合作，受美国进步主义影响的宋美龄必然会在潜意识中对中国国民党的新政策产生疑惑和不安，她对防范社会主义运动已有不可动摇的心理基础。但出于对孙中山革命意识的尊重和对宋庆龄的姐妹情深，她站在政治圈外仍能保持对南方革命阵营的亲切感觉。当 1925 年春，孙中山在北京病危的时候，宋美龄和大姐宋蔼龄还历经煎熬从上海搭乘火车北上。当时，火车上不供食物、饮水，也没暖气，连水也冻成冰。"我们又饥又渴又冷。我们离开上海之前就知道此行充满危险，也很难估计我们何时可以抵达北京。可是基于对总理的爱，我们毅然成行，这也是对我们姊姊表达实质与精神的支持。"②

蒋介石

① 《宋美龄写给艾玛的信》（1921 年 7 月 22 日），载《宋美龄文集》（未刊稿），南京大学中华民国史研究中心藏。

② ［美］汉娜·帕库拉著：《宋美龄新传——风华绝代一夫人》，第 122 页。

孙中山去世后，在1926—1927年间，宋美龄曾在武汉住了三个月，与共产国际驻中国代表、苏联驻中国国民党代表——鲍罗廷进行了几次深入的谈话，这也许是她第一次直接接触到共产党人，但印象很不好，甚至可以说糟透了。由于对社会主义运动根深蒂固的反感，使她片面且有失公正地把当时混乱局面的责任都归咎于中国共产党，从而得出混淆是非的结论：我们国家政策和第三国际政策之间的歧异，由于共产党干部四处嚣张，已经出现重大裂缝。武汉已经成为不分青红皂白抓人、公开鞭打、非法搜索查扣、私设法庭和枪决人的地方，这些混乱是“共产党为了颠覆国民党……故意推动、扩大的”①。她完全忽视国共合作过程中，中国国民党的改组及军事上的进展在中国共产党帮助下所取得的巨大成功。

米哈伊尔·马尔科维奇·鲍罗廷，共产国际驻中国代表

1927年之前，宋美龄对蒋介石虽有好感，但对蒋介石的求婚却始终没有松口应允②，而当很多人都对蒋介石的革命态度表示怀疑，说“国民党之左右派已起冲突，蒋介石为保守分子所公认之领袖”③，有人甚至怀疑蒋介石会对国民党不利，认为他的革命恐怕“意义就是为帝国主义革国民党的命”④ 时，宋美龄却坚定地站

① ［美］汉娜·帕库拉著：《宋美龄新传——风华绝代一夫人》，第138页。有关宋美龄与鲍罗廷的谈话参见《与鲍罗廷谈话的回忆》，载王亚权编纂：《蒋夫人言论集》（上集），第374—452页。

② 参见李勇、张仲田编：《蒋介石年谱》，中共党史出版社1995年版，第158页。另参见［美］布赖恩·克罗泽著：《蒋介石传》，封长虹译，国际文化出版公司2010年版，第84页。

③ 《帝国主义者眼中之蒋介石》，《向导》1927年第192期。

④ 《蒋介石“只知道革命的意义”就是这样！》，《向导》1927年第196期。

到了支持蒋介石的行列中，蒋宋之间的关系不断地升温。[①] 1927 年恰恰是蒋介石的反共态度鲜明地暴露出来的时候，4 月 12 日，蒋介石下令对共产党进行屠杀，即所谓的“清党”，制造了“四一二”反革命政变，随后，宋美龄竟义无反顾地接受了蒋介石的求婚。从时间和宋美龄对蒋介石前后态度的变化来看，这恐怕绝非一种巧合。可见，两个人在政治倾向上已经形成了高度的思想契合，宋美龄接受蒋介石自然就是水到渠成的事了。

第二，志同道合不能替代对能力的要求。在宋美龄心目中，“最成功的男人往往不是具有天才大力量的人，而是对自己有最大的信心，进而催眠了别人接受他的信念的人”[②]。宋美龄对成功男人的理解，颇能说明她在众多的追求者中选择蒋介石的心理。宋美龄之所以确认蒋介石有这种素质和能力，皆源于她对蒋介石的观察。

宋美龄和蒋介石之间曾有过五年的通信交往，开始时蒋介石不过是孙中山身边众多追随者中的普通一员，虽然孙中山信任他，但当时还看不出他未来有成为孙中山继承者的迹象，宋美龄有理由对他保持沉默。在她游走于北方与南方之间时，也许她已经意识到一个统一的中国是解决所有问题的关键所在，她从心底期盼着“伟大的新中国”。[③] 此后几年中，蒋介石表现不凡，他的地位迅速发生变化，1926 年年初，蒋介石已初步确立了自己在国民党内甚至在中国政坛上的政治地位。当时颇有影响的《京报副刊》[④]发起了一场“征求新中国柱石十人”的评选活动，评选的结果，

---

① 宓熙回忆说，1927 年 5 月中旬，蒋介石利用十天休假，邀请宋美龄到焦山去玩，宋美龄欣然同意。参见《我在蒋介石身边的时候——卫士连长宓熙》，载汪日章等著：《在蒋介石宋美龄身边的日子：侍卫官回忆录》，团结出版社 2005 年版，第 14—15 页。

② ［美］汉娜·帕库拉著：《宋美龄新传——风华绝代一夫人》，第 103 页。

③ 参见［美］汉娜·帕库拉著：《宋美龄新传——风华绝代一夫人》，第 66 页。

④ 《京报副刊》是北京《京报》的副刊，是当时有重大影响的报纸副刊，与先它创刊的《学灯》（上海《时事新报》副刊）、《觉悟》（上海《民国日报》副刊）、《晨报副镌》（北京《晨报》副刊）并称为“四大副刊”。该刊行销甚广，由孙伏园编辑，1924 年 12 月 5 日创刊，日出一号，至 1926 年 4 月 24 日《京报》被奉系军阀封闭而停刊，共出 477 号。

蒋介石在“十柱石”中位列第三，得票数为“四五六票又十分之一”，仅次于位列第一的蔡元培（“四七一票又十分之七”）和位列第二的汪精卫（“四六四票”）。[①] 报刊上称：“蒋介石先生是新中国柱石当选的十人中最年少的一位，大概许多人都觉得新中国的责任应该放在少年身上，而蒋先生是少年中已经著了有目共睹的成绩的罢。”[②] 张申府对蒋介石的评论很有代表性：“大家大概都承认，蒋介石是半成功的了。广东我是住过的。以前的情形，我很知道。听说现在很不同了。这不能不说一部分是蒋介石的功劳。尤其把香港的英人治了个可以，真使人喜欢。（惭愧！）也算替中国人吐一口气。蒋介石个人的所以成功，很简单，不外一个字。[，] 就是干，就是认真干。认真肯干是他的好处。他的毛病，也就是在这儿。[，] 就是刚愎，就是把持。以前是这样，但我后来看见他，已有些不然了。总之，在军事上，他是大有希望的一个人。”[③]

可以想见，孙中山去世后，在短短不到一年的时间里，蒋介石在人们心目中的地位已经大大提升，称得上是出现在当时中国政治舞台上的一匹黑马。虽然这次评选参与投票的范围并不大，但起于北方的京兆地方，可见当时身在南方的蒋介石的影响力已经非同一般。上海的英文报刊《北华捷报》也宣称：“蒋介石将军……希望取得对政府及军队的最高控制。”[④]

不仅国内如此，1926 年 6 月，当蒋介石就任国民革命军总司

---

① 参见《新中国柱石十人——两个月征求的结果》，《京报副刊》第 435 号，1926 年 3 月 11 日第 8 版。这次评选活动从 1926 年 1 月 4 日至 2 月 28 日，历时 55 天，共收到 791 票。因其中有人使用分数来投票，为保统计精确，发起者也以分数计算票数。如汪精卫共得 463 票又两个半票，所以是 464 票；蒋介石名下有十分之五和十分之六票，所以总数里就有个十分之一的分数。参见刘勃著：《我来封尾》，《京报副刊》第 434 号，1926 年 3 月 10 日第 8 版。

② 伏园著：《蒋介石先生》，《京报副刊》第 435 号，1926 年 3 月 11 日第 5 版。

③ 伏园著：《蒋介石先生》，《京报副刊》第 435 号，1926 年 3 月 11 日第 6 版。

④ ［美］汉娜·帕库拉著：《宋美龄新传——风华绝代一夫人》，第 135 页。《北华捷报》（*North-China Herald*），又名《华北先驱周报》或《先锋报》，是上海第一家英文报刊，由英国人创办。后转为创刊时间稍晚的《字林西报》的星期附刊，是中国最有影响的外文报纸之一。

的精明算计）①，蒋介石就是那个对他自己有最大信心的人。所以，在这种关键时刻，宋美龄作出同意嫁给蒋介石（前提是要说服宋母倪桂珍）的决定本身②，已经超出了一般婚嫁的意义，它其实是宋美龄在政治社会化调适期，思想认识得以提升、政治信念趋向成形的一个重要标志。也就是说，此时，经过一系列的社会冲击、思想波动和人生抉择之后，她的政治取向已经初步确定。

宋美龄回国后，无论是工作的选择还是伴侣的选择，其实都可视为她对未来人生道路的选择，宋美龄最后把两个选择合二为一——当选择蒋介石为人生伴侣时，她当然已经强烈地意识到，蒋介石的成功就意味着她会有更大的舞台可以施展自己的才干，成就自己的事业。那种单纯以向往权力来解读宋美龄与蒋介石联姻的观点，比较片面，值得商榷。作为近代中国有代表性的女性，宋美龄对国家和社会工作的渴望是真诚的，她希望能够有更大舞台来成就自己事业的激情是值得肯定的。再进一步讲，这可以说是宋美龄的政治动机的主要方面，并持久地影响着她一生中绝大部分时期。

第四节　宋美龄政治资质分析

经过前三个阶段，宋美龄作为政治人物的基本资质已经明显显露出来。但与宋庆龄相比，虽然出身于同一个家庭，同样受过西方教育，但由于年龄（两人相差六岁）、个性和在美国学习时间长短的差异，宋庆龄的政治资质表现得更早。宋庆龄出国时，已

---

① 宋蔼龄的智慧和能力在宋氏姐妹中被公认为最好的，宋美龄自幼就崇拜大姐，听大姐的话，留美回国仍然如此。熊丸在访谈中说道："我与孔夫人也熟，觉得她是个智者。蒋夫人有时候还会耍点小姐脾气，但对她的大姐却像对母亲一样，很听孔夫人的话。夫人（指宋美龄——引者注）也很听蒋先生的话，但若孔夫人对蒋先生所说的话有意见时，蒋先生往往也无第二句话。"参见陈三井访问，李郁青记录，熊丸口述：《我做蒋介石"御医"40年：熊丸先生访谈录》，团结出版社2006年版，第177—178页。普遍认为，在蒋宋联姻问题上，宋蔼龄起了关键作用。参见埃米莉·哈恩著：《宋氏家族——父女·婚姻·家庭》，第48—50页。

② 参见［美］布赖恩·克罗泽著：《蒋介石传》，第85页。

经是十四岁的大孩子，基本的价值观念已经确立，对事物的判断已经有了相对明确的标准。所以，受父亲影响而产生对革命的向往之情也就较宋美龄强烈。在美国学习期间，她仍然关注着中国社会变革，仍被国内的革命形势所吸引，为革命的成功而激动。她在留学期间所写的文章无一不流露出这种情怀。如在《留学生对中国的影响》一文中她感叹："这些学生回国后产生的影响几乎扩展到中华民族生活的所有领域，尤其是在政治、文化和社会改革诸方面。""留学生对社会变革产生的影响，过去和现在都是巨大的。"① 辛亥革命成功的消息传来，她写下了《二十世纪最伟大的事件》，倾诉她对革命成功的赞美和对革命后建立共和国的憧憬。在散文《阿妈》中，她同样表达了对新生共和国的理想，歌颂人与人之间平等、博爱的关系。宋庆龄在她学校的房间墙壁上挂的是自己国家的旗，蕴含着她对祖国的思念和牵挂。当父亲把一面崭新的五色旗寄给她后，她竟然兴奋地跳起来把龙旗从墙上扯到地上，双脚踏在旗上，欢呼："把龙拽下来！把共和国五色旗挂起来！"② 从这些事例中，我们可以清楚地看到宋庆龄政治化的个性在学校期就已经凸显出来，所以，她能在回国后相对较短的时间内，就完成了政治社会化的调试期，形成比较成熟和稳定的政治观念。

学生时代的宋庆龄

相比之下，宋美龄出国留学时还只是个小女孩，因为年纪小，她头脑中虽然有些革命道理，但远没有形成明确的标准，而她对在美国新接触到的一切都表现出超强的学习能力和适应能力，反而对中国国内的事情没有太过关注。她在学校期间，从来没有发表过像宋庆龄那样激情澎湃的政论性文章，辛亥革命的成功似乎

---

① ［美］埃米莉·哈恩著：《宋氏家族——父女·婚姻·家庭》，第70、72页。

② ［美］埃米莉·哈恩著：《宋氏家族——父女·婚姻·家庭》，第92页。

也没有使她受到多大的震动。[1] 她几乎游遍了美国，实际上，美国的每一个州她都去过[2]，她对美国的了解远远多于她对中国的了解，所以，在临近毕业时，她不但丝毫没有表现出急不可待地回国投入到革命大潮中去的迹象，反倒为即将返国而焦虑不安。[3] 即使是在回国途中，她所挂心的是一旦到家，“就不能像现在这样不负责任了”，所以，在归途中，她和哥哥宋子文大肆挥霍了一下，“每次餐后给侍者的小费，其数目超过了我在学院里一个月的津贴！”[4] 宋美龄甚至还与人浪漫地谈起恋爱。[5]

看到宋美龄这些表现，可能没有人会对她日后从政抱有什么幻想。在美国与宋美龄相处时间最长的宋庆龄这样描述过妹妹在美国的生活：“她是个讨人喜欢的小姑娘，她的大学生活过得多么惬意！”[6] 在二姐的眼中，宋美龄还是个单纯、快乐的小姑娘，这样的小姑娘怎么会有什么政治意图或政治野心！以至于当蒋介石想通过孙中山向宋美龄求婚时，宋庆龄的态度竟然如此激烈和决绝，她说宁愿看着妹妹死，也不愿看到妹妹嫁给蒋介石这样的人！人们都猜测，这种激烈表现的背后是宋庆龄不能忍受妹妹嫁给一个私生活那么滥的男人。通过上面的对比和分析，我们可以尝试从另一个角度来理解这件事情：依宋庆龄对革命的信仰，也许她无法忍受的还有蒋介石在政治上的摇摆不定和一些不光彩的前科。单纯的小妹嫁给这样的男人，岂不是羊入虎口吗！

所以，在前三个阶段，如果说宋美龄已经表现出超人的政治才干肯定是夸大其词的。但姐姐眼中单纯的小妹的确以另一种不同的方式积累了丰富的政治资质。

---

① 参见［美］埃米莉·哈恩著：《宋氏家族——父女·婚姻·家庭》，第 89 页。

② 参见［美］埃米莉·哈恩著：《宋氏家族——父女·婚姻·家庭》，第 115 页。

③ 参见［美］埃米莉·哈恩著：《宋氏家族——父女·婚姻·家庭》，第 104 页。

④ 《宋美龄写给艾玛的信》（1917 年 7 月 3 日），载《宋美龄文集》（未刊稿），南京大学中华民国史研究中心藏。

⑤ 《宋美龄写给艾玛的信》（1917 年 8 月 7 日），载《宋美龄文集》（未刊稿），南京大学中华民国史研究中心藏。

⑥ ［美］埃米莉·哈恩著：《宋氏家族——父女·婚姻·家庭》，第 115 页。

第一，宋美龄天资聪颖、好学、精力充沛。宋美龄的聪颖在哲学思辨方面表现得尤为突出。之所以专门来谈宋美龄的哲学学识，是因为在很多人看来，哲学与女人是有隔阂的，这种隔阂往往产生于女性擅长感性的思维，而不擅长理性的思维。而在宋美龄这里，她却表现得不同一般。在皮德蒙特学习时，她的哲学平均分数高达98分，成为唯一免期末考试的学生。① 而在韦尔斯利上学时，宋美龄选修了哲学，并曾为一名邻桌的美国姑娘提供帮助，使她能够顺利通过哲学考试，拿到了学分。② 回国后，她虽然拒绝了几份教书的工作，但却为受邀作一系列哲学演讲而跃跃欲试，还想着要把内容写成文章。③

宋美龄过着“惬意”的大学生活，还能在大学四年级获得韦尔斯利的最高学术荣誉“杜兰特学生”称号④，这也为宋美龄的聪颖天资提供了一项证明。但最能体现宋美龄智慧的，恐怕还是她的好学敏求和独立判断能力。她的大学老师回忆说：“她对许多事情都有了不起的见解。她常常提问，问各种思想的性质，今天跑来问文学的含义，明天跑来问宗教的定义。她思考伦理道德，并为自己探索某些准则，而人们对于准则往往是不问究竟地承袭相因，按现成的和盘接过。她是一个坚持真理的人；一旦发现向她灌输传统的谬误，她就愤愤不满……”⑤

早期与宋美龄接触过的人几乎都对她充沛的精力留下了深刻印象。回国后宋美龄一直在寻求一份真正有意义的工作，她不但在教会、中国电影检查委员会、上海童工委员会任职，还曾当选为上海留美妇女大学生同学会副会长，又是中西女塾姊妹会的秘书，她曾为《上海时报》写过文章，其中大部分是把中国民间故事翻译为英文，她还受邀作一系列哲学演讲。⑥ 另据《钱用和回忆

① 参见［美］埃米莉·哈恩著：《宋氏家族——父女·婚姻·家庭》，第66页。
② 参见［美］埃米莉·哈恩著：《宋氏家族——父女·婚姻·家庭》，第105页。
③ 参见［美］汉娜·帕库拉著：《宋美龄新传——风华绝代一夫人》，第106页。
④ 参见［美］埃米莉·哈恩著：《宋氏家族——父女·婚姻·家庭》，第103页。
⑤ ［美］埃米莉·哈恩著：《宋氏家族——父女·婚姻·家庭》，第104页。
⑥ 参见［美］汉娜·帕库拉著：《宋美龄新传——风华绝代一夫人》，第106页。

录》中记载：宋美龄回国后还曾“任美英华妇女会联席委员会秘书，该会成立于民国十年，专门研究工厂情形”①。除此之外，她还在家里补习汉语、中国历史和经典著作，参加各种社交活动，到北方和南方去旅行，除了少数几次生病的时间，她几乎没有让自己停息下来，她像一架旋转的飞轮，不知疲倦。精力之充沛，令人羡慕！“她那充满活力的个性与当时青年女子的行为规范大相径庭。”②

学生时代的宋美龄

一旦关注上什么问题，宋美龄就会全力以赴地投入到学习和研究当中。她在美国读书期间，经常心血来潮，用一个礼拜或者十天的时间，让自己远离所有的朋友，把自己关在房间里，到凌晨一两点钟才睡觉，她自己称之为“‘间歇’期间”。她说在“间歇”期间，她“常常完完全全沉溺于吸引我的、无法舍弃的这样那样的专题，直到我读书读得筋疲力尽为止”。别人对她这种状态的感受是她“会像熊一样暴怒、粗野”，而她自己认为“他们要我与人交往，但我那时甚至连道理都不想讲”，往往那些“间歇”结束时，她自己“已经疲乏不堪”。③ 由此可见她的投入程度。这种学习的劲头客观上也反映出她思想上的独立性，她不是个人云亦云的小女子，而是一个真正有独立学习能力和思考能力的知识女性，这是养成她政治素养的必备条件。

第二，宋美龄具有刚强坚韧的性格。刚强坚韧的性格是宋氏

① 钱用和著：《钱用和回忆录》，第164页。

② ［美］埃米莉·哈恩著：《宋氏家族——父女·婚姻·家庭》，第116页。

③ 《宋美龄写给艾玛的信》（1921年8月10日）（未刊稿），美国斯坦福大学胡佛图书馆藏。

三姐妹的共同特点，这大概缘于她们父母的言传身教和平日的宗教训练。宋美龄虽然在姐妹中最小，受到了很多照顾，但她在这方面一点也不逊色于两位姐姐。小时候，宋美龄被送到上海的中西女塾读书，那里两个楼之间有一段漆黑的通道，大多数女孩都害怕走这段路，而五岁的宋美龄，虽然心里也一样害怕，却能以顽强的毅力克服恐惧，独自在晚上从这条通道上走过。①

不轻易服输是宋美龄坚韧性格的主要表现，在美国读书期间也充分体现了这一点。有一次，她度假时住在一个朋友家，那里必须骑自行车去取邮件，糟糕的是她根本不会骑车，可是在某天下午，她以同样的毅力克服了困难，不但独自取回了信件，竟然还学会了骑车子。② 回国后，她虽然可以过上安逸舒适的生活，但并不沉迷于贪图享乐，她极力地想寻找一份有意义的工作，她可以把自己打扮得漂漂亮亮的去向有钱人募捐筹款，也可以去肮脏的工厂调查童工的遭遇；她在南北两个阵营之间游历，为自己的"一事无成"感到羞愧，并在春寒料峭中忍受坐几十个小时不供应食物、不供水也没有暖气的火车，到北京给在悲痛中的二姐送去慰藉。③

她似乎对任何事情都没有畏难情绪，在宋美龄成为第一夫人后，这种性格品质曾多次让她在困境中坚守下来，完成了一个又一个的政治使命。她一生的命运都写在她的性格里了。

第三，宋美龄具有强烈的政治意识，个性上有明显的政治倾向。宋美龄的政治意识虽然表面上不如二姐宋庆龄表现得那么鲜明，却以另外一种方式体现出她潜在的强烈政治意识。比如，她对美国南方和北方的区别认识。由于历史原因，美国的南方和美国其他地方相比存在着相对较大的差异，这里形成了相当特殊的文化和历史背景，包括早期欧洲殖民时期留下的痕迹、对于州权原则的坚持、早期的奴隶制度以及在美国内战中受到的冲击，这

---

① 参见［美］埃米莉·哈恩著：《宋氏家族——父女·婚姻·家庭》，第 45 页。
② 参见［美］汉娜·帕库拉著：《宋美龄新传——风华绝代一夫人》，第 24 页。
③ 参见［美］汉娜·帕库拉著：《宋美龄新传——风华绝代一夫人》，第 122 页。

使美国南部形成了她独特的传统、文学、音乐形式以及饮食文化。初到美国的宋美龄就读于南方学校，她接受的是南方的口音、文化和历史背景，在感情上她倾向于美国的南方。所以，当她到北方参加暑期补习班时，她曾以具有鲜明政治倾向的回答拒绝了历史老师叫她述说谢尔曼（美国南北战争时期北方的著名将领——引者注）进军佐治亚州经历的要求，她答道："原谅我，我是个南方人，这个议题使我很难过，我可以省去它吗？"① 当她因宋庆龄回国而转到位于美国东北部的韦尔斯利学院就学时，她的政治嗅觉又产生了反应，在开学第一天，她就走进校长办公室宣称："唔，我估计，在这儿我不会呆［待］很久。"②

她在韦尔斯利主修的是英国文学，当时和她在一起的人并不记得她的英国文学学得如何，反而对"她特别喜欢亚瑟王骑士传奇故事中的激烈战斗场面"③ 印象深刻，而这位亚瑟王被认为是在罗马帝国瓦解之后，率领圆桌骑士团统一了不列颠群岛的传奇人物。宋美龄对亚瑟王故事的喜爱表明她崇尚英雄的心理，加之她自幼被灌输了很多关于改造国家的思想，而且这些思想有相当一部分是通过父亲把自己的历险经历编成小故事传递给他们兄弟姐妹的，在这些小故事里，父亲就是那个勇于战斗的传奇英雄，而宋美龄自小结识的孙中山更具这种传奇英雄的色彩，这些似乎都与她日后选择嫁给被英雄化的蒋介石有着某种必然的联系。无论是父亲在世时，还是父亲去世后，宋美龄实际上一直生活在一种充满政治因素的环境中，她与政治其实早就熟稔了，甚至可以说，她的生活中从未缺少政治，只是时机不到，她的政治倾向难以显露出来而已。直到当她"众里寻他"时，她对蒋介石的选择不仅仅是一种英雄情结的体现，更是她主动选择政治的重要体现，这一举动使她的政治意识和政治倾向完全展示出来。

另外，她的政治倾向从不轻易动摇，从在美国经历了进步主

---

① ［美］埃米莉·哈恩著：《宋氏家族——父女·婚姻·家庭》，第 70 页。
② ［美］埃米莉·哈恩著：《宋氏家族——父女·婚姻·家庭》，第 104 页。
③ ［美］埃米莉·哈恩著：《宋氏家族——父女·婚姻·家庭》，第 103 页。

北伐中的蒋介石

令率领北伐军进行北伐并凯歌前进时，国外的媒体也在关注着中国政坛的惊人变化。美国《财星》（*Fortune*）杂志的报道称："他（指蒋介石——引者注）征服中国。"《纽约时报》也说："中国出现一位新强人，[、]新的常胜军……他已主宰半个中国。在中国长久的历史上，再没有可比得上像它［他］这样连连告捷。"① 此时，蒋介石就像一颗冉冉升起的政治新星，正举世瞩目——他手握兵权，是国民政府中最有实力的人物，是众人心目中正在征服中国的政治强人，也是当时实现统一中国呼声最高的人选之一。在这些光环的粉饰下，蒋介石即使有些不堪的过往也都被淡化掉了，他在宋美龄心目中的地位更加稳固。

1927 年 8 月，蒋介石宣布下野时，摆出一种高姿态，他在做好军事部署，提出三点愿望，表示自己权力解除之后，"仍以党员之资格努力于党务，以国民之资格贡献于建国，更以袍泽相从之旧谊，对国民革命军事，贡其一得而辅助其成功"②。但是，当时很多人都相信蒋介石此次下野不过是以退为进、欲擒故纵而已。蒋介石不过是以辞职表明他是一个必不可少的人，一个唯一可以依赖的"中国救世主"，所以，他很快就会回来的。③ 蒋介石宣布下野四天之后，《北华捷报》报道：国民革命军士气崩溃。地方报纸也报道：南京政府停摆。④ 一切迹象似乎都表明，蒋介石复出是早晚的事情。宋美龄虽然见多识广，但此时也许还是第一次见识这种大手笔的运筹帷幄，她越发相信（当然还要加上大姐宋蔼龄

① ［美］汉娜·帕库拉著：《宋美龄新传——风华绝代一夫人》，第 133 页。

② 王正华编注：《蒋中正"总统"档案：事略稿本①》，台北"国史馆"2003 年版，第 678 页。

③ 参见［美］布赖恩·克罗泽著：《蒋介石传》，第 82、85 页。

④ 参见［美］汉娜·帕库拉著：《宋美龄新传——风华绝代一夫人》，第 157 页。

义对社会主义的批判后，她终身没有改变对社会主义运动的看法和态度；而从幼年庭训中就已经接受的爱国、救国观念，她也终生没有背离。

第四，宋美龄拥有较全面的政治能力，如组织能力、宣传鼓动能力、思维能力、观察判断能力和自信力等。她的组织能力和宣传鼓动能力在读书时就已经表现出来，例如在卫斯理安，宋美龄和另外两个年龄较小的女孩子仿造大女生的联谊会创办了属于她们自己的联谊会——“三个小家伙”，并成功地把学校负责人和所有老师都拉入她们的组织。① 她们还创办了一份报纸，宋美龄担任这份报纸的灵魂人物——文字编辑，而这份“毫无价值”的小报的声名竟然远播美国东部某大学！②

家庭的和谐与学业的顺利，使宋美龄养成了自信的心态，当美国东部某大学向她们三个小女孩索要报纸以便记录美国最年轻编辑的作品时，宋美龄毫不犹豫地要求他们必须同样付五美分的买报纸的费用，尽管年纪还小，但她肯定把尊严看得比那份报纸的售价重得多。宋美龄对自己从来都是充满自信的，她思维一贯敏捷，曾有人想拿她的东方面孔揶揄她：“喂，美龄，我认为你的脸象［像］是画出来的！”宋美龄则机灵而辛辣地回道：“是的，在中国画出来的！”③ 身处异国他乡，她依然表现得我行我素：“她脚登［蹬］结实的美国鞋，身穿和大家一样的美国裙。但是她经常用一些色泽明快的丝绸在自己宽大的短外套或茄克衫上做点缀，使其具有东方人的一点特点。”④ 从她的言行中，无处不体现出那种从容的自信力。

演讲是最直接的宣传手段，宋美龄的演讲才能除了自幼在家庭中得到培养以外，她在大学里还选修了讲演课，毕业回国后，她对哲学演讲跃跃欲试，表明她对自己的演讲天赋很自信。

---

① 参见［美］埃米莉·哈恩著：《宋氏家族——父女·婚姻·家庭》，第57页。

② 参见［美］埃米莉·哈恩著：《宋氏家族——父女·婚姻·家庭》，第59—60页。

③ ［美］埃米莉·哈恩著：《宋氏家族——父女·婚姻·家庭》，第59页。

④ ［美］埃米莉·哈恩著：《宋氏家族——父女·婚姻·家庭》，第105页。

宋美龄回国后在工作中表现出来的能力也是可圈可点的，她如脱颖囊锥，令人瞩目。初出校门，宋美龄就被委以各种重任，表现出敢于担当、勇于作为的个性。她对任何一项工作都充满自信，只有她不满意工作不能满足她实现自我价值的时候，却没有她自己感觉不能胜任某项工作的时候。

1919 年五四运动爆发后，身处上海的宋美龄敏锐地感觉到这是一场意义非同寻常的政治运动，她谨慎地拒绝了上海几家报纸邀她对运动中出现的抵制日货问题发表意见的访问，在给朋友的信中，她冷静地分析道："我觉得这个杯葛运动（源自英国的一种抵制运动，如不参与、不买卖、不工作、不援助、不接触，以促使对方反省的运动，均称为"杯葛运动"——引者注）只有在导致有建设性的方案后才会有效果。你可以肯定的是，日本人会把这个运动统统怪罪到中国人身上，一旦时机到了，他们会要我们付出代价。如果我们还没准备好面对他们……我们就惨了。因此，我固然赞成此一杯葛运动，因为它向全世界展现……我们全国十八省团结一致，我觉得杯葛到底还是太消极了。"① 首先，在评论中宋美龄已经注意到了这场运动体现的十八个省的团结一致；其次，她对中日两国的实力对比心中有数，所以担心日本的报复。当然她还是认同这场运动的政治效果，"你应该看看他们（指日本人——引者注）现在在角落里窜走的模样。他们让你想到丧家之犬夹着尾巴的模样……日本政府吓坏了，派出四艘炮艇到上海"②。这种观点在当时可以代表相当一部分保守主义者的看法。这里不妨提一点，宋美龄在 1919 年对日本的认知，与 1928 年 5 月蒋介石处理济南惨案时对日本的态度竟有几分相似。这再次证明，两人能够一拍即合，相互倾慕，政治观念上的共识不容忽视！

总之，宋美龄在正式踏上政治舞台前，就已经显露出她的才华和能力，她"常常有一种内在的力量"③ 吸引着别人，她似乎有

---

① ［美］汉娜·帕库拉著：《宋美龄新传——风华绝代一夫人》，第 75 页。
② ［美］汉娜·帕库拉著：《宋美龄新传——风华绝代一夫人》，第 76—77 页。
③ ［美］埃米莉·哈恩著：《宋氏家族——父女·婚姻·家庭》，第 104 页。

一种天生的领导才能。

青年时代的宋美龄

除了以上列举的各种政治资质以外，宋美龄生性活泼，喜欢社交活动，而且有很强的社交能力，加之她具有扎实的英语功底，以及她对西方文化的体验和吸收，她对西方人的心理与习惯的深度了解，都为她提供了很好的外交资质。由于去美国时年龄小，在美国学习的时间长，所以，在这一方面，她的优势在当时的中国女性中几乎无人能与之相比，包括她的两位姐姐。①

而且，难能可贵的是，宋美龄回国后，仍然一直保持着对美国和西方的关注，所以，她对西方的了解从来没有间断，她与西方（或者说是美国）交流的唯一障碍就是它们是否像她了解西方那样了解中国，这也正是她日后始终试图解决的难题。

当然，并不是说宋美龄已经完全具备了一个合格政治家的素质，她还有很多缺点，比如，爱发脾气，却又不愿意掩饰。小时候她与小朋友激烈争吵，被问及“你那样大发雷霆，自己不感到丢脸吗”，她竟得意地回答“我就喜欢这样干”。② 成年以后，她常常表现出对她不满意的事物严重缺乏耐心，她可以完全不顾及形象，当着朋友的面来训斥在她眼中不会打扫卫生的女佣③，也可以不顾礼俗，在社交场合表现出一种不耐烦的情绪，如在打麻将

---

① 卫斯理安学院的人说，两个姐姐有时学起美国的习惯和方言是很困难的，而宋美龄轻而易举地就适应了学校的环境，当然，这不仅是她岁数更小的缘故，还缘于她曾长期寄宿在学校的老师家中或其他朋友家中，有更多机会了解美国人的生活和习惯。三姐妹回国后，宋庆龄为帮助丈夫仍然要致力于外语学习，而宋美龄一口流利的美语在当时被公认为是最出众的。参见［美］埃米莉·哈恩著：《宋氏家族——父女·婚姻·家庭》，第 59、107—108 页。

② ［美］埃米莉·哈恩著：《宋氏家族——父女·婚姻·家庭》，第 59 页。

③ ［美］埃米莉·哈恩著：《宋氏家族——父女·婚姻·家庭》，第 118 页。

时会随心所欲地突然站起来告辞。[①] 她的率性而为表明她的自制力差，缺乏耐心，欠缺沉稳，在日后的政治磨砺（或者说政治再社会化）过程中，这些不足虽然未能完全克服，但明显有了大的改进。而且，随着时间的推移，政治上不断走向成熟的宋美龄，原有的各种政治资质也在不断升华，使她在政治舞台上更加如鱼得水，游刃有余。

经过前三个阶段的政治社会化过程，宋美龄的政治观点体系可以说已经初具雏形。我们不妨来总结一下她在前三个阶段政治社会化的主要成果。第一，中国必须进行变革，对变革的手段和方法虽然还不是十分明确，但她显然反对暴力革命的手段。第二，北洋政府腐败透顶，她起码赞同铲除它；她赞赏中国团结一致对外，但此时还看不出她对统一全国各派势力问题的具体看法。第三，她在政治倾向上抵制共产主义运动，不信任共产党。[②] 第四，她信任蒋介石，把他视为孙中山之后中国的“英雄”。第五，她要让自己的生命更有价值，她在选择嫁给蒋介石的时候，已经为自己的政治人生做好了心理准备。第六，她已经具备国家观念和民族意识，她对美国在各方面显示出来的优势并不盲目接受，而对帝国主义在中国的侵略和掠夺还在冷眼旁观。

这些前期成果对宋美龄的政治行为和基本政治心理定势产生了持久、稳定和深刻的作用。但这并不意味着政治社会化的过程就此结束，由于各种因素的变化与个人思想的相互作用结合起来，就可能使个人原有的政治观点体系发生某些变化，甚至根本的变化，这就是政治社会化的第四阶段——再社会化过程。再社会化期通常是很长的过程，它包含三种可能：一是对自己原来的政治观点体系的丰富化和深刻化；二是对原来的政治观点体系的淡化、弱化；三是对自己原来的政治观点体系予以根本否定和推翻而以

---

① ［美］埃米莉·哈恩著：《宋氏家族——父女·婚姻·家庭》，第 168 页。

② 宋美龄有可能参与了阻挠宋子文回武汉掌管财政的活动。参见［美］汉娜·帕库拉著：《宋美龄新传——风华绝代一夫人》，第 151 页。

另一种代之。[①] 宋美龄的政治再社会化过程因其经历的历史时段较长（七十多年）、政治环境前后变化较大、人际交往的复杂性、个人多重角色的冲突以及身体状况的影响等因素的共同作用，必然会在其原来的政治观点体系的基础上发生某些变化，但总体来看，这些变化是对她原来政治观点体系的丰富化和深刻化。后面的几章将以此为重点来展开，主要阐述宋美龄政治观点体系整体上的变化，以及导致这种变化的主要因素、变化的主要表现、变化所带来的影响等。

① 参见王科编著：《政治心理学》，第 250—251 页。

第二章　早期政治观念的初步形成与展现
（1927 年—1937 年）

第一节　蒋宋联姻中的政治意义

宋美龄真正踏上政治之途要从她与蒋介石结婚算起。1927 年 12 月 1 日，两人举行了隆重的结婚典礼，婚礼集一时之盛，也成为当时人们议论的主要对象。很多人直接批评宋美龄与蒋介石的

蒋宋婚礼盛况

婚姻是政治婚姻，并对此采取讥讽的语气和言辞。比如，有人醋味十足地评判："宋美龄女士是多么使人羡慕啊！在男子方面，爱慕她的芳名，在女子方面，羡慕她的荣华（?）真的中国二万万女子，独美龄女士有幸福，邀'英雄'的'青眼'能嫁一个'劳苦功高'的'总司令蒋介石'［,］只这一点儿，也就可以使'好虚荣'、'爱英雄'，［、］'崇党国'的妇人女子垂涎了。啊［,］威风凛凛的'蒋总司令'也要拜倒她的裙下，这真是妇女们的荣耀（?）!"① 引文中的单引号和圆括号里的问号都是原文作者特意加上的，很明显是力图达到一种讥讽的效果，似乎宋美龄贪图荣华富贵，时人雾里看花，只看表面现象，而并不热衷去了解宋美龄的真实想法和追求。

宋美龄并非能够满足于享受个人安逸生活的女人，否则，她有很多机会成为她所鄙夷的那种"中国上流社会妇女所过的那种自私生活"中的主角。她除了像其他姑娘一样关心裙子的花边和旗袍的款式等物质方面以外，她的精神世界比一般的姑娘更丰富，她有理想、有抱负，相较于物质方面的东西，她更关注自己的命运如何能够通过"从事建设性工作"而与国家的命运紧密地联系在一起。宋美龄"爱英雄""崇党国"也许不假，但"如果说美龄嫁给总司令是出于一种义务感，那是不公平的，因为她绝不是一个书生气十足的人。不过她确实期待着能够协助蒋介石统一中国，这无疑也是她与蒋介石结合的原因之一"②。

时人更集中"火力"对蒋介石进行了种种嘲讽、猜测和判断，如著名报人张季鸾所谓"离妻再娶，弃妾新婚，皆社会中所偶见，独蒋介石事，诟者最多，以其地位故也。然蒋犹不谨，前日特发表一文，一则谓深信人生若无美满姻缘，一切皆无意味；再则谓确信自今日结婚后革命工作，必有进步。反翘其浅陋无识之言以

---

① JAS 女士著：《宋美龄女士的荣宠》，《幻洲半月刊》1928 年第 8 期下部，第 435 页。

② ［美］埃米莉·哈恩著：《宋氏家族——父女·婚姻·家庭》，第 151 页。

眩社会"[①]。还有人讥讽"蒋介石婚姻革命在革命史上的价值要胜过他的战事功绩百十倍"[②]。更多的人对蒋介石搞"政治婚姻"不齿，即认为蒋介石通过与宋家联姻，从而取得江浙财团和英美势力的支持，从而达到权力顶峰。如果从这场婚姻的各种表象来说，"政治婚姻"的确很能说明两人结合的意义。管见所及，这场婚姻的政治性虽然客观存在，但一味以"政治婚姻"来贬斥的观点也有待商榷。

认同这场婚姻客观存在政治性有这样几个原因。首先，两个人从定情到结婚的时机很耐人寻味。蒋介石的政治野心在 1926 年北伐后已是尽人皆知，但蒋介石与宋美龄定情和结婚不是在他辉煌的时候，而是在蒋介石第一次下野前后。1927 年 10 月 1 日，上海《申报》上登载了一篇题为《蒋宋订婚之经过》的国闻通讯社的报道，从报道的上下行文来看，这篇报道意在维护蒋宋形象，为宋美龄以掌握财权为结婚条件和蒋宋同乘专车到南京等说法辟谣。报道先是郑重地声称：在蒋介石下野之前，宋美龄确曾劝告他，"以促成宁汉合作，避免党的分裂"，"确赞成蒋出洋游历，以广学识"。[③] 所以，这篇报道给人留下的第一印象首先是宋美龄赞成蒋介石下野，这是否属实权且不论，这样的报道无疑给蒋介石的下野增加了可信度，似乎也使人对宋美龄在蒋介石下野后反而答应嫁给他的疑问得到了些许解答，还为他们贴上了不求功利的标签，只是这篇报道的意图太过明显了。

当时，报上还发表了一篇蒋介石写给宋美龄的情书，言辞很谦恭："余今无意政治活动，唯念生平素慕之人，厥唯女士。前在粤时，曾使人向令兄姊处示意，均未得要领，当时或因政治关系，顾余今退而为山野之人矣，举世所弃，万念灰绝，曩日之百对战疆，叱咤自喜，迄今思之，所谓功业，宛如幻梦。独对女士才华

---

① 社评：《蒋介石之人生观》，《大公报》1927 年 12 月 2 日，第 1 版。

② 伯一著：《蒋介石的婚姻革命》，《幻洲半月刊》1928 年第 8 期下部，第 433 页。

③ 《蒋宋订婚之经过》，《申报》1927 年 10 月 1 日，第 4 版。

容德，恋恋终不能忘，但不知此举世所弃之下野武人，女士视之，谓如何耳？”[①] 这封情书是蒋介石下野后在浙江老家溪口写给宋美龄的，时间大致应为 1927 年的 8 月。[②] 9 月，蒋介石回到上海，得到宋美龄对婚事的私下答允，两人于 9 月 26 日订婚。[③] 10 月初，蒋介石在日本神户拜晤宋母，并得允与宋美龄的婚约。[④] 但先前提到的情书却在此之后公布于报刊。

从时间上来说，蒋宋的婚姻已成定局，这封情书已经对蒋宋的婚事没有什么意义；从披露的媒体来看，是远在天津的《益世报》，而不是上海或南京的什么报纸，而且这显然是故意披露出来的，如果不是当事人愿意拿出情书来，别人是无从知晓的。这不仅使人疑惑为什么在这个时间有人故意披露这样一则情书呢？我们对此知之甚少，只能按当时的情形作合乎情理的分析：这封情书的披露一则是为了使人们相信蒋介石果真有下野远离政治之意；二则是为了使人们相信宋美龄嫁给蒋介石绝非贪图他的地位和荣耀。

至于，到底是谁故意而为之，虽不能妄下断言，但可以从《益世报》的天主教背景和它所处的天津这个北方大邑来推断一下。宋美龄曾经在给美国朋友写信时提到过与大姐宋蔼龄一家和哥哥宋子文到华北游玩，并提到：他们的第一站是北方大港天津，“姐姐在这儿有许多朋友，我们从早到晚忙着坐车、喝茶、吃饭、看戏，从没有在凌晨一点三十前上床睡觉的”[⑤]。足见宋蔼龄在天津的朋友的确是极多的。宋家的宗教背景也是尽人皆知的，两者联系起来不免令人产生联想：这封情书会不会是宋蔼龄运用自己的关系网有意在远离斗争核心——上海、南京以外的地方吹了点儿小风，其用意正如上面分析的那样，把蒋介石和宋美龄都“洗干净”了。但实际上，企图用这种办法来否定或淡化蒋宋联姻的

① 李勇、张仲田编：《蒋介石年谱》，第 158 页。
② 参见李勇、张仲田编：《蒋介石年谱》，第 158 页。
③ 参见《蒋介石日记》1927 年 9 月 26 日，美国斯坦福大学胡佛研究所藏。
④ 参见李勇、张仲田编：《蒋介石年谱》，第 159 页。
⑤ ［美］汉娜·帕库拉著：《宋美龄新传——风华绝代一夫人》，第 101 页。

政治意义，反而有欲盖弥彰之嫌。

其次，蒋介石的前后表态，也很耐人寻味。如 11 月 26 日，蒋介石在上海《申报》上刊发了《结婚启事》，称要节约婚礼费用和办酒席的资费用以发起废兵院，“以完中正昔日在军之私愿。宋女士亦同此意”①。但后来的婚礼却盛况空前，丝毫没看出有节约的迹象，然而那种意欲操纵舆论的意图却是如此显而易见。

12 月 1 日，蒋介石与宋美龄结婚当日，蒋介石又特意在上海报纸上发表了《我们的今日》以志结婚感想，全文如下：“余今日得与余最敬最爱之宋美龄女士结婚，实为余有生以来最光荣之一日，自亦为余有生以来最愉快之一日。余奔走革命以来，常于积极进行之中，忽萌消极退隐之念。昔日前辈领袖问余：汝何日始能专心致志于革命？其他厚爱余之同志，亦常讨论如何而能使介石安心尽革命之责任。凡此疑问，本易解答，唯当时不能明言，至今日乃有圆满之答案。余确信余自今日与宋女士结婚以后，余之革命工作必有进步。余能安心尽革命之责任，即自今日始也。余平时研究人生哲学及社会问题，深信人生无美满之婚姻，则做人一切皆无意义；社会无安乐之家庭，则民族根本无从进步。为革命事业者，若不注意于社会之改革，必非真正之革命，其革命必不能彻底。家庭为社会之基础，欲改造中国之社会，应先改造中国之家庭。余与宋女士讨论中国革命问题，对于此点实有同一之信心。余二人此次结婚，倘能于旧社会有若何之影响、新社会有若何之贡献，实所大愿。余二人今日，不仅自庆个人婚姻之美满，且愿促进中国社会之改造。余必本此志愿，努力不懈，务完成中国之革命而后已。故余二人今日之结婚，实为建筑余二人革命事业之基础。余第一次遇见宋女士时，即发生此为余理想中之佳偶之感想；而宋女士亦尝矢言，非得蒋某为夫，宁终身不嫁。余二人神圣之结合，实非寻常可比。今日之日，诚足使余二人欣喜莫名，认为毕生最有价值之纪念日。故亲友之祝贺。亦敬受而

---

① 周美华编注：《蒋中正“总统”档案：事略稿本②》，台北“国史馆”2003 年版，第 150 页。

蒋介石与宋美龄结婚照

不敢辞也。”①

文中实际上表达了蒋介石的两个想法：第一，对婚姻美满满怀信心；第二，因坚信婚姻美满而对未来革命事业充满信心。客观而论，这肯定是一篇极不成功的“广而告之”，因为它让那些与蒋介石持不同政见的人和那些善于“捕风捉影”的报人抓住了很多漏洞，并借以对蒋介石进行猛烈的攻讦，很多人认为这是证明蒋介石是个假革命最有力的证据。但如果仔细阅读这篇短文，对它的文法、结构、语气详加细品，难免有些失望，会有一种未经深思熟虑、兴冲冲而作的感觉，似乎因为写者在异常兴奋的状态下不知如何表达自己的心声，而写上了很多自认为真诚但很容易引起歧义的话。就好像一个处于忘乎所以的兴奋中的人，本想对大家说几句掏心窝子的话，却无意之中成了大家的笑柄或靶子。

无论怎样，这篇《我们的今日》很清楚地表达了这场婚姻是“革命婚姻”的性质，与之前写给宋美龄的那封情书中所言“余今无意政治活动”完全不同，似乎换了一个人。为何前后有如此之大的变化？哪一个才能体现蒋介石对“政治”或“革命”的真实想法呢？也许不同情境下有不同的心境，此一时彼一时；也许心仪之人不但没有弃之于“举世所弃”之时，五载痴心终于换得“一朝拥得美人归”的圆满结局，当真激发出蒋介石的“英雄”气概，从而下定决心“务完成中国之革命而后已”。正如时人对这篇“广而告之”的讥评：“蒋前总司令的抱负和结婚的意义不是很明白了么？”② 难怪西方人把这篇结婚感想解读为蒋介石的政治声

① 周美华编注：《蒋中正“总统”档案：事略稿本②》，第 155—158 页。
② 章克标著：《评蒋宋结婚的仪式》，《一般》1927 年第 4 期，第 566 页。

明——他将准备重新掌握指挥权。[①] 单从这个角度来讲，这场婚姻的确算得上是带有政治意义的婚姻。

再次，人们注意到婚礼的整个过程的确很不同于一般婚礼。除了举行了两场仪式以外，礼堂的布置也很特殊："在宋公馆者，设在西首花厅，正中悬宋女士父亲之遗像……在大华饭店者，设在跳舞厅，东首正中以柏子红布及鲜花筑成一亭子，亭后高悬党旗国旗，亭内正面悬总理遗像，正中后以柏子红布暨鲜花筑成一悬钟，亭前两旁，又以柏子白布暨鲜花筑成白鸽一对……"[②] 在宋家挂上宋耀如的遗像是可以理解的，但在大华饭店的礼堂里挂上党旗国旗和孙中山的遗像，这恐怕在当时的婚礼时尚中是首创，而且放在这样特殊的政治人物的婚礼上，更使人联想到特殊的政治涵义——我们是国父孙中山遗志的继承者?！难怪乎当时《上海时报》点评："这次婚姻使得南京军队过去最强有力的领导人和新娘的哥哥宋子文博士的家庭以及国民党创始人、已故孙中山博士的家庭联结成一体。"[③]

在这之前，还有一段插曲。起初，蒋介石到日本游说宋母取得满意结果后，本想让宋美龄马上到日本，"但她（指宋母——引者注）不希望三妹（指宋美龄——引者注）来此，因为她怕三妹和我会在日本住下、立刻结婚。我有点失望，因此发电报给三哥（亦指宋美龄——引者注），请她尽快前来日本"[④]。宋母所担心的其实正是蒋介石所思的，思而不得所以才会失望。蒋介石希望能尽快与宋美龄在日本完婚，这不禁使人联想到当年孙中山与宋庆龄在日本举行婚礼的模式，蒋介石对此是否寄予了某种意图呢?虽然不得而知，但从上海举行的婚礼仪式看，这种意图已经表露无遗。

---

① 参见［美］斯特林·西格雷夫著：《宋家王朝》（全译本），澳门星光书店 1985 年版，第 253 页。

② 章克标著：《评蒋宋结婚的仪式》，《一般》1927 年第 4 期，第 567 页。

③ 余万里、张植荣、张晓明著：《晚年宋美龄》，《海峡两岸》1997 年第 4 期，第 14 页。

④ ［美］汉娜·帕库拉著：《宋美龄新传——风华绝代一夫人》，第 173 页。

然而，作为孙中山遗志最坚定的拥护者和继承者——宋庆龄显然不愿意给蒋介石提供实现其意图的任何表示。蒋介石与宋美龄即将结婚的消息传来时，她正远走他国，曾发电报给宋美龄劝她不要嫁给“那个蓝胡子”①，宋庆龄最后也没有回国参加妹妹的婚礼。从宋庆龄的举动来看，她明显是担心她的态度会使人联想到她认同蒋介石继承孙中山的领袖地位这个敏感问题，而实际上，她的这种消极抵制的确发挥了作用，人们对此议论纷纷。可以想见，如果宋庆龄站在婚礼的现场，礼堂里挂着孙中山的遗像，而婚礼的主角一个是自称为国父的学生、并且已经站在权力顶峰边缘的蒋介石，一个是国母唯一的妹妹宋美龄，那将会使人受到怎样的暗示啊！虽不能说据此就能确立蒋介石的领袖地位，但至少会令人感觉是对蒋介石继承孙中山的“革命性”的一种肯定。毕竟中国人是擅长通过某些形式上的外在表现来传递某种暗示和信号的。所以，宋庆龄不可能不顾及于此，她没有出现在婚礼现场实则明确地表明了自己的立场。尽管如此，宋庆龄无力防止蒋介石以其他的方式——如在大华饭店的礼堂里挂上党旗国旗和孙中山的遗像——刻意地去营造他想要的效果。

宋庆龄与宋美龄合影

不管怎样，从这桩婚姻的影响来看，它的确不能摆脱“政治婚姻”的客观事实，但就宋美龄个人来说，她有自己的考虑。宋美龄绝不会单纯因为蒋介石的某种政治意图而答应与他结婚，她

① ［美］汉娜·帕库拉著：《宋美龄新传——风华绝代一夫人》，第 173 页。“蓝胡子”，英文 Bluebeard，也作青须公，是法国民间传说中连续杀妻的人，他家道富有，长着难看的蓝色胡须。后人们用以指代花花公子、乱娶妻妾和虐待老婆的男人。

不可能把自己放在牺牲品或傀儡的位置上，那绝对不是她的性格。正如埃米莉所说，宋美龄不是“出于一种义务感”才嫁给蒋介石的。[①] 在宋美龄看来，这场婚姻是为她提供施展抱负的最佳选择的机会。尽管没有人能够准确地预测蒋介石——这个被视为当时中国“柱石”级的青年政治人物——到底能否取得成功，但他的谋略手段已经折服了宋美龄，使她甘愿与之共进退。

正如前面所提到的，对蒋宋之间是政治婚姻有两种解读：一是认为蒋介石以此来建立与江浙财阀的密切联系，增强自己的经济实力；二是认为蒋介石以此来寻求西方（主要是美国）的支持，以获得外交后盾。倘若果真如此，蒋宋联姻的政治动机就更加鲜明了。但现在看来，这两种说法都难以立足。第一种说法已经被认定是日本人编造的谣言[②]，这里不再赘述。至于第二种说法，根据现有资料分析，也存在种种疑点。

蒋介石与宋美龄

① 参见［美］埃米莉·哈恩著：《宋氏家族——父女·婚姻·家庭》，第151页。

② 参见陈在俊在讨论［日］久保田博子的《日本杂志上的宋美龄像》时的发言，载秦孝仪主编：《蒋夫人宋美龄女士与近代中国学术讨论集》，第289页。陈在俊在发言中指出：这是战前日本最早所造的谣，宋子文、孔祥熙从前并不是中国最有财力的人，宋子文根本与所谓江浙财阀毫无关系。蒋介石主要是依靠宁波帮的支持。宋子文做财政部部长后，也只是以财政部部长的立场来跟各财团发生关系。陈在俊认为，蒋介石是因为和宋美龄结婚才会得到江浙财阀的支持，这是完全错误的说法。

印证蒋宋联姻意在寻求西方支持的说法最常被引用的证据之一，就是布赖恩·克罗泽在《蒋介石传》中曾援引《大公报》创始人之一胡霖（胡政之）的一段分析："蒋的再婚是一次精心预谋的政治行动。他希望通过成为孙中山夫人（宋庆龄）和宋子文的妹夫来赢得他们。那时，蒋也开始考虑寻求西方的支持。如果美龄成为他的妻子，他便在与西方人打交道时有了'嘴巴和耳朵'。此外，他一直十分欣赏子文在财政方面的才干。但是，如果说蒋没有爱上美龄，那是不公平的，蒋显然把自己视为一名英雄，而在中国历史上自古都是英雄爱美人。出于政治上的考虑，蒋可以做任何事情。在当时的情形下（着重号为引者加），娶一位新妻子对蒋来说是非常合理的。"① 这段话后来又被西格雷夫在《宋家王朝》中转引②，以致流传甚广，使很多人都坚信不疑——蒋宋联姻的政治预谋之一就是为了"寻求西方的支持"。这种分析表面上合情合理，但仔细研究却不难发现，"在当时的情形下"几个字表明这是胡霖做"事后诸葛亮"所发的议论，实际上蒋宋结婚的时候，是否有人把这场婚姻与西方扯上关系，笔者不敢断言。但至少到现在为止，笔者还没有看到蒋宋结婚的时候有足以引起人们注意的这种议论。

从表面上分析，当时国内政治和军事斗争激烈，日本又对中国蠢蠢欲动，蒋介石要寻找外援的说法似乎合情合理，找外援做后盾是当时中国各派政治势力通常采用的一种手段。蒋介石选择以英美等西方国家作为外援来抑制日本似乎也是最理想的，孙中山在决定联俄之前也曾有此愿望。③ 恰好宋美龄有留学美国和信仰基督教的背景，在婚礼仪式上又出现了美国太平洋舰队司令布里斯托尔上将和英国、挪威、法国等国家领事的身影④，把这些联系在一起，很容易使人认同胡霖的分析。

---

① ［美］布赖恩·克罗泽著：《蒋介石传》，第84页。

② 参见［美］斯特林·西格雷夫著：《宋家王朝》（全译本），第243页。

③ 参见［美］吉尔伯特·罗兹曼主编：《中国的现代化》，国家社会科学基金"比较现代化"课题组译，江苏人民出版社2003年版，第203页。

④ 参见［美］斯特林·西格雷夫著：《宋家王朝》（全译本），第252页。

然而问题在于：早在与宋美龄联姻之前，蒋介石已经靠自己在北伐中的表现引起西方对他的关注。如果以这种联姻的方式可以实现“寻求西方的支持”，早在孙中山娶宋庆龄时就应该体现出来了，可是孙中山并没有因为娶了宋庆龄就得到西方的支持。再深究下去还会发现，蒋介石为获得宋美龄的芳心曾对她进行了长达五年的追求，是否说明那时蒋介石就有了寻求西方支持的想法，并需要由宋美龄来做他的“嘴巴和耳朵”？考虑到当时蒋介石的身份和地位，这显然不符合事实。

特别是就蒋介石个人的性格而言，斯诺曾这样评价蒋介石：他没有幽默诙谐的才能[①]；另有人观察认为：“他绝对不愿虚饰，以取悦于外籍人士或本国同胞……这可说是他真实的性格。”[②] 如果说蒋介石是为取悦西方以获得外援而娶了宋美龄，显然不符合他的个性。

实际上，美国对蒋介石的关注和支持也不会以蒋介石个人意志为转移，无论何时，美国的对华政策都只会出于它自身利益的需要。其他国家又何尝不是如此。蒋介石作为当时中国政治舞台上的一个“强人”，即使在他下野后，国际社会也会继续关注他。而美国人对此的更多关注在于宋美龄是美国培养出来的精英，他们为此骄傲，却绝对不会为此而改变对华的态度和政策。

美国在 1928 年的确开始主动就关税自主问题与南京政府谈判，但这种新局面完全与蒋宋的婚姻没有关系，而是因为国民政府“统一”在即，美国基于“加强中国以稳定远东国际秩序”的传统信念，以及阻拦和遏制日本在华谋求“独占利益”的需要。[③] 美国

---

① 参见［美］史诺等著：《委员长生活漫记》，张雪怀译，台北文化印书馆 1945 年版，第 12 页。这本书似乎打着斯诺的旗号在为蒋介石鼓吹，实际上只有“发端”一章（第 1—14 页）是斯诺的作品，但后文写作的作者却没有具名。经过查对，后文作者应以董显光为主，他曾在 20 世纪 30 年代写过《蒋介石论》，后经充实，与斯诺的文章合编为《委员长生活漫记》，在台湾出版。

② ［美］史诺等著：《委员长生活漫记》，第 27—28 页。

③ 参见张宪文等著：《中华民国史》（第二卷），南京大学出版社 2006 年版，第 373 页。

此举也博得了蒋介石的好感，他开始把美国视为“平等待我之民族”①，才开始逐渐把希望投向美国这一在远东最有影响的大国。

而当蒋介石筹备与宋美龄结婚时，他其实一直在谋求与日本和解，希望日本能支持他统一中国。他与日本频繁地私下磋商，希望找到破解中日关系的路径。② 而且，一直到 1937 年全面抗战爆发之前，“蒋氏是用尽可能的步骤，以与日本调和的”③。在这种情况下，他怎么可能故意去触犯日本人的敏感神经，明目张胆地向英美示好呢？他甚至有过在日本举办婚礼的设想，难道他是打算登门挑衅吗？所以，为寻求西方的支持而娶宋美龄的说法显然是站不住脚的。

但这种说法总有个缘起。其实，对“寻求西方支持”的说法最感兴趣的恐怕恰恰是日本人，他们当时侵略中国的战略意图已经非常明显，又找不到合适的理由，而此时蒋宋联姻恰好为他们制造了一个编造口实的机会，把蒋宋联姻看作是蒋介石在向英美靠拢的信号，这完全符合日本战争教唆者的心态。而且，从日后日本对蒋宋婚姻的评论来看，也可以得到证实。主要凭据是，1933 年日本媒体曾评论说蒋介石的成功与宋美龄有很大的关系，

---

① 1928 年 7 月 25 日，美国与中国签订关税关系条约，蒋介石认为：“美国与我国签关税自主之约，其实为平常应有之事，然他国尚多观望，此乃美国对华政策先占一着之胜利。以言以平等待我之民族当以美国为嚆矢。”参见周美华编注：《蒋中正“总统”档案：事略稿本③》，台北“国史馆”2003 年版，第 688 页。

② 参见张宪文等著：《中华民国史》（第二卷），第 11 页。蒋介石一直与日本人联络，并利用去日本见宋母之机又与一些日本政要会谈。婚前，更是频繁与日本人接触，就在蒋宋结婚的前一日下午，蒋介石会见了日本驻华总领事矢田。而婚后第六天（12 月 7 日）夫妇二人还共同拜访日本浪人、日本黑龙会分子佃信夫；12 月 9 日又分别会见日本陆军中将重藤千秋和日本外务省情报部部长小村欣一。参见周美华编注：《蒋中正“总统”档案：事略稿本④》，第 158、163、204 页。而同期，蒋介石与西方人虽也有接触，如 1927 年 11 月 15 日，蒋介石曾与美国海军上将布里斯托尔谈话约两个小时（参见周美华编注：《蒋中正“总统”档案：事略稿本④》，第 123 页），但明显没有如此频繁的私下交往。参加蒋宋婚礼的不单只有西方的代表，日本的领事也在其中。参见［美］斯特林・西格雷夫著：《宋家王朝》（全译本），第 252 页。宋美龄在写给朋友的信中也提到外交使团“悉数到场”。参见《宋美龄写给艾玛的信》（1928 年 1 月 24 日），载《宋美龄文集》（未刊稿），南京大学中华民国史中心藏。

③ ［美］史诺等著：《委员长生活漫记》，第 10 页。

蒋介石因两人的婚姻“故能获得在财政、外交上发挥敏捷手腕”[①]，文中“财政”自然是指蒋介石因与宋美龄联姻而获得了江浙财团的支持，而“外交”自然是指与英美等西方国家的关系。然而所谓财政上得到江浙财团的支持的说法，现在已经被指出是当时日本人编造的谣言。文章还把宋美龄描述成为“拥有左右政情的势力”、能够制造风言风语的形象，言外之意就是认为宋美龄是善于制造事端的女人。文中还特别谈及宋美龄被杜月笙绑架的事件，而这种说法在当时的中国媒体还未见报道过，但在此后，这种说法也不胫而走。西格雷夫的《宋家王朝》引用了这种说法，更使之广为流传。

1937 年日本全面侵华行动开始后，当年 11 月又有日本媒体宣称宋氏三姐妹是危害中国的祸凶，认为她们促使蒋介石南京政府及全中国进行抗日、容共，指她们误国，并且把矛头更集中地指向宋美龄，说她是“南京西太后”，“歇斯底里”地鼓动西方加入对日作战。[②] 从写作手法上看，这不过是 1933 年那篇文章的翻版。在日本人笔下，宋美龄是个善于制造事端的女人，而且这些所谓的“事端”显然是不利于日本的，日本右翼分子恰好可以利用她来做鼓动挑起侵华战争的口实。

前后联系起来，可以发现日本曾在蒋宋身上制造的谣言可能不只是“傍”上了江浙财团和绑架事件，所谓蒋介石因与宋美龄结婚而获得外交上的“敏捷手腕”，与九一八事变、七七事变时日本凭空捏造的谎言如出一辙，都不过是日本人为了自己的侵华目的异想天开地编造出来的发动战争的借口而已。当然，这有待更多史料发现来证明，日后还有作进一步探讨研究的必要。

不苟同蒋介石通过与宋美龄联姻而取得江浙财团支持和英美

---

① 参见［日］久保田博子著：《日本杂志上的宋美龄像》，载秦孝仪主编：《蒋夫人宋美龄女士与近代中国学术讨论集》，第 263 页。

② 参见［日］久保田博子著：《日本杂志上的宋美龄像》及陈在俊点评，载秦孝仪主编：《蒋夫人宋美龄女士与近代中国学术讨论集》，第 263—264、267—268、288—289 页。

等国外交援助的说法，并不是为了否定蒋宋联姻的政治性，而只是意在说明这种政治性的程度不宜无限放大，在当时的情况下，蒋宋联姻的主要意图是为蒋介石作为孙中山继承人的地位予以正名，联姻的确对后来的中国与英美等国的关系产生了影响，但那只能作为蒋宋联姻的一个客观结果，若视其为这场婚姻的动机，恐怕就太过牵强了。

第二节　政治信念的初步养成（1927 年 12 月—1931 年 6 月）

宋美龄在结婚之前，一直在寻求一份有意义的工作，但也许她自己也不曾想到有朝一日会站在中国政治舞台最核心的位置上。婚后由于社会地位的变化，使她原本简单的工作愿望变得有些复杂，她需要时日加以观察和逐渐适应。宋美龄后来回忆说："结婚时，我燃烧着一种的热情，为了我的祖国将做些什么事情的异常的爱国的热情。"① 此时，她有最理想的机遇来实践这种爱国热情，因为她是蒋介石的妻子。"我想，和我丈夫一起，为了使中国强盛，将不断地工作。在这种意气中燃烧着，也有相当的自信。不，我坚信自己，没有怀疑的地方。"② 带着这种自信，宋美龄义无反顾地投入到所期待的工作中去。

一、婚后的磨合

因为宋美龄在这一时期几乎没有公开发表什么言论，要总结这一时期她的思想变化，就必须借助其他方面的素材。在宋美龄开始政治生活之初，她主要处于观察、学习和适应的阶段，蒋介石恰好充当了她的引路人。

宋美龄在婚前虽然也与蒋介石有过一些接触，但那时她对蒋介石的了解自然不能与婚后的了解相提并论。由宋美龄开始政治

① 蒋宋美龄著：《敬告日本妇女》，《文摘杂志》1937 年第 5 期，第 3 页。
② 蒋宋美龄著：《敬告日本妇女》，《文摘杂志》1937 年第 5 期，第 3 页。

生活的时机和方式决定，她在政治上只能处于对蒋介石从属和辅助的地位，因此，她对蒋介石的政治性格和他所处政治环境的了解和把握是她能否承担好这一角色的关键所在。婚后一年多的时间里，宋美龄并没有直接介入政治，只是以旁观者的身份对蒋介石以及他的处境日益加深了解，由此徐徐拉开她政治生活的大幕。在这个过程中，蒋介石政治个性上的缺点恰恰成为宋美龄发挥作用的切入点，或者说，宋美龄通过规劝和抚慰蒋介石而逐渐参与到蒋介石的政治生活当中。

蒋介石的一言一行、一悲一喜，都反映着他的政治理念，而宋美龄则从中了解了蒋介石，也通过蒋介石更真实地了解了中国。随着对蒋介石和他所处境遇的了解逐渐深化，她对当时中国的政治环境也有了更深层次的理解，进而在心中形成了某种更为强烈的信念，当然这种信念远远超越了她原来单纯为寻求一份有意义的社会工作的想法，并且比她原来改造中国的含混模糊的理想更为具体和清晰。

新婚伊始，宋美龄与蒋介石很快因个性问题而产生矛盾，两人进入了婚后的磨合期。婚后的蒋介石逐渐暴露出性格上的诸多缺点，一心想要辅佐丈夫成就大业且善于独立思考的宋美龄感觉自己有责任有义务帮助他克服这些缺点。于是，两人婚后的磨合就形成这样一种局面：宋美龄不断规劝、诫勉蒋介石，使蒋深受感动，随着矛盾的渐进解决，两人更增进了彼此的理解和信任，但宋美龄并未因此而放弃自己的独立思考。

20 世纪 20 年代末的宋美龄与蒋介石

从婚后蒋介石逐渐暴露出来的性格弱点来着手分析，可以更好地了解蒋宋夫妇之间的感情变化，并由此引出宋美龄参与到政治领域的过程和她思想的变化。

第一，蒋介石性情暴戾顽梗，难于自制，对人则偏于专制。

婚后不久，宋美龄便发现蒋介石是个非常传统的中国男人，他习惯以家长制作风来约束别人，这使已经习惯独立自主的宋美龄难以忍受。为此，两人结婚还不足一个月，就爆发了第一次争吵，宋美龄躲回娘家，以示不满。蒋介石也自知理亏，在日记中说："以三妹外出寂寞，心甚不乐。复以其骄矜而余亦不自知其强梗之失礼也。"① 当晚，蒋介石听说宋美龄在娘家生病了，主动连夜去探望宋美龄。宋美龄借机向蒋介石道出自己受他家长制作风束缚的烦恼，让蒋介石明白"彼甚以不自由为病"，进而又劝蒋介石"进德"，而蒋介石也对此"心颇许之。夜中以心悸惊跳，不能安眠"②。虽然知道自己的急躁暴戾不足取，但蒋介石根本无法控制自己，他的坏脾气仍然时常爆发，过后又对自己的行为悔恨不已："人为感情动物，离别之时更增恋爱之情，三妹待我之笃，而我不能改变凶暴之习，任性发露□，使其难堪，吾母既以我不顺而致病，悔已无极，若对妻不敬爱更……"③ 宋美龄更觉自己责任所在，所以经常对蒋介石发出劝诫，提醒督促他改过，蒋介石为此对宋美龄心怀感激："勉我国事，劝我和蔼，心甚感愧。"④ "今日未免性急心粗，乃引为可耻，并力自戒焉。"⑤ "夫人爱我以德，望我立业成名，吾更当自爱其身，节其思虑，以仁存心，以义存心可耳。"⑥

在劝诫蒋介石的同时，宋美龄也在为自己的处境考虑，她绝对不能忍受自己成为蒋介石身边的一个"花瓶"。这种想法在宋美龄到达南京后写给朋友的信中表达得很清楚：她"认为婚姻不应该抹杀或者吞噬一个人的个性。正因为有这个想法，我要做我自

---

① 《蒋介石日记》（1927 年 12 月 29 日），美国斯坦福大学胡佛研究所藏。
② 《蒋介石日记》（1927 年 12 月 29 日），美国斯坦福大学胡佛研究所藏。
③ 《蒋介石日记》（1928 年 3 月 29 日），美国斯坦福大学胡佛研究所藏。
④ 《蒋介石日记》（1928 年 1 月 8 日），美国斯坦福大学胡佛研究所藏。
⑤ 周美华编注：《蒋中正"总统"档案：事略稿本②》，第 237 页。
⑥ 周美华编注：《蒋中正"总统"档案：事略稿本②》，第 255 页。

己，而不是将军的夫人。这么多年来我一直是宋美龄，我相信我是个独立的人，我要继续发展我的个性，保持原来的身份”[①]。写信的时间是她与蒋介石发生第一次争吵后一个月，显然她还没有就这个问题取得实质性的胜利，因为她接着说：“我的丈夫自然不同意我的想法，他要我把自己定位为他的妻子。我不好说什么，但我要坚持独立的人格。尽管我不是 Lucy Stone 联盟的追随者，但我是实实在在的一个人，这一点必须要得到承认，因为我就是我，而不因为我是他的妻子。”[②] 宋美龄决定先不急于和蒋介石争论，她要做她自己，而且要做起来再说。

宋美龄要让蒋介石认可她并不是只能做“将军之妻”，就必须用自己的实际行动来证明。当从上海前往南京时，她谢绝了铁路部门专门为她安排的一节包厢，“因为在我还没有证明自己有资格享受特权之前，我不想享受任何特权”[③]。与身份相比，她当然更在意维护自己的尊严，这并不是她的一时意气，她有充分的自信来证明自己的资格。她刚到南京十天，就已经找到很多值得她去做的事情，如她想为市公共卫生局做点事情；打算建一个公园和一所荣军院，让伤残士兵在那里养伤，同时学一门手艺；她还要建立一间政府招待所，接待政府邀请的外宾。[④] 但这些可能还不足以让蒋介石认同她的观点。

1928 年 2 月 5 日，蒋介石婚后第一次在家中设晚宴招待法国公使马泰尔。虽然这是一次非正式的外交活动，但对蒋介石来说可能并不轻松，“语言的障碍——蒋氏只能说日语——和严峻的态度使得蒋氏不易与西人接近，使蒋夫人适来填充这个缺口”[⑤]。宋

---

① 《宋美龄写给艾玛的信》（1928 年 1 月 24 日），载《宋美龄文集》（未刊稿），南京大学中华民国史中心藏。

② 《宋美龄写给艾玛的信》（1928 年 1 月 24 日），载《宋美龄文集》（未刊稿），南京大学中华民国史中心藏。Lucy Stone（1818—1893），美国早期的女权运动领导人。

③ 《宋美龄写给艾玛的信》（1928 年 1 月 24 日），载《宋美龄文集》（未刊稿），南京大学中华民国史中心藏。

④ 参见《宋美龄写给艾玛的信》（1928 年 1 月 24 日），载《宋美龄文集》（未刊稿），南京大学中华民国史中心藏。

⑤ ［美］史诺等著：《委员长生活漫记》，第 13 页。

美龄不仅相佐在侧，而且凭她对西方人的了解和对西方礼仪的娴熟掌握，使整个宴会取得了非常好的效果。这令蒋介石对宋美龄有一种新的认识，他不禁由衷盛赞宋美龄“夫人内助之贤且能也”①，心中更增添了几分对妻子的敬佩和信任。对于宋美龄来讲，这场不事张扬的抗争她已经取得了胜利，她不但获得了蒋介石的信任并对他进行劝诫，还能扬己之长补彼之短，发挥自己的社交能力为蒋介石联络人脉。宋美龄婚后很快找到自己的位置，“她一直是蒋介石与生活打交道中的缓冲力量”②。

第二，蒋介石虽然胸怀大志，以统一中国为夙愿，却常有消极悲观心态，懊悔自堕。

蒋介石第一次下野后给宋美龄写的情书中就充满了“下野武夫”“举世所弃”等哀怨自怜之语。蒋介石作为一个下野的前总司令，能否顺利地重新回到政治舞台的中心当然会受很多复杂因素的影响。由于蒋介石下野后，国民党内部出现了更为严重的权力纷争，在蒋宋筹备结婚的过程中，拥蒋者纷纷面请或电邀，敦促蒋介石复职主持大局。蒋之复职几成定局，但蒋介石个人却时常心生悲观，他曾感慨“政治复杂，宦海险恶，令人怖惧”，“彼之诈伪，使人难堪，而又强人所不能，此其无诚意之故也”。③ 甚至扬言：“如不得已余将赴粤再造革命根据地，以铲除新军阀。”④ 可见，蒋介石对当时中国国民党内的纷争的确很失望，他对是否要重新返身于这种政治纷争陷于一种悲观、矛盾的心态。宋美龄很能理解蒋介石的内心斗争，她常以国事为重对蒋介石进行劝勉，她的督促和劝勉也常使蒋介石深受感动：“余与三妹于去年十二月一日结婚以来，浃月之中，每言辄以党国为重，是古人所谓爱人以德，不以姑息者乎？如此情爱，弥可敬也。”⑤

---

① 周美华编注：《蒋中正“总统”档案：事略稿本②》，第 367 页。

② ［美］埃米莉·哈恩著：《宋氏家族——父女·婚姻·家庭》，第 228 页。

③ 周美华编注：《蒋中正“总统”档案：事略稿本②》，第 154 页。敦促复职与婉拒的内容参见该书 1927 年 9 月—12 月间的相关内容。

④ 周美华编注：《蒋中正“总统”档案：事略稿本②》，第 164 页。

⑤ 周美华编注：《蒋中正“总统”档案：事略稿本②》，第 221 页。

1928年1月，复任国民革命军总司令的蒋介石由上海迁回南京履行职责，为便于激励蒋介石，1月15日，宋美龄从上海来到南京陪伴蒋介石。当时南京各方面条件与到处充满现代化气息的上海根本不能相比，“南京当时只能称得上是一个带有一条所谓宽马路的小村庄。这条马路起自东站终至桥楼（江岸附近的一个旅馆）。然而就是这条马路也是如此之窄，以致两辆汽车迎面开来的时候，其中一辆不得不先停在马路一边，让另一辆驶过之后再走。南京所有的房屋都是那样简陋、阴冷，令人难以忍受，唯有教堂例外”①。而当时仍被瘙痒难耐的皮肤病折磨的宋美龄却肯放弃上海优渥的生活条件来到南京，与蒋介石共担甘苦，使蒋内心再受触动。蒋介石从心底敬佩妻子的贤德，后悔自己不该与她“顽梗”（按：这次皮肤病的发作是由二人的第一次争吵引起的）。经过几个月的磨合，宋美龄与蒋介石之间增进了对彼此的了解，婚姻真正开始成为二人共同奋斗的基础。蒋介石更加深信宋美龄与他同心同德：“古谓‘妻者齐也’，夫妻造诣，必相齐一，亦所以始终促使爱情之道也，吾必与我夫人共勉之。”②

蒋介石虽然自我反省很深刻，但仍克服不了自己的消极心态。在第二期北伐的过程中，蒋介石曾对自己的消极心态进行自我反省：“积极负责、乐观急进之时，如遇不如我意事，往往愤慨，而近于消极。消极虽非余之本性，实为余之病态。”③ 北伐成功后仍感“一不如意，则折而郁闷”④。宋美龄对此当然不能不察。蒋介石在日记中常记有：“三妹以余性质消极，多懊悔为耻，颇中余之病也。印象颇深，余将何以自勉，存心而已。”“与三妹相谈甚乐，其规谏有理，故感之。决自明日起，按时办事，再不决心堕气，其戒我、嫌我以懊悔，非丈夫气概，亦有理也。”⑤ 在一次深谈中，蒋介石还分析了自己悔愤的原因：“一则余以天下之安危为己任，

---

① ［美］埃米莉·哈恩著：《宋氏家族——父女·婚姻·家庭》，第159页。
② 周美华编注：《蒋中正“总统”档案：事略稿本②》，第467页。
③ 周美华编注：《蒋中正“总统”档案：事略稿本②》，第493页。
④ 周美华编注：《蒋中正“总统”档案：事略稿本③》，第555页。
⑤ 《蒋介石日记》（1928年6月8日、19日），美国斯坦福大学胡佛研究所藏。

责任心太重；二则见中国一切落伍，欲挽救之心太急；三则党中诸友太不谅人；四则余之涵养功夫，尚未到炉火纯青时；五则余本性淡泊，急欲功成身退，优游于山林泉石之间。有此五因，故易悔愤。自兹以后，当益加戒勉，刚毅温和，居仁由义而已。"[①] 由此，宋美龄对蒋介石的处境有了更深的了解，知道他需要时时有人来勉励，更感觉自己有责任与他共同努力。

第三，蒋介石虽外表冷静，内心情感却极为丰富。生活中他渴望关爱，注重家庭幸福；政治生活中他时常对身边没有可信可用之人感到失望无助。

蒋介石在结婚之日发表的结婚感言——《我们的今日》，里面因为大谈特谈他“深信人生无圆满之婚姻，则做人一切皆无意义；社会无安乐之家庭，则民族根本无从进步”的感想，结果遭到时人讥讽：“我们可以推知现在的许多同志大都在烦闷着，革起命来不大专心，因为大都是有一个婚姻问题亘在心头的。又可以知道，这烦闷应赶快去找一个新的合式的爱人来实行婚姻革命以解除了，因为婚姻一革命心就可以专了，什么问题没有了。"[②] 人们对蒋介石的虚伪狡诈、手段毒辣早有领略，此番又“停妻去妾”更显露了他的冷酷无情，所以，他对“革命婚姻”的抒情当然颇易使人产生无病呻吟、虚伪狡辩之感，世人根本无法相信他与宋美龄的婚姻是出于真情。

但读过蒋介石日记和《事略稿本》的人恐怕都会有感于蒋介石内心情感的丰富，特别是他对自己的母亲和宋母所寄托的感情，在他眼中慈母的爱是最伟大最真实的，他常为不能再得到母亲的关爱而自叹。在与宋美龄结婚后，蒋介石也常会为不能与宋美龄日日相伴而顾影自怜。在蒋介石的日记和《事略稿本》中，经常可以看到他时而因身边无人陪伴而感到孤独、伤感的记录：“接三妹不来电，若有所失也。”“接三妹不来之电，抑郁不知所事。”

---

① 周美华编注：《蒋中正“总统”档案：事略稿本③》，第 534—535 页。

② 伯一著：《蒋介石的婚姻革命》，《幻洲半月刊》1928 年第 8 期下部，第 433—434 页。

“今日病，与三妹电话，彼不能来（删去数字），终日忧闷。下午知其今夜来宁，心稍怿，即往汤山休息。”“上午同三妹往吴淞游行，闻其不回南京，心甚抑郁沉闷。人有母爱其子，兄爱其弟，姐爱其妹，妻爱其夫，而余孑然回京，谁爱谁惜谁知余？呜呼！苦莫若于孤儿，恨不孝奉吾母，今悔何及，伴侣既无，万事灰心，吾母不能复生矣，呜呼……晚意兴萧然，不知妻其知吾之哀悲吾母而又独居之苦也。”“上午以一言不合，妻即不别而自赴上海，使余更加一层苦痛。”① 可见，蒋介石的内心非常害怕孤独寂寞。

但更多时候，蒋介石感觉自己从宋美龄及其家人那里重新开始获得他所受的慈母的抚爱。② 宋美龄尽可能在他需要时陪在他的身边，对他施以温情关爱，使他感动，激起他的斗志：“三妹爱余之切，无微不至，彼之为余牺牲幸福，亦诚不少，而余不能以智慧德业自勉，是诚愧为丈夫矣。”③“妻回京。在此危难之中，不避艰险，来共生死，无任感激。”④ 他时而沉浸在家庭快乐之中，心满意足。如婚后的第一个圣诞前夜，蒋介石在宋美龄的娘家度过，家庭的欢聚使他感受到“十年来未有之乐”⑤。当蒋介石在南京生病，宋美龄得悉后发电报告诉他将乘夜车到南京时，蒋介石“心乃怿喜”，精神为之一振，甚至想到：“人责行恕，推己及人。吾必使我中国无旷夫，无怨女，人人得享家庭之乐也。”⑥ 当蒋介石征战前线时，接到宋美龄的来信非常高兴，“皆相勉之词”，“读此，足以增我勇气逾倍也”⑦。蒋介石乐在家庭和美之中，常感于“家庭安乐，得趣越胜于其他一切也”⑧。

对亲情的眷恋，也使蒋介石同样关爱身边的亲人。有一次，

---

① 《蒋介石日记》（1928 年 1 月 11 日、1 月 13 日、2 月 20 日，1929 年 1 月 28 日，1931 年 9 月 27 日），美国斯坦福大学胡佛研究所藏。

② 参见［美］史诺等著：《委员长生活漫记》，第 24 页。

③ 《蒋介石日记》（1928 年 3 月 4 日），美国斯坦福大学胡佛研究所藏。

④ 《蒋介石日记》（1931 年 9 月 29 日），美国斯坦福大学胡佛研究所藏。

⑤ 周美华编注：《蒋中正“总统”档案：事略稿本②》，第 207 页。

⑥ 周美华编注：《蒋中正“总统”档案：事略稿本②》，第 434 页。

⑦ 周美华编注：《蒋中正“总统”档案：事略稿本③》，第 50 页。

⑧ 《蒋介石日记》（1931 年 1 月 26 日），美国斯坦福大学胡佛研究所藏。

蒋介石、宋美龄和宋母、宋蔼龄、孔祥熙合影

宋美龄生病住院，蒋介石不但“陪入医院诊治”，而且第二天两度到医院探望抚慰。[①] 每当宋蔼龄的孩子来游玩时，蒋介石都非常高兴，言辞之中充溢着其乐融融，还常对他们表现出关心之情。这种记载在《事略稿本》中俯拾皆是。从这些情况来看，不难体会到蒋介石关爱亲人、渴望家庭幸福的细腻情感。

蒋介石之所以如此重视亲人的关爱和家庭幸福，不仅与他幼年就失去父爱、青年又失去母爱有关，更与他在多年政治生涯中经历了政治斗争中的尔虞我诈关系密切。在当时中国的政治关系中，不稳定成为一种常态，各派势力之间的斗争往往使敌友关系瞬息万变。对此，蒋介石早已谙熟，他虽然游刃其中，但又常感叹“内外交迫，人事为难，不胜感喟”[②]。蒋介石虽然也常自省，但他的自省多在于励志，更多的时候，他把自己看作是正义的，而把引来纷争的责任归咎于他人的不忠、不义和争权夺利，所以他常感到苦闷：“吾以真诚动人，人其谅我乎？”[③] “近日日见党内之老者，多是不明事理、不遵党章，终日孜孜惟争利权，绝无排难解纷、安定党本之意，而只有幸灾乐祸、从中取利之心。呜呼！内部之捣乱不景气如此，其祸害乃甚于敌人也。”[④] “韩非子载之：‘虫有蚘者，一身两口。争相龁也，遂相杀，因自杀。人臣之争事

① 参见周美华编注：《蒋中正“总统”档案：事略稿本③》，第 610—611 页。
② 周美华编注：《蒋中正“总统”档案：事略稿本②》，第 249 页。
③ 周美华编注：《蒋中正“总统”档案：事略稿本②》，第 249 页。
④ 周美华编注：《蒋中正“总统”档案：事略稿本②》，第 268 页。

而亡其国者，皆蚍类也。’惜夫今日各委员之不悟此耳!”① 由于不能彻底反省自己，蒋介石对国民党内部的纷争深感失望，渐已养成他生性多疑的政治个性，所以，他对身边的人，常常抱着一种不信任的态度，使他就像被束缚住手脚的巨人，无法尽情施展，难免忧心烦躁：“余今以身负党国之重，唯恐有亏责任，未免过度思虑。且求治之心太切，往往见人事不如我意，辄起躁忿。”② 宋美龄对蒋介石的这种心境也逐渐知悉，所以除了生活中的关爱外，她还尽其所能为蒋介石分担责任。

早在第二期北伐期间，宋美龄就成了蒋介石的后方医药总调度。她组织为北伐军调运药品、消毒水、医院床单、衣袍等物品，联系医生，号召名医来前线为伤兵救治③；帮助蒋介石劝导宋子文为北伐军事筹措经费④；亲自到前线慰劳，与蒋介石共商国是及对日雪耻之计，并随蒋介石巡视郑州等地⑤；等等。宋美龄俨然已经成为蒋介石的高级参谋兼得力助手。宋美龄的表现令蒋介石刮目相看，把她视为可信可用之人，放心放手让宋美龄为他做事。

北伐成功后，南京国民政府很快得到西方国家的承认。各国外交使节也都从北京迁到南京，南京国民政府的外交局面由此逐步打开。为使蒋介石能与西方人进行更有效的交流，宋美龄主动承担起翻译兼秘书的工作。她每日留意西方报纸上的重要消息，并把这些消息译给蒋介石听，让他及时了解世界形势；在外交场合，她就是蒋介石的翻译员，在与外国人交往中灵活转达双方的意图。这足以使她忙碌起来，“她得到的工作足以让她全神贯注，还有无限大的舞台足堪驰骋”⑥。

在悉心辅助蒋介石的过程中，宋美龄终于找寻到并用心经营

---

① 周美华编注：《蒋中正“总统”档案：事略稿本②》，第 367 页。

② 周美华编注：《蒋中正“总统”档案：事略稿本②》，第 279 页。

③ 参见［美］汉娜·帕库拉著：《宋美龄新传——风华绝代一夫人》，第 182—183 页。

④ 参见［美］汉娜·帕库拉著：《宋美龄新传——风华绝代一夫人》，第 184 页。

⑤ 参见周美华编注：《蒋中正“总统”档案：事略稿本③》，第 441 页。

⑥ ［美］汉娜·帕库拉著：《宋美龄新传——风华绝代一夫人》，第 197 页。

起属于她的舞台，而且，这个舞台还在不断扩大。在西安事变前，宋美龄还承担了以下工作：负责组织遗族学校、承办励志社、组建中国空军、发动“新生活运动”等。其中，尤以组建中国空军最能体现出蒋介石对宋美龄的信任，具体情形还待后文解析。

第四，蒋介石属意于自然山水，常念功成身退，优游于山水之中，然而却因责任在身不得不知难而进。

蒋介石一生因垄断权力、滥施专制而遭世人诟病，所以，要使人相信他有意于功成身退、尽享山水之乐恐怕很难。但从婚后蒋介石常与宋美龄游览大川名盛、寄情于山水之间几乎是日常生活组成部分来看，他的确对自然山水有着特殊的喜爱。在蒋介石日记和《事略稿本》中也常反映出蒋介石并不热衷于政治，特别是不喜欢在政治争斗中久留，总想置身世外，归隐桃源，过一种淡泊宁静的山林闲人的生活。但他又矛盾地把自己放在圣坛之上，觉得自己为国家计、为民族计，不得不承担起这份政治责任，苦作挣扎。

蒋介石曾对宋美龄感叹：“民生凋敝，党国分崩，余岂可坐视其再误乎！”① “吾夜来，思考党务军事，与内部问题。彻晓不能安眠。呜呼！政治生活，实违反吾之天性。其痛苦宜哉……孔子谓：‘政者正也。’又谓：‘子率以正，孰敢不正。’又以‘为政以德，譬如北辰，居其所，而众星拱之’，言其为政不难也。吾今职责之所在，万不能脱离政治，亦唯有以德正己，以正率人，忍其痛苦，益加奋勉可耳！”② 1928 年 2 月 26 日，谭延闿、何香凝到汤山面见蒋介石，蒋介石和宋美龄与来访者一起游览宝华山，入慧居寺，登拜经台，纵眺长江，蒋介石触景生情：“扬子江流，浩然悠然，入吾眼底，吾甚觉心定而神旷也……宝华山为吾旧游之地，今日重到，甚有感也……尝与夫人言，余终久必为世外闲云野鹤。”以此抒发自己期望过上淡泊生活的情怀。③

---

① 周美华编注：《蒋中正“总统”档案：事略稿本②》，第 216 页。
② 周美华编注：《蒋中正“总统”档案：事略稿本②》，第 246 页。
③ 参见周美华编注：《蒋中正“总统”档案：事略稿本②》，第 447 页。

每当蒋介石为政治烦苦之时，就“急欲离京归乡，摆脱政治生活”，并常言“山林清静，固吾之素［夙］愿也”。[①] 然而，身处多事之时，蒋介石寄情山水的理想总是难以实现。当北伐成功时，蒋介石又面临着统一思想、整理党务、设施政治、取消不平等条约等政治难题，使他欲罢不能：“北伐之后，余之责任将更重，事务将更繁，恐未能即作山林之闲人也！”[②] 无奈之情溢于言表。当然，蒋介石有时会运用一些“欲擒故纵”的政治手腕，但总的来说，他对政治的厌恶和希望能够返身于山水之间应该反映了他的真性情。

蒋介石对山水之爱也感染了宋美龄，她经常陪蒋介石游赏在山水之间，一方面帮助蒋介石舒缓精神压力，另一方面借机以乐观、和蔼相劝戒。蒋介石的生活一向简朴，在宋美龄心目中，蒋介石日夜所思的确尽在国家、政党的职责上，对个人利益并无所求，宋美龄由衷地敬佩蒋介石以国家为重的品格，因此，也更坚定了她要和蒋介石一道完成他们“革命婚姻”誓言的信念。所以，婚后宋美龄可以放弃上海的舒适生活，与蒋介石在“萧索凄凉、龌龊竭蹶”的南京居住下来；可以随军从行，不计安危到前线去慰劳、激励蒋介石，直到蒋介石“以夫人太苦，恐其不支，故请夫人回宁”时，她才离开前线。[③] 她可以在九一八事变后，中日关系日渐紧张的危局之中，不避艰险，果敢地采取到南京与蒋介石“共同生死”的行动[④]，以及后来在西安事变中她不惜赴汤蹈火到蒋介石身边救助他的实际举措，诸如此类，可以说都源于她的这种信念。

随着相处日久，宋美龄加深了对蒋介石的了解，觉得可以与他相依、相伴、相互扶持来为国家建功立业，是一种莫大的幸福。

---

① 周美华编注：《蒋中正“总统”档案：事略稿本④》，台北“国史馆”2003年版，第13页。

② 周美华编注：《蒋中正“总统”档案：事略稿本③》，第507页。

③ 参见周美华编注：《蒋中正“总统”档案：事略稿本③》，第441页。

④ 参见《蒋介石日记》（1931年9月29日、10月8日），美国斯坦福大学胡佛研究所藏。

后来她曾在一篇文章中提到："除夕那天，我和丈夫在周围的山中散步，我们发现了一株花蕊怒放的白梅……委员长很细心地折了几枝回来。那晚点起红烛的时候，他把梅花放在一个小竹筐里送给我，作新年礼物。梅花在树上的时候，固然清丽多姿，而堆在篮里，映着烛光，越发美不可言。枝条的疏影，在墙上映出清劲的笔势，饶有明八大山人的画意。你们或许明白我何以愿意和丈夫在前线共尝艰苦，他具有军人的胆略，又有词客的温柔呢。"① 当然，宋美龄对蒋介石的了解还只是处于第一阶段，随着日后进一步的了解，宋美龄对蒋介石的认识也有了进一步的变化。在这一阶段，对蒋介石的理解和推崇，是宋美龄政治信念养成的基础。

二、国内外形势的催化

宋美龄与蒋介石在一起，看到了许多她从前不曾看到，或者从前根本不可能关注到的问题，所以，她"在各地所看到的一切增强了她治理中国的愿望"。"她在中国看到的地方越多，她的这种愿望就越强烈。"② 当时，国内外面临的主要形势可以概括为两个方面：其一是国内各派势力的激烈斗争，一直在挑战蒋介石的权威；其二是向西方列强争取利权的斗争取得前所未有的成绩，而同时日本侵华的阴霾却越来越浓重。内忧外患的复杂斗争形势，使宋美龄忧心于蒋介石的艰难处境，也许在她的想象中，他们就好像身处亚瑟王骑士传奇故事当中，宋美龄被它吸引，同时，这些斗争又像定型剂一样，促使宋美龄把自己捆绑在蒋介石政治信念的战车上，心甘情愿地追随和服务蒋介石。

1927—1930 年，国内的政局始终动荡不定，这主要是因为各种政治势力仍然没有形成共识，而政治统一的核心问题，不仅是地域的整合，更主要的是该由谁来担当统一后的领导者。

1927 年 8 月，蒋介石第一次下野后，国民党内部政争迭起，各派相互倾轧，争权夺利，乱象难平，于是蒋介石又被请回国民

---

① 《闽边巡礼》，载王亚权总编纂：《蒋夫人言论集》（上集），第 12—13 页。

② ［美］埃米莉·哈恩著：《宋氏家族——父女·婚姻·家庭》，第 162—163 页。

蒋介石与张学良

党。1928年1月，蒋介石复任国民革命军总司令一职。1928年10月，他又被推举为新成立的国民政府主席兼海陆空军总司令。[①]“然而，只有蒋介石一人有权接见外国使节。国民政府主席只是个头衔，他现在等于是国家元首。”[②]当时，国民政府委员有十六人，其中包括仍没有归服国民政府的张学良。[③]1928年12月29日，张学良宣布东北易帜，将五色旗改为国民党的青天白日旗，表示服从国民政府领导。蒋介石表面上完成了南北方的统一。

但这只是一种表象，实际上，国民党内部的斗争始终没有停息，主要在于有人担心蒋介石“有为帝王梦”[④]。在北伐中，蒋介石暂时取得了冯玉祥和阎锡山的支持，然而，这种缓和的关系没能维持多久，就因北伐后的编遣裁兵问题使矛盾再次突显出来。早在第二期北伐进行中，蒋介石就在酝酿裁兵方案。北伐成功后，有一次，蒋介石坐军舰从南京出发去武汉，中途军舰忽然搁浅不能前行，蒋介石只得换了另一艘军舰。此事引起蒋介石对国内军备的忧虑：“我国海军如此，航于内江，尚致搁浅，况以抗御外侮乎！吾将何以整理与建设之，真令人忧思之深也。”[⑤]

各地方都有自己的军队，而军费要由中央出，军费不敷早已成为国民政府的软肋，蒋介石每每为此不胜烦恼。有一次，他竟接到下属的电报称：当月（1928年7月）经费不能领足五分之一，“各军领款人员环集职处，职实无法应付，请准予辞职”[⑥]。这种情

① 参见李勇、张仲田编：《蒋介石年谱》，第170页。
② ［美］汉娜·帕库拉著：《宋美龄新传——风华绝代一夫人》，第190页。
③ 参见李勇、张仲田编：《蒋介石年谱》，第170页。
④ 王正华编注：《蒋中正“总统”档案：事略稿本①》，第357页。
⑤ 周美华编注：《蒋中正“总统”档案：事略稿本③》，第557页。
⑥ 周美华编注：《蒋中正“总统”档案：事略稿本③》，第617页。

况更刺激蒋介石下定整顿军备的决心。

在当时财力有限的情况下，裁兵节饷就成为充实军备最理想的方案。他在征求了各派军事将领意见后，立即着手亲自制定了“军事整理意见书”和“裁兵方案”。在“军事整理意见书”中，对裁兵的必要性和重要性，以及前提条件等都说得很清楚：“北伐完成，军事急应结束。裁兵节饷，从事建设，已成全国一致之要求……吾人于颠覆北方军阀之后，乃有两种极大之责任：一面当裁汰兵额，移巨额军饷为建设之用；一面当充实军备，保持国家与社会之安宁。此二者必兼筹并顾，毋使偏废……欲达上述之目的，有一必要之前提，即尊重国家之统一，应在党与政府指挥之下确定今后军政之计划，努力迅速以实现之而已。”① 当时媒体也评论说，裁军计划是以“消灭私有军队之倾向，而成真正国军”“实行最大限度之裁兵”这两条为最大目的。②

初时，北伐刚刚胜利，各派将领都不便对裁军问题表示异议，但随着如何对北伐胜利果实进行分赃问题的突显，裁军计划带来的矛盾逐渐显露出来。当时《大公报》上以《党国安危与领袖运命》为题刊登社评，称即将召开的军队编遣会议成功与否，将决定党国之安危与领袖之运命，“息争要诀，在苦乐平均，同等看待。中央果至公至平，则任何难关，无不能稳渡，任何制度，无不能推行者也”③。但形势恰恰与这篇社评所期望的方向南辕北辙，编遣会议竟成为南京国民政府的一道“坎”。

就在编遣会议召开之前，蒋介石急于加强中央权力，提出取消政治分会的提议，立即受到地方势力的阻挠，而编遣会议更加剧了各派势力对蒋介石借机削弱异己以壮大自己的担心。果不其然，这次会议确定全国设八个编遣区，而只有蒋介石能独自控制中央、海军、第一和第六编遣区④，分配明显失衡。不仅如此，当

---

① 周美华编注：《蒋中正“总统”档案：事略稿本③》，第 625—626 页。

② 参见《编遣会议闭幕》，《大公报》1929 年 1 月 26 日，第 2 版。

③ 《党国安危与领袖运命》，《大公报》1928 年 12 月 20 日，第 1 版。

④ 参见李勇、张仲田编：《蒋介石年谱》，第 172 页。

时还出现了一种怪现象，一面是编遣会议紧锣密鼓，一面则是有人感叹，“蒋介石现在还正在新编军队，将在湖北河南被打走的岳维峻，将在山东被打败的刘志陆等都编得他手里”，“他现在还正在为第一集团军的二三师招补缺额，而特别要招补河北（直隶）人家遣散的兵士”，“蒋介石天天闹编遣，越编遣而他的兵越是加多，人家越是遣散兵士，他越是可以大大补充他的缺额了”。[①] 可想而知，各派势力对此作何感想！编遣会议从始至终并未形成有建设性的统一意见，各方实力派一致消极对抗，蒋介石竟欲图“强制执行”[②]，终致几个月后编遣会议的议决无果而终。

1929 年 1 月，国民编遣委员会大会闭幕合影

这一切都表明，在刚刚建立起来的国民政府中，蒋介石的地位并不稳固。而他的削藩之举又刺痛了地方实力派，随着编遣会议的结束，蒋介石与各派势力之间的矛盾也转为公开，并演变成几场大规模的内战。令蒋介石始料不及的是，在这次编遣会议之后，他的治军治国之道再次受到质疑，正如时人所评：“其人富于

① 代英著：《谁阻碍了中国裁兵？——蒋介石》，《红旗》1929 年第 8 期，第 24 页。
② 吴淑凤编注：《蒋中正“总统”档案：事略稿本⑤》，台北“国史馆”2003 年版，第 56 页。

机智胆略，行动果决。以人才论，固有杰出之点，向使其能公忠廉洁，为天下倡，则国家今日应渐入小康时代矣。乃不幸其人亦不学无术，以偏私之道治军事，且行贪婪之政，遂致国家再乱。自珠江到黄河，几无一片干净土，将士喋血，人民涂炭，纪纲解纽，不可收拾。以人民地位言之，诚国家最大之不幸。个人成败，犹其小焉者也……然四万万人民之前途，乃受其障碍。”① “我们虽不必迷信领袖，但中国果有出类拔萃的领袖，倒也不妨让他试验试验……天下滔滔，多属卑鄙贪污之辈，这真是中国的悲运啊！至于说中国的内战非继续至封建集团消灭之时，不会有结果。”② 编遣会议的失败预示着蒋介石已很难再取得国内其他各派政治势力的信任，“一朝被蛇咬”的教训，对后来的消极影响非常深远，而蒋介石自己却不会承认这一点。

就在蒋介石与各派军事将领兵戎相见之时，蒋介石策划已久的为孙中山移灵至南京中山陵的“奉安大典”如期举行。“奉安大典”本来是蒋介石为自己正名的大好时机，他想借着把孙中山神化的机会，抬高自己的身价，以自己来取代孙中山的世俗领袖地位，为自己正名。但此举的结果对蒋介石来说是得失参半。

“得”在于在“奉安大典”之前，1929 年 3 月，国民党第三次全国代表大会通过了《奖慰蒋中正同志案》，正式树立了蒋介石在国民党内的最高领袖地位。③ 随着孙中山灵柩移至南京，南京作为国民政府首都和国民党中央所在地的地位更为名正言顺，所以，“奉安大典”后第十天，时人发表议论称：“国民党实执全国政权，拥有唯一的中心势力。国民望治情殷，渴慕统一，不在政府当局之下。只以‘党外无党，党内无派’在事实上不尽与理想相符，故自国民观点上言，希望党的统一，无宁较希望政治统一为尤切。”④ 后来虽然也有人提出“南京不得称中央”，“应改称南京政

---

① 《领袖人才与国家命运》，《大公报》1930 年 6 月 21 日，第 2 版。
② 芸著：《中国没有领袖》，《大公报》1930 年 8 月 28 日，第 4 版。
③ 参见李勇、张仲田编：《蒋介石年谱》，第 173 页。
④ 《第二次中全会之重要性》，《大公报》1929 年 6 月 10 日，第 2 版。

府或蒋政府，关于该方军事亦改称蒋家军或南京军”①，希图提醒蒋介石能清醒地认识现实，但终归影响不大。也正是在“奉安大典”之后，各国外交官才相继进驻南京，并在1928年，南京国民政府就取得了与一些西方国家签订关税自主条约的重大外交成果。② 蒋介石和南京国民政府在外交领域取得了合法地位。

“失”在于宋庆龄在回国参加“奉安大典”之前，发表了《关于不参与国民党任何工作的声明》，庄严宣布：“在国民党的政策完全符合已故孙逸仙博士的基本原则之前，我不能直接或间接地参与该党的任何工作。”并重申了这些基本原则：一、反对帝国主义侵略中国；二、与中国唯一真正的革命朋友苏联密切合作；

奉安大典中，宋庆龄、蒋介石、宋美龄等在恭迎抵达南京的孙中山灵柩

① 《南京不得称中央》，《大公报》1930年4月7日，第3版。

② 1928年7月25日，美国与南京国民政府签订关税关系条约。参见周美华编注：《蒋中正“总统”档案：事略稿本③》，第688页。1928年12月，德国、葡萄牙、荷兰、英国等西方国家也相继与南京国民政府签订了关税条约。参见周美华编注：《蒋中正“总统”档案：事略稿本④》，第547、555—556页。

三、实现工农政策。[①] 这等于宣布蒋介石主导下的国民党违背了孙中山的意旨，已经离经叛道了，宋庆龄只差没有明确地发出“群起而攻之”的号召！但宋庆龄只沉默了两个月，随后还是明确无误地发出了这一号召。1929 年 8 月 1 日，宋庆龄致电国际反帝大同盟，强烈谴责蒋介石政府对内屠杀工农，对外亲帝反苏的行径，声称国民政府的行为“只能唤起更广大的人民群众，加强我们战胜目前残忍的反动派的决心”[②]。虽然反对蒋介石的各派军事将领未必都同意宋庆龄所强调的基本原则，但宋庆龄的态度，还是增强了他们与蒋介石进行军事对抗的信心和决心。除宋庆龄外，一直左右摇摆不定的汪精卫也不时地对蒋介石的正统地位发起挑战。所以，虽然蒋介石在军事上最终险胜，但他仍没有摆脱名不正、言不顺的尴尬地位，国内的政治派系仍要与他争个短长。

由于蒋宋在婚后已经形成利益相关体，一荣俱荣，一损俱损，所以，宋美龄的政治信念必然要以维护蒋介石的地位和声誉为基点。多年以后，她对此的评价是：“人们总是习惯于将动摇说成软弱，将坚定说成独裁。”[③] 这表明，她认为蒋介石做的是正确的，她把蒋视为改变中国一盘散沙社会面貌的“英雄”，包括对共产党领导的工农运动的残酷镇压，都是他坚定统一中国的象征。所以，她当然要为蒋介石的“救国统一大业”效力，诸如与张学良、于凤至夫妇联络感情，使张学良在关键时刻站在了蒋的一方；与冯玉祥的得力干将韩复榘夫妇沟通劝慰，使韩归顺到蒋的阵营当中，给冯以致命的打击，都是她力所能及且乐于从事的。蒋介石曾说：“结婚二年，北伐完成，西北叛将，溃退潼关，吾妻内助之力，实居其半也。”[④] 夫唱妇随的默契配合，从一个侧面展示了宋美龄此时对蒋介石的政治信念的追随，也体现出宋美龄作为一个政治人

---

① 参见尚明轩主编：《宋庆龄年谱长编》（上），第 223 页。

② 尚明轩主编：《宋庆龄年谱长编》（上），第 229 页。

③ ［美］埃米莉·哈恩著：《宋氏家族——父女·婚姻·家庭》，第 165 页。

④ 周琇环编注：《蒋中正“总统”档案：事略稿本⑦》，台北“国史馆”2003 年版，第 132—133 页。

物，正在积聚和扩充她的政治能量。

与令人疲倦的国内激烈政治斗争相对应，刚刚成立的南京国民政府所处的外部环境也不容乐观。1927 年 3 月发生的“宁案”和 1928 年 5 月发生的“济南惨案”，对国民政府的外交孤立状况作了最生动的说明。为了打破外交孤立的局面，国民政府与英、美、日等国进行了艰难的交涉。“宁案”交涉的过程和结果，“均清楚地标志了国民政府这一时期外交基点的转换，即由原先的‘反帝’转为与帝国主义妥协，其直接结果是以屈［曲］意逢迎和巨额赔偿勉强换取了列强的承认，实现了南京国民政府与欧美列强邦交正常化”①。而“济南惨案”的发生，进一步暴露了日本对中国的野心，打碎了蒋介石一度所抱的依靠日本军阀帮助他统一中国的幻想，从而使南京国民政府就此放弃了以日本为外交重心的取向，开始转向多边外交，并把目光由日转向英、美。② 随着美国调整对华政策，采取“加强南京现政权”的方针③，南京国民政府终于可以在改订新约方面有所作为。虽然改订新约的成绩有限，但毕竟有所突破，取得一定的关税自主权和夺回租界的成功让国民欢欣鼓舞，也为南京国民政府和蒋介石增加了政治砝码。

但情况依旧不容乐观，西方列强仍然在中国作威作福，他们一方面，在中国的土地上不肯放弃本不属于他们的各种特殊权利和待遇④；另一方面，还要通过贸易和出售武器及军需用品的方式压榨中国的钱财。⑤ 更为严峻的是日本虎视眈眈地窥视在侧，伺机而动。日本对中国的侵略意图，蒋介石早有觉察：“吾已于游日本

① 张宪文等著：《中华民国史》（第二卷），第 371 页。

② 参见张宪文等著：《中华民国史》（第二卷），第 373 页。

③ 参见张宪文等著：《中华民国史》（第二卷），第 373 页。

④ 如 1929 年 12 月，英国公使向蒋介石递交国书，表示英国正式承认国民政府后，新订的中英条约中，英国仍然保持最惠条款。参见《英使昨向蒋递国书》，《大公报》1928 年 12 月 21 日，第 2 版。这种现象并非孤立存在。

⑤ 如 1930 年南京国民政府向美国订购 1.8 万辆汽车，竟开出了当时美国汽车价格之最高纪录，合银元 11.04 万元。参见《汽车一辆规元八万》，《大公报》1930 年 3 月 25 日，第 3 版。

时，彻底观察，深知日本不肯放弃侵华之传统野心。”① “济南惨案”发生后，蒋介石深以为耻，在日记中常以“雪耻”明志，也常与宋美龄等人一起探讨雪耻的方略。但对是否要公开打出反对帝国主义特别是反日的旗号，蒋介石却保持谨慎态度，他认为中国的统一尚未完成，国力尚弱，打倒帝国主义，“还没到得这个时候，我们须要相当的沉默，韬光养晦，潜龙勿用，却不要浮躁声张”②。

宋美龄对蒋介石的处境感同身受，对内，她自然而然地忽略或无视蒋介石的背信弃义，而视地方的各实力派为背信弃义的“军阀”③，期待他们能无条件地臣服蒋介石或被蒋介石收服，她游弋其中，希望为蒋介石争取主动权。对外，宋美龄秉承了蒋介石的指示，她在 1937 年全面抗战爆发以前的言论当中，没有丝毫宣传或鼓动抗日和反帝的迹象。但从她后来的回忆中，可以明显看出她对帝国主义的压迫特别是日本的侵略行为的憎恶从来没有停止过，她甚至请求母亲祈求上帝以地震或类似的灾祸来惩罚日本。④

三、实际工作的磨炼

这一时期，宋美龄所从事的工作，基本上都是按照蒋介石的要求而从事的，但也体现了宋美龄自己的想法。宋美龄对这些工作尽心尽力，乐在其中。

按照蒋介石的主张，宋美龄创办了遗族学校。蒋介石曾在北伐刚刚结束时起草的“军事善后意见书”中列了七款，除关于裁兵整军的内容外，第七款提到：“北伐以来，将士阵亡十万人，伤残尤众。中央宜设抚恤委员会、残废疗养院、遗族学校，以尽恤

---

① 周美华编注：《蒋中正“总统”档案：事略稿本②》，第 222 页。
② 周美华编注：《蒋中正“总统”档案：事略稿本③》，第 567 页。
③ ［美］斯特林·西格雷夫著：《宋家王朝》（全译本），第 272 页。
④ 参见《我的宗教观》，载《蒋夫人言论集》（上集），第 3 页。

死养生之责。”[①] 1928年9月，宋美龄接下了本来计划由宋庆龄承担创办遗族学校的任务，并游说各方高官夫人来助她一臂之力。此时，正值蒋介石与冯玉祥谈合作的时机，10月6日，宋美龄按蒋介石的提议给冯玉祥夫人李德全拍发电报动员她来共建遗族学校，以示重视："郑州总司令冯夫人大鉴：此次北伐功成，实为武装同志牺牲之代价，诸志士杀身成仁，夫复何憾！惜所遗孤苦，无人教养，若我辈不为之设法抚育，何以对死者之忠魂。妹等有鉴于此，拟设立革命军人后裔学校，施以相当教育。惟事关重大，极愿大姊共同负责。请即命驾来京，指导进行为祷！何日起程，请先电示，以便欢迎。"[②] 其言感人，其情迫切，雷厉风行的作风跃然纸上。

蒋介石、宋美龄与遗族学校的孩子们在一起

遗族学校创立之后，宋美龄不但注重在实践中探索总结办学经验，精心培养这些有“革命血统”的孩子，希望他们有朝一日能够成为社会栋梁，还从生活上细心地关照他们，但出身富贵的

---

① 周美华编注：《蒋中正“总统”档案：事略稿本③》，第565页。

② 《宋美龄致冯夫人电》（1928年10月6日），载《蒋中正档案：革命文献——军事善后》，卷宗号：002000000315A，台北“国史馆”藏；周美华编注：《蒋中正“总统”档案：事略稿本④》，第205页。

宋美龄难免在些小事上闹出笑话。遗族学校创办后，主事者以经济耐用为原则给学生们选用了板铺，但有现代生活意识的宋美龄听说后却认为有薄待学生之嫌，特意发电报嘱人就近置办铁床三百五十张。铁床倒是置办好了，置［质］疑之声却随之而来：“有人谓此项铁床均系废旧自来水管所改造，因外□油漆，故觉美观，逾久恐难耐用云。”① 虽然宋美龄出于好心的主意未必实用，但从这件小事上反映出她细心周到、积极从事的风貌。遗族学校的创办，奠定了宋美龄在国民党内的政治声誉，也成为她一生中重要的功绩之一。

此外，1929 年 3 月，宋美龄（虽然蒋介石被称为社长）为国民政府的军官筹建了一个能够健康娱乐的去处——军官励志社，希望它能促进青年军官励志，使他们不把多余的精力花费在无所事事、游手好闲上，并希望它能拉近这些国民党军官与他们最高长官的距离。这项工作实际上也直接体现了宋美龄在蒋介石身边所受的影响。军官励志社的组建，与蒋介石平日的忧虑有很大关系。北伐期间宋美龄到前线慰劳，有一次，蒋介石巡视警卫团回

1930 年夏，蒋介石、宋美龄与励志社全体职员合影

① 颖川：《蒋夫人大办铁床》，《北洋画报》第 279 期，1929 年 2 月 7 日，第 2 页。

来，心事重重，他认为自己的队伍与他所期望的相差太远，“以其精神散漫，心甚焦急”，并叹道：“余苦心勉力，认真办事，而其功效不能如余理想，且进行途中，每多困难，苟无仁勇二字，为余之作事骨干，几乎意懒心灰矣。可叹！”① 蒋介石常会有此感叹，宋美龄便心系于此。北伐后，宋美龄开始留心观察，当许多黄埔军校的毕业生前来拜访蒋介石时，她就有机会和他们攀谈，并以其独特的政治视角，从中发现“有一个问题引起了大家的普遍不满，这就是在南京除了待命奔赴前线之外，别无他事可做”②。从而引发宋美龄致力于组织军官励志社的举措。军官励志社的创办也颇得蒋介石的好评，他还倾注精力，或视察讲演，或亲自过问它的经费情况。

在中原大战中，宋美龄帮蒋介石筹措军费一事，最能体现宋美龄全力以赴维护蒋介石的决心。在宋子文担任国民政府财政部部长期间，蒋介石常因他不听指挥，筹款不力，而对他横眉冷对。而宋子文则以其经济学的专业思维冷静判断，有时甚至全然不顾蒋介石的处境和感受。1930 年 6 月，正是中原大战的关键时刻，蒋介石的军队却面临着严峻的军费危机。6 月 23 日，负责军需的周骏彦给正在前线指挥的蒋介石发来电报称：“据朱副处长电称：‘迭向宋部长洽商，终被严拒。日得一日，势必延误戎机，应请转呈总座核示祇遵’等语。查处近已分文无存。如何？乞示！”蒋介石对此的批示是：“已三电宋部长照发，请立催并转属内子代催可也。”③ 蒋介石所说的“三电”中有一封电报措辞非常激烈：“请兄照中前电本月份特支经理处三百万元。上月二百万元请免扣。

---

① 周美华编注：《蒋中正“总统”档案：事略稿本③》，第 410 页。

② ［美］埃米莉·哈恩著：《宋氏家族——父女·婚姻·家庭》，第 161 页。

③ 《周骏彦致蒋介石电》（1930 年 6 月 23 日），载《蒋中正档案：一般资料——手稿录底（十一）》，卷宗号：0020000001795A，台北“国史馆”藏。周骏彦（1872—1940），浙江奉化人，曾是蒋介石的老师，历任黄埔军校军需部主任，国民革命军第一军军需处处长，东路总指挥部军需处处长，广东潮桥盐运处处长。1930 年兼任浙江省财政厅厅长、陆海空军总司令部军需处处长。参见张宪文、方庆秋、黄美真主编：《中华民国史大辞典》，江苏古籍出版社 2002 年版，第 1253 页。

勿使中在前方为难。如果内外交攻，则亦听之天命而已！请兄谅察！”① 可见当时形势已经到了极危急的时刻。然而，即使这样，宋子文仍然我行我素，对蒋介石的警告无动于衷。最后，还是宋美龄出面解决了问题。宋美龄深知此战对维护蒋介石地位的重要性，于是主动找到哥哥，希望他能助蒋介石一臂之力，筹发军费，以解燃眉之急，宋子文仍不允。宋美龄当即表示：“如果不能发，可将我房产积蓄，尽变充军费。若军费无着，战事失败，吾深知介石必殉难前方，决不肯腆［觍］颜人世，负其素志。如此，则我如不尽节同死，尚有气节乎？故宁先变卖私产，以冀挽救于万一也。”② 宋子文听后，大为感动，于是竭尽全力筹措这笔军费，使蒋介石渡过难关。

宋子文

最难能可贵的是，在这几年中，宋美龄尽可能陪在蒋介石身边，并尽力去适应各种不理想的环境和条件。如她离开了有暖气的现代化的上海寓所，忍受了南京令人难以忍受的简陋、阴冷，成为第一个在南京安家的高官夫人。③ 再如她在随蒋介石到北伐前线时，虽然只有十几天的时间，但可想而知，她克服了各种不便与辛劳，直到蒋介石担心她体力不支，劝她回去，她才离开前线。④ 比如在“天气奇热，几不可耐”的情况下，宋美龄仍然陪同蒋介石北上，蒋介石对此也感意外：“三妹得毋为溽暑而疲劳乎？为救国家民族，想吾三妹，必乐受此苦也。”一路上，宋美龄果然不胜高温酷暑，再加上冒雨到孙中山灵前敬礼，终致得病住进医

① 周琇环编注：《蒋中正“总统”档案：事略稿本⑧》，第 264 页。
② 周琇环编注：《蒋中正“总统”档案：事略稿本⑧》，第 353—354 页。
③ 参见［美］埃米莉·哈恩著：《宋氏家族——父女·婚姻·家庭》，第 159 页。
④ 宋美龄这次前线之行始于 1928 年 5 月 16 日晨，终于 5 月 28 日傍晚。参见周美华编注：《蒋中正“总统”档案：事略稿本③》，第 357—441 页。

院。[①] 这对一贯注意卫生和享受惯了优越生活条件的宋美龄来说是战胜自己的一步，先从各种艰苦中学习忍耐，也许这比其他的工作更能说明她的改变。

由这些行动来观察，可以明显体会出宋美龄所关注的重心随着蒋介石所关注的问题转移，她正在努力去完成与蒋介石关于“革命婚姻”的誓言。而且，她正在探索在政治人格独立和辅佐蒋介石之间找到一个平衡的支点——以国事为重，但求事功！这一时期可以说是宋美龄以实际行动证明自己能与蒋介石并肩作战的阶段，因而蒋介石才能对她有新的认识并更加信任她，才肯放手让她去独立承担一些工作，积累她的经验。蒋介石的信任和她自身实践经验的积累是宋美龄日后能在政治方面有所作为的基本条件。

从这一阶段宋美龄留下的只言片语当中，捕捉她的变化会有更进一步的发现。从言论中看，作为第一人称的“我”不再只是局限于斤斤计较一己得失的私人语境，而是被放到了一个更为广阔的天地——关于“国家”问题的语境当中，语言也由过去单纯看中个人能否在社会工作中有所作为的“普通话语”转变为为国家尽责、党国至上的“政治话语”。过去她说：“我认为我如果能够放手做，一定会有一番成就。”[②] 而现在她“每言辄以党国为重”[③]，以“尽节同死”[④] 为责。过去她把自己的感受放在第一位：“我到办公室，一向穿上最漂亮的衣服。我认为，戴上漂亮的帽子，扑上厚厚的粉遮住鼻子油光，再穿上昂贵的皮裘大衣，再没有比它们更能让人有自信的感觉……我很喜欢这份工作。”[⑤] 而现在她才真正把工作放在第一位，她会说：“我会努力号召一些名医来拯救我们的士兵……我打算下次和你一起到前线处理医院事

① 参见周美华编注：《蒋中正“总统”档案：事略稿本③》，第569—570页。
② ［美］汉娜·帕库拉著：《宋美龄新传——风华绝代一夫人》，第105页。
③ 周美华编注：《蒋中正“总统”档案：事略稿本②》，第221页。
④ 周琇环编注：《蒋中正“总统”档案：事略稿本⑧》，第353—354页。
⑤ ［美］汉娜·帕库拉著：《宋美龄新传——风华绝代一夫人》，第103页。

务。”[①] 她也不再那样顾及自己的感受，而是按照客观环境的需要来改变自己：“我认为官员们也觉得我是一个妇女，后来我索性忘掉自己，一心一意帮助丈夫工作，他们也就不再把我看做一个妇女，而当成他们之中的一个成员了。”[②]

尽管如此，宋美龄因为刚刚踏上政治之途，还未能完全适应政治斗争的反复无常，她在写给母校的信中，仍然透露出一种对中国政治缺乏信心的无奈。她说：“正如你肯定无疑会从报上看到的那样，中国的军阀尚未被消灭。他们为了满足争得势力范围这种自私的欲望，公然反抗中央政府，而不顾只有实现中国统一才能救中国这一事实……中央政府发布命令，对他们进行镇压，我的丈夫以总司令的身份率领军队……一想到我国面临的灾难，我心痛万分。旱灾涝灾造成了饥荒……现在无耻的军阀为满足私欲又挑起了血腥的战争。”[③]

一波接一波的军事斗争不过是政治斗争的延续，宋美龄当然不愿承认蒋介石有什么过错，她站在所谓“中央政府”的立场上，避重就轻地把责任归咎于军阀们的私欲和共产主义的“煽动”，让人觉得蒋介石只是在执行中央政府的命令而对地方反抗势力进行镇压，而不是无谓地纵兵厮杀。不知不觉之中，宋美龄已经开始为蒋介石作义务的宣传了，而且，她坚信蒋介石所代表的是“正义”的一方，而其他各派势力都是邪恶地破坏统一的另一方。这种似是而非的观点正好表明她与蒋介石之间在思想上更加靠近了。宋美龄的表现必然得到了蒋介石的肯定，蒋介石不无欣赏地在日记中记到：“阅妻文字，日有进步，心志亦定，此最足安乐之事。”[④] 蒋介石所说的“心志亦定”恐怕所指就包括宋美龄的政治信念已经越来越向他靠拢。

这一时期，宋美龄在政治上的成长是迅速的。她的基本政治

---

① ［美］汉娜·帕库拉著：《宋美龄新传——风华绝代一夫人》，第 183—184 页。
② ［美］埃米莉·哈恩著：《宋氏家族——父女·婚姻·家庭》，第 158—159 页。
③ ［美］斯特林·西格雷夫著：《宋家王朝》（全译本），第 272 页。
④ 《蒋介石日记》（1931 年 1 月 26 日），美国斯坦福大学胡佛研究所藏。

信念正在初步形成，其中最主要的是她在政治上对蒋介石忠诚。虽然结婚时，两人有“革命婚姻”的誓言，但就当时的情形看，宋美龄对蒋介石并没有完全形成一种追随的关系，从她向朋友抱怨蒋介石抹杀她的独立自主的信中就显露出她不想做蒋介石附庸的心理，但随着时日的推移，随着她以妻子的视角加深了对蒋介石个性的了解，随着她对全国政治形势观察的深入，她的心理发生了变化，她意识到蒋介石不仅需要一个有满腔热情的“革命伴侣”，而且需要一个真正值得信赖的政治伙伴，她心甘情愿地调整了自己的角色定位，在政治信念的层面上确立了对蒋介石的忠诚。她认为：“我的机会很好，我与丈夫合作，就不难对国家有所贡献了。”① 在某种程度上，宋美龄已经把蒋介石等同于国家和民族，把蒋介石的成功等同于国家的“统一”和民族的“独立”，她把政治希望寄托在蒋介石身上，并甘愿与他共同奋斗。这种政治信念为她此后的政治生活奠定了基础，可以说，她一生绝大部分的政治活动都源于这种信念。

除了对蒋介石确立了政治忠诚以外，宋美龄的政治信念还体现在她对国内外形势形成的认识。对国内，宋美龄更坚定了改造中国的信念，坚信只有先实现中国的统一，才可能实现中国的改造和发展。所以，她对所有没有归顺国民政府的政治派别和武装势力都视为干扰统一和改造中国的“祸患”，但她愿意以规劝和拉拢的方式来为蒋介石争取这些中立和反对的势力。同时，宋美龄接受并领悟了蒋介石常常提到的“革命还需建设”的思想②，她意识到那是施展自己的主要舞台之一，她可以从中找到更多辅助蒋介石“革命成功”的机会，但在这一阶段的三年半中，除了对南京城的改造③、对军官励志和革命遗族教育有所贡献外，她还没有找到更合适有效的“建设”途径，这肯定引发了她思考的兴趣，

---

① 《我的宗教观》，载王亚权总编纂：《蒋夫人言论集》（上集），第 4 页。

② 这是蒋介石在各种场合不厌其烦反复强调的政治主张，如“要知道革命是要建设的，不建设革命不算成功”。参见周美华编注：《蒋中正“总统”档案：事略稿本③》，第 561 页。

③ 参见［美］汉娜·帕库拉著：《宋美龄新传——风华绝代一夫人》，第 196 页。

几年后，她对“新生活运动”的极力推崇和力行，可以从这里找到源头，她显然是把“新生活运动”视为“建设”的最好路径。对外方面，宋美龄的民族意识仍然强烈，并能自觉地配合蒋介石的意图，发挥自己的作用。由于宋美龄在一些外交活动中为蒋介石担任翻译工作，为此，她多年养成的阅读英文报刊的习惯也派上了用场，她开始习惯于以蒋介石的视角来筛选国外的新闻，站在一个完全不同于以前的高度来看待国际形势。在各国与南京国民政府建立正式外交关系的过程中，宋美龄找到了发挥所长的舞台，并逐步深入，为日后在外交领域发挥作用奠立了人脉基础，积累了初步的经验。

蒋介石与宋美龄

第三节 政治信念的低迷（1931 年 6 月—1933 年 10 月）

宋美龄与蒋介石结婚后，的确满足了她服务国家和社会的愿望，她充满自信地投入到工作当中，但“这样自负的奋斗努力的时代，不能继续长久；不久，我的可怕的苦难时代到来了。我完全闭居在绝望的深渊中”①。她承认自己的弱点：虽有贡献于国家的抱负，“但只赖自我，我实在还缺少一种精神上的定力”②。也许正是因为缺少这种定力，宋美龄在 1931 年遭遇了一次人生低谷，她在政治方面的发展也几乎处于停滞状态。这次低迷持续了两年之久，直到 1933 年的下半年，宋美龄才逐渐重拾信心，回归政治

① 蒋宋美龄著：《敬告日本妇女》，《文摘杂志》1937 年第 5 期，第 3 页。
② 《我的宗教观》，载王亚权总编纂：《蒋夫人言论集》（上集），第 4 页。

舞台。

一、精神遭受的打击

1931年，是多灾多难的中国近代史上一个更为灰暗的年份。这一年是中原大战结束后的第一年，表面上国民政府又一次完成了统一，然而实际情况却是国内纷争仍在持续。南方重起战火，国民政府派出大军对在江西势力不断扩大的共产党进行“围剿”，江西及附近地区的民生百业在战火中备受煎熬。在广东则形成了1927年宁汉分裂以来最大规模的反蒋集团，胡汉民、汪精卫、孙科、西山会议派以及原本受蒋介石打压的地方实力派，如广东的陈济棠、山西的阎锡山、广西的李宗仁和西北的冯玉祥等，形成了“宁粤对峙”的局面。他们在广州组织了“中国国民党中央执行委员会非常会议”，试图倒蒋以代之。西北的吉鸿昌也对蒋介石的反共行为发出了不满的声音。而这一年夏天，长江流域发生了多年未有的大洪灾，这次天灾使长江、淮河、汉水、运河同时泛滥，受灾面积达十六省之广，受灾人口达一亿人。北方则是从1928年起已经持续了三年的旱灾仍在继续，这场历史上罕见的旱灾不仅持续时间长，而且范围也非常广。

日本人则视这一切为天赐良机，在9月18日悍然发动了九一八事变，占领了我国东北三省。国内掀起反日风潮，民众自发的抵制日货运动使日本的经济遭受了重大损失，日本采取报复措施，于1932年1月28日，对中国的经济中心上海发起攻击，一·二八事变发生。中国在这种内忧外患、天灾人祸中迈进了20世纪30年代。政治、军事、外交、经济、民生……南京国民政府在任何一个方面都没有获得成功，统一建国的希望在哪里呢？宋美龄又作何感想呢？

想找到这一阶段有关宋美龄思想变化的资料并非易事，几乎所有研究宋美龄的著作对这两年都是空白或者一笔带过，宋美龄的政治人生似乎有这两年的空白，这更增加了笔者探寻这两年中宋美龄心路历程的兴趣。好在从《蒋中正“总统”档案：事略稿本》和《蒋介石日记》中可以找到一些宋美龄的活动线索。从现有资料来看，从 1931 年 6 月到 1933 年夏末，这两年的大部分时间里，宋美龄似乎都处于一种半隐居状态，很少露面，也很少看到她对蒋介石有何襄助。她似乎正在从人们的视野中淡出。1932 年 9 月13 日，烦闷抑郁不可释怀的蒋介石叹道："夫人心已死，唯在余一人鼓勇力行，以冀挽救于万一耳。"① 宋美龄心灰意冷竟至如此地步，"哀莫大于心死"，究竟发生了什么使她有如此大的变化呢？

从 1931 年 6 月开始，宋美龄不仅经历了国家的重大劫难，也经历了自己的人生劫难。1931 年 6 月，宋美龄遭遇了第一个打击，她因一封信而对蒋介石的感情产生了怀疑。6 月 20 日，蒋介石在日记中写道："美妻今晚回沪。昨日之函不应撕碎，应交其阅，则不致其疑，而我之心地亦可大白，但见信即恨，故一时心忙，不问是非，立即撕掉，是出于真心，决无他意。此函或为其来陷害我夫妻二人，如吾人不测，反中奸计，是不可不审察也。"② 同一天的《事略稿本》也记载着："晚，夫人赴沪。公送到车站而回。独坐叹曰：'近有人思陷害我夫妻，如偶或不详加审慎，反中彼辈之奸计矣。慎之！'"③第二天早晨五点，蒋介石就起床给宋美龄写信，随后登舰赴湖南的"剿共"前线。④ 想必信中是解释事情的来龙去脉，可惜后面就没有记录了，不知宋美龄是否回信，两人的矛盾是如何解决的。这封导致两人不睦的信被疑是陈洁如所写，至于信的内容已无从知晓，但从两人的反应来看，蒋介石也许是在情急之下撕了信，宋美龄则恰恰因为蒋介石的撕信之举而怀疑他有不可告人的秘密，动摇了她内心关于两人是忠诚"革命伴侣"的梦想，所以，她才会怒而离去。毫无疑问，宋美龄在撕信事件

---

① 王正华编注：《蒋中正"总统"档案：事略稿本⑯》，台北"国史馆"2004 年版，第 378 页。

② 《蒋介石日记》（1931 年 6 月 20 日），美国斯坦福大学胡佛研究所藏。

③ 高素兰编注：《蒋中正"总统"档案：事略稿本⑪》，台北"国史馆"2004 年版，第 315 页。

④ 参见高素兰编注：《蒋中正"总统"档案：事略稿本⑪》，第 315 页。

中受到了打击，使她刚刚建立起来的政治依赖有了明显的挫折感。

宋母倪桂珍

一痛未平，一痛又起。第二个打击是1931年7月23日宋母倪桂珍的去世，这使宋美龄陷入极度的悲恸之中。以往研究对宋母离世带给宋美龄的影响关注不多，而这恰恰是宋美龄一生的一个重要转折点。蒋介石是三天之后才从孔祥熙的电报中得知宋母去世的消息："晚，得孔祥熙电称：宋母倪太夫人在青岛于二十三日病逝。公惊痛言曰：'吾外姑岂真弃养耶？但愿此消息之不确耳。'思念悲哀，夜不成寐。"① 蒋介石尚有此感，宋美龄的感受就更是可想而知了。8月15日的《事略稿本》记有蒋介石的一段哀叹："亲之爱子，较其他一切为甚。呜呼！吾母不复见矣！夫人而无母亲，无异死亡也！"蒋介石已经体谅到宋美龄对宋母去世的感受。蒋介石于8月18日宋母下葬时回到上海。8月19日的《事略稿本》记有："公本拟今夕起程回京，以夫人有病，不忍遽行乃止。"② 可见受母亲去世的打击，宋美龄已经病倒了。

母亲去世后，各种打击接踵而至，面对这些突如其来的灾祸，宋美龄悲观至极，精神几近崩溃。她自己曾在1934年回忆说："过去七年之中，不如意事十常八九，我因此感到悲观。国家则内忧外患，将近而来，最富饶的东北四省，给敌人夺了去，人民则饱受水旱灾荒，原应团结一致的军政领袖，却又常常发生纠纷。在私人方面呢，神圣的慈亲又去世长逝，这种种痛心的遭际，使我看到了我生的缺憾，以及人事的艰难。我们为国家努力，宛如

① 高素兰编注：《蒋中正"总统"档案：事略稿本⑪》，第442页。
② 高素兰编注：《蒋中正"总统"档案：事略稿本⑪》，第551页。

杯水车薪，无济大事，我觉得人生在历史的洪流中渺小得不啻沧海一粟。有时我自己对自己道：'国家果真强盛果真统一了，我们又怎样呢？天下事真没有一个止境的吗？盛极必衰，一个国家到了繁荣的极端，一定就要下降！'（这些话我从来没有对丈夫说过）""我失望悲观，颓丧消极了起来。到慈亲去世，真觉得眼前一团漆黑。北方有强敌的铁路，南方有政治的裂痕，西北旱荒，长江水灾，而最亲爱的母亲，又给上帝呼召了去。除了空虚，我还有些什么呢？"①

可以说，这是宋美龄人生中遇到的第一次真正意义上的挫折和打击，一直生长在"安乐窝"中的她，从来没有尝过人生这样难以下咽的苦味。所以，二十多年过后，宋美龄仍然对母亲去世时的打击记忆犹新："她的去世对于她的子女是极惨重的打击，可是对于我的打击也许比较更重，因为我是她最小的女儿，曾十分依靠她而不自知。""现在，严重的打击使我濒于灰心，而母亲已不在此帮着我祷告，助我成功。我应该怎么办？我应该去找谁呢？"② 她之所以依赖母亲，主要是精神上的，因为她相信"凡母亲祈祷上帝以求决定的任何事情，结果都是良好的"③。而如今，当宋美龄最需要母亲为她祈祷时，母亲却不在了，这种失去心灵依赖的空虚的痛苦足以使任何强大的人被击倒。宋母去世后一年多，蒋介石竟然用"心已死"来形容当时的宋美龄，可见，宋美龄在悲观、空虚的精神痛苦中仍难以自拔，这也许是宋美龄在相当长的时间里不能振作的主要原因。

二、疾病带来的困扰

第三个不幸是宋美龄疾病缠身。生理上的疾病往往会对一个人的思想和行为产生重要影响。汉娜·帕库拉在《宋美龄新传》

---

① 《我的宗教观》，载王亚权总编纂：《蒋夫人言论集》（上集），第 3—4 页。
② 《祈祷的力量》，载王亚权总编纂：《蒋夫人言论集》（上集），第 294 页。
③ 《我的宗教观》，载王亚权总编纂：《蒋夫人言论集》（上集），第 2 页。

中提到，宋美龄在1932年冬天到1933年春天这段时间一直生病。[①] 这是事实，但持续的时间远不止这几个月。宋美龄的身体一直不太好，蒋介石在给她的电报或信件中，经常会询问她的病情如何等等。在精神好的时候，宋美龄还能尽力克服身体上的疾痛。然而，宋母去世后，各种打击造成的挫败感更加剧了精神上的不振，无形之中使身体的病痛放大无数倍，那个原来充满活力、跃跃欲试的宋美龄在这一时期竟变得脆弱而伤感。为了便于进一步了解宋美龄的身体和精神状况，不妨按时间顺序理出线索。

1931年7月，宋母去世时，宋美龄已经病了。

1931年9月18日，东北发生九一八事变。

9月25日，宋美龄来到南京，与蒋介石会合，但9月27日晚就因与蒋介石发生争吵返回上海。[②] 9月29日，上海各大学有五千多人到南京请愿，强烈要求政府改弦易辙，忧虑蒋介石处境的宋美龄于当日回到南京，使蒋介石为之感动："危难之中，不避艰险，来共生死，无任感激。"[③]

10月8日，蒋介石与宋美龄谈为国牺牲之决心，宋美龄亦表示要与蒋介石共生死之决心。[④] 此时东北的情况一天比一天恶化，国民政府寄希望于国联，却迟迟没有进展。宋美龄的心理疲惫没有丝毫减轻，但她仍然一直陪在蒋介石身边。

10月22日，宋美龄陪蒋介石一同到上海与粤方代表见面[⑤]，谋求宁粤两派和解之策。然而，"阅新闻报纸，载有所谓粤方代表谈话一则，对于中央与公（指蒋介石——引者注）诋毁讥刺，未改旧态。公甚为骇异。少顷，在沪各中委来见公，谓粤方提出条

---

① 参见［美］汉娜·帕库拉著：《宋美龄新传——风华绝代一夫人》，第219页。

② 参见《蒋介石日记》（1931年9月27日），美国斯坦福大学胡佛研究所藏。

③ 《蒋介石日记》（1931年9月29日），美国斯坦福大学胡佛研究所藏；黄自进、潘光哲编：《蒋中正"总统"五记：爱记》，台北"国史馆"2011年版，第87页。

④ 参见周美华编注：《蒋中正"总统"档案：事略稿本⑫》，台北"国史馆"2004年版，第144页。另参见《蒋介石日记》（1931年10月8日），美国斯坦福大学胡佛研究所藏；黄自进、潘光哲编：《蒋中正"总统"五记：爱记》，第87页。

⑤ 参见周美华编注：《蒋中正"总统"档案：事略稿本⑫》，第195页。

件在推倒中央现在组织，否认政府根本法纪，而胡汉民持之尤坚云。公闻而叹曰：‘展堂（胡汉民的字——引者注）何尚有意捣乱哉？其将使余进退两难矣！夫若辈既不敢负此国政重责，又不肯知难而退，更不肯置之不问，真令人可痛可鄙可恶可笑又可怜也。乃若辈反以此等手段自谓得计，隔岸观火壁上观战，而又下井投石，必使一切罪恶归于余之一身，置党国败亡于不顾，增国家纷乱而后快！此等卑劣之政客，既陷总理于前，今又加于余身。毁党卖国，毫无天良。余尤痛惜展堂之终不悔改也。”① 蒋介石对自身处境的慨叹再增宋美龄的忧虑，丧母的悲痛、东北的战事、国民党的内斗，使宋美龄感到失望，一切努力都是“杯水车薪，无济大事”的念头起于此时，不足为怪。她的思想在发生变化，但她并没有告诉蒋介石。10 月底，宋美龄高度紧张的精神、愁闷的心情就反映到了身体上。

10 月 29 日，宋美龄生病，“夫人病盲肠，公甚忧之”②。宋美龄这次生病时间比较长，还在上海住进了医院。11 月 17 日，《事略稿本》记有：蒋介石“思及夫人患病在医院，心甚怜念”③。直到 11 月 25 日，宋美龄才病愈，由上海回到南京。④ 就在此时，各方传来要蒋介石下野的呼声。

在此期间，宋美龄曾与二姐宋庆龄共同力争，要求蒋介石释放第三党领袖邓演达，并迫使蒋介石应允。但是，12 月中旬，当得知邓演达遇难的消息时，宋美龄很震惊，和蒋介石大吵一场，并愤而离开南京返回上海，后经宋蔼龄夫妇斡旋，蒋介石亲往上海将其接回南京。⑤ 这一事件可能让宋美龄对蒋介石大感失望，她

---

① 周美华编注：《蒋中正“总统”档案：事略稿本⑫》，第 195—196 页。

② 周美华编注：《蒋中正“总统”档案：事略稿本⑫》，第 212 页。

③ 周美华编注：《蒋中正“总统”档案：事略稿本⑫》，第 352 页。

④ 参见周美华编注：《蒋中正“总统”档案：事略稿本⑫》，第 415 页。

⑤ 《事略稿本》记有宋美龄 17 日去上海，20 日又回到南京。参见周美华编注：《蒋中正“总统”档案：事略稿本⑫》，第 459、465、475 页。另见蒋介石侍卫官孙宗宪回忆：蒋介石与宋美龄“有时意见不合，引起争吵。因蒋杀害邓演达事，两个闹得最烈”。参见孙宗宪口述，毛炳岳执笔：《为蒋介石当侍卫时的回忆》，载汪日章等著：《在蒋介石宋美龄身边的日子》，第 62 页。

更加深入地了解到蒋介石为人残忍、不守忠信的一面，对她的心理造成一定冲击，加重了她对未来前途的忧虑。

12月15日，蒋介石提出辞职。蒋介石感慨：“以手造之国家，辛劳八年，死伤部下三十余万众，犹亲生扶持长育之爱子，一日放弃，不能相见，能不令人悲哉……呜呼！余今于国为不义，于党为不忠，于亲为不孝，于子为不慈，俯仰上下，以愧以怍，未知以后如何自反，如何自新，始可报答我亲恩与党国也。”[①] 12月23日，宋美龄随蒋介石回了浙江奉化溪口的老家。宋美龄的心中会为此无动于衷吗？当然不会，这种情势只会加重她的心理负担，使她更加失望怀疑。

12月27日，宋美龄又生病了。[②] 1932年1月3日，宋美龄到上海就医。1月15日到杭州与蒋介石会合，“夫人病尚未痊，身体瘦弱”[③]。1月20日，蒋介石重萌复出的念头，宋美龄“点头称善”，似乎燃起新的希望，她于第二天陪同蒋介石乘汽车去南京，而此时，“夫人病后尚未复亢”[④]。当时宋美龄的身体状况可能很糟糕，以至于成了全家人的心病，2月1日，宋美龄陪同蒋介石到达开封后，蒋介石马上拍发电报给宋子文和孔祥熙，特意言明：“三妹身体甚好，勿念。”[⑤]

此后，宋美龄的身体好像维持了几个月的好光景，但很少能看到她陪同蒋介石到各处视察的记载，往往都是她陪蒋介石到了某地，随后就看不到有夫人陪同的记录了。由此猜测，她的身体状况并没有完全恢复。

1932年3月2日，国民政府的军队撤出了上海，宋美龄极难接受这个事实。她“以我军撤退，对倭痛恨益甚，几不欲一日生存，愿亲赴前线与倭寇一拼”，并责备蒋介石：“上海我军撤退，

---

① 周美华编注：《蒋中正“总统”档案：事略稿本⑫》，第462—463页。

② 参见周美华编注：《蒋中正“总统”档案：事略稿本⑫》，第505页。

③ 周美华编注：《蒋中正“总统”档案：事略稿本⑬》，台北“国史馆”2004年版，第42页。

④ 周美华编注：《蒋中正“总统”档案：事略稿本⑬》，第61、65页。

⑤ 周美华编注：《蒋中正“总统”档案：事略稿本⑬》，第119页。

反动派造谣更甚，军民恐更将归怨于夫子！夫子将成为怨府，为国家，为夫子，将何以为计?”① 蒋介石不肯和她辩论，反而使她更加愁苦。

不知从什么时候开始，宋美龄又病了。7 月 29 日的《事略稿本》记有：“夫人之病未痊，公甚忧焉。”② 9 月 13 日，烦闷抑郁不可释怀的蒋介石叹道：“夫人心已死，唯在余一人鼓勇力行，以冀挽救于万一耳。”③ 蒋介石似乎已经对他与宋美龄立下的“革命婚姻”的誓言失去了信心。10 月 26 日，《事略稿本》又记有：“以夫人有病，公心甚忧。”④ 而 12 月 24 日，返回上海陪宋美龄过平安夜的蒋介石看到“妻盛装整室相候，敬礼如宾，欣慰快乐，唯愿上帝保佑其病速愈也”⑤。此后，宋美龄似乎又病了相当长的时间，时好时坏，蒋介石很是忧虑。

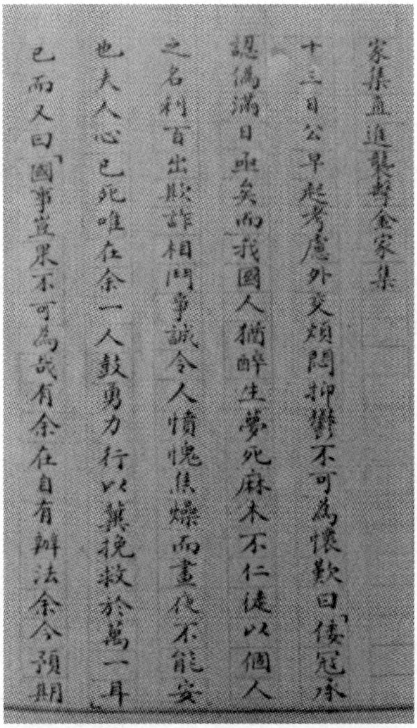
十三日公早起考慮外交煩悶抑鬱不可為懷歎曰「倭冦承
認偽滿日亟矣而我國人猶醉生夢死麻木不仁徒以個人
之名利百出欺詐相鬥爭誠令人憤愧焦燥而晝夜不能安
也夫人心已死唯在余一人鼓勇力行以冀挽救於萬一耳
已而又曰「國事豈果不可為哉有余在自有辦法余今預期

《事略稿本》第 16 卷第 378 页

当蒋介石逐渐洞悉了宋美龄心理的变化，并感叹“夫人心已死”时，宋美龄似乎已经完全回归了家庭，每每对蒋介石盛装出迎，偕同出游，礼敬如宾，使蒋介石仍能从中得到很大的安慰。蒋介石对身病心也病的宋美龄似乎也无可奈何，对宋美龄在心理

---

① 周美华编注：《蒋中正“总统”档案：事略稿本⑬》，第 338—339 页。

② 吴淑凤编注：《蒋中正“总统”档案：事略稿本⑮》，台北“国史馆”2004 年版，第 578 页。

③ 王正华编注：《蒋中正“总统”档案：事略稿本⑯》，第 378 页。

④ 王正华编注：《蒋中正“总统”档案：事略稿本⑰》，台北“国史馆”2005 年版，第 223 页。

⑤ 《蒋介石日记》1932 年 12 月 24 日，美国斯坦福大学胡佛研究所藏。

上的依赖使他觉得能看到宋美龄并且能够感受到家庭的和乐就应该知足了。[①]

从《事略稿本》中可以看到，1933 年 1 月 10 日，宋美龄的身体好了一些，她在宋蔼龄的陪同下到杭州与蒋介石见面，并一同出外游玩。但此时，宋美龄依然很瘦弱，“公唯以夫人体益瘦为虑”[②]。一个月以后，2 月 14 日，宋美龄又接受了割盲肠的手术。[③]直到 3 月 10 日，蒋介石才接到“夫人病痊电”[④]。4 月 20 日，宋美龄到南昌与蒋介石相会[⑤]，5 月 12 日就又生病了[⑥]，这一次生病似乎也不轻，惊动了宋庆龄和宋蔼龄于 5 月 15 日特意赶到南昌来探望她。[⑦]

其实，宋美龄的一生，虽然长寿至百余岁，可身体却一直比较羸弱多病。但相比较而言，从来没有哪个阶段像这两年多的时间里那样，身体的病痛与心理的退缩那样顽固地绑定在一起。从母亲去世一直到 1933 年 10 月以前，宋美龄（或者以她的名义）所做的事情屈指可数。根据国民党《中央日报》报道的情况来看，1931 年 11 月 27 日报载：“宋美龄等昨电马占山，仍希奋斗复我河山，汇洋一万元谨助军需用慰将士，并电各省市省长官夫人广为劝募。”[⑧] 1932 年几乎没有任何作为。1933 年 1 月 17 日报载：“蒋夫人等发起首都妇女慰劳会，募款接济东北抗日将士。”[⑨] 1933 年

---

① 参见王正华编注：《蒋中正“总统”档案：事略稿本⑯》，第 519 页；王正华编注：《蒋中正“总统”档案：事略稿本⑰》，第 502 页。

② 高明芳编注：《蒋中正“总统”档案：事略稿本⑱》，台北“国史馆”2005 年版，第 74 页。

③ 参见高明芳编注：《蒋中正“总统”档案：事略稿本⑱》，第 349 页。

④ 高明芳编注：《蒋中正“总统”档案：事略稿本⑲》，台北“国史馆”2005 年版，第 70 页。

⑤ 参见高明芳编注：《蒋中正“总统”档案：事略稿本⑲》，第 452 页。

⑥ 参见王正华编注：《蒋中正“总统”档案：事略稿本⑳》，台北“国史馆”2005 年版，第 182 页。

⑦ 参见王正华编注：《蒋中正“总统”档案：事略稿本⑳》，第 218 页。

⑧ 《宋美龄等昨电马占山　仍希奋斗复我河山》，《中央日报》1931 年 11 月 27 日，第 8 版。

⑨ 《蒋夫人等发起首都妇女慰劳会》，《中央日报》1933 年 1 月 17 日，第 7 版。

5 月 2 日报载："蒋夫人购大批慰劳品，分送'剿匪'受伤将士。"① 5 月 10 日报载："南昌妇女慰劳会，现正实习救护工作，蒋夫人日内将率全体会员，赴临川慰劳。"② 5 月 11 日报载："蒋夫人在沪定购慰劳'剿匪'将士物品六大包，派福特机于灰（十日）由沪运赣备用。"③

从 1931 年年底开始任宋美龄秘书的钱用和，在回忆录中对这两年时间里宋美龄的作为也没有提供任何有价值的信息。④ 1931 年 10 月，美国《时代》周刊上报道了宋美龄与母校韦尔斯利学院校友在南京会见的情况。报道称，中国第一夫人的首要社会工作是抚养孤儿，他们的父母均死于她丈夫的战争中。当有人问宋美龄是否一起参加蒋主席的行军时，她温和地回答："是的，我经常想这么做，经常！但把我们两个人的生命同时放在危险之中，显然是不明智之举。"⑤ 这些报道表明，宋美龄在当时的确没有更值得称道的成绩，她甚至连与蒋介石同上前线的愿望都没有了，这与北伐时期她的表现明显有了倒退。

三、走出低迷的导引

那么，宋美龄是从什么时候开始从悲观消沉中走出来的呢？这应该是一个缓慢的过程，在这个过程中，同时有几个因素发挥着作用，就像当初宋美龄是在几个因素共同作用下才陷入低迷期一样，想让她重新站立起来，也必须是一种合力的作用。在这些力量当中，有两种力量是至关重要的：一是蒋介石的鼓励重新唤起宋美龄效力国家的信念。这是让她重新振作起来的最直接的动力。二是宗教信仰。真正能够帮助她克服心理上退缩的精神支柱，是她从家庭、从父亲母亲那里传承下来的宗教信仰。

---

① 《蒋夫人购物慰劳将士》，《中央日报》1933 年 5 月 2 日，第 2 版。

② 《蒋夫人将赴临川慰劳》，《中央日报》1933 年 5 月 10 日，第 3 版。

③ 《蒋夫人慰劳"剿匪"将士》，《中央日报》1933 年 5 月 11 日，第 2 版。

④ 参见钱用和著：《钱用和回忆录》，第 4—25 页。

⑤ 李辉著：《蒋介石宋美龄"九一八"之际联袂亮相》，《环球人物》2006 年第 17 期。

蒋介石对宋美龄的消沉十分痛惜，他几次三番地婉言劝导宋美龄，希望她能够尽快振作起来，与他“并肩作战”。1932 年 3 月 18 日，宋美龄的生日，这天恰好也是蒋介石就职国民政府军事委员会委员长兼参谋本部参谋总长之职的日子，蒋介石特地抽时间陪宋美龄，当宋美龄以他就任新职相庆贺时，蒋介石“相与欢笑，并谓‘益当以努力党国共相勉焉’”[①]。10 月 14 日，是蒋介石的四十六岁生日，他直接向宋美龄说出“愿夫人力以襄我”的愿望。[②] 11 月 28 日，宋美龄到汉口见蒋介石，蒋介石再次委婉提示：“昔者姬昌姬发父子，皆得贤夫人之助，而藉以建树周代功烈。吾于我夫人，亦有厚望也。”[③] 第二天，蒋介石因事感慨：“几乎无人无事无不为亡国之行动，能不使余痛乎。”[④] 他对无人能助他心中失望，溢于言表。12 月 1 日，在结婚第五周年纪念日，蒋介石再次以“共济国难”相砥砺。[⑤] 在这一年的圣诞节前夜，蒋介石又向宋美龄表达了自己的心愿：“余劳苦国事，无以自慰，所可为吾慰者，唯有内助之贤夫人耳。唯愿吾夫人身健无病，可与吾共负艰巨也。”[⑥]

蒋介石对宋美龄的时时鼓励肯定会发挥激励作用，而蒋介石的表率作用也给了宋美龄极大的鼓舞。蒋介石的性格中虽然常常会表现出一种消极的情绪，但他骨子里仍然是坚韧和不肯服输的。蒋介石第二次下野后，仍时刻关注着局势，他早已看出孙科等人组成的新政府难当大任，不禁忧心忡忡：“哲生何能任此难局哉！念我总理心殊不忍。”[⑦] 当时各方舆论仍对蒋介石非常不利，“京中要人拟连日纷纷赴奉化，其用意欲将新政府无办法之一切，使国人移其目光于奉化，而贻蒋先生以不负责任之罪名……将利用学

---

① 周美华编注：《蒋中正“总统”档案：事略稿本⑬》，第 453 页。
② 参见王正华编注：《蒋中正“总统”档案：事略稿本⑰》，第 144—145 页。
③ 王正华编注：《蒋中正“总统”档案：事略稿本⑰》，第 478 页。
④ 王正华编注：《蒋中正“总统”档案：事略稿本⑰》，第 487—488 页。
⑤ 参见王正华编注：《蒋中正“总统”档案：事略稿本⑰》，第 502 页。
⑥ 王正华编注：《蒋中正“总统”档案：事略稿本⑰》，第 693 页。
⑦ 周美华编注：《蒋中正“总统”档案：事略稿本⑬》，第 18 页。

生数千百人，群赴奉化，强要蒋先生出山”，初时，蒋介石感到很无奈，“天下兴亡，匹夫有责，而况余乎！余其奈何哉？”① 但最终他仍决定复出，“国事危殆至此，唯余赴京，尚有挽救之望，而个人之毁誉成败，则概不顾也！”②

显然这次蒋介石复出，宋美龄并没有像他第一次复出那样劝勉他，《事略稿本》也只提到新政府派来的“张继何应钦又如此苦劝”③ 等等。不论后来人们怎样评价蒋介石的复出，或者蒋介石心中隐藏着多少诡诈，但在当时中国最不利的情况下，蒋介石能够作出这样的决定，实属不易。从宋美龄不顾长途劳顿，仍带病陪送蒋介石到南京的举动来看④，她从蒋介石身上看到的肯定是积极的鼓舞。

日本占领上海后，宋美龄为之痛不欲生，蒋介石的内心虽然也备受煎熬，却仍能自寻排解。“下午，公以众怨纷起无可排洩，乃往汤山游览。独上山巅，遥望大江，不觉胸臆豁然。曰：‘振衣千仞冈，濯足万里流。此其志之高也。海阔任鱼跃，天空纵鸟飞。此其量之大也。志高而量大，自不至闻誉而荡神，闻毁而丧心，精神务宜宝惜。’”回去后以此感想告诉宋美龄，“夫人悲愤之虑亦少解焉”。⑤

虽然蒋介石意志刚强，但他也有脆弱需要有人宽慰的时候。几年下来，他已经习惯把宋美龄当成自己的精神港湾，有宋美龄在，他就感觉自己的压力可以舒缓，精神可以放松一些。有一次，宋美龄大病初愈，从上海回到南京，蒋介石将其迎入官邸，并述说愁苦：“余之悲惨，尤未有甚于此刻者。危难愁困之时，而得见我真情至爱夫人，能不令我更觉悲酸乎哉！”⑥ 还有一次，蒋介石独自在汉口正心烦气躁，“夫人到汉，公迎入，欢谈，并告之曰：

① 周美华编注：《蒋中正“总统”档案：事略稿本⑬》，第 29 页。
② 周美华编注：《蒋中正“总统”档案：事略稿本⑬》，第 61 页。
③ 周美华编注：《蒋中正“总统”档案：事略稿本⑬》，第 32—33 页。
④ 周美华编注：《蒋中正“总统”档案：事略稿本⑬》，第 65 页。
⑤ 周美华编注：《蒋中正“总统”档案：事略稿本⑬》，第 342—343 页。
⑥ 周美华编注：《蒋中正“总统”档案：事略稿本⑫》，第 415 页。

‘吾今日心气躁急，几忘省察存养之功，夫人来，心气便和。’”①即使宋美龄不在身边，他也习惯用自己的思念把情感寄托在她身上，以此使心中得到安慰。有一次，宋美龄去了上海，蒋介石孤身寂寞，对宋美龄极为思念。他说：“余今亦有吾夫人佐我致力党国。淞沪撤兵时，夫人痛不欲生，其爱国之忱，实不愧为余之贤内助。志趣同向，情意周洽，古人解妻字，谓妻者，齐也。吾妻真与吾相齐，余于吾妻何能不切念于怀哉！”“余此刻极想吾夫人乘飞机而回来也。”②

从前宋美龄的确能够胜任贤内助，但在这两年多的时间中，她所遭受的打击使她自己尚且难以自处，每当她面对蒋介石的殷殷厚望之时，总会受之触动，稍事振作。她也在不断地调整自己。

在宋美龄重新振作起来的过程中，宗教信仰发挥了决定性的作用，她后来对此一直津津乐道。在宗教信仰问题上，后面会有专章来讨论，这里只概述一下。蒋介石是在宋母的要求和引导下开始研读基督教义的，并于1930年10月皈依基督教。宋母去世后，宋美龄因生活纷乱，陷于悲愁的深渊，也想找一自拔的途径，于是不知不觉地又回到了她母亲所信仰的上帝那里。“我知道宇宙间有一种力

1930年10月23日，蒋介石在上海西摩路宋家教堂里由美国牧师江长川主持了加入基督教的洗礼仪式

① 王正华编注：《蒋中正“总统”档案：事略稿本⑰》，第478页。

② 周美华编注：《蒋中正“总统”档案：事略稿本⑬》，第18页。

量，它的伟大，决不是人们所可企及的，那就是上帝的力量，母亲鼓励委员长精神生活的任务，既由我担负了起来，我也日渐和上帝接近了。”① 宋美龄在对母亲的极度思念中，发现宗教信仰竟可延伸母亲的精神引导，实际上，这种精神引导不仅对蒋介石有必要，也是宋美龄自己所需要的。在这种认识的基础上，她内心中逐渐增长了对基督信仰的热诚，“我觉得上帝给我一份为国家出力的工作”，只需“尽我心、我力、我意，以实行上帝的意志”就可以了。② 既然如此，就没有什么好悲观的了，“中国上下所有的问题，都是十分艰巨，诚为从来所未有的。但是我如今丝毫不再沮丧，不再消极了。我信仰的上帝，他有无限力量可以帮助我们，他的恩惠，简直会超出我们的相望和祈求”③。

宋美龄继承了母亲祈祷上帝的经验，她通过对上帝的祈祷与逝去的母亲之间建起一座桥梁，使她从对母亲的思念中解脱出来；又通过祈祷上帝为自己建起一道坚实的心理屏障，使她克服所有沮丧和消极继续前行。宗教在当时对宋美龄的影响之大可以从她重新振作起来后，公开发表的第一篇言论就是关于信仰问题的著作——《我的宗教观》中看出，这篇著作完全是有感而发，真实地展现了宋美龄在宗教信仰的推动下如何完成了人生的第一次蜕变。

尽管很少有人谈到宋美龄的这个低迷阶段，然而，这段时间正是宋美龄在思想意志上与自己抗争的时候，在现实与理想存在的巨大差距面前，她已经从在美国留学时的纯真少女和回国后苦苦等待与寻觅的有志青年，转变成一个要真实地应对残酷现实的政治人物。这个低迷阶段并不是一段可有可无的岁月，换言之，如果没有这段岁月的磨砺，也许就不会有抗日战争中那个坚强、敢担当、有作为的宋美龄。

1933 年下半年，当蒋介石集中兵力展开对中国共产党的第五次“围剿”之时，恰恰是宋美龄开始重新恢复工作兴致的时候。

---

① 《我的宗教观》，载王亚权总编纂：《蒋夫人言论集》（上集），第 5 页。
② 参见《我的宗教观》，载王亚权总编纂：《蒋夫人言论集》（上集），第 8 页。
③ 《我的宗教观》，载王亚权总编纂：《蒋夫人言论集》（上集），第 9 页。

在1933年10月18日的蒋介石日记中记有："上午，妻为要公，带病飞沪，甚感。"① 这是在过去的两年中都没有看到的情景，到底是什么事情让宋美龄能够克服病痛，亲自为蒋介石的"要公"跑腿，我们不得而知。但从这件事情似乎可以感觉到此时的宋美龄已经从两年来的低迷中走出来了。

第四节　政治信念的复苏和增强
（1933年10月—1937年7月）

度过了人生第一个低迷期的宋美龄一发不可收，她不但完全恢复了昔日的活力，而且比以前更加活跃，除了实际行动外，她还把自己的思想诉诸笔端，用带有散文意境的文字叙述她的思绪，为我们提供了考察她政治生涯中思想历程的第一手资料。全面抗战爆发前，宋美龄的文章反映她所关注的重点主要在社会问题和与蒋介石口中"革命"相对应的"建设"问题上，但也正在向其他内政、外交问题上拓展。

一、政治活力的恢复

从国民党的《中央日报》对宋美龄的报道就可以觅见她政治活力的前后变化。在前两年宋美龄处于低迷时期时，《中央日报》上不但很少能找到宋美龄的踪迹，而且仅有的几条报道也常被排在很不起眼的角落里。然而，从1934年开始，《中央日报》上关于宋美龄的报道不但明显增多，而且篇幅和位置也有了很大变化。她似乎一下子变成炙手可热的人物，迎来送往的人群中，除了她的外甥也就是孔祥熙和宋蔼龄的公子以外，还会出现淞沪警备司令部司令杨虎和上海警察局局长兼戒严副司令蔡劲军等人的身影。② 这一方面当然与蒋介石的地位日益稳固有关，另一方面则是宋美龄自身活动能量急骤增大的结果。

---

① 《蒋介石日记》（1933年10月18日），美国斯坦福大学胡佛研究所藏。

② 参见《蒋夫人昨抵沪》，《中央日报》1936年4月10日，第2版。

1933 年 10 月，宋美龄为蒋介石口中的“要公”带病赴上海，这只是从久病的阴影中重拾信心的一次小尝试。此后的一个月中，她的活动有了明显的增加。国民党的《中央日报》在 11 月 17 日报道：“宋美龄十五日由赣乘飞机到沪，十六日晨十一时曾往访孔祥熙。”① 这次到沪，不知是否与前次带病到沪有联系，但在报纸上像这样对宋美龄的行踪进行详细报道已经很久没有见到了。随后，11 月 21 日，《中央日报》上又出现了宋美龄的报道，是关于她在前一日（11 月 20 日）被推为“首都妇女提倡国货会”的常委的消息。② 钱用和回忆，当时是在宋美龄的领导下组织了这个妇女提倡国货会，“蒋夫人有鉴于国家兴亡，匹妇亦是有责，社会生活的侈朴，受妇女倡导的影响很大，所以联合南京各机关首长夫人，与女校校长等数十人组织该会，切实推动舆论宣传赞扬工作，顿时使人感到耳目一新”③。这个组织虽然由宋美龄倡导组建，但实际是由陶玄担任主席并负主要责任的。后来不久发生了南京市市长刘纪文夫人许淑珍购用 25 元一双丝袜的事件，引起舆论的批评，对妇女提倡国货会的绩效不啻一个巨大的讽刺。“陶校长坚持将该会名牌移挂羊皮巷遗族女校，以后也并未开会，但妇女生活比较从前趋于质朴，不可谓毫无成效。”④ 由钱用和的回忆可知，宋美龄对这项社会活动的组织并不是很成功，她只有发起之功，却没有尽推动和监督之责。

实际上，就在宋美龄发起成立妇女提倡国货会的当天，恰是南方发生“福建事变”的日子。曾经在上海抗击日本人的十九路军陈铭枢、蒋光鼐、蔡廷锴等人，因为不能忍受蒋介石只顾对内“围剿”共产党，却迟迟不对日采取有效抵抗，而联合国民党内其他势力，在福建福州发起了抗日反蒋活动，并成立了名为“中华共和国人民革命政府”的反蒋政权。此时，蒋介石又成为各方攻

① 《宋美龄到沪　访孔祥熙》，《中央日报》1933 年 11 月 17 日，第 2 版。
② 参见《妇女提倡国货会》，《中央日报》1933 年 11 月 22 日，第 7 版。
③ 钱用和著：《钱用和回忆录》，第 22 页。
④ 钱用和著：《钱用和回忆录》，第 22 页。

击的焦点，宋美龄在这种情况下当然无暇他顾。1933 年 12 月至 1934 年 1 月，宋美龄一直陪在蒋介石身边，甚至重新跟随他去了前线①，并频繁地陪蒋介石野餐、游览身边的景致，这些都是她以往为蒋介石排解忧愁的常用办法，这种办法的确很奏效。1933 年的最后一天，蒋介石作了如下总结："于此一年中经过之患难……一波未平，一波又起，以余个人谋之不臧，而使国辱民困，所部牺牲，劳苦至此，每念往事，令人辄觉梦魂不安，幸家庭和乐，乃足自慰耳！"② 第二天即 1934 年的元旦，蒋介石在办公时，宋美龄侧立在他身边，使蒋介石大为感动："夫妻和爱之乐，可敌一切忧虑患难也。"为蒋介石整理《事略稿本》的人也有感于此："盖夫人平日甚敬爱公，故公于忧患中发是语以自慰。"③ 可见，宋美龄在蒋介石身边所发挥的作用，她总是把握好任何一个可以使蒋介石心情得以愉悦放松的机会。有一次，蒋介石途经上海，回到家中休息片刻后，发现宋美龄把房子布置一新，蒋介石不禁感叹："家中布置与结构之雅洁，唯有贤妻能之。"④ 虽然只是片刻停留，但蒋介石的心神还是得以清静一时。

宋美龄并未满足于此，进而，她开始着手从宗教信仰方面着力引导蒋介石进入一个安宁的精神世界。从 1934 年 1—2 月《事略稿本》的记载中，可以看到一个明显变化，那就是蒋介石研读圣经和向上帝祷告明显增多了。宋美龄曾对人解释过基督教与佛教不会发生冲突的理由：一个求诸于现世，一个求诸于来世。蒋介石的母亲是笃信佛教的，所以当宋美龄引导蒋介石进入基督教的精神世界时，必然要使他明白两者是不相冲突的。在宋美龄的努力下，以往习惯用中国古书的名言警句励志，或以古代名人为榜样的蒋介石，逐渐向上帝靠拢，并从上帝那里寻求精神的支持。

① 参见《闽边巡礼》，载王亚权总编纂：《蒋夫人言论集》（上集），第 10—19 页。

② 周美华编注：《蒋中正"总统"档案：事略稿本㉔》，台北"国史馆"2005 年版，第 139—140 页。

③ 周美华编注：《蒋中正"总统"档案：事略稿本㉔》，第 148 页。

④ 周美华编注：《蒋中正"总统"档案：事略稿本㉔》，第 226 页。

一日，蒋介石在日记的雪耻条中同时体现出这两种不同的精神："勾践卧薪尝胆，武穆碧血丹心。必有武穆之血心，而后乃能成勾践之大业。勾践成功，武穆成仁，其于吾民族之光荣则一也。浙人凛仰先烈，能不自勉乎！"而后，他又赞美耶稣："余之赞美耶稣者五：一曰牺牲精神；二曰忍耐精神；三曰奋斗精神；四曰纯一精神；五曰博爱精神。"① 蒋介石还开始在日记中记下新约中的话，并写下感想，比如他写道："'当日的米粮求之于当日'，此乃圣经之祷文，是要世人重现在事实，不必恋往与逆来也。"② 一次他录了新约中的嘉言："以为如人果有信仰心，其初焉虽小如菜子[籽]，但其结果收效之大，乃能移山也。"③ 还有一次他写道："领袖当为群众之奴仆。""我来乃为服事世人，而非受世人服事也。"④ 与上帝神交日久，蒋介石愈发景仰上帝，他在日记的雪耻条中记道："不可使上帝圣灵为我们忧愁也。"⑤

蒋介石在宗教精神领悟方面的变化显然要归功于宋美龄，正如这一年 3 月她在《我的宗教观》中所说："我只要就丈夫的需要，尽力帮助他，就是为国家尽了最大的责任。我就把我所知道的精神园地，引导丈夫进去。"⑥ 所有的迹象都表明，这个时候，宋美龄已经基本从自己的苦闷中摆脱出来，可以集中精神来做一些更有意义的事情了，正如她后来自己的总结："如今轮到更需毅力的工作了。"⑦

1934 年年初，一个充满活力并对改变中国有着独特想法的澳大利亚人威廉·亨利·端纳引起了宋美龄的兴趣。端纳曾给孙中山担任过顾问，后来到东北又深得张学良的信任，成为张学良的顾问。端纳对中国政治的了解甚至超出了一般的中国人，这主要源于他长期生活在中国和他长期以来对中国社会各阶层的细心观察。他"好

① 周美华编注：《蒋中正"总统"档案：事略稿本㉔》，第 388 页。

② 周美华编注：《蒋中正"总统"档案：事略稿本㉔》，第 258 页。

③ 周美华编注：《蒋中正"总统"档案：事略稿本㉔》，第 483 页。

④ 周美华编注：《蒋中正"总统"档案：事略稿本㉔》，第 490 页。

⑤ 周琇环编注：《蒋中正"总统"档案：事略稿本㊱》，台北"国史馆"2008 年版，第 286 页。

⑥ 《我的宗教观》，载王亚权总编纂：《蒋夫人言论集》（上集），第 5 页。

⑦ 《闽边巡礼》，载王亚权总编纂：《蒋夫人言论集》（上集），第 19 页。

多年来以新闻记者的身份漫游中国，担任过各个地方军政首长的顾问。他不吃中式饭菜，也不学中国话，但他比多数人更认识中国和亚洲的强权政争”[①]。当宋美龄还是个小孩子的时候，端纳就已经是宋家的挚友[②]，所以，1934 年当他出现在宋美龄面前时，她几乎不需要去考察这个人是否值得信赖。而端纳给宋美龄带来的信息让她耳目一新，他用强有力的措辞表达了他对中国社会腐败的看法，这些看法可以从下面这段话中体现出一二：“我相信这种弊端是可以除掉的，我相信你可帮助将之除掉。但你必须做到毫不留情，决不妥协。一根大棒可以治疗中国许多疾病。中国人民受到的压迫令人难以置信。他们正等待某一个人来领头拯救他们……除非你或是某个人首先采取行动，迅速恢复诚实，否则中国将会死亡。现在中国正在垂死之中……”[③] 这些充满斗志的语言来自端纳于 1934 年 2 月写给宋美龄的信中，对当时正需要重燃斗志的宋美龄来说，它所起的作用不仅仅是触动，而且是激发了宋美龄的工作激情。

威廉·亨利·端纳（William Henry Donald）

从 1934 年到 1937 年 7 月全面抗战爆发，宋美龄所做的工作远远超出了前七年。为了能清楚地看到宋美龄在这一时期思想的变化，这里有必要按照时间顺序把她在这一时期所从事的主要工作叙述一下。这些工作中有相当一部分贯穿这一时期，并延续到抗日战争时期，比如宋美龄指导“新生活运动”和对中国航空事业的推动。1934 年 2 月，正值蒋介石开始发起“新生活运动”之际，

① ［美］陈纳德著：《我与中国》，陈香梅译，台北华国出版社 1952 年版，第 27 页。

② 参见［美］埃米莉·哈恩著：《宋氏家族——父女·婚姻·家庭》，第 196 页。

③ ［美］泽勒著：《神秘顾问端纳在中国》，第 341 页。

这是一场旨在通过改变中国人衣食住行等最基本的生活方式来达到改造中国目的的运动，是蒋介石在心中酝酿已久的。蒋介石虽是这场运动的发起者，但正登上信仰“灵性高原”的宋美龄却在这场运动当中扮演了极为重要的角色。1936 年 2 月，宋美龄组织了“新生活运动”妇女指导委员会，并任指导长，在发动妇女方面发挥了极大的作用。在这个过程中，宋美龄参与了各个方面具体工作的指导，如 1935 年在重庆设立妇女戒烟所①、就任妇女劳动服务团指导长②、9 月 6 日被推为“首都妇女赈灾募捐会名誉常委”③，1936 年倡导成立“首都妇女工作委员会”④、指导各地组织妇女工作委员会⑤、受聘为五省特教会委员⑥、担任“新生活运动”总会防盲协会会长并筹设首都光明院⑦、参观国术馆鼓励国术训练⑧，1937 年上半年继续推进妇女工作等。而这些工作的开展，特别是妇女组织工作的开展，对全面抗战爆发后全国妇女能迅速有效地组织起来所发挥的积极作用怎样估计都不为过。

1936 年 2 月，宋美龄开始正式参与中国航空事业的建设，并担任航空委员会秘书长。⑨ 中国空军筹建得比较晚，且没有生产制

---

① 《宋美龄在渝筹设妇女戒烟所》，《中央日报》1935 年 3 月 23 日，第 2 版；《重庆烟馆一律肃清》，《中央日报》1935 年 3 月 27 日，第 6 版；《西南漫游》，载王亚权总编纂：《蒋夫人言论集》（上集），第 458 页。

② 《妇女劳动服务团　宋美龄任指导长》，《中央日报》1935 年 4 月 26 日，第 3 版。

③ 《首都妇女赈灾募捐会推蒋宋美龄等为名誉常委》，《中央日报》1935 年 9 月 7 日，第 7 版。

④ 《首都新运会妇女工作委员会昨成立》，《中央日报》1936 年 3 月 2 日，第 7 版。

⑤ 《新运总会积极推进妇女新运》，《中央日报》1936 年 3 月 29 日，第 8 版。

⑥ 《五省特教会聘任委员》，《中央日报》1936 年 5 月 2 日，第 8 版。

⑦ 《新运总会组织防盲协会》，《中央日报》1936 年 6 月 27 日，第 7 版。

⑧ 《孔祥熙女公子昨日设宴　为蒋夫人祝寿多人被邀》，《中央日报》1937 年 3 月 26 日，第 3 版。

⑨ 从 1936 年 1 月开始，航空委员会由南昌迁回南京。2 月，宋美龄开始以秘书长身份参与航空委员会工作。因当时航空委员会编制尚无秘书长一职，4 月即进行修订编制：办公厅主任改为航空委员会主任，统率全军，以一事权，由周至柔担任；增设秘书长，由宋美龄担任，襄助空军建设。参见卓文义著：《蒋夫人宋美龄与中国空军》，载秦孝仪主编：《蒋夫人宋美龄女士与近代中国学术讨论集》，第 196 页。

造飞机的能力，完全依赖进口，相关技术人员的培训也完全依靠外国人。在蒋介石的军事计划中，对航空寄予了很大希望，他对建立中国的空军也投入了很大的心血，在宋美龄低迷的两年中，蒋介石已经开始潜心关注于中国航空事业，大到航校的规模建制、聘请哪国的顾问和教练，小到空军物资的存放有没有到位等细致入微的小事都要一一过问。1935 年以后随着国内局势逐渐稳定，蒋介石除了继续加强中央集权以外，把目光转向各方面的协同推进上，于是把他最挂心的航空建设交给宋美龄，由她来襄助空军发展，实则是代替他自己来监控空军的各项事务，特别是在与西方国家的交往中，控制好从采购到用人的各项大权。蒋介石称赞宋美龄："勤奋可感，公务为之一指，空军必有长足进步也。"① 宋美龄的确不负蒋介石的期望，兢兢业业，对空军的发展颇为用心。

在历次的随军旅行之中，宋美龄已经对发展航空事业的意义有了深刻认识，比如她认识到在福建事变中，蒋介石之所以能够取得优势，空军的作用不可小窥，"军队已尽了他们的责任，其成功得力于现代航空之处极多"②。宋美龄接手航空建设时，中国空军尚处于草创阶段，为提高空战能力，宋美龄筹集资金从国外进口了大量飞机，同时还聘请了外国顾问和教官，以及一批飞机机械师。特别是 1937 年 3 月，宋美龄经中央信托局美国顾问罗伊·霍布鲁克（Roy Holbrook）的推荐，致函邀请陈纳德（Claire L. Chennault）来华协助空军建设，为中国空军的发展奠定了良好的基础。③ 宋美龄因为对中国空军的建设作出了卓越的贡献，所以被誉为"空军之母"，她一生都以此殊荣为傲。

此外，宋美龄不仅陪同蒋介石奔赴前线，还在 1934 年秋季陪同蒋介石按照端纳的建议巡视了西北，从中得到很多有价值的信息，并增强了政治信心。1935 年春季，她又陪同蒋介石一起进入

---

① 朱宝琴编著：《宋美龄年谱》（上编），1936 年 2 月 8 日，未刊稿。

② 《闽边巡礼》，载王亚权总编纂：《蒋夫人言论集》（上集），第 18 页。

③ 参见［美］陈纳德著：《我与中国》，第 25 页；卓文义著：《蒋夫人宋美龄与中国空军》，载秦孝仪主编：《蒋夫人宋美龄女士与近代中国学术讨论集》，第 202 页。

蒋介石、宋美龄与陈纳德

西南继续“追剿”正在长征途中的工农红军。1936 年夏季，她曾以患病之身，陪伴蒋介石奔赴广州，解决了因两广事件而引起的各个问题。此外，“她赴香港疗养时，亦曾为中国著有很可贵的劳绩。因为此行曾在香港与广州间树立了良好关系的基础，并为香港总督卡尔特考特及其夫人布置了晋谒委员长的事宜。所以这一次蒋夫人赴港，对于日后中英间的友好关系，是多所促进的”①。1936 年 12 月，在西安事变中宋美龄所起的积极作用更使她成为中国政治舞台闪闪夺目的一颗新星。西安事变的和平解决，从根本来说，是蒋介石接受了中国共产党和张学良、杨虎城的停止内战、共同抗日的主张的结果，但在这个过程中，宋美龄的作用也不可忽略。宋美龄在西安事变中所扮演的角色最主要的作用就是软化蒋介石，她劝说蒋介石暂时放下个人的荣辱，重新回到他们“革命”的轨道上。她营造了一种氛围，让蒋介石在极度绝望中看到希望，即中国还需要他，全国绝大多数的人都希望在他的领导下进行抗日，从而攻破了蒋介石的心理防线，缓和了蒋介石的紧张

① ［美］史诺等著：《委员长生活漫记》，第 26 页。宋美龄赴港并未大肆宣传，报上只有只言片语报道了此事。参见《蒋夫人宋美龄到港避暑》，《中央日报》1936 年 8 月 24 日，第 3 版；《港督举行茶会招待蒋夫人》，《中央日报》1936 年 9 月 8 日，第 3 版。

心理，使局面得以缓冲，并向有利于事变和平解决的方向发展。

全面抗战爆发前夕，全国妇女代表大会在开幕时，曾致电慰劳蒋介石和宋美龄，电文中有“夫人赞襄帷幄，宵旰辛勤”之语[①]，虽寥寥数语，却道出了宋美龄不甘为人后的政治活力。

二、政治观念的形成

积极主动地投入到政治和社会活动中的宋美龄，其政治声誉和影响力都在提高，随着实践的深入，她的思想水平也在提升。

（一）信心的增强

1934 年秋季，在端纳的建议下，宋美龄陪着蒋介石在中国偏远的西北部巡视了一圈，这次巡视的意义正如端纳所预见的那样："这次巡视的宣传效果是巨大的。可是这不仅仅只是一个政治成功，不仅仅只是到全国各地作政治演说，也不仅仅只是像美国人那样出去握握手，吻吻婴儿以拉选票。从那时起，他（指蒋介石——引者注）开始懂得经济，开始懂得在他的刺刀尖外还有一个中国。”[②] 蒋介石出人意料地出现在西北，并第一次听到了有关这个国家弊政的第一手报告。[③]

在整个西北的行程中，宋美龄有很大收获，她主动出击，给人们留下了深刻的印象。“凡是蒋夫人巡游所及的各省，她没有一处不是留下了一个明澈的印象，被人们认为是一个又热心又能干的贤妇。”[④] 宋美龄把当地的传教团体中的各国传教士召集起来，也许是受端纳的启发，她希望从传教士那里了解更多对中国弊政陋习的揭露，并向他们宣传“新生活运动”，号召他们与中国政府合作来推动这场旨在改造中国社会的运动。从未受过如此待遇的外国传教士有些受宠若惊，他们被突然降临的蒋氏夫妇的真诚所打动，互动活动的效果非常理想。双方首先在戒除鸦片烟瘾、解

---

① 《全国妇女代表大会开幕》，《中央日报》1937 年 7 月 2 日，第 7 版。

② ［美］泽勒著：《神秘顾问端纳在中国》，第 355 页。

③ 参见［美］泽勒著：《神秘顾问端纳在中国》，第 353 页。

④ ［美］史诺等著：《委员长生活漫记》，第 26 页。

放缠足、疗治沙眼等问题上取得共识，并开始着手采取措施[①]，这可以说是西北之行的意外收获。而且，通过这种合作，宋美龄很快就为蒋介石在宗教界树立起高大可亲的形象。

不仅如此，西北之旅结束后，宋美龄还在北平召见了外国记者，侃侃而谈，她说："从前错误在国家领袖人物与人民之隔阂，今后当作更多之旅行，俾与人民接近。""中国最大之希望，厥为新生活运动，其目的在促使中国旧有之最好文化，而参以中国所需要之西方文化。十年后，中国在新生活运动的指导下，定可成为世界最伟大之一国。中国既已恢复其伟大地位，定能有助于世界之福利，而作精神上极有价值之贡献。"[②]

宋美龄当然主要是在为丈夫委婉地进行歌功颂德，以倡导和鼓吹"新生活运动"为蒋介石对中国共产党和红军的"围剿"作掩饰，美化蒋介石的独裁统治。当有人问起蒋介石认为哪种政体为中国最佳政体的尖锐问题时，宋美龄答称："蒋委员长未有模仿希特勒或墨索里尼之意，盖适宜于甲国者，未必适宜于乙国。"[③]经过此番粉饰，蒋介石的形象似乎又高大了不少。

宋美龄在这次记者会上俨然成了蒋介石的新闻发言人。宋美龄的表现当然给人耳目一新的感受，她打破了此前一个阶段的默默无闻，重新站在了人们关注的焦点上。不管怎样，通过西北之行，无论是蒋介石还是宋美龄，都从这次旅行中看到了全国团结从事某种事业的希望，即使面对疑惑，仍不影响他们政治信心的增强。[④] 而这一点对宋美龄来说更具意义，因为她正需要这种鼓励

---

① 参见《蒋夫人对外记者谈以新运复兴中国》，《中央日报》1934 年 11 月 3 日，第 2 版；《中国的新生活》，载王亚权总编纂：《蒋夫人言论集》（上集），第 31—32 页；[美] 泽勒著：《神秘顾问端纳在中国》，第 353 页。

② 《蒋夫人对外记者谈以新运复兴中国》，《中央日报》1934 年 11 月 3 日，第 2 版。

③ 《蒋夫人对外记者谈以新运复兴中国》，《中央日报》1934 年 11 月 3 日，第 2 版。

④ 参见董显光等著：《蒋介石论》，鼎黼译，《杂志半月刊》1939 年第 1 期，第 37 页。这篇文章后来又经过了整理和补充，增加了对宋美龄的相关评价，并于 1945 年在台北与斯诺的文章合并出版。参见 [美] 史诺等著：《委员长生活漫记》，第 53—54 页。

来坚定她的政治信念。

宋美龄政治信心的增强从她在“新生活运动”中自任“指导长”一事也可略见一斑。1936年成立的“新生活运动”妇女指导委员会，是由宋美龄一手创办起来并自任指导长的“新生活运动”妇女动员组织。当时，很多人对此有不同意见，她因此得了“女委员长”的绰号。有人回忆说：“当时还没有‘第一夫人’的说法，但此举让人感到宋美龄是在扮演‘第一夫人’的角色了。”① 蒋介石地位的巩固当然是宋美龄有此胆量的主要因素，但此举也在某种程度上体现了宋美龄个人政治信心的增强。

西安事变和平解决之后，宋美龄的政治信心更为增强，探求其中的原因，不外两端：其一，她排除万难、深入虎穴、甘冒九死一生的危险，为解救蒋介石于水火之中立下了汗马功劳，“显示她自己在非常复杂的局势中是一个真正有管理才能的人”②。其二，是因为在西安事变的解决过程中，各方传递来的信息反映了一个共同的愿望，就是拥护蒋介石统一领导全民族抗日的领袖地位，由此她可以坚信蒋介石真正作为中国领袖的地位已经完全确立，这种领袖地位的确立在危机解除之后，将成为不可动摇的事实。所以，她在西安事变回忆录的末尾写道：“此日之纪念，不唯恢复委员长与余之自由，而中国全民众解放之基，实亦肇于此乎！”③ 她显然过高地估计了蒋介石在民众心目中的地位，不过，唯有如此，她才能够对未来充满信心。

（二）政治个性的突显

宋美龄一生都保持着一种不轻易退缩或者服输的个性，正如她自己在《我的宗教观》一文中所说：“我遇到精神上饥渴的时候，决不望梅自足，一定要探索生命的泉源。”④ 而在这个时期，

---

① 郭建著：《宋美龄动员我加入国民党》，《百年潮》1998年第5期，第61页。

② ［美］海伦·福斯特·斯诺编著：《中国新女性》，康敬贻、姜桂英译，中国新闻出版社1985年版，第188页。

③ 《蒋委员长西安半月记　蒋夫人西安事变回忆录》，台北“中央文物供应社”印行1977年版，第80页。

④ 《我的宗教观》，载王亚权总编纂：《蒋夫人言论集》（上集），第7页。

宋美龄内在的坚韧、果敢的政治个性更加突显出来，她已经全然放下了 1931 年接见韦尔斯利学院校友时所谓“不明智之举”的担忧，无论多危险，她都尽可能跟随在蒋介石的左右。宋美龄曾津津乐道地描述自己在福建事变中的种种历险：“我们经过浙赣闽三省边境，那里是我们东部最崎岖的地区，路又粗率不平，所以我给颠簸震荡得头都抬不起来，异常疲乏。”① “有时我们沿高原边上的悬崖奔驰，开车一不小心，就会堕下深渊，有几段公路仍在筑造中，峭拔陡削，几如悬壁。一直到经过以后，我方才觉察那次旅行多么危险，多么费力。”② 她曾只身带着六七十人在“叛军”活动的地区穿行四天四夜，或乘小船和竹筏在急流中行进，或忍耐人多地儿少挤在一处的局促；既要谨慎不被“叛军”发现，又要抵制寒冻之苦；不但体会了被小船把头脑摇荡得昏晕，还体验了步行时脚下踏到骷髅的惊骇。③ 然而，这些还远比不上在江西行营被围经历的惊险。当石友三率领的部队毫无征兆地突然攻击行营时，“我们突然听见辟拍辟拍有几百响枪声，从城墙那面传来……枪声却越来越多，越来越近。一面冷得寒战，一面在微弱的烛光下披上衣服，我检出了不可落入敌人手中的文件。我把那些文件放在手边，到我们非走不可的时候，好付之一炬。然后我掏出手枪坐下，等着事态的开展……在那危急万分的时候，我倒泰然自在。心中只记挂两事：一是我们军队调动以及布防的那些文件，二则万一不测，唯有举枪自毙，出之一死。我宁死不愿遭到落在‘匪徒’手中的那些妇女的命运”④。

最为惊险的当然是西安事变。在排除各种阻碍飞往西安时，宋美龄虽然并不畏惧，但还是做好了不测的准备：“余于飞机着陆前，出手枪授端纳，坚请彼如遇军队哗噪无法控制时，即以此杀

---

① 《闽边巡礼》，载王亚权总编纂：《蒋夫人言论集》（上集），第 10 页。

② 《闽边巡礼》，载王亚权总编纂：《蒋夫人言论集》（上集），第 11 页。

③ 参见《闽边巡礼》，载王亚权总编纂：《蒋夫人言论集》（上集），第 13—18 页。

④ 《闽边巡礼》，载王亚权总编纂：《蒋夫人言论集》（上集），第 11—12 页。

我，万勿迟疑。”①

宋美龄与端纳到西安营救蒋介石

在西安事变中，宋美龄所表现出来的坚韧和果敢，至今仍令人敬佩：“凡上事实，皆为余等以前绝未闻知之真相。今则危机毕露，明示其他部队哗变之时，张学良实无保护委员长之能力。因此余阻止进攻之决心益坚。在委员长固……不计个人生命之安危，亟盼挞伐之实现，余则未愿作如是想［。］委员长致余函之内容，余亦未告军事长官；盖深知此函立意之宣露，更将影响彼等之心里，益艰余之处境。余知轰炸西安必置委员长于死地。为中国计，此时万不能无委员长以为领导；委员长生还之价值，实较其殉国尤为重大：此为余始终坚持之信念，故愿决死为和平奋斗，以期其成。因此余决意立赴西安。此时虽张学良在城内无甚部队，其在城外之兵数亦甚寥落，明知事态异常险恶，然余亦不愿多加考虑矣。”② “余启行时，神志清明，镇定坚决，绝无怯意。然冒险而入叛军统制之区域，能瞭解此危机之巨大者，当时固无人较余更深切也。”③

热爱中国的端纳也很擅长批评中国人，他认为中国人最大的弱点就是无法对付紧急情况，“考验一个领导人不是看他如何能说会道，多么有修养，或者他在正常环境中做什么。考验一个领导人要看他如何对付危机”④。如果用端纳的标准来衡量西安事变中的宋美龄，她无疑表现出了应对危机的超常才干。当然，有像端纳这样值得信赖的既是老朋友又是外国人，还与当事双方都有特

① 《蒋委员长西安半月记　蒋夫人西安事变回忆录》，第 60 页。
② 《蒋委员长西安半月记　蒋夫人西安事变回忆录》，第 54—55 页。
③ 《蒋委员长西安半月记　蒋夫人西安事变回忆录》，第 59 页。
④ ［美］泽勒著：《神秘顾问端纳在中国》，第 348—349 页。

殊关系的人在身边，多少有助于宋美龄冷静地思考问题和观察形势。毫无疑问，端纳在当时肯定也是这样鼓励她面对这次危机的。见到蒋介石以后，宋美龄也未表现出普通妇女的脆弱，她仍能保持冷静的头脑，她劝慰情绪激动的蒋介石："此后君不应轻言殉国矣。君之责任乃在完成革命以救国，君更应宝贵君之生命。"①

宋美龄在回国后的社会服务工作和婚后的政治活动中，都已经表现出她对改造中国社会的热情和对国家命运的关注，特别是在经历了一段精神的历练之后，宋美龄对个人命运与国家命运的关系有了更深层次的认识。当然，不容忽视的是，宋美龄把个人命运与国家命运联系在一起的关键是，她出于特殊的社会地位（蒋介石的妻子）和她与蒋介石经过思想上的磨合而形成的彼此理解和信任的政治伙伴关系，使她毫无保留地选择忠诚于蒋介石，并把蒋介石的事业作为自己的事业。宋美龄认为："我只要就丈夫的需要，尽力帮助他，就是为国家尽了最大的责任。"② 她认为这也是上帝的意旨，所以，即使面临灾难时，她亦无所畏惧，因为"我确信在我们工作没有完成以前，决不会有意外降临到丈夫和我的身上来。将来工作完成，纵有意外，还有什么关系呢？"③ 出于对蒋介石政治信念的忠诚，她理所当然地把与蒋介石出生入死的各种历险看作是义不容辞的，看作是上帝交给她的使命。

与前面两年的沉寂相对照，宋美龄的变化显然是巨大的，她对很多方面的关注和投入地工作，使当时为他们写传记的人充分地感受到这一点，并给予她这样一段评价："她在民族事业上献出了全部体力和精力。举例来说，蒋夫人改组航空委员会一事，就曾予委员长以全国范围内极关重要的助力。她充任航空委员会主席的工作，而这却是许多男子都不敢担任的一桩艰巨工作，她不怕受到巨大的阻力和自己久离首都的种种困难。"④ 在完成了多种

---

① 《蒋委员长西安半月记　蒋夫人西安事变回忆录》，第 62 页。

② 《我的宗教观》，载王亚权总编纂：《蒋夫人言论集》（上集），第 5 页。

③ 《我的宗教观》，载王亚权总编纂：《蒋夫人言论集》（上集），第 9 页。

④ ［美］史诺等著：《委员长生活漫记》，第 25 页。这段话的作者应该是董显光。

多样的艰巨事业之外，“她又随时替各杂志和各报撰写专文，而且到处向听众演讲，接见一切要以民族大问题来求她解答的人们。这种无休止的活动，全然夺去了她一切普通交际和休憩的机会，也夺去了大多数妇人所热中［衷］的琐细事务，因而对于她的健康和体质方面也发生了严重的亏损”①。

这时候的宋美龄，身体仍然病患不断，但她并没有像前一个低迷时期那样，沉沦在病痛之中。1936 年 4 月，她又做了一次手术，这一次她甚至没有把手术的消息告诉正在各地巡视的蒋介石，直到蒋介石再次回到上海，才知道“夫人开割内症，始终未见以电告我。今观之，乃知其病之危也。幸获上帝保佑，俾我夫妻得以相见，不胜感谢”②。即使在生病期间，宋美龄仍然尽可能地坚持工作，带病工作几乎成了她的常态，这使蒋介石大为感动：“晚应妻病甚忧，而彼对空军之整理不愿因病稍缓，爱国心切，实此罕见，惟鉴上帝保佑，祝其痊愈也。”③ 这些现象反映出宋美龄在精神面貌上发生的重大变化，纵使经常遭受疾病的侵袭，她也不会在工作面前低下头来，这使蒋介石欣喜万分，他在日记中时而忧虑：“吾妻体力，疲弱多病，可忧也。”④ “见妻病疹，皮肤苦痒，甚可怜也。”⑤ 时而又自慰“夫妇同心救国，协力救民，为人生无上之幸福”⑥，时而又感叹“呜呼，吾妻亦更倦矣。吾夫妻两人为国宣劳，身固忙苦，心则安乐也”⑦。“夫妻和爱，助我不少。”⑧ 从中可以看出，此时，宋美龄的身体虽然仍是疲弱多病，却保持着高昂的斗志，使蒋介石从中受到激励，既感动又欣慰。

---

① ［美］史诺等著：《委员长生活漫记》，第 26 页。

② 周琇环编注：《蒋中正“总统”档案：事略稿本㊱》，第 559 页。

③ 《蒋介石日记》（1936 年 10 月 13 日），美国斯坦福大学胡佛研究所藏。

④ 黄自进、潘光哲编：《蒋中正“总统”五记：爱记》，第 140 页。

⑤ 黄自进、潘光哲编：《蒋中正“总统”五记：爱记》，第 143 页。

⑥ 周琇环编注：《蒋中正“总统”档案：事略稿本㊱》，第 207—208 页；黄自进、潘光哲编：《蒋中正“总统”五记：爱记》，第 140 页。

⑦ 周琇环编注：《蒋中正“总统”档案：事略稿本㊱》，第 265 页。

⑧ 黄自进、潘光哲编：《蒋中正“总统”五记：爱记》，第 158 页。

（三）国家民族意识的上升

1934—1937 年全面抗战爆发前，宋美龄陪同蒋介石到各地巡视应该是她有生以来对中国游历最广的一个时期，从东南到西北、华北、华东，再到西南，大半个中国的游历对宋美龄加深对中国的了解大有裨益。比较婚前她在北京、天津、上海、广州、武汉、南京等大城市之间的旅行和婚后初期她与蒋介石共赴北伐前线的巡视，其广度和深度都是不可同日而语的。这种长距离、大跨度、较深入的巡视，加之此前累积数年的对国内形势的种种观察和思考，使她在较短的时间内，政治视阈大为拓展。由此，当日本侵华的威胁日益逼近时，宋美龄对国家和民族的存亡绝续有了更深入的思考。

事实证明，当国家民族安危存续面临威胁的时候，宋美龄顺应了历史潮流，国家民族意识也迅速提升。当时的传记作者肯定也惊讶于宋美龄所表现出来的与前两年截然不同的状态，所以总结说，虽然宋美龄的身体状况不佳，"她却仍然继续努力着，不稍气馁，跟委员长在一起，并肩地进行着，准备献身于她的民族，这一点，再没有比她在委员长遇陕变时期所表现的勇力，说明得更加有力了"①。西安事变的确从一个侧面体现出宋美龄国家民族意识的上升，甚至已经突破了单纯效忠于蒋介石个人的局限。

西安事变发生时，宋美龄曾站在国民党的立场上，有失客观地认为人数众多、军械精良的东北军有可能会以中国共产党和红军为后盾挑起内战，使中国共产党得到重生的机会，担心会由此招致不可预期的浩劫。事实证明，这个担心完全是杞人忧天，西安事变本身恰恰是为寻求国内的和平。但宋美龄还是敏锐地意识到，和平解决西安事变，"此为决定我国命运最后一次革命正义之斗争"，"其关于国际与外交者，尤有特殊之形势，倘处置失当，即酿成民国以来空前之战祸"。② "各方皆屏息以待，立可爆发。而

---

① ［美］史诺等著：《委员长生活漫记》，第 26 页。

② 《蒋委员长西安半月记　蒋夫人西安事变回忆录》，第 39 页。

中国境外，复有各国静观此间之结果。”“虎视眈眈之帝国主义者，正悬盼中国内战之暴发，俾得藉口以大规模之侵略，完成其统制中国之迷梦，则此种现象之造成，自将引起彼方无限制之干涉。”① 宋美龄不希望因为西安事变处理不当而引发各派之间的战祸，更不希望由此而招致帝国主义的干涉，给他们造成侵略中国的借口。这说明，此时的宋美龄不单纯是站在国民党或蒋介石的立场上，而是已经上升到民族国家的立场来看待西安事变，这是宋美龄政治意识成长的一个有力证明。她在回忆录中多次强调自己并非单纯是为了救夫才阻止南京攻陕、进而涉险入陕的，她把救蒋等同于救国，认为："倘委员长不获生还，中国之分裂与灭亡立见，此后不幸之变化未易测也。若幸而脱险，则国家之团结益固，可怖之祸乱或将蜕变而为国家之大庆。"② 宋美龄在回忆录中虽然对自己的胆识不无夸耀的成分，但其能够置生死于度外的果敢行动，的确使人不能不信服她当时救国的真诚。她见到蒋介石后，也明确向他表示自己是"视国家福利重于吾夫之安全"，劝其以救国为重珍视生命。③

西安事变中的宋美龄，不仅不顾个人安危，而且，这一次与几年前她为给蒋介石筹措军费、情愿倾家荡产的牺牲相比，大大地提升了一个层次。盖因中原大战时的牺牲，宋美龄是为了帮蒋介石完成打掉异己，形成"唯我独尊"的地位，唯愿舍财；而如今则是在全民族面临着生死存亡严峻考验的情势下，蒋介石的安危牵系着整个国家和民族的安危，宋美龄为此甘愿舍命，其意义自然不可相提并论。宋美龄一再强调："倘委员长之死，果足为国家造福；则余必首先劝其牺牲。唯目前处置西安'叛变'，若遽张挞伐之师，迳施轰炸，不独使举国所拥戴领袖之生命，陷于危殆，即陕西数千万无辜良民，亦重罹兵燹之灾，且将使为国防而建设之国力，浪作牺牲。故为国家计，不得不吁请诸公妥觅和平解决

① 《蒋委员长西安半月记　蒋夫人西安事变回忆录》，第63页。
② 《蒋委员长西安半月记　蒋夫人西安事变回忆录》，第62—63页。
③ 参见《蒋委员长西安半月记　蒋夫人西安事变回忆录》，第62页。

之途径……以最少之牺牲，为国家与民众解决此严重问题之症结。倘余夫或余个人之牺牲可以为国家造丝毫福利者，余必不假思索，力主牺牲。”①

（四）公开表达政治观点的尝试

1. 向外国人释疑中国问题

虽然在国家民族意识上，宋美龄已经突破了对蒋介石个人的忠诚，但在主要的政治观点上，宋美龄仍然是蒋介石的追随者。这当然并不意味着她没有自己的政治观点，只是身份和地位的关系，她的政治观点必然要服从于蒋介石的政治需要。

在日本发动卢沟桥事变的前夜，蒋介石的法西斯组织“蓝衣社”的活动进入了迅速发展时期，他们无孔不入，给中国进步势力造成了严重的打击。正如许多人担心中国会走上德国法西斯主义道路一样，宋美龄对此也表现出不安，尽管 1935 年她曾在北京的一次外国记者会上代替蒋介石回答关于理想政体的提问时，明确否定了蒋介石有选择走法西斯主义道路的可能性，但在事实面前，她也不能无动于衷。宋美龄虽然选择与丈夫并肩战斗，但依她的个性而言，她永远不会允许自己只充当“花瓶”或没有独立思想的傀儡，在适当的时机和场合，她会阐述自己认为正确的观点。1936 年 5 月 6 日，她在全国基督教协进会年会的致辞中阐发了自己的观点：“我们的哲人把‘执中’视为社会的理想信条，意图避免趋于极端。因此，集权主义的政体，抹杀个人以充实国家，蹂躏人权而蹈隙思逞者利用的一切组织形式，都在排斥之列。中国人民原有他们自己的思想，并且将继续他们这种思想的活动。”②这段话鲜明地表达了宋美龄反对任何形式集权政体的政治主张。在力所能及的范围内，她始终是蒋介石的缓冲器，特别是在对外宣传上，宋美龄逐渐学会了把蒋介石的观点和言行纳入西方国家能够接受的范围进行诠释。即使是阐明自己的观点，在某种程度

---

① 《蒋委员长西安半月记　蒋夫人西安事变回忆录》，第 46 页。

② 《全国基督教协进会年会致辞》，载王亚权总编纂：《蒋夫人言论集》（下集），第 686 页。

上讲，仍然是这方面努力的具体表现而已。

当然，宋美龄为蒋介石作缓冲的努力远不止于此。1934 年，宋美龄开始运用她优美流畅的英文在美国的报刊上发表文章，或者在中国的英文报刊上发表文章，这些文章构成现在我们可以看到的她在这一时期留下的言论的主体部分。这种现象很值得注意，因为它表明宋美龄此时的一种心理，她要对外国人说话。那么她要对外国人说什么呢？她是在巧妙地向外国人解释他们不能理解的中国乱象，换言之，她在委婉地维护丈夫的政治声誉，让蒋介石在世人面前保持良好形象。

自从 1927 年南京国民政府成立以来，蒋介石的统治地位一直备受质疑，即使是 1930 年中原大战结束之后，蒋介石能够直接控制的区域仍然十分有限，各方反对势力的反蒋、倒蒋活动此起彼伏。对中国内乱不已的现象，西方国家多有诟病，并因此对中国采取歧视态度。比如，虽然在 1920 年国联成立时中国就加入了该组织，却一直不是理事会的非常任理事，究其原因，其一就是内乱的负面影响，西方国家及其外交官瞧不起中国。1931 年，中国虽然如愿当选为国联行政院的非常任理事，但中国的国际地位并未因此而改变。九一八事变后，国联不但未对日本在中国国土上制造的侵略行为采取应有的态度和措施，反而对蒋介石政权抱着一种观望的态度。三年后（即 1934 年，国联行政院非常任理事国任期三年，每届大会改选三国），在国联行政院的改组中，中国没能蝉联国联非常任理事，原因之一仍是其他竞选国皆以我国“内乱不息为藉口”①，“国内祸乱频仍，令人鄙视”②。

当时国际社会对中国的印象与日本的宣传有很大关系。抗战爆发后，宋美龄曾追述此中内情说：“民国十六年国民革命军在蒋委员长统率之下，自广东出师北伐，目的在扫除华北政治舞台上积有年数的一切可悲景象。北伐军长驱直入，就永远铲除了军阀

① 陈继烈著：《我国此次在国联落选之经过》，《外交评论》1934 年第 2 期，第 14 页。

② 《乞怜外交与国际地位》，《三民主义月刊》1934 年第四卷第四期，第 22 页。

割据，后来还消减了共产党的‘祸患’。日本军阀的阴谋也就不攻自败，可是他们还不承认中国已臻统一，不断的［地］散布谬妄宣传，欺蒙世界，设法使各国相信我们仍旧毫无进步，各省之间，还是猜忌甚深，不能团结，没有合作的可能，大家或是公开或是秘密地还是渴欲脱离中央，自谋独立。这种宣传竟有许多人相信，直到中国真正统一以后，很久的时候，有人还保持着怀疑态度，他们阴谋毒计之影响，竟有如此之厉害。”① 虽然国民政府没有真正实现中国的统一是客观事实，但为了取得西方国家的信任和支持，蒋介石和宋美龄并不希望这一事实被宣扬出去，而日本的做法显然击中了国民政府的软肋，日本要为自己的侵略行为制造口实，必然致使国民政府处于被动地位，日本的手段可谓卑劣至极。

总之，在争取国际地位方面，南京国民政府可以说是收效甚微，而蒋介石在中国实行独裁统治的恶名和中国内乱难平的糟糕印象倒是不断地在全世界范围内扩散。美国虽然是国联的主要发起国，但并未加入国联，反倒成为站在国联之外的巨人，发挥着支配国联决策的特殊作用。当国人对国联失望之余，自然而然就把希望转寄于美国，希望美国以西方国家头号强国身份支持中国，发挥影响。对美国政治文化有一定了解并具有亲美政治倾向的宋美龄，深信美国和其他西方国家对中国的未来至关重要。她注意到，因为中国的一切“都非西洋人所熟习，所以有的就加以非笑，有的表示惊讶，还有些缺乏忍耐心与同情心来瞭［了］解中国的人们，甚至表示烦躁或憎恶”②。她自然认为自己有责任也有这种能力来做些改变外国人对中国印象的事情。对美国的宣传成为眼下最值得尝试的一件事情，宋美龄当仁不让地承担起这份责任，而且她把树立蒋介石个人权威和中国已经形成统一局面并将继续向好的方向发展的印象作为主要的宣传内容。

在宋美龄看来，蒋介石是唯一能够带领中国走出困局的人。

---

① 《复澳洲雪黎某夫人书》，载王亚权总编纂：《蒋夫人言论集》（上集），第488—489 页。

② 《舆论的形成》，载王亚权总编纂：《蒋夫人言论集》（上集），第 33 页。

宋美龄曾这样表述她眼中的“英雄”：“无论古今中外的历史，都有很多的英雄豪杰。我从什么地方认识他是一个英雄呢？就是因为他忘记了他自己的权利，忘记了他的安乐，忘记了他自己的生活，忘记了他自己的一切；只有一个宗旨和一件事情，就是要牺牲他自己的一切来救国。”[①] 毫无疑问，在她心目中，蒋介石的形象是高大的，是近乎完美的，即使事实并非如此，她也必须在舆论面前为蒋介石制造出这种高大、完美的形象。作为蒋介石的贤内助，宋美龄坚信：只要蒋介石真正取得领袖地位，各派势力听命于他的指挥，他终将会按照他的计划使一个统一的中国有效地抗御日本的侵略。

但这毕竟是她个人的意愿，多年来，宋美龄眼见国内的政治纷争中，蒋介石总是成为斗争的焦点，她完全清楚蒋介石虽然已经掌握了实际的领导权，却并没有真正树立起领袖的权威地位。而国际上可视为盟友的西方国家不但没有对蒋介石政权鼎力相助之意，反而歧视、搪塞，甚至以嘲弄的态度相对待，不啻火上浇油，更增加了对蒋介石政权不利的政治因素。而蒋介石又只会以“注重实干而不尚空言”自我标榜[②]，所以，为蒋介石立名、改变现有的不利局面，对宋美龄来说是刻不容缓的事情。当福建事变结束和第五次对苏区“围剿”成功后，蒋介石的领袖地位初步稳定，宋美龄便开始名正言顺地为蒋介石的名声进行粉饰了。在美国的杂志上发表《我的宗教观》这种做法本身，就已经显露出她在为重塑蒋介石形象小试牛刀的迹象了。她在真诚地表达自己对宗教的虔诚之外，有意无意地利用西方人执着于尊崇上帝与圣经的感性特点，通过对蒋介石愿意研读和接受基督教义，并已经成为一名虔诚的基督教徒的描述，把蒋介石描画成一个谨守信用的正直之人，这等于在变相地提醒西方：你们不应该把蒋介石视为异己。

---

① 宋美龄著：《国民牺牲精神与女界责任》，《玲珑》1935 年第 29 期，第 1920 页。

② ［美］史诺等著：《委员长生活漫记》，第 40 页。

蒋介石参加教会祈祷活动（1948 年）

“夫人意识到美英公众舆论在制定政策过程中的作用，因此她密切注视着这些国家对她丈夫的印象，广泛利用同新闻记者、作家和外交官的联系，有目的地向西方传递有关蒋介石活动的信息。”① 因此，除了宗教信仰问题以外，宋美龄还在美国报刊和国内英文报刊上发表着力于宣传蒋介石“数年来辛苦经营之统一”②局面已经形成的文章，为蒋介石树立新形象。

宋美龄在文章中强调：“中国目下所有的问题，都是十分艰巨，诚为从来所未有的。”③ 她对中国乱象的解释主要包括以下几个方面：其一，清朝专制统治的历史积弊和革命后的阵痛。宋美龄向国外宣传时首先注意从中国的历史积弊和革命后的不可避免的暂时混乱来解释中国形势的复杂性。但因宋美龄对中国的历史毕竟疏于深入地研究，她不可能把中国历史积弊作一个系统的梳理，只把被辛亥革命推翻的清朝统治作为批判的对象，把历史积弊归结为“人民受了清政府三百年的压迫”，“只能盲目地服从官

① ［苏］B. B. 沃龙佐夫著：《蒋氏伉俪和“新生活运动”》，载岳渭仁等编：《外国人眼中的蒋介石和宋美龄》（上），三秦出版社 1994 年版，第 163 页。

② 《蒋委员长西安半月记　蒋夫人西安事变回忆录》，第 66 页。

③ 《我的宗教观》，载王亚权总编纂：《蒋夫人言论集》（上集），第 9 页。

僚统治”的结果，认为这是造成中国情况和别国大不相同的重要原因。[①]

其二，恣肆的军阀为一己私利的角逐，使经济惨遭摧残。除了清朝遗留的积弊以外，宋美龄还强调：“最重要的一点就是任何观察者不可忘记任何国家在改变政体之后，无法避免暂时的骚乱。”[②] 宋美龄在文章中大段地描述她亲眼看到的受到战争摧残的村庄和百姓：“步行时我走过许多村庄，都是杳无人影，很难得看到一些有生命的东西，大半都像死寂了的世界，一眼望去，人和动物，什么都看不见，沉默像一张厚幕似的罩在断井颓垣之上。整个村镇里只听见我手杖的答答声，和我们在街石上的一阵步履啄啄声。空屋的大门敞开着，残破的家具散乱在里面，给‘匪徒’匆匆纵火而没有烧起来的墙壁上留着焦黑的烟痕。‘匪徒’的凶恶，于此可见一斑。”“凡是民众们没法带走的东西都给毁了。毁灭和死亡，弥漫了整个村庄。中国乡村里往常那些小贩的叫卖声，儿童的嬉戏欢笑，街上的人们，怡然自得，摩肩接踵，以及牛羊奔突，鸡犬相闻等等景象——原是充满着生命、活泼、谐和的情调，可是这里连一只瘦狗也没有。”“从前田禾覆陇，一片金黄色的原野，如今可是这里一片烧残的稻秆，那里一堆碎损的破瓦，极目所见，尽属废墟。”[③] 宋美龄当然不会认为这些惨状是由于蒋介石派出空军轰炸的结果，或者起码他们要承担一大半的责任，而只是简单地把眼前的一切不幸都归结为“匪徒”的罪恶。这虽然不无讽刺，但作为宋美龄的亲身见闻，在西方读者的眼中仍不失其真实性和可信性。

其三，民众的保守迷信又缺少爱国团结观念。习惯用西方思维方式来思考问题的宋美龄，对国人的弱点深感无奈，“在这以往几年旅行的生活中，我自己也亲眼看见许多许多的事实证明民气

---

① 参见《中国的新生活》，载王亚权总编纂：《蒋夫人言论集》（上集），第19—20页。

② 《舆论的形成》，载王亚权总编纂：《蒋夫人言论集》（上集），第33页。

③ 《闽边巡礼》，载王亚权总编纂：《蒋夫人言论集》（上集），第16页。

的不振，全国的景象，毫无生气，好像过了今日，就没有明日的样子”[①]。她痛感：“社会麻木如死，人民苟安成习，毫无希望可言。中国人心的麻痹，经过了十数世代，已经根深蒂固。”[②]“中国的人口既多，保守成见又深，加以迷信未除，文盲遍地，人民非常缺少爱国团结的观念，这种种闭塞因素，产生了惊人的反动力量。一切西洋的理想，苟有显著的实用价值，或一望而知是合理的，或者确乎有这种需要，原很容易介绍进来，但中国因为有那种反动力量存在，就处处受到阻碍，处处觉得不易迅速推行。”[③]她认为各种骚乱也是源于“民国元年，革命成功，铲除了官僚政治的一切传统，人民都觉得茫无头绪，要他们起来建立新国家，既没有知识，又没有经验。他们多数是目不识丁，官治推翻以后，有的人竟以放纵恣肆来作为自由两字的解释”[④]。由于历史遗留问题造成的民智不开化、民心不振，“结果他们把国家两字的意义，也完全遗忘了”[⑤]。

宋美龄的看法虽谈不上深刻，而且也不够客观、全面，但足以反映出她对中国问题的认识：“中国情状和别国大殊”[⑥]，“即使把国外侵略一个问题搁开，急待解决的事情还是很多”[⑦]。她试图让外国人明白中国正在改变之中：“中国的进步，不能拿国际普通标准来衡量的，也不能拿这种标准来估计中国任何方面的改革程度。这东方的悠久古国，如今究竟有了怎样的改变，我们倘若想得到一个正确观念，应当把她目下的状态和过去不久的情况，两相比较，同时还得把她悠久的背景，加以精审的认识。这种背景，往往不是西方观察者所容易瞭［了］解的，实则中国之所以为中国，与这种背景大有关系，中国种种特性的建立，也是以这种多

---

① 《新生活与妇女》，《妇女新生活月刊》1937年第1期，第2页。
② 《新生活运动》，载王亚权总编纂：《蒋夫人言论集》（上集），第42页。
③ 《舆论的形成》，载王亚权总编纂：《蒋夫人言论集》（上集），第33—34页。
④ 《中国的新生活》，载王亚权总编纂：《蒋夫人言论集》（上集），第20页。
⑤ 《中国的新生活》，载王亚权总编纂：《蒋夫人言论集》（上集），第20页。
⑥ 《中国的新生活》，载王亚权总编纂：《蒋夫人言论集》（上集），第19页。
⑦ 《中国的新生活》，载王亚权总编纂：《蒋夫人言论集》（上集），第19页。

年的背景为基础的。”① 由此，宋美龄得出的结论是：中国的事情不可急于一时之快，必须渐进而行。她说：“革命后若干年中，中国曾努力于激进的改进和改组。在某种意义上，若干改革是成功的，若干步骤还有永久的价值。但因情势所趋，恣肆的军阀，拥兵割据，自便私图，于是一切足以普遍地影响人民生活道德的措施，都迟迟不能实现，有时还根本无法推行。”② 所以，宋美龄虽也急切地希望中国有个巨大的进步，但她认识到：“像中国这样的国家，要鼓吹革命和实行革命，都不是容易事情。”③ 她感叹：“本来任何国家的改革家，都得饱经艰难，而中国改革家所受困难更多，有些还是在别的国家所不会发现的。不必说作彻底的社会革命，就是推行一些改良方案，也须相当的耐心，非具极大理想和忍耐坚持的决心是不会成功的，有时还须要体力的辅助呢。”④

宋美龄在数年的观察中形成了一种意识，即她更信服中国问题的解决绝非一朝一夕所能完成，她宁愿从最基础的事情做起，加倍努力，而不去奢望什么快意之举。因此，当西安事变发生时，宋美龄确信张学良等人是出于真诚为国之心，却犯了操之过急之错。她批评张学良说：“尔性太急切，且易冲动。尔当知世上有许多事，皆非躁急之举动可以成功者，唯步骤一致渐进之行动，乃可得真正之进步；换言之，即全国人程度进至适当之水平线后，仍将感效果之迟缓。然余之经验告余，躁急者百分之力量，只能得一分之收获；而徒求快意一时之举动，决不能致中国于富强，惟坚忍卓绝之苦干，始能得理想中之成功。”⑤ 这段话可以说是宋美龄对解决中国问题思考结论的集中体现。当然，她不仅希望中国人自己接受这种观点，也希望外国人能以更宽容的心态看待中国的问题。

---

① 《舆论的形成》，载王亚权总编纂：《蒋夫人言论集》（上集），第 33 页。
② 《舆论的形成》，载王亚权总编纂：《蒋夫人言论集》（上集），第 34 页。
③ 《舆论的形成》，载王亚权总编纂：《蒋夫人言论集》（上集），第 33 页。
④ 《舆论的形成》，载王亚权总编纂：《蒋夫人言论集》（上集），第 34 页。
⑤ 《蒋委员长西安半月记　蒋夫人西安事变回忆录》，第 64 页。

对中国形势的分析只是一种有助于突显蒋介石个人功绩的铺垫。在文章中，宋美龄最初——例如在《我的宗教观》和《闽边巡礼》中——是以第一人称“我”为主角来陈述，低调地使用“丈夫”一词来指代蒋介石，但在后来就改用“我们”来加强语气和陈述的气势，并更鲜明地改用“委员长”或“蒋委员长”来突出蒋介石的领袖地位，然后不动声色地把“委员长”的形象树立得高大而英明。无论前后，宋美龄都坚持把蒋介石描述成不断与旧恶势力和“赤匪”作斗争的“英雄”，并把中国祸乱和落后的根源完全归咎于别人。

1936 年 2 月 21 日，宋美龄第一次向美国进行广播演讲。在演讲中，宋美龄仍是竭力要扭转西方人对中国的不良印象，浓墨重彩地描述中国正在向和平与进步迈进的景象：“近年来因为我们国家多故，内部变乱迭起，外来的侵略也一天严重一天，中国就引起了世界人士的注意。不幸一般读报的人，并未分析消息的根源，未能把事实作正确的衡量，每每使谣言掩盖实情，以致是非莫辨，大部分的人保持了一种偏见，以为中国所有的只是惊人的变乱，神秘及粉饰而已。实则中国正在进步大道上勇往迈进，这才是惊人的事实呢。内战和‘匪乱’的时期，现在已到结束的时候了。人民的意志和中央的政策，日趋于密接和调协，共同一致以和平的途径，解决一切困难问题。人民的公意，已成遏制武力跋扈的最强利器了。举国的人民都承认政治问题解决以后，经济问题即可迎刃而解。政府正在竭其全力，为民众树立一个廉明正直，进步有效的行政机构。”① 她对这些“进步”的成绩坚信不疑，而且还要人相信这都归功于她的丈夫蒋介石的卓越领导才能，只有这样才能使中国在这么短的时间内有如此“变化”。宋美龄还特意用“人民的公意”来向外国人展示中国的民主发展的前景，这是与西方人拉近距离的聪明手法。这次对美广播演讲，使蒋介石“深以

---

① 《前进的中国》，王亚权总编纂：《蒋夫人言论集》（下集），第 958 页。

为慰”。[①]

宋美龄对西安事变的回忆，也同样对“蒋委员长”的美德大加赞誉：“深蕴于委员长心底之唯一信心，则永远为求人民之幸福，以完成真正足以代表民意之三民主义，为其努力之标的，不惜竭全力以赴之。”[②]“此日之纪念，不唯恢复委员长与余之自由，而中国全民众解放之基，实亦肇于此。”[③]我们丝毫不怀疑宋美龄说这些话的确是发自她内心对蒋介石的推崇；同样，我们也不怀疑，当1937年这本回忆录连同蒋介石的《西安半月记》在中国广泛发行的同时，它的英文版也在大西洋彼岸的伦敦以“*China at the Crossroads*”[④]（《中国在十字路口》）为题登陆西方，它对加速国人认同蒋介石的领袖地位和改变蒋介石在西方人心目中的既专制又软弱无能的形象的效果，超出了任何传记、西方记者的访谈以及其他形式对蒋介石夫妇的描述，它必然产生深刻的印记和影响。

时值中国航空刚刚起步阶段，宋美龄还专门在上海一家英文报纸《大美晚报》上发表了一篇夸赞中国航空的文章，当然，文章中“蒋委员长”不仅是当然的主角，而且身影异常高大。她说：“我国所有的省份，蒋委员长差不多完全到过的了……委员长因职责的要求，常常作重要的飞行，我们不必逐一列举。他飞航的旅程，跨越了无数高山大川和广漠平原，几乎飞尽了四边的国境。……凡是远省的僚吏，都能在他们自己的衙署里会晤他们，替他们解决各种问题，打消他们的疑虑，宣示中央关切的诚意，这种飞行巡视，所贡献于国家的功绩，实在不是随便可以衡量的。”[⑤]“全国地理和特殊情况的实际知识，凡是从前最高当局所没法知道的，委员长因此也都能瞭［了］然于胸中了。和地方官吏，

---

① 参见王正华编注：《蒋中正“总统”档案：事略稿本㊵》，台北“国史馆”2010年版，第161页。

② 《蒋委员长西安半月记　蒋夫人西安事变回忆录》，第74—75页。

③ 《蒋委员长西安半月记　蒋夫人西安事变回忆录》，第80页。

④ General and Madame Chiang Kai-shek, *China at the Crossroads*, London: Faber and Faber LTD, 1937.

⑤ 《航空与统一》，载王亚权总编纂：《蒋夫人言论集》（上集），第91页。

各处民众有了这种直接接触的机会，当他推进改良中国的计划的时候，更多了实地参证的可贵资料。其他官吏，以委员长为表率，争相仿效，虽范围较小，而成效则有同等重要的。彼此都因而消除了地方成见，把谅解为基础，缔结起敦睦的情谊来。”① “中国排除了纷乱的荆棘，进步为有秩序的国家，那末繁荣也将接踵而来。”② 宋美龄在赞美中国航空事业发展的同时，显然对蒋介石作了言过其实的夸奖，这篇文章的主题更在于突显不仅全国都已经统一到了蒋委员长的麾下，而且形成了政令畅通、吏治清明的政治局面。这是在西安事变之后，宋美龄为打消西方人对蒋介石领袖地位的顾虑而发出的信号。作为蒋介石的妻子，当时中国的“第一夫人”，宋美龄成功地利用这种特殊的身份把自己所要传递的信息传递出去。“很自然，由于这种努力，在西方公众意识中牢固地树立了蒋介石的战斗英雄、高明政治家的形象。”③

在赞扬中国统一于蒋委员长麾下的两个月后，宋美龄又与美国罗斯福总统的夫人通上电话④，通话的内容大致涉及三个方面：一、中美无线电话开通可消除民族间距离，希望世界妇女鼓励科学设法用科技维持人类生命与和平；二、认为世界军备重整者不停止，第二次世界大战是不能避免的；三、希望罗斯福总统夫人继续扩大工作范围，动员全世界的妇女，求和平的建树，并转达中国妇女对美国妇女和总统夫人的祝福。⑤ 当时越洋电话尚属罕见，这次通话的意义显然非同寻常，虽然这次只是元首夫人之间的对话，但两国之间增强联络的意图是明了的。这是一个信号，美国开始以一种起码貌似平等的方式来与中国“对话”了！当然不能忽视，这种对话的基础仍然非常薄弱，后来的事实也证明了这一点。

---

① 《航空与统一》，载王亚权总编纂：《蒋夫人言论集》（上集），第 91—92 页。
② 《航空与统一》，载王亚权总编纂：《蒋夫人言论集》（上集），第 92 页。
③ ［苏］B. B. 沃龙佐夫著：《蒋氏伉俪和“新生活运动”》，第 163 页。
④ 参见王正华编注：《蒋中正“总统”档案：事略稿本㊵》，第 387 页。
⑤ 参见《蒋夫人和罗斯福总统夫人谈话》，《申报》1937 年 5 月 20 日，第 3 版。

2. “新生活运动”问题

一方面，从小就被灌输承担社会责任的使命感，特别是受宗教信仰和灵性成长的感召，在宋美龄看来，凡是能为国家出力的工作，都是上帝意志的指引，她都愿意奉献其中。另一方面，宋美龄正致力于粉饰蒋介石的“太平统治”，任何有助于此的工作，宋美龄都乐于从事。所以，1934 年 2 月，当蒋介石号召发起“新生活运动”时，宋美龄助力颇多。“新生活运动”成为宋美龄在这一时期发表言论的重要方面，除了宣扬蒋介石所倡导的“礼义廉耻”旧道德、衣食住行等相应的生活方式以及秩序和清洁等内容以外，宋美龄还以自己的理解充实了“新生活运动”。

“新生活运动”中扫街

宋美龄把“新生活运动”完全归功于蒋介石的英明：“‘新生活运动’的概念，是蒋委员长在‘剿匪’期中的悉心考虑而成的。他以为用武力收复‘匪区’，尚不能视为完成使命，必须在那些饱经蹂躏的残破之区，继之以社会的和经济的复兴工作才行。欲谋物质的繁荣，尤须先行发扬民族道德，建立一种互助合作的精神，而纠正人民萎靡苟且的习尚，更是当务之急。”①

① 《中国的新生活》，载王亚权总编纂：《蒋夫人言论集》（上集），第 21 页。

合作与牺牲精神实际上是宋美龄在“新生活运动”中特别注重强调的一个方面，这种合作与牺牲精神是宋美龄首先对教会和教徒提出的希望，但同时，它也是宋美龄对全国民众向共同目标迈进所寄予的希望。她说：“我们已奠定了中华民国稳固的基础，现在我们还要恳求上帝扶助我们，引导我们在这艰难的道路上，继续前进。我们为了全国同胞的福利，竭诚地谁都贡献一切，牺牲一切。并且希望由此创导出国家民族的新生命。”① 宋美龄强调人人都要为恢复中华民族从前的光荣、使中国强盛繁荣尽自己的责任。“我们的努力，还得调和一致。从前有句话说：‘一箭易折，众矢难摧。’倘使全国的国民，不论什么地位、什么职业，都能把福利国家、福利社会作为工作的目标，不存一丝一毫的自私心，自奉力求简约，服务不辞劳苦，我们一定可以把国家从危亡中救援出来，如要达到这个目的，我们还得刻苦实行，有牺牲精神，只说不做是毫无用处的。”“我希望人人能在爱国救国的共同目标之下团结一致——并且不仅为了本国，还得更进一步为全世界的幸福而工作，别让任何人独自负起国家的艰巨责任。我们应当共同为祖国努力。我们要乐观，要有精诚合作的精神努力前进。”② 这种合作与牺牲的精神在宋美龄的思想中不断得到升华，1937 年 5 月，她在给日本妇女写的一篇文章当中，已经把这种精神视为中华民族复兴的动力：“我以为这种精神，正是使中国复兴、使中国伟大的源泉。”③

宋美龄对‘新生活运动’的作用寄予厚望，把它作为根除中国社会种种病态的关键举措④，“是一种改良生活习惯，发展民众精神的现实努力”⑤，更是“振兴爱国合群精神，并且团结人民成

---

① 《合作与牺牲精神》，载王亚权总编纂：《蒋夫人言论集》（下集），第 676 页。

② 《合作与牺牲精神》，载王亚权总编纂：《蒋夫人言论集》（下集），第 676 页。

③ 蒋宋美龄著：《敬告日本妇女》，《文摘杂志》1937 年第 5 期，第 3 页。

④ 参见《中国的新生活》，载王亚权总编纂：《蒋夫人言论集》（上集），第 19 页。

⑤ 《“新生活运动”》，载王亚权总编纂：《蒋夫人言论集》（上集），第 43 页。

为一个强有力的民族”的全民教育运动①。

可以肯定地说，宋美龄对“新生活运动”寄予的希望和热情并非是心血来潮，而是真诚地发自心底，即使她知道人们对“新生活运动”有诸多的批评，诸如她在文章和演讲中都提到：“有人批评‘新生活运动’，以为全国人民衣食尚且不给，而高谈精神复兴，是无济于事的。”② 又如她知道：“指摘‘新生活运动’的人，往往说：‘群众当前最迫切等待解决的是生计问题，新生活运动在这方面并未努力。’”③如此这般，仍不能改变她对“新生活运动”的热诚投入。宋美龄对“新生活运动”的执着追求一直都表现在她的言行中，这种情况一直持续到她随蒋介石退到台湾以后。

3. 妇女问题

宋美龄作为一名受过良好教育的知识女性，又处在改变妇女社会地位呼声不断高涨的时代，受 20 世纪初美国妇女解放运动的影响，宋美龄虽然支持中国妇女摆脱家庭和社会的束缚获得自由和尊重，但她并不侧重鼓吹为妇女争取参政权或妇女解放，而是侧重从如何让中国妇女在推进社会进步中发挥应有作用的角度来探寻提高妇女社会地位、实现男女平等的途径，“新生活运动”恰好为她的探寻提供了一个广阔舞台。

宋美龄认为：“我们如要衡量一国的进步程度，必得注意那一个国家妇女的情况，和妇女在社会生活、国家生活中的地位。”④ 当时，中国妇女在社会上已经有服务的可能，只是绝大多数妇女的社会地位仍然很低。宋美龄曾接到一封求助信，信中痛斥“现在中国还有一部份［分］轻年妇女，仍然被几千年来的风俗习惯所束缚，囚犯似的被困家中，倘若您能助之使得自由，不胜欣盼”⑤。这并不算最糟的，还有一部分妇女在“守节”思想的压制下，被囚禁在“守节

① 《中国的青年运动》，载王亚权总编纂：《蒋夫人言论集》（上集），第 50 页。

② 《中国的新生活》，载王亚权总编纂：《蒋夫人言论集》（上集），第 22 页。

③ 《全国基督教协进会年会致辞》，载王亚权总编纂：《蒋夫人言论集》（下集），第 678 页。

④ 《“新生活运动”》，载王亚权总编纂：《蒋夫人言论集》（上集），第 45 页。

⑤ 《新运通讯一页》，《妇女新生活月刊》1936 年第 7 期，第 1 页。

堂”中过着“不知有汉，无论魏晋”永不见天日的生活。[①] 舞台虽大，但中国要实现男女平等却面临着重重困境。

宋美龄认为妇女能够接受教育是改变这种局面的重要途径：“倘若大多数妇女有受教育的机会，而且生活很合理，那个国家才是进步的国家。不幸中国的妇女，非但多数没有受教育的机会，而且大半还仍过着数百年前的陈旧生活。”[②] 所以，一方面，她呼吁社会摒弃把妇女束缚在家中的千年陋俗[③]；另一方面，她认为“都市的妇女，尚有受教育的机会，但参与社会活动的仍属少数”[④]，呼吁妇女要积极参与社会活动。宋美龄认为只有占半边天的妇女能为国家的兴亡作出应有的贡献，才能自然而然地提高妇女的社会地位。根据当时中国妇女的现实情况，宋美龄认为：“男女真正的平等，不是专向社会要求所能得到的，其主要关键，完全要靠我们女子本身努力。”[⑤] “看她们有没有坚定的意旨［志］以及在常识、才干、人格各方面有没有准备和训练。”[⑥]

宋美龄分三个层次来谈论中国妇女在新生活中应发挥的作用：一是对作为人口半数的妇女而言，“国家的力量是依着人民的力量而消长的，居人口半数的妇女，有绝对的理由，得为国家出力”，“在这国难严重的时期，妇女尤应为国家加倍出力；她们若能循着正确的路线，勇往迈进，那末，我们所渴望的国家进步，就会迅速实现，而一切阻碍我们的反动力量，也不能继续存在的了”。[⑦] 二是对普通的女同胞而言，宋美龄不主张对妇女的社会工作要求过高，而认为她们应该从最基本的、力所能及的事情做起。她认为：“我国妇女在社会上的工作，所以没有很好的成绩，就是因为

---

① 参见《蒋夫人将从人间地狱中解放六百八十名寡妇》，《玲珑》1936 年第 40 期，第 3103—3105 页。

② 《“新生活运动”》，载王亚权总编纂：《蒋夫人言论集》（上集），第 45 页。

③ 参见《新运通讯一页》，《妇女新生活月刊》1936 年第 7 期，第 1 页。

④ 《“新生活运动”》，载王亚权总编纂：《蒋夫人言论集》（上集），第 45 页。

⑤ 宋美龄著：《国民牺牲精神与女界责任》，《玲珑》1935 年第 29 期，第1921 页。

⑥ 《“新生活运动”》，载王亚权总编纂：《蒋夫人言论集》（上集），第 46 页。

⑦ 《“新生活运动”》，载王亚权总编纂：《蒋夫人言论集》（上集），第 46—47 页。

人常常拿最高的理想来宣传，而无实际的工作，实现他的理想……若有彻底思想的妇女，同时能一步步的从小事上切实做起，妇女在社会上的工作一定有相当的成绩。”① “我国的妇女同胞，应当觉悟到，她们的思想和行动，大半还不曾合乎规矩，应当立刻革除愚昧怠惰的恶习。至少要把家庭处理得清清楚楚，把家庭生活调整得井然有序，绝对摒除烟酒赌博等等一切浪费腐败的习惯。”② 三是宋美龄把目光主要投向少数能接受教育的知识女性，主张有知识的女性要负起特殊的责任，来做女子的模范，服务社会。③ “应当用她们的才智，去指导她们的邻舍如何管教儿女，如何处理家务；应当教她们四周的妇女识字读书。假若每一个受教育的女子都能这样做，在短期间内，全国各地妇女的知识和生活，必有显著的进步。”④

宋美龄关于妇女通过发挥服务社会的作用来提高社会地位问题的思考在此时只是刚刚起步，在此后的生涯中，宋美龄一直执着地从事推动发挥妇女在社会中应有作用的事业，这也成为她终生的事业。

4. 民意问题

宋美龄早已领略过美国进步主义运动中民意的力量，所以此时，她也借助“新生活运动”表达了对民意⑤的关注和倡导。她认为，在清朝政府统治时期，“政府意图限制人民过问政事，只能盲目地服从官僚统治，倘有非议，或受死刑，或遭流放，或被监禁。刽子手锋利的白刃，常常予人民公意以莫大的威胁”，于是导致民众习于沉默，逆来顺受，甚至把国家两字的意义也完全忘记了。所以，她认为，当务之急是要以中国传统的道德来纠正人民萎靡

① 《新生活与妇女》，《妇女新生活月刊》1936年第1期，第2页。

② 《“新生活运动”》，载王亚权总编纂：《蒋夫人言论集》（上集），第46页。

③ 参见宋美龄著：《国民牺牲精神与女界责任》，《玲珑》1935年第29期，第1922—1923页。

④ 《“新生活运动”》，载王亚权总编纂：《蒋夫人言论集》（上集），第46页。

⑤ 宋美龄对民意的相关论述多为英文作品，也许是翻译的原因，公意、民意、舆论常被混用在一起，但基本代表着同一意义，即老百姓开始关心国事，发表见解，并形成一股对国家发展有益的影响力量。

苟且的习尚；还要在世界已经成为整个团体的情况下，使中国能随时代潮流的进展而进步。[①] 在宋美龄看来，福建事变和两广事变的解决，公意舆论的力量不可埋没。“种种事实鼓励着人民发表公意，这是中国进步大道中一块最值得注意的标石。世界的进步，若是包括精神及物质两者的改良而言，那么我们必得承认中国近几年来已有惊人的进步。”[②] 宋美龄认为，公意已经意识到国民政府的努力是为了中国的进步和人民生计的改善的，于是产生了强大的舆论力量，“舆论所归，可说是无坚不摧”[③]。人民的公意，使官僚改掉放纵恣肆的旧式衙署的习气，使各派军事势力放弃自相残杀而谋求以合法的途径来解决彼此的争议，还可以使既定的宪政时期按计划推进，总之，“人民的公意将为一切问题的指南针，国家进步也将划出一个新阶段”[④]。在这个新阶段，在妥善准备的基础上，“还确立了民众对舆论的认识，和民众运用舆论的能力。即此一端，已足产生完满的结果，国民的责任心，一定会由此而提高，爱国的热忱，一定会由此而发扬”[⑤]。不言而喻，宋美龄所颂扬的民意多少有经验主义的成分，也有想象和夸大的成分，如果当时真如她所说的那样，蒋介石的地位应该早就巩固了。

蒋介石与宋美龄

说宋美龄如此推崇公意和舆论有经验主义成分，就是因为这不禁让人联想到前文所述她当年在美国留学时，美国进步主义运

① 参见《“中国的新生活”》，载王亚权总编纂：《蒋夫人言论集》（上集），第 20、21、23 页。

② 《舆论的形成》，载王亚权总编纂：《蒋夫人言论集》（上集），第 36 页。

③ 《舆论的形成》，载王亚权总编纂：《蒋夫人言论集》（上集），第 35 页。

④ 《舆论的形成》，载王亚权总编纂：《蒋夫人言论集》（上集），第 37 页。

⑤ 《舆论的形成》，载王亚权总编纂：《蒋夫人言论集》（上集），第 37—38 页。

动中如火如荼地开展的“揭发黑幕运动”所表现出来的民意热情，把纠正社会不良现象与推进社会发展结合起来的舆论影响，也许使宋美龄产生了那是一种“无所不摧”的力量的感觉，所以，她希望中国也能形成这样一种“无所不摧”的力量助蒋介石成功。虽然中国距离舆论的觉醒和公意的形成还有相当大的距离，但宋美龄已急不可待地要把这方面的功劳完全归于国民政府的英明和组织健全的结果。[①] 不可否认，宋美龄对公意的推崇是她民主思想的一方面体现，遗憾的是，不知她是有意忽略还是刻意施加对舆论导向的影响，她完全没有顾及在全国范围内由蒋介石授意、由国民政府的特务组织实际操作的各种阉割民意、压制舆论的事实。也许只有宋美龄本人知道，她到底是在为国民政府粉饰太平呢，还是想以这种方式来引导舆论，或者两者兼而有之？无论是哪种情况，宋美龄对民意的拔高足以体现出她不同于蒋介石的个人特色，也许此时，在潜意识中，她仍对中国走向民主之路抱有希望。

三、政治观念的展现

宋美龄虽为“第一夫人”，但她当时在政府里并没有什么实际的公职。1928 年至 1932 年，她曾被选为立法委员，但并未看到她在这个职位上发挥过任何作用。1936 年，她出任航空委员会秘书长，虽然在为国民政府筹建空军的工作中有所建树，但她主要是直接对蒋介石负责，所以她更像是蒋介石的私人助理，而非政府官员。此外，在外交领域她一直很好地配合和维护蒋介石，在这方面，她的作用应该是无人能及的，但也不能过分高估其政治影响力。无论宋美龄从事什么工作，都如海伦·斯诺曾经分析的那样：“蒋夫人在中国的地位是艰难的”，“蒋夫人确实没有什么政治上的追随者”，“一个中间派、妇女或是基督徒人道主义，在国民党政府里面是不可能有什么地位的。仍然对蒋夫人敞开的唯一领域，就是从事无害的改革，例如，开展清洁运动和组织战争救济，

---

① 参见《舆论的形成》，载王亚权总编纂：《蒋夫人言论集》（上集），第 38 页。

再加上作为外国人联络的公共关系人员。她从来不是一个政界人物，也不是一个有政治头脑的人”。[①] 这种分析虽然貌似过分低估了宋美龄作为政治人物的身份和地位，但实际上，这样的评价恰恰客观地反映了当时国民政府内部权力倾轧的斗争局面，宋美龄很难跻身其中。

宋美龄曾表达过对这种政治斗争的强烈不满："如今政治生活中充满着虚伪、策略和外交手腕，可是我深信这些并不是政治家的最有力武器，他们最有力的武器，只有忠诚和正直。"[②] 所以，她把大部分热情投入到"新生活运动"中，这反映出她当时不愿以虚伪、策略和外交手腕去获取政治权利与地位，不愿与这些政客同流合污的清高心态，为此，她必须具备较为超脱的政治品格。

同时，宋美龄又不可能置身事外，完全避开政治斗争，她必须为自己寻找可以依靠的势力。有迹象表明，"宋氏集团和陈氏集团是互相为敌的"[③]，宋美龄对以陈立夫和陈果夫兄弟二人为首的特务组织所进行的活动深为不满，"除了她的宋氏家庭和她的丈夫以外，她所有的只是一些外国人和使节，例如端纳、G. 谢泼德和乔治·菲奇。如果她会同她的丈夫有任何分歧，她是不能指望他的。她丈夫是政府的首脑，而她是同外国人关系而言的关键人物。如果没有一个有组织的集团在她的周围，以她为中心，她绝不可能发挥作用，但是，这本来是决不会得到陈氏兄弟或其他任何集团的许可的。她有足够的勇气、进取心和智慧，但是，没有一个群众基础来据以开展活动"[④]。看来，宋美龄当时至少向这些采访她的外国同情者透露了一些她的尴尬处境。无论是政治生活也好，"新生活运动"也罢，以宋美龄的地位，身边如果没有可以依靠协助的人，她就只能做个摆设而已。宋美龄所选择的依靠力量显得有些独特，她跳出政府内部的政治纷扰，把教会和传教士作为自

① ［美］海伦·福斯特·斯诺编著：《中国新女性》，第186、187页。
② 《我的宗教观》，载王亚权总编纂：《蒋夫人言论集》（上集），第6页。
③ ［美］海伦·福斯特·斯诺编著：《中国新女性》，第186页。
④ ［美］海伦·福斯特·斯诺编著：《中国新女性》，第187页。

己的群众基础。

由于出身宗教家庭，自己又长年在教会学校里读书和在教会组织中从事服务工作，宋美龄对教会和传教士们有一种天然的、由衷的信任感，并常常会情不自禁地流露出来。宋美龄因信仰缘故与传教士来往密切，这些传教士表面上与政治无涉，但实际上则是西方国家伸到中国来的触须，他们可以直接向西方国家传递中国的信息，并影响到它们的对华政策。另外，传教士个人的素质都较高，又有外国的背景，较易超脱国内的政治纷争而力行社会事务。

"新生活运动"刚刚起步时，面对麻木的民众，如何使运动开展起来自然成为宋美龄迫切需要解答的问题。此时，她自然而然地想到了教会和那些热衷于改造中国的传教士们。所以，正如前面所述，在西北考察过程中，宋美龄把当地的传教士召集起来，一起讨论合作推动"新生活运动"的可行性，诚心诚意地向传教士们征询对推进"新生活运动"的意见，并很快取得共识。"委员长和我，到了各大城市，总要召集教会团体，开会谈话。他们莫不立刻表示，愿意在他们区域之内，与新运工作者共同合作。"①此后，教会和传教士成为宋美龄在各地推进"新生活运动"的生力军，这不仅使她的愿望获得了有力的支持，也使教会和传教士有机会去扭转他们曾在中国人心目中留下的糟糕印象，这当然也是宋美龄所愿意看到的。

1934 年，蒋介石与宋美龄在南昌推行"新生活运动"

1936 年 4 月，蒋介石在军校作了《军人精神教育之根基》的讲话，谈到"新生活运动"

① 《中国的新生活》，载王亚权总编纂：《蒋夫人言论集》（上集），第 31 页。

问题时，颇为自豪地提及看到当时国人大多数都能够遵守秩序的变化，“这些事，外国人最注意，见了我就讲到。我想只要一般国民能够如此继续进步，真正自强不息，不仅一般外国人自然会敬畏我们，改变他们以前对中国轻视欺侮的心理，而且任何强敌都不能不对我们心悦诚服”①。蒋介石口中可以与他谈论国民素质问题的绝不可能是外国的外交官，而只能是宋美龄介绍给他的外国传教士。

宋美龄极力鼓励本国的教徒投身于“新生活运动”，对那些纯粹学者态度的教会作风进行了委婉的批判，使之转变为实际开展复兴农村的工作实践；她对不耐艰苦工作而迟迟不肯投身于“新生活运动”的教友进行批评劝导，以基督战士耐苦耐劳的美德和蒋介石提出的“真正信仰基督教的人，也一定就是革命家”的信条来鼓励他们。她不无煽动地在教徒的集会上宣称：“倘使我的观察并不谬误，而各位愿意接受我的建议，那末我以为今天我们在这里集会，正是一个绝好的机会，让我们深深省察一下，我们是不是应当准备作耶稣基督苦斗的战士，舍弃无聊的后方工作，奋身投入血战的前线去。”②

当然，宋美龄对教会和传教士的信任和重用不只体现在社会服务工作方面，1936 年 5 月，宋美龄曾借在全国基督教协进会年会致辞的机会，进一步阐明她对各种形式集权政体的反对，她之所以选择在宗教场合发表此种明确的政治观点，一则是她在有意识地通过外国传教士向西方国家传达中国未来发展必将与西方民主国家站在一起；二是她选择在她能得到最强有力支持的场合来表达对当时以二陈为首的中国特务组织行径的强烈不满，归根到底，她不愿意承认二陈的所作所为与蒋介石有直接的关系。

宋美龄虽然有了一些独立的思考和见解，但她的政治立场毕竟是和蒋介石站在一处的，二者的婚姻已经使宋美龄成为蒋介石

---

① 周琇环编注：《蒋中正总统档案：事略稿本㊱》，第 255—256 页。

② 《全国基督教协进会年会致辞》，载王亚权总编纂：《蒋夫人言论集》（下集），第 679—680 页。

战车上的一部分，她必须随着蒋介石战车的轮子不断旋转、奔驰。宋美龄许多政治观点的立足点只能是对她与蒋介石共同“革命事业”的忠诚，所以，绝大多数情况下，她或者是为蒋介石摇旗呐喊，或者是给蒋介石查缺补漏，或者是粉饰润色，总之，其政治立场完全是围绕着蒋介石的政治立场而定。宋美龄对解决中国面临的各种危机的思考，仅限于承认蒋介石的正统领袖地位的前提下，一切危及此点的行动和主张，都是有违宋美龄初衷的。因此，当蒋介石在他的内部阵营营造领袖形象的同时，宋美龄则不断努力地从外围为蒋介石营造中国英明的现代领袖形象，这是她表达政治观点的出发点。

第三章　抗日战争中政治思想的飞跃
（1937 年—1945 年）

抗日战争时期，是宋美龄政治上走向成熟的重要时期，此时，她的视野更广，已不再单纯囿于蒋介石个人地位的维护，而是站在国家、民族的立场上对话世界、宣传国内，在思想上也攀上了顶峰。

第一节　抗战初期的宣传与襄助
（1937 年 7 月—1938 年年底）

1937 年，中国的形势发生了急骤的变化。西安事变后，中国共产党加紧敦促蒋介石下决心对日抵抗，国共两党之间的关系逐渐地缓和。就在此时，北方却不断传来有关日本对中国有扩大侵略意图的报告，各种有预谋地激化两国关系的事件接连不断地发生①，7 月 7 日这一天，日本一手挑起了卢沟桥事变。卢沟桥事变发生后，中国的形势更加严峻。中国共产党于 1937 年 7 月 15 日向蒋介石送交了《中共中央为公布国共合作宣言》，宣言重申中国共产党关于迅速发动全民抗战等主张。但当时，国民党内部对是否要全面抗日仍存有不同意见，蒋介石一方面电令二十九军军长宋

① 参见［美］泽勒著：《神秘顾问端纳在中国》，第 392 页。

哲元，“宛平应固守勿退，并须全体动员，以备事态扩大”①，另一方面却仍存犹豫心理。在全国军民强烈要求抗战的舆论支持和宋美龄的劝说下，蒋介石终于在19日发表了《告国民书》，以表示抗战决心。这篇讲话表明中国已经到了忍无可忍的地步，必须进行武装抵抗。“蒋介石的讲话在北平广播后，激动的人群敲锣打鼓，吹奏喇叭，纷纷涌上大街。”② 蒋介石在日记中写道：“此事人人以为危而阻止，唯吾妻独赞成吾意，转危为安，或在此乎？”③ 可见，宋美龄对促成蒋介石下决心发表这篇讲话起了重要作用。就这样，宋美龄怀着坚决抗日的决心走进了一段艰辛的历史时期，而这一时期也成就了她一生中最辉煌的篇章。

1937年7月17日，蒋介石在庐山第二次谈话会上讲演

在整个抗战时期，宋美龄的政治思想出现了大的飞跃，其政治信念的坚定也达到了她一生中的顶点，站在民族主义的旗帜下，而不再是局限于个人的得失成败，正义与非正义的判断变得泾渭分明。心之所至，意之使然。宋美龄充分发挥自己精于英语的优势，自然而然地承担起对外宣传的责任，要让中国正义的抵抗获得全世界更多人的了解和支持。抗战时期，形势的变化使宋美龄的思想前后发生了一些变化，大致经历了这样几个阶段：第一个阶段是1937—1938年，宋美龄的对外宣传频繁而激烈，希望西方国家能够看清这场战争

---

① 罗时叙著：《祈祷的王朝——1926—1949年蒋介石政治生涯》，四川人民出版社1996年版，第300页。

② ［美］巴巴拉·塔奇曼著：《史迪威与美国在华经验（1911—1945）》（上册），陆增平等译，商务印书馆1984年版，第228—229页。

③ 黄自进、潘光哲编：《蒋中正“总统”五记：爱记》，第159页。

的性质，积极地支持中国抗战；对内则迅速转入战时动员，主要精力放在空军建设、战时妇女动员和难童救助等问题上。第二个阶段是 1939—1941 年，这一阶段，宋美龄的宣传重心由对外转向对内，号召全民族认清西方国家放纵日本侵略中国的真实面目，起而自救，不要对西方国家抱有幻想，当然，同时并未放弃对外宣传。第三个阶段是 1942—1943 年，宋美龄充分把握了访美时机，造成宣传的轰动效果，促使美国国内的意见分歧趋于弥合，并使美国在各种因素的共同作用下正式走上援华抗日的道路。第四个阶段是 1944—1945 年，以史迪威问题为标志，中美关系出现裂痕，宋美龄对蒋介石的固执无计可施，又因健康问题而淡出人们的视线，1944 年去巴西疗养，直到抗战胜利后才返回国内。

在这四个阶段中，宋美龄的言论和行动中反映出这样一些内涵，对外宣传的主要思想是表达抗战的决心和对中华民族精神的宣传；揭发日本暴行和欺骗伎俩；批评英美等所谓西方民主国家无视日本发动侵略战争的罪行，呼吁他们援助中国抗日。对内宣传的主要思想是表达政府决不妥协的决心；发动全民抗战，特别是动员妇女；以民族再生激发民族精神；激励前方将士。这些思想在不同阶段都有所表现，但不同时期又各有侧重。

一、对外争取援华抗日

全面抗战一爆发，宋美龄就积极投入到对外宣传当中。她身边最得力的外国顾问端纳敏锐地感觉到“摆在［中国］政府面前的一项最大任务就是要不断努力去赢得各民主国家的同情，尤其是美、英、法的同情……没有人会那么天真地去相信英、美会加入反日的战争。唯一的希望是他们受良心谴责可能采取某种道义和经济行动”①。所以，他不仅给自己指定了打文字战、把中国的悲剧摆在世界面前的工作，还开始协助宋美龄从宣传战入手，“即使各国政府不予理睬，世界上的老百姓还是支持他们（指中

① ［美］泽勒著：《神秘顾问端纳在中国》，第 402 页。

国——引者注）的”[①]。端纳协助宋美龄进行对外宣传工作的目标很明确：“使人们仿佛能看到在大屠杀中有一尊小小的活神像，并让她发出全世界都能听见的求援呼喊。通过广播、照片和发表的声明，蒋夫人成了苦难中国的象征——勇敢、脆弱而又坚定不屈——非常适合于使一个绅士世界肝肠寸断。”[②] 端纳的说法虽然半带调侃，但这项工作的意义是显而易见的，而且，以宋美龄的第一夫人身份来做这项工作所能产生的影响，更是无人能够替代的。

（一）面对国际社会的观望与动摇

卢沟桥事变后，国民政府即寄希望于国际社会的干预，但美国在孤立主义政策的指引下，对日本的侵华举动一直保持沉默；英法等国也只是轻描淡写地要求日本勿扩大事态而已。[③] “八一三”上海抗战开始后，8 月 14 日到 9 月 11 日，中国军队对侵占上海的日军展开进攻。在此期间，国民政府向西方国家频频呼吁，希望他们能担当起维护国际公约尊严的责任，但英美等国不但没有正面回应，反而故意显示出中立的姿态。即使日军炸伤了美国的“奥葛斯脱”号军舰和英国大使许阁森后，也不过只是道歉和赔偿了事。[④] 到 9 月 11 日，双方攻守易势。[⑤] 就在这样一个紧要关头，宋美龄开始向全世界公开发声。

1937 年 9 月 12 日，宋美龄通过电波向世界头号强国美国的民众发表了演说。在演说中，她直指西方国家对日本残酷侵略中国的纵容，言明是西方国家的“袖手旁观”“熟视无睹”“默许”“畏葸懦怯”使日本获得“自信”，敢于侵略中国。“日本所以出此，似乎她对于控制世界的权力，尤其获得国际援助，使中国束手无策，这一点，自信有极大的把握。如今她公然宣言，要打击

---

① ［美］泽勒著：《神秘顾问端纳在中国》，第 403 页。

② ［美］泽勒著：《神秘顾问端纳在中国》，第 403 页。

③ 参见张宪文等著：《中华民国史》（第三卷），南京大学出版社 2006 年版，第 47 页。

④ 参见张宪文等著：《中华民国史》（第三卷），第 48 页。

⑤ 参见张宪文等著：《中华民国史》（第三卷），第 28—29 页。

中国屈膝，置我们于死地，俨然自信世界上没有一个人敢持非议的。”[①]“无疑地他们自信世界列强不敢反对，所以日本的军阀，努力进行他们的征服计划，自信可以灭亡中国，到相当时期，还可排除一切西方文化的和商务的势力。”[②] 宋美龄提醒西方国家曾经签署的国际公约——如九国公约、巴黎非战公约、组设的国联、“积年累月逐渐形成的战时国际法”的事实存在，而“今竟茫然不存”，“化了灰烬”。[③] 而中国的抗战，却“不仅为了国家的主权、民族的生存，也为了维护国际条约的尊严”[④]。

她列举日本侵华的事实，以强有力的措辞向西方各国发出质问：“请告诉我，西方各国坐视着这样的残杀和破坏，噤无一词，是不是可以算作讲求人道，注重品德，尊向仁义，信仰耶稣文明的胜利征象呢？再则，现在第一等强国，袖手旁观，好像震慑于日本的暴力，不敢出一语相诋评，是不是可以看作国际道德，耶稣道德，或所谓西方优美道德坠落的先声呢？”[⑤]“这是文化崩溃的征兆吗？”[⑥] 她警告西方各国：“若使我们中国人不能阻遏他，恐怕他们将在中国的焦土之上，建立一个扰乱世界的大陆日本帝国，他们既把国际道义，摧毁无余，以后自然完全拿武力来作为建国的根据了。日本军阀的居心，至少想宰割东方各国，然后更进一步操纵国际的行动与政策。”[⑦]

宋美龄率先代表中国对日本侵华行为向全世界公开提出质疑。

---

① 《告美国民众》，载《蒋夫人言论汇编》编辑委员会编辑：《蒋夫人言论汇编》（卷三），第 9 页。

② 《告美国民众》，载《蒋夫人言论汇编》编辑委员会编辑：《蒋夫人言论汇编》（卷三），第 10 页。

③ 《告美国民众》，载《蒋夫人言论汇编》编辑委员会编辑：《蒋夫人言论汇编》（卷三），第 7—8 页。

④ 《告美国民众》，载《蒋夫人言论汇编》编辑委员会编辑：《蒋夫人言论汇编》（卷三），第 11 页。

⑤ 《告美国民众》，载《蒋夫人言论汇编》编辑委员会编辑：《蒋夫人言论汇编》（卷三），第 12 页。

⑥ 《告美国民众》，载《蒋夫人言论汇编》编辑委员会编辑：《蒋夫人言论汇编》（卷三），第 11 页。

⑦ 《告美国民众》，载《蒋夫人言论汇编》编辑委员会编辑：《蒋夫人言论汇编》（卷三），第 10 页。

9月13日，中国向国际联盟提出申诉书，揭露日本侵略中国的暴行，要求国联采取措施制裁日本。① 9月14日，日军开始全线进攻。②

25日，宋美龄通过驻英大使馆向英国民众发出紧急呼吁："余方自前线返，目睹千万受伤兵士，在急救站静待运入医院。余心为之怛恻，现上海药品已购置一空，来源有断绝之虞，凡英国民众，愿供给医药及红会救济工作者，均感激领受，因造成重伤兵士，非得充分医药疗治，将无痊复之望也。"③ 这条消息罕见地发表在国民政府《中央日报》的第一版，增强了这条求助信号的分量。这实际上是代表中国在向西方各国发出强烈的求助信号，希望他们出于在华利益的考虑，正视日本的侵华暴行，能对中国兵士的伤亡动恻隐之心，对日本的暴行发出谴责之声。

然而，此时的国际社会仍在观望与动摇。美国的态度对西方国家有至关重要的影响，然而，在日本侵华问题上，美国国内严重的分歧使美国政策保持原地踏步，甚至是倒退。

富兰克林·罗斯福（Franklin Delano Roosevelt）

时任美国总统的富兰克林·罗斯福于1937年10月5日发表公开讲话，似在人类文明演进的问题上对宋美龄的对美演说作了回应。在讲话中，罗斯福不点名地指责了日本的侵略行为和其对世界文明带来的恶劣影响。他说："表现于非战公约之高尚精神与和平愿望，最近已转为大难将临之观念所摧毁，现在的恐怖状态与国际之不遵法律，殆不过起始于数年之前"，"其

① 参见张宪文等著：《中华民国史》（第三卷），第49页。
② 参见张宪文等著：《中华民国史》（第三卷），第29页。
③ 《蒋夫人向英人呼吁》，《中央日报》1937年9月26日，第1版。

初系不法干涉他国内政，或违反条约侵略他国土地，驯至今日，愈演愈甚，遂将使文明基础感受重大威胁。文明演进，以群趋于法律秩序及公理之一切标志及遗传，均已扫荡无余。未尝宣战，又无警告或理由，而多数无辜之平民妇孺竟横遭空军之轰炸残杀矣。在所谓平时状态下，亦无原由或通知，而多数之船只亦正任意被鱼雷击沉矣。"这说明美国完全了解中国被日本侵略的事实。

罗斯福把中国正在发生的事情的危害说得十分清楚，他警告说："此种情形，如发现于他处，诸君切勿以为美国可保无虑，切勿以为美国可蒙宽恕，切勿以为西半球仍能在和平状态中继续演进文明之道德与艺术。"如果这不幸之日降临，"一切文化之花，全遭蹂躏，而全世界人类，堕入大混乱状态中矣"。如果各国不一致遵守条约和道德标准，则"无论国际和平或国内和平要均不能稳固，国际间无政府状态，实足毁坏一切和平基础，而使一切国家，无论强弱，其现在或未来之安全，遭受危险"。

罗斯福通过讲话发出号召："吾人如欲避免此不幸之日之降临，吾人如欲在世界上安居乐业自由无虑，则所有爱好和平之国家，应即起而合作，维持为和平之基础之法律与原则。所有爱好和平之国家，应即起而合作，反对违反条约与人道之行为。""今日之情势，系与全世界有关，确切无疑，问题所关，不仅在于某一条约之某一条款遭受破坏，实乃为战争与和平之问题，国际法之问题，尤其为人道原则之问题。其为违犯条约，尤其国联会章、非战公约与九国公约，固属确实，但亦与世界经济、世界安全与世界人类诸问题有关。"罗斯福以"隔离病人"为喻，暗示国际社会对日本采取隔离政策，但他也尽量安抚国内孤立主义，明确表示："余决以和平政策为主旨，并采取适当措施，以免牵入战争之漩涡。"

最后，罗斯福号召全世界爱好和平诸国必须明确表示他们的和平意愿，"以期彼冀图违反现行条约与他国权利之国家，幡然改变其行为"，并希望各国能为维护和平作出积极的努力。①

---

① 参见《美总统演辞全文》，《中央日报》1937 年 10 月 8 日，第 3 版。

罗斯福这篇以“隔离演说”而闻名的讲话发表于国联为回应中国的申诉而通过决议的前一天，他定然希望这篇讲话能给国联注入一剂强心针。10 月 6 日，国联通过的决议指责日本违背了它在九国公约及巴黎非战公约下所负的义务，并表示要“对中国表示道德上之援助，并建议国联会员国应勿采取足以减弱中国抵抗力量，因而增加其在此纠纷中之困难之任何行动，并应考虑其单独援助中国，能至如何之程度”①。同日，美国政府也发表声明：“美国已不得不承认日本在中国之行动，不尊重国际关系之原则并违背九国公约与凯洛格公约之规定。”②

罗斯福号召全世界和平势力合作维护公约的讲话，对当时的中国自然产生了很大的慰藉作用，中国人有理由认为这是罗斯福在“为全世界人类文明请命”③，特别是国际社会对中日之间战争性质的认识，似乎表明形势正在向有利于中国的方向发展。但实际上，国际形势仍然纷繁复杂，艰深莫测。

罗斯福的讲话中包含着的某些模棱两可的说法，明显表现出他的矛盾心理。罗斯福在讲话中对中日双方都提出警告，各打五十大板，他警告日本：“一国不能自制，对于他国之权利与自由，不知尊重，决难久强，且亦决不能获得他国之信任与尊重。”他也教训中国：“一国以妥协精神处理争议，且能隐忍以考虑他国之权利，亦决不致因此而丧失其尊严或地位。”这无异于是在说：你们为什么不能安静一点，不要给世界添麻烦！罗斯福明确表示：“余决以和平政策为主旨，并采取适当措施，以免牵入战争之漩涡”，看起来令人为之一振，但实际上却是囫囵之语，而且，他还是寄希望于日本“幡然改变其行为”。④ 罗斯福的讲话透露出他此时仍对是否要改变中立立场犹豫不决的心态——“罗斯福更关注的是

---

① 《中国全面抗战大事记》，华美出版公司 1938 年 7 月 15 日，转引自张宪文等著:《中华民国史》(第三卷)，第 49 页。

② 《中国全面抗战大事记》，华美出版公司 1938 年 7 月 15 日，转引自张宪文等著:《中华民国史》(第三卷)，第 50 页。

③ 《美总统演辞全文》,《中央日报》1937 年 10 月 8 日，第 3 版。

④ 《美总统演辞全文》,《中央日报》1937 年 10 月 8 日，第 3 版。

日本的威胁，而不是中国本身的领土完整”①。虽然罗斯福认为日本现在已深深陷在中国，如果切断它的原料供应线，它会被迫退缩而不会同美英开战。但由于美国国内舆论受孤立主义影响极深，美国国会根本不可能批准任何一项带有卷入战争风险的措施。这也可能是罗斯福在讲话中表现出犹豫不决的主要原因。

美国国务卿赫尔曾这样写道：在整个三十年代期间，“日本外交官总是一有机会就向我们表示，日本有两种因素：一种是开明的、和平的文官势力；另一种是军方的扩张主义势力……如果我们不去剥夺日本军人在远东扩张的权利从而惹怒他们，和平的因素最终就会控制政府并确保和平。因此现在要由我们来防止在日本出现最糟糕的局面了”②。由此就不难理解美国在此之前的沉默和罗斯福终于向全世界发话后却仍然表现出一种犹豫不决态度的原因了。就美国自身利益来说，美国人绝对不想激怒日本，更不愿卷入任何战争。当日本在中国已经大开杀戒时，美国驻中国平津地区的第十五步兵团的长官得到美国陆军部的明确指示：“切勿采取任何会使我们卷入争执的行动。”③ 美国正谨慎地避开“战争”一词，而是用了“争执”，似乎可以以这种轻描淡写化解自己不愿卷入其中的尴尬。

不单如此，1937年9月，美国白宫和国务院一周内收到两千封来信，绝大部分是和平社团鼓动人写的，其中百分之九十五是要求美国继续保持和平状态，百分之八十是主张为了保持和平可以不惜一切代价，百分之七十是敦促政府立即对中国和日本运用中立法，只有百分之十五是反对实行中立法，理由是那样做有利

---

① ［美］巴巴拉·塔奇曼著：《史迪威与美国在华经验（1911—1945）》（上册），第240页。

② ［美］巴巴拉·塔奇曼著：《史迪威与美国在华经验（1911—1945）》（上册），第208页。

③ ［美］巴巴拉·塔奇曼著：《史迪威与美国在华经验（1911—1945）》（上册），第236页。

于日本而有损于中国。[①] 这就是罗斯福发表 10 月 5 日讲话时美国国内的舆论背景。

尽管罗斯福在讲话中显露出犹豫不决和模棱两可，但还是遭到了国内反战势力的围攻。美国当时六大和平组织宣布总统企图把人民“指引上”战争道路。它们联合发起了一场征集两千五百万人签名的运动，以要求“避免使美国卷入战争”。美国劳工联合会也不同意总统的这次讲话。甚至有众议员提议弹劾罗斯福，美国国内就是否参与国联在远东的集体行动举行了表决，反对票比赞成票多一倍。罗斯福对此也感到失望：“你一心想领着人们朝前走，可是回过头来朝身后一看，没有一个人跟你走，这真可怕啊！”[②]

为了缓和国内舆论，罗斯福对“隔离演说”进行了无数次“澄清”之后，把问题弄得更加含混不清，人们才不再去认真讨论它了。[③] 九国会议正在筹备之时，10 月 12 日罗斯福又发表了炉边谈话。他一方面告诫美国人：我们不能坐视全世界文明价值的毁灭[④]，另一方面却明确表示：九国公约会议的目的，“是通过协议来求得当前中国情势的解决。在寻求解决的努力中，我们的宗旨是要同包括中国和日本在内的其他签字国合作”[⑤]。这种不偏不倚的说法恰恰暴露出罗斯福的谨慎和退缩，他还对美国代表团下达了明确指示，不准他们采取任何带头反对日本的立场。[⑥] 接下来的结果就可想而知了！

---

① 参见［美］巴巴拉·塔奇曼著：《史迪威与美国在华经验（1911—1945）》（上册），第 244 页。

② ［美］巴巴拉·塔奇曼著：《史迪威与美国在华经验（1911—1945）》（上册），第 244—245 页。

③ 参见［美］迈克尔·沙勒著：《南京十年期间的蒋介石》，载岳渭仁等编：《外国人眼中的蒋介石和宋美龄》（上），第 260 页。

④ 参见［美］富兰克林·德·罗斯福著：《罗斯福选集》，关在汉编译，商务印书馆 1982 年版，第 162 页。

⑤ ［美］富兰克林·德·罗斯福著：《罗斯福选集》，第 163 页。

⑥ 参见［美］迈克尔·沙勒著：《南京十年期间的蒋介石》，载岳渭仁等编：《外国人眼中的蒋介石和宋美龄》（上），第 260—261 页。

当时中国舆论显然未认清国际形势的真相，《大公报》的社评仍然乐观地期待着所谓“朋友”的支持：“我们今天，需要朋友……现在确信是我们朋友的文明大国，有英法美与苏联。”并寄希望于九国公约会议：“现在九国公约国会议，快开会了。我们一定要抱住前面所说的根本态度去赴会。”① 然而，问题显然不像中国人想象的那样乐观，一号强国退缩了，其他西方国家自然也不肯独自承担卷入中日战争的危险，特别是此时欧洲的形势也日趋紧张，英法更不愿介入亚洲事务。由于日本在九国会议召开前就表示拒绝接受任何第三国的调停，而要对日本实行经济制裁又必须由参会各国共同采取行动和作出相应保证才能奏效，美国退缩后，其他几个国家互相推诿，最终结果是九国公约会议没有取得任何实质性的成果。

中国对西方国家干预的指望再次落空了，陷入孤立无援的境地。

对于这样的结果，中国自然是受挫感极强。罗斯福发表芝加哥“隔离演说”之后，中国人本来明明看到了希望。在罗斯福讲话的第二天，宋美龄怀着欣慰的心情应澳大利亚悉尼某刊物之请，作了一篇题为《战争与中国女性》的文章。文中以相对平静的笔触描绘了中国妇女为抗战所作的努力和牺牲。在这篇文章当中，她丝毫没有提及西方国家的不义，反而坚定地写道：“日本估量错了世界的道义力量。”② 她似乎相信西方各国维护世界和平的责任感已经在醒悟之中，所以，她只需点到为止：“（日本意欲控制世界的）事实，很值得世界的深思，应当如何在这为时未晚的今天，采取未雨绸缪的行动。怎样保卫世界，是世界的责任。”③

但随后的几天，宋美龄从美国的舆论当中强烈感受到令人不安的气息。就在罗斯福发表炉边谈话的当天，10月12日，宋美龄正在写作另一篇文章《中国固守立场》。她在文章中再次向西方国

① 《中国的外交态度》，《大公报》1937年10月20日，第1版。
② 《战争与中国女性》，载王亚权总编纂：《蒋夫人言论集》（上集），第102页。
③ 《战争与中国女性》，载王亚权总编纂：《蒋夫人言论集》（上集），第103页。

家敲响警钟，并以严词力促西方国家采取明确的对华支持态度。宋美龄以描述当天的空袭为切入点，说明中国缺乏精劲的空军，所以急切地仰赖向美国和其他各国定购大批飞机，她提醒西方国家已经作出了从道义上有负于中国的行为："日本的行为是吾人意料所及的，然而我们即使用最悲观的态度来推测，也想不到美国……竟会禁止船舶运输军火来华，并且拒绝颁发赴华美籍教练员的护照。"① 宋美龄再次严词质问美国："这一切恐怖，虽则威胁文化的基础，这蔑弃国际条约和法律的举动，虽则危害人类安全的根源，然而我们却发现美国的行为，不仅阻挠我们寻觅自卫的途径，并且间接地帮助敌人，完成他们打击我国至屈膝的威胁。这种意欲保持中立的举动，实则不过助桀为虐，还有什么疑义呢？"②

抗战伊始，蒋介石与宋美龄接受西方记者采访

宋美龄坦率地表达了中国人对美国这种不义行为的观感："我们不仅觉得美国态度的令人骇异，并且深深地感到，我们服从国联的条约和精神，因此受到了丧失东三省的苦痛，我们的脸上，不啻受了这堂堂共和大国的掌击，这个堂堂的共和大国，是我们一向以敬意相瞻仰和效法的。当我们以现金向美国购买飞机，而美国服从日本荒谬的要求，为尊重他们的封锁政策，不准将飞机运输出口的时候，那末，我们以为世界的忠信和正义，已到末日，还能责难我们武断吗？在这不宣而战的冲突之中，那种荒谬的封

① 《中国固守立场》，载王亚权总编纂：《蒋夫人言论集》（上集），第105、109页。

② 《中国固守立场》，载王亚权总编纂：《蒋夫人言论集》（上集），第109页。

锁政策，打击中国至屈膝的普遍呼声，以及全国广大区域的人民，受到最不人道的大规模屠杀，这种种，万分地使我们伤心。”①

宋美龄提醒西方国家为中国主张正义同样也是在为西方人自己免受日本人凌辱做准备。她仍然对西方国家抱有幻想，所以，对罗斯福的讲话和美国国务院的宣言所传达的正义之声表示欢迎，并赞美这种正义的行动会带来好的影响：“我们深愿这篇宣言能给日本以更大的打击；同时，我们的信仰，因此也更加坚定，我们应该深深地自省，如何向着尊重条约，和及早把敌人逐出国土的两大目标，勇往迈进。敌人表面上虽以轻蔑的态度来接受美国的新态度，而他们的最高官方，未尝不因此而有所忧惧。”② 宋美龄最后委婉地表达了希望西方国家，特别是美国，能够继续保持这种正义的“新态度”，以迫使日本自省，从而放弃侵略战争：“除了军阀省悟，日本本身是没有复见正义的希望的。”③

当这篇措辞激烈而又希望殷切的文章发表在美国《论坛杂志》11 月号上时，九国会议已经归于失败，宋美龄的呼吁未得成效。痛定思痛，宋美龄虽能理解美国的政治体制绝非一人可以决定一切，美国的孤立主义不允许美国政府作出任何有可能卷入战争的决策，但她对以美国为首的西方国家在日本残酷侵华问题上所表现出来的姑息和放纵，仍然感到非常地失望。她意识到这种舆论导向如果不能得到纠正，美国和其他国家的政府就不可能作出参战或者放弃中立态度的决定。与其对着这些国家的政府和大人物大呼小叫，还不如对这些国家的民间社会作出动员和引导，以便到一定时期，民间舆论可以影响这些政府作出有利于中国的决策。

1938 年 2 月，宋美龄向在澳大利亚悉尼召开的国际妇女大会致辞中道出了当时的这种心境：“我们只有两种途径可以遵循，一种是失望地垂头叹息，放任一切；或用假装的决心来掩饰自己的

---

① 《中国固守立场》，载王亚权总编纂：《蒋夫人言论集》（上集），第 109—110 页。

② 《中国固守立场》，载王亚权总编纂：《蒋夫人言论集》（上集），第 110 页。

③ 《中国固守立场》，载王亚权总编纂：《蒋夫人言论集》（上集），第 111 页。

怯懦，向掌握大权的伟人们，送一些感动的请愿，希望一个较好的将来，然而这希望是渺茫的。另一种是固守着大无畏的立场，联合起来，作实际行动，这样要有效得多。”① 所以，从 1937 年 11 月到 1938 年夏季，宋美龄主要以信函往来的方式联络着西方各国民间支持中国抗战的社会力量，继续向他们揭露日本侵华的真相，陈述中国抗战的决心和努力，抨击西方国家对日本的纵容和放任，并对他们提出正义的要求。

正如埃米莉·哈恩所说：“战争初期的一系列演说和广播稿，以民主国家不援助中国的做法表示出愤慨。她不敢相信自己的眼睛。这些国家曾许下过诺言，却又自食其言；最初她不敢相信，后来事实使她不得不信时，她义正词严地提出了抗议。”② 她虽然对西方国家在危机时刻不肯援助中国的做法感到愤慨，但她仍然抱有幻想，对他们寄予希望：“很长时间，她一直向这些异常迟钝的人们做解释，满以为只要他们一旦知道一点真相，便会认清他们的职责以及等待着中国和他们自身的危险。”③ 宋美龄始终没有放弃这种努力。

1938 年夏季，韦尔斯利学院 1917 级同学举行聚会时，宋美龄虽然未能参加，但她还是很有智慧地利用这次聚会，把中国的情况传播出去。她精心地为同学们准备了小礼物，包括一面小小的丝绸质地的中华民国国旗和一份关于阐释这面国旗象征意义的说明，还有一份中华民国国歌的歌谱。宋美龄通过信函告诉她的同学们，这些东西都是她组织的因战争而流离失所的难民生产的，她利用难民的人力资源组建了工业生产部门，并将其发展为庞大的事业，这些也是她发起的“新生活运动”的组成部分。她在信中写道：“要生产出合适的丝绸难度很大，要妥善安置这些制作国旗的工人也很困难，因为战争几乎让物资供应中断。”她送的礼物

① 《向雪黎国际妇女大会致辞》，载《蒋夫人言论汇编》编辑委员会编辑：《蒋夫人言论汇编》（卷三），第 14 页。

② ［美］埃米莉·哈恩著：《宋氏家族——父女·婚姻·家庭》，第 280 页。

③ ［美］埃米莉·哈恩著：《宋氏家族——父女·婚姻·家庭》，第 280 页。

中还有一些袋装的香味扑鼻的橙色花茶，她在信中介绍说，她曾经想把这些花茶装在雕刻精美的竹制容器里送到美国，可是因为战争，这同样不可能。因为“战争基本上摧毁了整个杭州，我找不到任何现成的雕刻精美的竹筒，甚至连雕刻师傅们都找不到”。宋美龄通过这种方式把中国正在战火中挣扎的境况生动地传递到美国。她的同学们在这次聚会上全程穿着游行的服装，并举行了捐款。她们得到波士顿华人社区的支持，借给她们颜色各异的旗帜让她们拿着，还帮她们制作了布告，用汉字写上合适的口号。这次游行成了新闻，她们走在校园里任何一处地方，都会有人把现金和支票塞到她们的手里。最后，她们募集了将近 900 美元，并把这笔钱寄给了宋美龄。宋美龄回信告诉她们，这些钱将被用到中国儿童、战争遗孤身上。① 这足以让人联想到战争的残酷。

（二）揭露日本与争取西方

1. 欺骗和野心——揭露日本侵华暴行

（1）揭露日本的侵华暴行

宋美龄在对外宣传过程中，一直希望外界能够真切了解日本对中国的侵略暴行，以及日本是如何欺骗本国人民和国际社会以掩盖其扩张的野心。所以，她发出的每一篇对外言论都刻画出日本军国主义者的凶残嘴脸和险恶用心。

宋美龄对日本毁弃国际公约的行径深恶痛绝：“文明世界经了积年累月的努力，缔造了国际公法，认为万一战争不可避免，就有这些法律来节制战争，减少惨祸，可是日本军阀却发明在不宣而战的方式之下，她可以使国际公认的节制战争的文明结晶品，完全失了效用。不仅如此，同时还轻蔑地破坏她与中国或列强所亲自签订的各种条约。”②

---

① 参见［美］艾玛·迪龙·米尔斯著：《蒋宋美龄（卫斯理学院 1917 级）回忆陪伴她度过“快乐时光”的同学们》，载《宋美龄文集》（未刊稿），南京大学中华民国史研究中心藏。

② 《复美国圣路易某君书》，载《蒋夫人言论汇编》编辑委员会编辑：《蒋夫人言论汇编》（卷四），台北正中书局 1955 年版，第 57 页。

当日本不断制造各种借口扩大战事时，却无耻地对外宣称那只是一些突发事件，而不是战争，他们只是在自卫，而不是侵略。当日本野心家制订的三个月灭亡中国的计划未能如期实现时，他们对中国的任何抵抗或可能发生的抵抗都采取了更加残暴的手段。宋美龄反复地提醒外界注意，日本首相近卫文麿所提出的意欲“鞭笞中国使之屈膝，不敢再有抗战精神”① 的狂言，那是战争的最明显的信号。

宋美龄一次又一次地向外界描述日本的飞机是怎样对非战斗人员进行野蛮轰炸：“死亡与毁灭，每天自各处的天空下降，自北至南，以及辽远的内地，凡日本飞机飞翔所及的地方，都遭受猛烈的炸弹的投掷，许多非战斗员和妇孺，被炸得血肉横飞，死伤枕藉。他们的家室，不论是茅屋，是精舍，都受到同样的命运，有的炸成废墟，有的烧成灰烬。敌人的空军是绝不尊重生命与财产的。”② “现在我们的生命，已受到控制——我们的海岸已被封锁；我们的铁道全线受到轰炸；而最可怖的，日本轰炸机把残杀我无辜平民，作为日常工作。无数的家室，惨遭摧毁，成千累万的人民，同时死伤。”③ “敌人以有计划的暴戾……恣意惨杀无辜平民……任何一国的历史上，都不能找到类此的前例。”④

宋美龄要让全世界体会日本是如何以残杀的方式来实现它迫使中国屈服的目的，她向外界描述了这种残杀并不是在一处两处，而是遍及中国的全境。她写道：日军残酷的屠杀“广及全国，漫无限制”，“中国境内，凡是敌机飞得到的地方，都受着这种自天而降的死亡与摧残。从北方到南方，从东边到西边，到处都如此……是另国所从未有过的悲惨景象”。⑤

---

① 《告美国民众》，载《蒋夫人言论汇编》编辑委员会编辑：《蒋夫人言论汇编》（卷三），第7页。

② 《战争与中国女性》，载王亚权总编纂：《蒋夫人言论集》（上集），第95页。

③ 《中国固守立场》，载王亚权总编纂：《蒋夫人言论集》（上集），第109页。

④ 《复美国圣路易某君书》，载《蒋夫人言论汇编》编辑委员会编辑：《蒋夫人言论汇编》（卷四），第57页。

⑤ 《复美国圣路易某君书》，载《蒋夫人言论汇编》编辑委员会编辑：《蒋夫人言论汇编》（卷四），第58页。

除了“天降的横祸”以外，宋美龄对日军在陆地上犯下的各种灭绝人性的罪行也进行了揭露：“京沪一带原是世界有数的人口密集之处，如今已万突无烟，村市为墟了。日本飞机先尽量加以扫荡，所余剩的壮年男子再由陆军来作根本的肃清，妇人和小孩也没有例外的被杀戮，还有无数女子被他们奸淫侮辱。南京有数万人民，或被他们个别枪毙，或被他们系累成列，用机枪扫射。其他各城市也都如此，所以凡属日军所到之处，都有极度的摧残与死亡。”[①] 而日军制造各种“有计划的暴戾”，除了为打击中国至屈膝以外，还有一层更阴险的意图，就是为占领中国后能够顺利移民做准备。宋美龄写道：“日本的军阀首领公然声言，战争结束之后，将把日军的家属移居中国。那些足供移殖的富饶区域，早给他们用大规模的屠杀与恐怖的威胁肃清了原有的居民。”[②]

日军除了用鲜血来涂染中国土地以外，还有计划地摧毁中国所有的文化教育机关：“天津南开大学，河北女师及河北工业学院，既毁于炮火，日人尚不满足，还加了石油，把残余也烧成了灰烬。上海沪江大学，毁于日本重炮和空军的弹雨，吴淞同济大学则荡然不存，南京中央大学、南昌保灵女校，也遭到日本飞机的轰炸。此外，南通美国教会医院、真如红十字会医院，以及其他若干红十字会的救护处所，更遭到故意的轰炸。”[③] “敌骑所至，许多宏大的大学以及现代式的各种学校，尽成灰烬。后方其他的黉舍，也尽成了敌机轰炸的目标。这种广泛的、有计划的摧毁教育机关，无疑地表示了敌人野蛮的企图，欲使中国教育残破不全，数年内不能恢复。”[④] 以避免这些机关“培养抗日势力”，“阻碍他

---

① 《复纽西兰某君书》，载《蒋夫人言论汇编》编辑委员会编辑：《蒋夫人言论汇编》（卷四），第55 页。

② 《复美国魏斯里某博士书》，载《蒋夫人言论汇编》编辑委员会编辑：《蒋夫人言论汇编》（卷四），第 64 页。

③ 《告美国民众》，载《蒋夫人言论汇编》编辑委员会编辑：《蒋夫人言论汇编》（卷三），第 8 页。

④ 《向雪黎国际妇女大会致辞》，载《蒋夫人言论汇编》编辑委员会编辑：《蒋夫人言论汇编》（卷三），第 16 页。

们统治中国的企图”。[①] 与此同时，日军还要“把壮丁歼灭，把许多小孩带走，强迫灌输以奴化教育”[②]。

除了日军对中国人灭绝人性的肉体消灭暴行以外，宋美龄还把日军盗窃中国财物以进一步扩大战事的丑恶行径一并揭发出来：“除了绝无人道的恶行之外，同时还盗窃我们大批财物。凡是认为有价值的东西，尤其是金属品，都收集了装运到日本去。铁的东西，从门上铰链、渔船的铁锚，一直到大小工厂的机器为止，都把牠连根拔起，拿去制成武器，再来屠杀中国的人民。这就是说，在不久的将来，更有数十万非战斗员的工商平民将遭到故意的歼灭。”[③]

被日本侵略者炸毁的南开大学校舍

① 《电美国同学》，载《蒋夫人言论汇编》编辑委员会编辑：《蒋夫人言论汇编》（卷四），第68页。

② 《致澳洲妇女和平大会电》，载《蒋夫人言论汇编》编辑委员会编辑：《蒋夫人言论汇编》（卷四），第90页。

③ 《致澳洲妇女和平大会电》，载《蒋夫人言论汇编》编辑委员会编辑：《蒋夫人言论汇编》（卷四），第90页。

（2）揭露日军有计划的侵略步骤和野心

宋美龄对日本侵华的步骤和最后的野心进行了详细的描述："国民政府很久已完全明瞭［了］日本军阀疯狂地作侵略准备的动机，他们久已计划着牺牲了中国，建立一个大陆帝国。"① 宋美龄娓娓道来，向世人展现了日本是如何一步步地实现其侵华计划，又将如何计划控制世界。最初，日本军阀和他们的走狗进行着一贯的政策："用大批的鸦片和毒物，尽量输入我国，想消沉我国人民的志气，并使他们的身体萎靡孱弱，不能捍卫国家，日后一朝有事，因为道德和精神的堕落，就易于收买，用为间谍，以便利他们的行动，日本军阀手段的卑劣可怕，就可见一斑。"② 经过了毒化的工序后，他们又利用汉奸"制造所谓'自治'区域来破坏中央政府的主权，这种'自治'区，都有日本'顾问'占据着重要地位，日后就可以直接掌揽大权。他们认清了发动战争的好机会，就制成'意外事件'以遮掩世界的目光，俾达到调遣大批军队到中国，占领中国领土的目的"③。

然而，占领中国只不过是日本实现扩张野心的第一步。"他们确信很容易地可以征服我们的国家，奴役我们的人民。他们想利用我们的天然资源以遂其拓土开疆的欲望，并且借了我们勤苦大众的劳力，把天然资源变成精劲武备，不仅统治整个中国，并且还要统治全世界。"④ 日本的目标是到相当时期，"排除一切西方文化的和商务的势力"，"建立一个扰乱世界的大陆日本帝国"。⑤"倘日本军阀征服中国，谁都不能断言他们野心的军阀第二步将作何行动。牺牲了中华民族建立大陆帝国，只是田中奏折的初步计

① 《复澳洲雪黎某夫人书》，载《蒋夫人言论汇编》编辑委员会编辑：《蒋夫人言论汇编》（卷四），第 44 页。

② 《中国妇女的战时职责》，载王亚权总编纂：《蒋夫人言论集》（下集），第 1525 页。

③ 《战争与中国女性》，载王亚权总编纂：《蒋夫人言论集》（上集），第 101 页。

④ 《复澳洲雪黎某夫人书》，载《蒋夫人言论汇编》编辑委员会编辑：《蒋夫人言论汇编》（卷四），第 44—45 页。

⑤ 《告美国民众》，载《蒋夫人言论汇编》编辑委员会编辑：《蒋夫人言论汇编》（卷四），第 10 页。

划。日本最后的目标，是征服亚洲，统治世界。”① “日本有了这无限的资源和庞大的土地，那真可以所向无敌，在政治与经济双方面控制世界了。”②

（3）揭露日本对国内和国际社会的欺骗行径

正如宋美龄第一次对美国公众进行播讲时所说：“日本的军阀，不但欺骗本国人民，并且还欺骗全世界，他们寻觅了各种藉口，来掩饰他们预定的阴谋。”③ 此后，她逐步地把日本对其国内人民和国际社会的各种欺骗伎俩一一揭露在世人面前。

对于日本军国主义者对国内的欺骗，宋美龄写道：“他们是故意毁灭日本的最大市场，而蒙蔽着她国内人民，什么都不使他们知道。一切的无线电与报纸，都经检查，他们只告诉人民，中国侮辱日本，反抗日本，并且威胁在华日侨的生命。”④ 所以，宋美龄断言：“倘使日本人民明瞭［了］在中国进行的真相……日本军阀就无法继续战争，更不必说实现他们残忍的野心了。”⑤

宋美龄揭露日本在中国制造假象欺骗国际社会：“现在他们正在作这种努力，准备着他们实际操握政权的步骤，收买失意军阀政客，借他们的名字来倡导所谓‘自治’运动，日本却对外宣称这种运动是出于人民的公意。”⑥

宋美龄向西方世界阐明，日本利用了中国国内的政治军事纷争，并蓄意破坏中国的国际信誉，进而打出“保障东亚和平”的幌子，来掩护其侵略和扩张的野心。宋美龄写道：“好几年前他们就着手蒙蔽列强，游说列强，使大家相信日本是进步的国家，不必列强的辅助，就近解决远东一切问题是她神圣的使命。因为当

---

① 《复美国马萨诸塞某女士书》，载《蒋夫人言论汇编》编辑委员会编辑：《蒋夫人言论汇编》（卷四），第52页。

② 《战争与中国女性》，载王亚权总编纂：《蒋夫人言论集》（上集），第103页。

③ 《告美国民众》，载《蒋夫人言论汇编》编辑委员会编辑：《蒋夫人言论汇编》（卷四），第7页。

④ 《中国固守立场》，载王亚权总编纂：《蒋夫人言论集》（上集），第111页。

⑤ 《中国固守立场》，载王亚权总编纂：《蒋夫人言论集》（上集），第111页。

⑥ 《战争与中国女性》，载王亚权总编纂：《蒋夫人言论集》（上集），第101页。

时中国的局势，表面上似乎永难安定，他们就借此作为口实。说服列强，要列强承认日本可以自由处理中国这方面的事情。中国革命后的动荡纠纷，给了他们推进这种企图的一个绝好机会。袁世凯死后军队的分裂，使他们得以暗中活动，挑拨离间，造成军阀们互不相容的局面。他们一面狡计百出，多方策动，一面以财政或其他的供应，助长军阀政客的野心，把中国搅扰得永不安定，驯至濒于十分危殆的境地。

"于是天然资源的开发，商务的进行，有时弄得非常困难，外人的投资也无从鼓励，而外国商人往往认为中国永难进行有法律保障、利益优厚的事业，还不如关了大门到别处去的好，这当然是日本军阀求之不得的。凡足以促成建立秩序的事情，他们莫不千方百计予以破坏。他们希冀外籍商人的失望灰心，能滋蔓开来，影响各国的外交界厌弃中国，由于这种不可忍耐的心理，谁都不问中国的事情，让中国堕落下去，承认日本有特权来处置我们。这种情形发展得非常顺利。"①

台儿庄大捷之后，日本的弱点暴露得越来越多，但其仍想方设法蒙骗西方各国和本国人民，使他们完全相信日本战无不胜的神话，而西方各国对此仍然不觉，宋美龄感到有必要向西方国家揭穿日本的战绩谎言："世界似乎畏惧日本。这是日本军阀虚张声势的结果。她不曾在战争中真正献过身手，可是第一等列强都受她愚弄，承认了她自高身价的夸言，即在一・二八淞沪之役，军事观察家就觉得日本集中了现代武器的威力，而表演的成绩，却非常可怜。"②"外籍军事观察家，报告他们的政府，从日本的军事动作以及应用现代武器等等方面看来，她的地位，决不能排列在三四等国以上。她不但实力薄弱，还常常用造谣手段以自全颜面，更流露了她的弱点。他们多数的报告完全与事实相反，并且谣言

① 《复澳洲雪黎某夫人书》，载《蒋夫人言论汇编》编辑委员会编辑：《蒋夫人言论汇编》（卷四），第 45—46 页。

② 《复美国纽约某博士书》，载《蒋夫人言论汇编》编辑委员会编辑：《蒋夫人言论汇编》（卷四），第 92 页。

造得非常幼稚可笑。即如台儿庄惨败，日本军阀仍夸言大胜，说中国军队慑于他们的威力，狼狈溃退。关于空军的报导，更加谬妄可笑了。像最近一次空袭，日方声言，在空中，在场上，一共击毁了四十五架中国飞机，他们的飞机则安然回防，其实那里所有的飞机一共不过二十多架，空战时，日方被我击落了六架，我们的损失比他们少。有一晚，六架重轰炸机飞到汉口空袭，在机场上空发现了我们三架升空迎击的驱逐机，就仓皇逃遁，在机场外一英里之处胡乱投弹，死伤了几名农夫，而他们却向世界宣传，说我们的飞机场受损甚重云云。”① “日本真像学校里欺凌弱小同学的学生一样，只会虚张声势，表面上觉得十分可怕，可是一旦弱小同学反抗起来，大家就会意外地发现他原是不中用的东西。”②

2. 中国人的哲学态度——传递中国抗战到底的决心

1937 年，上海市中心开始遭到日本轰炸，陈纳德曾问正陷于悲愤之中的宋美龄：中国准备怎么办？宋美龄“拭去眼泪，把头一仰，慨然答道：‘我们要打’”③。这一镜头永远印在陈纳德的心中，甚至形成他对整个中国的印象。宋美龄很快把这种印象向全世界传递，1937 年 9 月 12 日，她通过无线电波向大洋彼岸的美国民众发表了演讲：“我们历年来负着懦怯恶名，埋头苦干的中国人，将尽我们力之所至，抵抗到底。我们将奋斗到最后的胜利，或最后的惨败。纵使大好河山，悠远历史，都涂染了鲜红的血液，或毁灭在猛烈的火焰之中，亦所不惜。”④ 从此数年，她不断向全世界传达着中国必会坚持抗战、坚守责任的信息。

当中国抗战进行四个月时，美国和其他西方国家的沉默和退缩使宋美龄倍感失望，但她从上海抗战的成功中又收获了信心：“夫人言上海各国司令，甚称我军撤退计划之成功，尤敬叹我留孤

---

① 《复美国纽约某博士书》，载《蒋夫人言论汇编》编辑委员会编辑：《蒋夫人言论汇编》（卷四），第 93 页。

② 《复伦敦某君书》，载《蒋夫人言论汇编》编辑委员会编辑：《蒋夫人言论汇编》（卷四），第 101 页。

③ ［美］陈纳德著：《我与中国》，第 39 页。

④ 《告美国民众》，载王亚权总编纂：《蒋夫人言论集》（下集），第 972 页。

军于闸北奋斗之英勇敢死精神，而英国司令且为之声泪俱下，敬仰我军不置云。”① 上海抗战中，中国军队的英勇表现给宋美龄留下了深刻印象，使她的言论也充满了信心。她写道：“我们没有眼泪，没有伤感。中国应付国家灾难和个人祸患的哲学态度，只有埋头苦干。”② “我们缺少高度爆炸力的弹药，我们用勇气来补充它。然后一般皮相的观察家都认为十分惊异而很难了解的：在过去十一个星期以来，我们淞沪线上的士兵，为什么他们血肉之躯，能够抵当［挡］那种猛烈的炸弹与炮火呢？至于华北军备更逊的省防军，受到重炮、飞机、坦克及各种机械化部队集中火力的袭击，而仍能相当抵抗，更无怪外国人要引为意外之事了！”③ “从前大家以为中国人缺少战斗力，没有坚苦精神的观念，现在可以修正了。”④

上海失陷后，当日本向全世界叫嚷着“胜利”而世界大部分人也都认为日本已征服三分之一中国的时候⑤，宋美龄并不气馁，她仍然坚持宣扬中国人的胆略和勇气：“我们的战士，每一名都是英雄，用他们的勇气与耐心作实力不平衡的抵抗。”⑥ 我们“每一个国民，都准备流最后一滴血，以保卫我国的最后一寸土地”⑦。

1938 年最初的几个月中，经历了丧失南京的败绩之后，中国战绩虽然乏善可陈，但宋美龄仍然以为民族自尊而战向外传递中国的抗战决心：“日本军阀以为中国人民经此第一步的屠杀之后，就会不惜任何代价向之屈膝求和。如今事实证明，日本军阀的估

---

① 黄自进、潘光哲编：《蒋中正“总统”五记：爱记》，第 162 页。

② 《战争与中国女性》，载王亚权总编纂：《蒋夫人言论集》（上集），第 97 页。

③ 《复澳洲雪黎某夫人书》，载《蒋夫人言论汇编》编辑委员会编辑：《蒋夫人言论汇编》（卷四），第 49 页。

④ 《复澳洲雪黎某夫人书》，载《蒋夫人言论汇编》编辑委员会编辑：《蒋夫人言论汇编》（卷四），第 49 页。

⑤ 参见《复伦敦某君书》，载《蒋夫人言论汇编》编辑委员会编辑：《蒋夫人言论汇编》（卷四），第 100 页。

⑥ 《复美国马萨诸塞某女士书》，载《蒋夫人言论汇编》编辑委员会编辑：《蒋夫人言论汇编》（卷四），第 52 页。

⑦ 《复美国马萨诸塞某女士书》，载《蒋夫人言论汇编》编辑委员会编辑：《蒋夫人言论汇编》（卷四），第 52 页。

计错误得多么厉害。我们虽武器简陋，准备不足，我们已不能再容忍日本军阀可怕的暴行了……我们决心抵抗，我们像任何自尊的民族那样，决心保卫我们的大好河山……我们为了我们的国家、我们的家园、我们的尊荣、我们民族的生存，将尽可能地抗战下去。"①

1938 年 4 月，台儿庄大捷使全中国人都非常振奋，宋美龄更是为中国取得的这一胜利感到自豪。四五月间，宋美龄对外发出函电的数量明显急骤增多，甚至有些上一年 10 月就该回复而没有回复的国外函电，也在台儿庄大捷后回复了。显而易见，这是因为台儿庄大捷为宋美龄的对外宣传提供了足资称道的素材，她要抓住这个时机更好地把中国人的不屈精神传递出去，打破日本的"不败神话"。"过去九个月来更有许多可惊事实，引起了军事观察家的兴味。不仅中国军队能在淞沪战线坚守数月之久，就在大家认为中国军队已遭败绩之后，可是鲁南一役，就歼灭了敌人两个精锐师团，并在山西境内，使十万敌军失去活动能力。"② "日本军阀夸言一个日兵足抵中国十名战士，现经事实证明，日兵最怕跟我们的兵士肉搏。反之，中国军队并无现代配备来保护他们，知道肉搏时正可以尽量利用他们的刺刀或大刀，所以都勇气

1938 年台儿庄大捷后，李宗仁在台儿庄火车站留影

① 《复加拿大安剔厘阿某君书》，载《蒋夫人言论汇编》编辑委员会编辑：《蒋夫人言论汇编》（卷四），第 71 页。

② 《复美国纽约某博士书》，载《蒋夫人言论汇编》编辑委员会编辑：《蒋夫人言论汇编》（卷四），第 92 页。

百倍，得能克敌致［制］胜。”①

她对日本即将开始新一轮报复行动不曾有丝毫怀疑，但对中国会坚持抗战到底则充满信心：“我们知道日本在各战场分派了六十万大军之后，还会增援，带着相当精锐的配备，企图复仇，企图击溃我军。我们无疑将受到不少困难，但决不中途放弃抗战。我们一向丝毫没有存过放弃的念头。”②“值得我们兴奋的是：军队和人民都同样有高度的奋勇精神。全国处处都流露着坚定的决心，非把敌人完全打败，或到我们实在无可退步的时候，决不停止抗战。”③“我们确信，最后胜利一定属于我们的。”④

当然，一次胜利带来的喜悦是短暂的，“我们竭力警戒人民，不要相信战事结束就在目前，不要以为驱除敌人是容易的工作。我们告诉人民，此次战争是持久而艰辛的”，对这种宣传，国人的“反应甚佳”。⑤中国人更现实地看待着战争的继续，宋美龄也从中感受到了不同，并把它进一步放大宣传：“受难同胞都表示出一种忍受命运的哲学，谁都不发怨言，甚至平时生活优裕，此次家产全部荡尽，变成了孑然一身的人们，也泰然自若，无所怨艾。”“从前还有一部份［分］人不赞成长期抗战，如今一个也没有了。论天性，中国人谁都不喜欢战争的，但日本军阀的侵略告诉大家，与其做他们的奴隶，不如死亡。”⑥

宋美龄也指出，中国还有很多不可抗拒的因素，阻碍她独立赢得这场战争。宋美龄让世人明了，中国完全是被动地被拉进了

① 《复美国马萨诸塞某女士书》，载《蒋夫人言论汇编》编辑委员会编辑：《蒋夫人言论汇编》（卷四），第 94 页。

② 《复伦敦某君书》，载《蒋夫人言论汇编》编辑委员会编辑：《蒋夫人言论汇编》（卷四），第 102 页。

③ 《复纽约牡蛎湾某夫人书》，载《蒋夫人言论汇编》编辑委员会编辑：《蒋夫人言论汇编》（卷四），第 107 页。

④ 《复纽约牡蛎湾某夫人书》，载《蒋夫人言论汇编》编辑委员会编辑：《蒋夫人言论汇编》（卷四），第 109 页。

⑤ 《复英国伦敦某君书》，载《蒋夫人言论汇编》编辑委员会编辑：《蒋夫人言论汇编》（卷四），第133 页。

⑥ 《复纽约牡蛎湾某夫人书》，载《蒋夫人言论汇编》编辑委员会编辑：《蒋夫人言论汇编》（卷四），第 108 页。

这场战争，而国家的实力则远远不能胜任这场残酷的战争。宋美龄对一些外人不能理解中国之处作了说明和解释，比如对日本在上海的轰炸为什么中国空军没有抵抗："中国空军的历史，还不到五年，最初又因为缺乏驾驭这新式武器的经验，而空费了许多岁月。"① 比如外国人看不明白既然英勇抵抗了，为什么中国的防线会一退再退："当我们的血肉之躯，因为军械逊色，不能忍受敌人大量消耗猛烈爆炸物的时候，我们有时就撤退，可是并没有战败。"②

1938 年 5 月以后，日军果真采取了更大规模的报复行动，他们步步进逼，中国军队则节节溃退，宋美龄以"赤手抗战"③ 来形容中国的情形，并向外界作出了解释："我们的策略是尽可能地固守着重要阵地，必要时相机撤退，以避免敌人击溃我们主力的企图。"④ "当我们移动阵地时，不必为我们失望，因为这是战略关系，是对抗敌人精劲武器的唯一办法。我们愈向内地迁移，敌人财力人力的损失也将愈大。假定军火来源不受阻碍，我们确信可以长期抗战下去的。"⑤ 这里虽然说的是实情，但并非全部。有另一层实情，宋美龄是不会说出来的，那就是国民政府的军队在战役和战斗当中往往因为彼此钩心斗角，缺乏默契配合，使战斗难以形成合力，贻误战机，最终不得不放弃原有的阵地。另外，国民政府的"片面抗战"路线，也是其抗战难以取得成效的主要原因。

不管怎样，国人的抗战决心是坚不可摧的，宋美龄从国人应对战祸的态度中悟出了某种新的、更加深刻的精神内涵："我并且

---

① 《中国固守立场》，载王亚权总编纂：《蒋夫人言论集》（上集），第 105 页。

② 《给美国的妇女们》，载《蒋夫人言论汇编》编辑委员会编辑：《蒋夫人言论汇编》（卷四），第 79 页。

③ 《中国的现在过去与将来》，载《蒋夫人言论汇编》编辑委员会编辑：《蒋夫人言论汇编》（卷四），第 168 页。

④ 《致美国魏斯里母校书》，载《蒋夫人言论汇编》编辑委员会编辑：《蒋夫人言论汇编》（卷四），第 169 页。

⑤ 《复美国纽约某女士书》，载《蒋夫人言论汇编》编辑委员会编辑：《蒋夫人言论汇编》（卷四），第 178 页。

希望，我们这次的流血牺牲，结果不会白费，由此可以获得国家的灵魂，成为国际间地位崇高的一个自尊而被人尊重的国家。”① “死亡与毁灭如此之大，我们只能祝祷着，侵［浸］染了我国大地的鲜血，不至于白流，中国虽如此普遍地被烧成了焦土，可是这并不足使她一蹶不振，渐渐地挣脱了苦难，在灰烬中将挺生出新的民族生命来，发扬成一个完美的国家。”②

宋美龄开始把这种新的民族精神称作“国魂”③，她欣喜地向外界宣告：“更有一桩极有意义的现象，或许可以说是最重要的现象，那就是我们确已找到了国家的灵魂……有了这种正在发扬的新精神，我们的前途就得了最可靠的倚傍，到相当时期，这种精神就可以成熟，而普及于全国。”④ 宋美龄一方面不遗余力地提醒世人重新认识中国人这种“奋发昂扬”的民族新精神，另一方面也把这种民族新精神作为她下一阶段激励国人的最重要的思想主题。

也许是有这种民族精神的激励，当日本在台儿庄大捷后采取报复行动时，宋美龄在 1938 年 5 月份的几份函电中，表现出更强烈的对于中国自强自立的坚决态度。她这样说：“出乎世界各国的意料，我们抗战到现在，已支持了十个月，在九个月的临了，还击溃了日本两个精锐师团。东京把这件事看作军事史上最大耻辱。于是充满了愤怒，增遣大批援军前来，用无限的火力集中着攻击我们。但我们仍将尽力继续抵抗下去，一天能获得武器，就一天不停止抗战，各民主国家即使不帮助我们，我们也要战到筋疲力尽，获得了最后胜利方肯罢休。我可断言，我们若失败，将连累

---

① 《复加拿大多伦多某君书》，载《蒋夫人言论汇编》编辑委员会编辑：《蒋夫人言论汇编》（卷四），第 116 页。

② 《致美国纽约某夫人书》，载《蒋夫人言论汇编》编辑委员会编辑：《蒋夫人言论汇编》（卷四），第 118 页。

③ 《复美国乔治亚州某夫人书》，载《蒋夫人言论汇编》编辑委员会编辑：《蒋夫人言论汇编》（卷四），第 120 页。

④ 《中国的现在过去与未来》，载《蒋夫人言论汇编》编辑委员会编辑：《蒋夫人言论汇编》（卷四），第 142—143 页。

世界各国，引起他们严重的不安，那是无可避免的。”①

3. 统一与民主——引导西方重新认识中国

如同战前一样，宋美龄在全面抗战开始之后，依然设法增进西方国家对中国正面的、积极的认识，这样做的目的，用她自己的话来说就是：“我们还得使前进的国家信任我们，知道我们的意向。”②

对于中国正经历的这场战争，宋美龄反复强调中国所处的正义地位，“中国现在的战争，不只是两个国家的战争，而是正义与恶势力的争斗，民主主义与最残酷的暴力的争斗。我们更因为确实相信我们的战争，是为正义而牺牲，所以我们的抵抗筑成了坚强的精神堡垒”③，这自然是保证中国能够抗战到底的不竭精神动力。在数份函电中，宋美龄详细地描述了中国在战前正在从事的“新生活运动”和国民经济建设运动，并且坚信通过这些运动，使战前国人的精神面貌已经发生了重大变化：“人民开始发现了他们掌握着一种伟大的舆论力量，公意的适宜运用得了很大的收获，人民舆论所造成的团结与统一，比了武力所成就的更巩固，更有力量。”④ 在团结和统一的基础上，中国“其他各项的改进都分头着手，我们把全国的力量完全集中在推进建设工作上面，于是就无暇顾及武装准备，以应付像这次日本海陆空军加于我们的惨酷侵略”⑤。所以，“最近几年来，当日本聚精汇［会］神地扩张军力，以备突然侵凌中国的时候，我们正竭力在改善内政，希望能早日完成统一，提高一般民众的生活水准，使他们能直接享受到

---

① 《复美国纽约某女士书》，载《蒋夫人言论汇编》编辑委员会编辑：《蒋夫人言论汇编》（卷四），第125页。

② 《中国的现在过去与将来》，载《蒋夫人言论汇编》编辑委员会编辑：《蒋夫人言论汇编》（卷四），第149页。

③ 《美国基督教女青年会全国大会广播词》，载《蒋夫人言论汇编》编辑委员会编辑：《蒋夫人言论汇编》（卷三），第26页。

④ 《复澳洲雪黎某夫人书》，载《蒋夫人言论汇编》编辑委员会编辑：《蒋夫人言论汇编》（卷四），第48页。

⑤ 《复澳洲雪黎某夫人书》，载《蒋夫人言论汇编》编辑委员会编辑：《蒋夫人言论汇编》（卷四），第48页。

进步的福利”[1]。

作为一种舆论宣传，宋美龄刻意地对外界传递中国“全国得到了空前的统一”[2] 的信息，把中国的现实处处都描述成一派团结合作的景象，并声称“我们已发现了团结统一的力量”[3]。宋美龄在一份函电中集中表达了她对中国过去、现在和将来的看法：“我自己觉得，国内许多已觉醒的人们，至少我们的领袖人物，他们已了解永远团结和国家统一的价值，并且流露了许多有希望的表征。”在她看来，“过去的十个月来，中国有了许多惊人的新现象，其中最显著的，党派的争执已退居于国家利益之次，并且只要大家有决心，不久就可把党派之争，完全忘记掉”[4]。宋美龄之所以这样讲，不仅是在向国外作宣传，也许更是她发自内心的真诚希望，她希望中国从此能消弭内讧，真正走向以蒋介石为核心的团结统一。

当然，宋美龄在此仍坚持了以往对外宣传的特点，故意避实就虚，选择最能收取西方人心的公意觉醒、团结统一等情况来进行宣传，尽管有些夸大，但通过对中国已取得的“进步”的描述，正好可以反衬日本侵华的不义，这的确不失为争取西方国家同情的有效宣传手段。在当时的情况下，以此来提振西方国家对中国的信心的做法是完全正确的，而且是必要的。团结合作自然是当时中国的主流，但肯定不像宋美龄描述的那样乐观，对于这一点，她自己也曾表示：“我也许没有看得完全清楚。”[5]

她在一篇对国内妇女领袖们的讲话中更明确地表达了她对国

---

① 《复澳洲雪黎某夫人书》，载《蒋夫人言论汇编》编辑委员会编辑：《蒋夫人言论汇编》（卷四），第 44 页。

② 《复美国马萨诸塞某女士书》，载《蒋夫人言论汇编》编辑委员会编辑：《蒋夫人言论汇编》（卷四），第 52 页。

③ 《美国基督教女青年会全国大会广播词》，载《蒋夫人言论汇编》编辑委员会编辑：《蒋夫人言论汇编》（卷三），第 25 页。

④ 《中国的现在过去与将来》，载《蒋夫人言论汇编》编辑委员会编辑：《蒋夫人言论汇编》（卷四），第 142 页。

⑤ 《中国的现在过去与将来》，载《蒋夫人言论汇编》编辑委员会编辑：《蒋夫人言论汇编》（卷四），第 142 页。

内团结合作的认识：“有许多外国人这样问我：‘中日战争结束以后，中国仍是团结统一呢？或将发生分裂呢？要是内部还是发生分裂的话，这对于中国的未来命运又有怎样的影响呢？’我这样回答他们：‘中国现在确是团结起来了，统一起来了，这次日本帝国主义不宣而战的侵略，使全国人民饱受痛苦和困顿，要是这些痛苦和困顿还不能够教训中国人，觉悟到协力同心的必要性和重大性，那么，中国就只配亡国，永远不会再有希望了。’”①由此可以看出，她对中国的真正统一抱着一种真诚的态度，她把促成国内的团结统一视为当时中国的“第一件要事”，认为这是由国家利益高于一切所决定的。② 然而，这当然只是宋美龄的一厢情愿，当 1941 年初皖南事变发生时，宋美龄作何感想，我们不得而知，但她此后对国内的团结与统一就少有论及了。

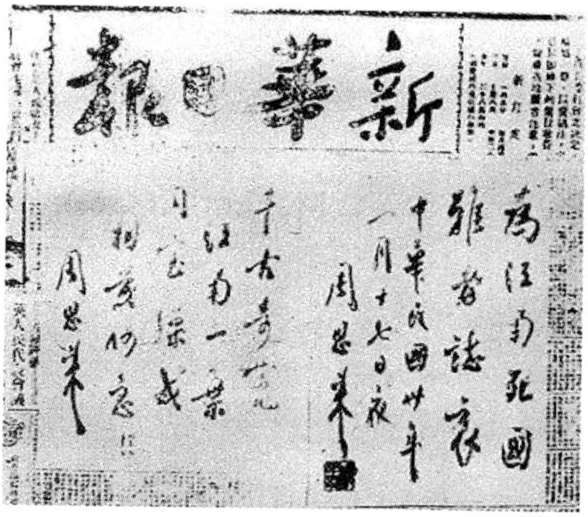

皖南事变后，《新华日报》刊登周恩来的亲笔题词

在大谈特谈统一问题的同时，宋美龄在第一次世界大战时期曾经有过的政治认识——“我们的政府真正应该做的（以我愚见）是真心实意地推行民主，因为我们已经把自己的命运与那些公开宣称反对专制独裁的国家紧紧联系起来了”③ ——在此时也派上了用场，必须让西方国家把中国看作是同类，而非异类，民主的立场是必不可少的。宋美龄向西方介绍了中国的民主发展历程：“我

① 《妇女谈话会演讲词》，载《蒋夫人言论汇编》编辑委员会编辑：《蒋夫人言论汇编》（卷二），第16 页。

② 参见《妇女谈话会演讲词》，载《蒋夫人言论汇编》编辑委员会编辑：《蒋夫人言论汇编》（卷二），第16 页。

③ 《宋美龄写给艾玛的信》（1918 年 3 月 6 日），载《宋美龄文集》（未刊稿），南京大学中华民国史研究中心藏。

们帮助我民众原有的民主潜意识复活起来。在日本军阀开始向我侵略之前，我们正在训导民众，采用议会制度，实行宪政，希望他们可以享受全部公民的权利，以及言论、行动、发表意见的一切自由。我们的目的，实希望中国像最前进的民主国家一样，在立法的机构中，最少数的一方面能像最多数一方面一样，享受自由与保护。”①

对于未来，宋美龄曾向西方世界描绘了一幅完整的蓝图。未来中国政治上将走向民主建国之途：“炸弹不仅摧残了我们的生命与建设，并且还动摇了我们国家机构的每一根纤维，所以到着手复兴的机会来临的时候，我们就得急急抓住它，按着缔造成伟大国家的计划，勇往迈进，使将来世界上进步民主国家的和平集团里，我们也成为尊荣的一员。我国的人民，在精神上、气质上，天生爱好民主主义，所以，我理想的目标，也是趋向于民主主义的。如果我们得救，我们就有机会成为一个有组织的大民主国家。”但她也不忘提醒说：“这当然要看民主主义是否能救援它自己而定。”② 她还以中国特色的孔子“德政”主张来表达对中国未来建立良好的文官制度的设想。③

对于未来中国经济的发展宋美龄大胆地提出了一种设想：“我希望能采取一种有计划的经济策略，非常切实，非常可靠，给我们人民一种尊荣而正当的机会，以达到国家繁荣和自身幸福的目的。”④

宋美龄关于战后中国经济发展方面的设想包含了许多想当然的东西，比如，她谈到如何来避免西方国家经济发展的弊端时说：“我希望，中国不要把机器节省人工，作为第一要义。人工所不能

---

① 《美国基督教女青年会全国大会广播词》，载《蒋夫人言论汇编》编辑委员会编辑：《蒋夫人言论汇编》（卷三），第 25 页。

② 《中国的现在过去与将来》，载《蒋夫人言论汇编》编辑委员会编辑：《蒋夫人言论汇编》（卷四），第 136 页。

③ 参见《中国的现在过去与将来》，载《蒋夫人言论汇编》编辑委员会编辑：《蒋夫人言论汇编》（卷四），第 154—155 页。

④ 《中国的现在过去与将来》，载《蒋夫人言论汇编》编辑委员会编辑：《蒋夫人言论汇编》（卷四），第 151 页。

做的，当然要用机器来代替，可是应当以此作为限度。中国不能允许机器与工人搏斗的现象存在。因为那只有使工人吃亏。”“西洋各国无节制地将机器替代人工，因之生产过剩，发生了不良的结果，我们也知所警惕了。”① 同时，宋美龄也强烈地表达了反对资本家剥削的态度：“世界各国往往因工业发展而附带地产生了威胁和平的罢工罢市等恐慌的祸患，倘使中国也去重蹈他们的覆辙，那正是愚不可及了。”② 宋美龄关注到工人的利益，出发点是好的，但她显然还没有弄清楚到底该怎样解决大机器生产与工人利益之间的关系。

又比如，宋美龄特别提到战后要尽量避免大工业过度发展的弊端：“我们苟能安然度过这次国难，有一件事情我们必得加以节制，就是不可用力于大工业的过度发展。这是财力不足时应有的节制。这样节制之后，就不致［至］于超过必要的发展大规模的工厂，我以为这是一种适当的计划。”③ 宋美龄在这里所说的“大工业”应该是指重工业，重工业的发展投入太大，她认为在中国国力不足的情况下不能过度发展，听起来虽然很有道理，但这种设想却忽略了重工业发展对一个落后国家的重要性。换言之，想要中国摆脱这种落后挨打的命运，重工业的支撑是必不可少的。宋美龄在抗战时期就已经在思索中国的未来，这是难能可贵的，但对于经济发展问题，她显然是生疏的，对于这个复杂的问题，必须面对各种艰难的选择，在当时的情况下，她不可能有充分的思想准备，她的很多设想都显得主观意味很浓，认识不够深入。

尽管如此，她还是给西方展示了一个光明的前景：“我个人相信，当机会来时，我们重行开始经济建设的结果，也能作一些具

---

① 《中国的现在过去与将来》，载《蒋夫人言论汇编》编辑委员会编辑：《蒋夫人言论汇编》（卷四），第 151 页。

② 《中国的现在过去与将来》，载《蒋夫人言论汇编》编辑委员会编辑：《蒋夫人言论汇编》（卷四），第 151 页。

③ 《中国的现在过去与将来》，载《蒋夫人言论汇编》编辑委员会编辑：《蒋夫人言论汇编》（卷四），第 151—152 页。

体的贡献来解决全世界的经济问题。”[①] “我们正在考虑当机会来时，（或许将经过一个相当长久的时期）怎样凭了与国际生产和消费者积极合作的目标，开发我们的资源。”[②] “不论遭到哪一种意外，我们决定按着现代的路线，采取适应我们环境和需要的方法，利用外国资本，开发我们的资源。”[③] 她甚至向西方国家保证中国能够给世界提供机会均等的原料供给，“若使世界的纠纷，根本为了原料缺乏，那么让我们来开一个方便之门，在互利的基础上，允许各国购买我们所能供给的原料，大家有均等机会，并不让任何一国占到特殊的优惠”[④]。

宋美龄还对西方“民主各国”所持“以为这次我们倘能战胜，将不利于他们”的“错误观念”进行了批驳：“最近，蒋委员长曾向一位外国访问者谈到这问题。他断然地驳斥这种观念，他说，战争结束之后，我们需要化［花］费三十至五十年的时间来建设我们的国家，若使可能的话，至少到一百年后方能和任何国家竞争。他并且说，外国的生产品，尤其是机械、工具以及各种各样的工业品，正是以后数十年中，中国最需要的东西，外国的投资，也永远欢迎的。放任日本军阀征服中国，才是对西方人民的一个极大打击，也就是他们最应该担心的事情。”[⑤] 她还明确表示：我们“千万不能损害了别国人民所有的权益，并且我们还得拿事实来证明，我们并没有这种企图”。她认为对外贸易和外国投资将会给中国带来好处。[⑥] 在这个问题上，宋美龄显然是希望以此种低姿

① 《中国的现在过去与将来》，载《蒋夫人言论汇编》编辑委员会编辑：《蒋夫人言论汇编》（卷四），第 152 页。

② 《中国的现在过去与将来》，载《蒋夫人言论汇编》编辑委员会编辑：《蒋夫人言论汇编》（卷四），第 152—153 页。

③ 《中国的现在过去与将来》，载《蒋夫人言论汇编》编辑委员会编辑：《蒋夫人言论汇编》（卷四），第 153 页。

④ 《中国的现在过去与将来》，载《蒋夫人言论汇编》编辑委员会编辑：《蒋夫人言论汇编》（卷四），第 154 页。

⑤ 《中国的现在过去与将来》，载《蒋夫人言论汇编》编辑委员会编辑：《蒋夫人言论汇编》（卷四），第 150 页。

⑥ 参见《中国的现在过去与将来》，载《蒋夫人言论汇编》编辑委员会编辑：《蒋夫人言论汇编》（卷四），第 150 页。

态来使西方人对这个问题彻底放心，以争取有利于中国的国际环境。

对于未来中国社会的发展，宋美龄集中地阐述了“新生活运动”在除旧布新中的作用和意义，视之为“一条民族更生的出路”①。她认为，在“新生活运动”的感召下，“我觉得我们整个国家，正像一只有力的螺丝钉，积极挺进。所有的人民都奋发了起来，准备以最大的努力来贡献国家”②。她还特别强调妇女的作用将得到更好地发挥，“她们在社会服务方面的努力，已有相当力量，并且还表演了惊人的才智”，妇女势力的增长“对于中国的将来，也有极大关系”。③

从这幅未来蓝图当中，宋美龄传递的显然是一种信心——中国对自己的未来是有计划的，只要渡过这次战争难关，中国将会给世界带来惊喜！

4. 不义与正义——对西方国家的失望与希望

宋美龄对当时国际形势的认识可用两个划分来体现。首先，是法西斯主义与民主主义的划分。在美国国内反对参战的呼声高涨，特别是九国公约会议无果而终之后，宋美龄对西方所谓“民主国家”“进步国家”所感受到的失望已经到了前所未有的程度，她认为：“国际的政治情态真是使人寒心。目下在比京举行的远东会议，不过反应［映］出了各参与国的软弱与畏葸。世界各国显已分成了法西斯主义和民主主义的两大壁垒；后者的冷淡因循，似乎准备前者来征服这个世界。”④ 她批评西方国家“目睹了侵略者的暴行，惶惑得无所措手，甚至目瞪口呆，疲软乏力，并且忘记了互相合作的责任，忘记了他们应该对践踏公法，实行恐怖野

---

① 《中国的现在过去与将来》，载《蒋夫人言论汇编》编辑委员会编辑：《蒋夫人言论汇编》（卷四），第156页。

② 《中国的现在过去与将来》，载《蒋夫人言论汇编》编辑委员会编辑：《蒋夫人言论汇编》（卷四），第161页。

③ 《中国的现在过去与将来》，载《蒋夫人言论汇编》编辑委员会编辑：《蒋夫人言论汇编》（卷四），第161页。

④ 《复美国马萨诸塞某女士书》，载《蒋夫人言论汇编》编辑委员会编辑：《蒋夫人言论汇编》（卷四），第51页。

蛮主义的罪人，加以实际的谴责与惩戒”[①]。宋美龄用事实对西方国家所表现出来的软弱进行揭露：“他们产业受到损害，也不过一纸空文，提出抗议，等到日本‘道歉’之后，也就息事宁人，满意接受。”[②] 甚至连英大使遭到日本飞机轰炸[③]、美国军舰被日本炸沉、英国军舰被炸伤[④]这种极端事件，也没有引起西方国家的警觉和反抗，宋美龄不禁感叹：西方国家“连保护他们自己的利益都没有做到”[⑤]。她认为，西方国家各民主政府之所以一直不肯采取实际有效的措施来制止日本的暴行，最主要的原因是他们“畏惮日本”，“仍惑于日本军阀有胜无败的夸言，就向日本的意旨低头”[⑥]。

其次，是西方国家的政府与人民的划分和对照。在寻求外援的过程中，宋美龄越来越清楚地发现“民主各国政府与人民的态度完全不同”的事实。[⑦] 在1937年11月至1938年1月间，她反复地批评西方国家对日本侵华负有纵容责任，她说：“日本军阀在占领东三省的时候，证明了无须用宣战方法已足以达到目的了。于是墨索里尼接着就蔑弃世界公意宰割了阿比西尼亚（即埃塞俄比亚——引者注）。世界仍没有断然维护条约的表示，这无异于促使日本军阀不妨再行一试，中国也就遭到了这历史所未有的可怕屠

---

① 《复美国魏斯里某博士书》，载《蒋夫人言论汇编》编辑委员会编辑：《蒋夫人言论汇编》（卷四），第62页。

② 《复纽西兰某君书》，载《蒋夫人言论汇编》编辑委员会编辑：《蒋夫人言论汇编》（卷四），第55页。

③ 参见《告美国民众》，载《蒋夫人言论汇编》编辑委员会编辑：《蒋夫人言论汇编》（卷三），第8页。

④ 参见《敌机暴行竟及美舰，巴纳号炸沉！》，《大公报》1937年12月14日，第2版；［美］巴巴拉·塔奇曼著：《史迪威与美国在华经验》（上册），第248页。

⑤ 《中国的现在过去与将来》，载《蒋夫人言论汇编》编辑委员会编辑：《蒋夫人言论汇编》（卷四），第138页。

⑥ 《中国的现在过去与将来》，载《蒋夫人言论汇编》编辑委员会编辑：《蒋夫人言论汇编》（卷四），第139页。

⑦ 参见《复美国纽约某女士书》，载《蒋夫人言论汇编》编辑委员会编辑：《蒋夫人言论汇编》（卷四），第126页。

杀。”[①] “世界各国除了波及他们本国产业的时候才表示一时的关切之外，目睹着这种无匹暴行，至今仍漠然无动于中［衷］。”[②] 而对于中国来说最可怕的是“英美不愿出售或运输她所需要的一切，以及帮助她把东西运进国内”[③]。宋美龄警告西方世界：“倘使我们不能获得精良的军火以配备我们的军队，失败或许是可能的。然而这失败，将不是日本军阀独立所造成的结果，列强在中国必要时，中国努力护卫避免战祸的协定及公法的时候，原有帮助中国的条约义务，他们不能履行这种义务，也就负了大部份［分］的责任。”[④]

1938年2月，当宋美龄看到西方民间友好人士对中国的诚恳支持和慰问，已与西方国家政府的态度形成了鲜明的对照时，更使她对西方国家感到失望：“民主各国显著的冷漠，与日本军阀可怕的暴行，同样足以惊人……我们知道民主国家的人民，不愿政府冷漠，正在尽其所能，对中国的国难表示同情。我们从世界的各方面收到许多信件，还有许多人为我们举行祷告，但是各国的政府，似乎已吓得一无办法了。”[⑤] 宋美龄很直率地向当时在澳大利亚悉尼召开的国际妇女大会发出呼吁：“假使我们仍是一颗冷漠的心，或是个人的欲求太强，或是倾向于阻力最小的途径，循着从前的覆辙，用一串美丽的辞令来点缀一次复一次的集会，绝少进行实际工作——那末，让我们忏悔，这并不是救援世界的途径……让我们来开始一种国际的新生活运动。”“你们大组织中的每位会员，希望每天能分出一些光阴来从事国际危机的挽救。为

---

① 《复纽西兰某君书》，载《蒋夫人言论汇编》编辑委员会编辑：《蒋夫人言论汇编》（卷四），第54页。

② 《复纽西兰某君书》，载《蒋夫人言论汇编》编辑委员会编辑：《蒋夫人言论汇编》（卷四），第55页。

③ 《复纽西兰某君书》，载《蒋夫人言论汇编》编辑委员会编辑：《蒋夫人言论汇编》（卷四），第55页。

④ 《复美国圣路易某君书》，载《蒋夫人言论汇编》编辑委员会编辑：《蒋夫人言论汇编》（卷四），第61页。

⑤ 《复美国魏斯里某博士书》，载《蒋夫人言论汇编》编辑委员会编辑：《蒋夫人言论汇编》（卷四），第64—65页。

了扭转这转变中的世界，请你们每天自省一下，你们可以在哪一方面干着最有效的工作。”① 宋美龄所指的这些有效工作，即是“要断截侵略国家军需和经济的来源”，“使之与世隔绝，孤立无援”，“凡是有流到侵略者口袋里可能的，我们连一个小钱都不要化用”。②

然而，又是两个月过去了，1938年4月，中国虽然取得了台儿庄大捷，但西方国家却丝毫没有改变的迹象，令宋美龄感到十分痛心。她向在澳大利亚召开的妇女和平大会发去的致意电函中表示：“政治家风度的破产已无可掩饰了，我们在他们阴沉的姿态上，已找不到一些光明希望。”③ 她向与会代表发出了措辞尖刻而严厉的呼吁：“这是各文明国人民的义务，要下一个决心，自动的干些实际工作，减少或断绝日本军阀继续侵略中国的权力和机会，并且还希望妇女的呼声能响遏云霄，觉醒举世的政治家，纠正他们像传染病似的精神麻木和道德堕落。我请求全世界的女性，喊出绝不犹豫的正义呼声来，救援我们无辜的人民和保障我国未来的安全。”④ 直到今天，我们仍能从宋美龄当时犀利的质问和毫不客气的断言中感受到她的愤怒和失望：“中国，她能不能问一声，是不是已经受定了别人故意的欺骗呢？她数万万困苦的人民，从一向认为正直、光荣、

抗战中的宋美龄

① 《向雪黎国际妇女大会致辞》，载《蒋夫人言论汇编》编辑委员会编辑：《蒋夫人言论汇编》（卷三），第18页。

② 《向雪黎国际妇女大会致辞》，载《蒋夫人言论汇编》编辑委员会编辑：《蒋夫人言论汇编》（卷三），第19页。

③ 《致澳洲妇女和平大会电》，载《蒋夫人言论汇编》编辑委员会编辑：《蒋夫人言论汇编》（卷四），第89页。

④ 《致澳洲妇女和平大会电》，载《蒋夫人言论汇编》编辑委员会编辑：《蒋夫人言论汇编》（卷四），第89页。

义侠者那里，是不是一些东西都希冀不到呢？我们中国的妇女，中华民族和中国文化的子孙，身受了各种的苦难和牺牲，从那些所谓国际条约和人类正义的保育者那里，果真连经济的援助也不能得到吗？若是这样，那末这世界仍只是强权胜过一切的世界，侈谈未来和平是多余的。"[①] 一个弱小却刚强的女斗士形象在这里展现得淋漓尽致。

时隔不久，宋美龄向美国基督教女青年会全国大会发表了广播演说，同样以坚强有力的声音呼吁她们"超过'坐而言'的范围之外"[②] 行动起来，并警示她们思考"对于中国境内发展着的悲剧，怎样影响美国和世界"的问题，她说："我现在只希望，你们费着许多时间在讨论领袖、宗教及民主主义等问题的时候，一方面完成你们准备着的任务，一方面不要忘记欲保证美国和其他各国未来的和平，不可忽略了关于道德的一方面。"[③] 这次广播演说由汉口转播美国全国各电台[④]，美国任何一个角落都能够听到这发自中国的呼声。

在对民主国家政府和某些组织"坐而论道"，却不给中国提供实质性援助进行谴责的同时，宋美龄始终对真诚帮助中国的国际友人给予充分的肯定和诚挚的感谢："这许多人愿意帮助我们的好意，我们决不能辜负的，并且应当深深感谢他们。这种切实的同情，实在是一种最正确的国际反应，使我们虽在形式上受民主政府和集权政府一一的遗弃，在精神上还能得到若干慰藉。"[⑤]

在中国、日本和以美国为首的西方国家三者间，宋美龄清晰

---

① 《致澳洲妇女和平大会电》，载《蒋夫人言论汇编》编辑委员会编辑：《蒋夫人言论汇编》（卷四），第 90—91 页。

② 《美国基督教女青年会全国大会广播词》，载《蒋夫人言论汇编》编辑委员会编辑：《蒋夫人言论汇编》（卷三），第 22 页。

③ 《美国基督教女青年会全国大会广播词》，载《蒋夫人言论汇编》编辑委员会编辑：《蒋夫人言论汇编》（卷三），第 26 页。

④ 参见《我为维持正义和平向暴敌抗战到底》，《中央日报》1938 年 4 月 30 日，第 3 版。

⑤ 《中国的现在过去与将来》，载《蒋夫人言论汇编》编辑委员会编辑：《蒋夫人言论汇编》（卷四），第 139 页。

地描绘出各自的形象和彼此的关系。“中国信仰条约力量，公法有效，因此却做了牺牲。日本破坏条约，占领东三省，民主各国毫无具体表示，连警告日本……的表示都没有。”[①] 中国因相信国际公约和西方国家会维护国际公约的承诺，所以惨遭日本的侵略；日本则因为看明白“虚张声势就足以吓倒民主各国”[②]，才胆敢对中国为所欲为；而西方国家虽然明知自己负有维护国际公约之责，却因对中国没有信心，而又忌惮日本的强势，不愿卷入战争，所以，名为中立，实则变相地纵容和支持日本对中国的侵略。事实再明了不过，“民主各国不能维护条约，不能制裁日本破坏条约的罪恶，遂使中国做了牺牲”[③]。宋美龄对此似乎只能在无奈中宣泄心中的愤怒：“我们虽有东三省事件的经验，但仍旧信仰着条约尊严的存在。我们不信日本军阀敢破坏条约以求一逞，同时也不相信列强诸国会容许日本军阀自去年七月以来驱使毫无纪律的兽军，向我们作极度的摧残。”[④] 她尤其不能忍受有些西方人甚至把中国人在这场战祸中所受到的伤害看作是顺理成章的事情，她抗议道：“我觉得美国及其他各处的若干人民，都把这种野蛮暴行，看作现代战争一部分应有的现象，真是非常可痛心的。这种原始时代的复活，在这所谓文明进化的今日，在我看来，简直是不能相信为事实。”[⑤]

虽然坚信中国会坚持抗战到底，但在抗战的头两年，在结局不能预测的情况下，宋美龄的对外言论除了表示中国将坚决抗战到底的决心外，还表达了一种不排除中国可能战败的凄凉心境。

---

① 《复加拿大安剔厘阿某君书》，载《蒋夫人言论汇编》编辑委员会编辑：《蒋夫人言论汇编》（卷四），第 70 页。

② 《复美国魏斯里某博士书》，载《蒋夫人言论汇编》编辑委员会编辑：《蒋夫人言论汇编》（卷四），第 66 页。

③ 《致伦敦某君书》，载《蒋夫人言论汇编》编辑委员会编辑：《蒋夫人言论汇编》（卷四），第 115 页。

④ 《复澳洲雪黎某夫人书》，载《蒋夫人言论汇编》编辑委员会编辑：《蒋夫人言论汇编》（卷四），第 48 页。

⑤ 《复美国纽约某博士书》，载《蒋夫人言论汇编》编辑委员会编辑：《蒋夫人言论汇编》（卷四），第 95 页。

这是一种无奈的心情，主要缘于西方国家坐视不救的态度："我们苟不幸失败，这不是我们的耻辱，是那些有条约责任而不能维护条约者的耻辱。"① 她反复强调："我们不希望别的国家替我们作战，我们所要求的是正义、是帮助，使我们的自卫抗敌得以顺利进行。"② 她殷切期待："我希望民主各国作实际援助的时候，快要来到了。"③

宋美龄不断警告西方世界，日本的野心绝不会满足于中国的领土。"日本统制了中国及东三省的经济资源，她就可以无求于人了。然而日本帝国的建立者，决不以得到中国便认为完全满足的。从中国海岸远出澳洲附近，正有许多物产丰富以及军事上重要的区域。再并吞了这许多资源，利用了廉价的人工，日本所预期的大帝国就可成立，并且绝对可以自足自给了。"④ "日本计划意欲获得北自白令海峡南至中国整个的领土，然后再向南洋扩展。"⑤ "若使日本飞机轰炸我国城市可以不受制裁，就没有理由不相信他们的军队，日后不向夏威夷推进，建立了空军的根据，那里与加里福尼亚相距咫尺，谁能保证她不来侵犯贵国的领土。如果美国不予日本以制裁，不以经济封锁来惩罚她的侵略，反而按照了她的定［订］单，供应军需物品，那么她野心的计划，或许在最短期间，就能实现。"⑥ "日本如果掌握了北至白令海的大陆（而且这是非常可能的），整个太平洋就在她控制之中，离加拿大也就没有多少距离了。飞机的利用，既如此进步，中国如今所受到的惨

---

① 《复加拿大多伦多某博士书》，载《蒋夫人言论汇编》编辑委员会编辑：《蒋夫人言论汇编》（卷四），第 106 页。

② 《复加拿大多伦多某君书》（1938 年 4 月 23 日），载《蒋夫人言论汇编》编辑委员会编辑：《蒋夫人言论汇编》（卷四），第 111 页。

③ 《复加拿大某华侨团体秘书函》（1938 年 5 月 3 日），载《蒋夫人言论汇编》编辑委员会编辑：《蒋夫人言论汇编》（卷四），第 128 页。

④ 《战争与中国女性》，载王亚权总编纂：《蒋夫人言论集》（上集），第 103 页。

⑤ 《复澳洲雪黎某夫人书》，载《蒋夫人言论汇编》编辑委员会编辑：《蒋夫人言论汇编》（卷四），第 44—45 页。

⑥ 《复美国马萨诸塞某女士书》，载《蒋夫人言论汇编》编辑委员会编辑：《蒋夫人言论汇编》（卷四），第 52—53 页。

［残］酷轰炸，将来北美的人民也决难避免罢。”①

宋美龄频频地发出警告的背后无非是要让西方国家明白，中国不仅是在为自己的生存而战，而且更主要的是在为支持世界文明而战！② 这种看似有扩大战争恐怖嫌疑的宣传虽然被一些西方人讥讽③，但对引起更大多数的西方人的关注和警惕还是发挥了一定作用。“中国在人们的心目中形成了一种被理想化了的形象。蒋介石委员长夫妇被《时代》杂志选为‘1937 年夫妇’，他俩的照片刊登在该杂志的封面上。照片上的他俩阴郁而清高地凝视着前方，表情严肃而从容、勇敢而真诚。”④ 越来越多的西方有识之士开始正视中日之间的这场战争。

蒋介石和宋美龄登上 1938 年 1 月 3 日《时代》的封面

除了对西方国家的批评和失望以外，宋美龄也客观地分析了西方国家不愿挺身而出的原因：“他们的诫惧不是没有理由的，他们的态度若过分明朗，或许就要用枪炮来保卫他们的言词。他们

① 《复加拿大多伦多某君书》，载《蒋夫人言论汇编》编辑委员会编辑：《蒋夫人言论汇编》（卷四），第 111 页。

② 参见《复加拿大安剔厘阿某君书》，载《蒋夫人言论汇编》编辑委员会编辑：《蒋夫人言论汇编》（卷四），第 72 页。

③ 史迪威就曾挖苦说：“蒋介石扯着嗓子高喊：‘我们是在为全世界战斗，看在基督的份儿上，进行干预吧！’”参见［美］巴巴拉·塔奇曼著：《史迪威与美国在华经验》（上册），第 239 页。

④ ［美］巴巴拉·塔奇曼著：《史迪威与美国在华经验》（上册），第 261 页。

实际上不愿战争，若使战争不可避免的要来，他们愿作应付的准备。”①

即使如此，她仍然认为西方国家应该在中日战争问题上采取一些实际的行动。所以，她在不同时期，为西方国家提出在她看来可行的行动方案。比如，1937 年 11 月，九国公约会议归于失败后，宋美龄向西方国家提出从经济上制裁日本的方案：“只要抵制日货，停止日本与外界的运输，就足以缩短战争，而消除目前威胁整个人类文明的危机。”② “与日本断绝各种经济关系，足以使日本的人民唤醒军阀们意欲毁灭整个中国的迷梦。”③ “只有用集体的行动，至少用经济的集体行动，才能防止自由与正义的民主理想的崩溃”，我们希望“凡是同情中国，和中国人民友善的列强，一致采取集体的经济行动，使日本军阀不得不放弃他们征服中国的谬妄企图”。④

两个月过去了，仍然丝毫看不到西方国家有从经济上制裁日本的迹象，而战争已进入第二个年头。1938 年 1 月，宋美龄又提出新的想法：“中国并不希望英美代表她作战。她觉得英美倘能硬朗地向日本军阀有所表示，战争是不难终止的。此刻只要在金融方面跟日本绝交，我们不相信日本军阀敢冒险向英美挑战。若干财政上的压迫，已足使日本国民陷于非常的困难。”⑤ 2 月，宋美龄开始提议西方国家“个别或集体地，明朗表示他们的态度，不要模棱两可”，以至少“使日本军阀不敢作不人道的举动”。⑥ 然

---

① 《中国的现在过去与将来》，载《蒋夫人言论汇编》编辑委员会编辑：《蒋夫人言论汇编》（卷四），第 138 页。

② 《复美国马萨诸塞某女士书》，载《蒋夫人言论汇编》编辑委员会编辑：《蒋夫人言论汇编》（卷四），第 53 页。

③ 《复美国犹地州盐湖城某女士书》，载《蒋夫人言论汇编》编辑委员会编辑：《蒋夫人言论汇编》（卷四），第 75 页。

④ 《复美国的妇女们》，载《蒋夫人言论汇编》编辑委员会编辑：《蒋夫人言论汇编》（卷四），第 77、79 页。

⑤ 《复纽西兰某君书》，载《蒋夫人言论汇编》编辑委员会编辑：《蒋夫人言论汇编》（卷四），第 55—56 页。

⑥ 《复美国魏斯里某博士书》，载《蒋夫人言论汇编》编辑委员会编辑：《蒋夫人言论汇编》（卷四），第 66 页。

而，西方国家仍然保持沉默。

4 月，中国方面获得台儿庄大捷，大增国人的士气，宋美龄开始奉劝西方国家不必“化［花］费了巨量金钱，扩充军备”[①]，提出只要在外交上不承认日本是头等强国，以打击日本的锐气的方案：“要日本国民明了实情，列强只要不承认日本是头等强国，贬下她的国格就成，这是唯一的办法。在国体尊严方面，给她打击，比了任何危及和平的方法来得迅速有效。”[②]“宣布日本不配做第一等强国以贬损她的威望，足以使日本人民觉悟对华行动的错误。”[③]在 1938 年上半年的对外言论中，宋美龄始终强调一点：中国并不希求西方国家能为中国作战，中国对各民治主义国家之人民的所求只在于希望他们“实际上证明此次恢复野蛮主义之不宣而战的战事，将不能令人忍受，审慎考察日本所处之地位，及其行动，并确维持彼等所自承之信念及道德上之原则”[④]。可是，西方国家仍然没有任何行动的迹象。

1938 年 6 月 1 日的一封关于难童问题的函电，可视为宋美龄在战争第一阶段对外争取的最后尝试。此时，她对西方国家的政府已失望至极，不再提及任何政治与经济上制裁日本的要求，而是把希望降至人道主义援助的层面：“战区扩大，难民与难童的问题也愈趋严重。因此，也因为友邦在战事方面不能直接帮助我们，所以希望他们能帮助我们这种人道方面的工作，以免无数难民，委诸沟壑。”[⑤] 如果连这最基本的道义上的援助都不能做到的话，她的确没有什么可以再向西方申求了。“她从不擅长于祈求，凡是她认为属于正义的事情，她便提出要求。她常常认为，与其象

---

① 《复美国纽约某女士书》，载《蒋夫人言论汇编》编辑委员会编辑：《蒋夫人言论汇编》（卷四），第 124 页。

② 《复加拿大多伦多某君书》，载《蒋夫人言论汇编》编辑委员会编辑：《蒋夫人言论汇编》（卷四），第 110 页。

③ 《复美国纽约某女士书》，载《蒋夫人言论汇编》编辑委员会编辑：《蒋夫人言论汇编》（卷四），第 124 页。

④ 《蒋夫人在英报发表日寇侵华论文》，《中央日报》1938 年 5 月 3 日，第 3 版。

⑤ 《复美国纽约某女士书》，载《蒋夫人言论汇编》编辑委员会编辑：《蒋夫人言论汇编》（卷四），第 178—179 页。

[像] 一个喋喋不休的鼓动家那样使用执拗的字眼，还不如什么也不说。"① 于是，此后半年多的时间里，不仅中国战局始终处于低迷状态，宋美龄对外也沉寂下来，也许她想以保持沉默来表达对西方国家的失望和愤慨。②

综观宋美龄在全面抗战爆发后一年中的对外宣传，可以感受到她的这样几种情绪：首先是骄傲。虽然祖国惨遭外敌入侵，而国力又难能与强敌对抗，迫切需要外援来支持，但宋美龄在对外宣传中始终保持着一种尊严，保持着一颗不卑不亢的心，她为自己的祖国能够经受住这样一场战争的洗礼感到骄傲，更为整个中华民族能够形成团结一致抗战到底的决心和中国的抗战将惠及世界而感到骄傲。她自豪地写道："整个的中国文化、中国哲学、中国人民生活的姿态，一向以来完全趋向于和平的，而与其他国家、其他民族的关系，也永远遵循着友好的途径，所以许多年来人家都以为她是一个怯懦的国家。可是今天，似乎唯有中国还有胆略抵抗着日本军阀精劲机械化军队的屠杀。"③ 她希望"一切自尊的民族，尊重我们的英勇抗战"④。她坚信："我们的奋斗将不致白费，使世界蒙其幸福。"⑤

其次是悲愤。对于一个早已确立了西方价值观念的中国人来说，宋美龄对西方的了解要远胜于蒋介石，然而也正因为如此，她对西方国家对待中国遭受日本侵略时所表现出来的冷漠和自私更觉失望。这种失望溢于言表，使她的言辞更加入木三分，更直

---

① [美] 埃米莉·哈恩著：《宋氏家族——父女·婚姻·家庭》，第 284 页。

② 宋美龄的沉默也不排除有国民政府内部斗争的因素。端纳在回忆时谈道：宋美龄积极地对外宣传，"但是，各民主国家没有最终介入，使 [国民] 政府中的反动派得到了他们所要的把柄。倾向德、意的压力越来越大。当西方对中国的求援保持沉默时，是很难还击他们的论点的。最后发展到了禁止蒋夫人写出或通过广播说出中国是同民主国家结盟的"。参见 [美] 泽勒著：《神秘顾问端纳在中国》，第 403 页。

③ 《复美国马萨诸塞某女士书》，载《蒋夫人言论汇编》编辑委员会编辑：《蒋夫人言论汇编》(卷四)，第 51 页。

④ 《复加拿大安剔厘阿某君书》，载《蒋夫人言论汇编》编辑委员会编辑：《蒋夫人言论汇编》(卷四)，第 71 页。

⑤ 《复加拿大多伦多某君书》，载《蒋夫人言论汇编》编辑委员会编辑：《蒋夫人言论汇编》(卷四)，第 87 页。

截了当："我们虽然了解民主各国的政府，为什么认为人民不容许他们对日采取明朗举动，可是我们不明白为什么包括一切不人道行为的不宣而战的教训，不能使他们觉悟，皇皇大国的政府，仍旧如醉如梦，袖手旁观。"① 宋美龄悲愤地感叹道："民主主义的列强，在日本军阀的恣睢跋扈之前，似乎已变成疲软无能了。"②

最后是冷静。面对国民被外敌蹂躏和杀戮、国土遭到敌人的侵占，宋美龄虽然愤怒至极，却仍然能冷静地思考问题。在敌人频频得手时，她从未表现出气馁；在敌人遭受失败时，她也不会盲目乐观。在对外争取援助时，她不卑躬屈膝；在战争进行激烈的时候，她仍能冷静地思考中国或中华民族将如何从这场战争中获得新生；当列强以麻木态度对待中国的吁求时，她不仅能对中国的复兴和重建保持信心，并在计划中考虑如何避免西方资本主义发展道路的弊端，还能清楚地阐明中国未来要成为受人尊重的国际强国则必须在战后实行更彻底的改革等问题。作为中国的第一夫人，此时的宋美龄无疑又向政治家的方向迈进了一大步——她不仅以自身政治上的成长来应对国难，更以此来带领西方国家重新认识中国。这在当时的环境下，的确是十分可贵的。

客观而论，宋美龄对西方长达一年的宣传还是发挥了积极作用的。"各种联盟和团体，俱乐部和宗教团体，政府办公室和世界各地的宣传机构，都会收到有蒋夫人签字的充满信心的话，或者是经过小心巧妙处理的对继续向日本出售武器的指责。"③

西方的舆论中也不断出现力挺中国的言论。如英国的《伯明翰邮报》在社论中充分肯定了中国的战绩："中国兵士此次战绩之坚实，为前所未有，并随战事之继续而进步，而中国之领袖人才，亦较此前更为敏捷，且不妄自尊大，总之，中国今日实为第

---

① 《复加拿大安剔厘阿某君书》，载《蒋夫人言论汇编》编辑委员会编辑：《蒋夫人言论汇编》（卷四），第 71 页。

② 《致澳洲妇女和平大会》，载《蒋夫人言论汇编》编辑委员会编辑：《蒋夫人言论汇编》（卷四），第 88 页。

③ ［美］泽勒著：《神秘顾问端纳在中国》，第 393 页。

一次真正全国统一矣。”该报还向全国各界发出救济中国的吁请。[①]

美国助理国务卿帮办赛尔（也称绥尔）也在一次国际法律协会年宴的演说中大声疾呼美国政府放弃孤立政策。他说：“美国必须使全世界知悉美决不姑息、屈服国际无法纪之威力，野蛮的残暴，现方威胁欧洲与亚洲，当……无法纪之威力作祟时，若姑息而无对付之行动，其害即等于助纣为虐，而与善为敌也。”他还指出：“如战争乃为保卫生命与正义而战，则不战之害更甚于战。”他主张美国实行国际合作的外交政策。[②] 赛尔的谈话被美国外交界人士解读为“此举用意重在测验美国舆论如何反应”，“一俟全国舆论明了之后，国务院即可获一宝贵的指示，而美国政府今后在外交上当如何有所举动，亦即以此为转移”。[③] 这反映出美国政府的孤立主义政策已处在松动的边缘。

美国的“正义会”还给宋美龄寄来《告中国民众书》，鼓励中国抗战到底，争取自由：“你们现在正为生存与自由而斗争，我们美国民众，抱着无限的同情，不管政府采取什么态度，我们美国民众十分之九和你们站在一条战线上，反对你们的敌人……你们的斗争也就是我们的斗争。”[④] 这些言论和举动从侧面反映出宋美龄的对外宣传获得了相当的成功。

1938 年下半年，宋美龄虽然不再像前一阶段那样致力于对外宣传，但她在 1936—1938 年间的主要言论已经编纂成册并出版发行，即《战前与战后的言论集》（又译为《蒋介石夫人在战争及和平时文电》）。该言论集是 1938 年在武汉出版，而且是以罕见的英文线装书的方式出版的。可见，其主要目的仍是对外宣传抗战。

---

① 参见《蒋夫人在英报发表日寇侵华论文》，《中央日报》1938 年 5 月 3 日，第 3 版。

② 《美国务院帮办主张放弃孤立政策》，《中央日报》1938 年 5 月 3 日，第 3 版。

③ 《美国反侵略政策用意在测验国内舆论 外交动向将依此转移》，《中央日报》1938 年 6 月 9 日，第 3 版。

④ 《美正义会寄蒋夫人告中国民众书》，《中央日报》1938 年 6 月 23 日，第 3 版。

此书被誉为“远东最有价值的新书”[1]，在海内外引起广泛影响，博得好评：“这本书把中国人民要求抗战到底的决心广播给全世界，并且透露出新中国的曙光。”[2] 而宋美龄本人也被誉为“实为改变历史面目之有数妇女中之一员”[3]。由于该书影响较大，第二版移至国外出版发行[4]，宋美龄实际上仍然间接地在对外宣传中继续发挥着作用。特别是她要求西方国家从经济上制裁日本的目的虽然没有实现，但西方国家民间已经行动起来抵制日货，并已初见成效。美国的民间组织自发地号召国民抵制日货，“抵制一切日本丝，救济我们的友邦中华民国”，“给日本和其同盟国一个教训”等，他们显然已经接受了中国的观点，并赞扬中国“为人类最伟大的目标——自由独立——而团结

1938 年在武汉出版的宋美龄英文版言论集

① 黄养熙译：《远东最有价值的新书》，《中央日报》1938 年 11 月 14 日，第 4 版。张素我（张治中将军的长女）在回忆中提到，宋美龄曾赠送给她一本英文版的《蒋介石夫人在战争及和平时文电》，并在扉页赠言落款中写有“二十七·九·十五”字样。参见张素我口述，周海滨整理：《我和宋美龄》，《书屋》2010 年第 12 期，第 41 页。该言论集后由美国的 HURST & BLACHETT，LTD. 出版（时间不详），在伦敦、纽约、墨尔本等地发行。参见 Madame Chiang Kai-Shek，*China in Peace and War*，HURST & BLACHETT，LTD。

② 子冈著：《蒋夫人印象记》，《妇女生活》1939 年第 11 期，第 25 页。

③ 《蒋夫人抗战言论集在英博得好评》，《中央日报》1938 年 11 月 16 日，第 2 版。

④ 参见黄养熙译：《远东最有价值的新书》，《中央日报》1938 年 11 月 14 日，第 4 版；《蒋夫人抗战言论集在英博得好评》，《中央日报》1938 年 11 月 16 日，第 2 版。

抗战，的确是全世界的好榜样”。[①] 据统计，1938 年日本对美的出口已减少三分之一[②]，1938 年上半年日本输出较 1937 年同期减少百分之二十一，7 月份的减少率已达百分之二十五，趋势不断增强。[③]

二、对内动员团结抗日

在加强对外联络与宣传的同时，宋美龄把更多的精力投入到加紧建设中国空军和迅速动员全国妇女行动起来做战时的准备和应对工作中。

（一）襄助空军建设

在加紧空军建设方面，因为有内战时期的经验，空军在现代战争中的决定性作用已经深入宋美龄的心中，再加之蒋介石的殷切希望和顾问端纳的有力支持，身为航空委员会秘书长的宋美龄积极投入到中国空军建设的艰巨事业中。

全面抗战爆发前夕，中国空军建设主要依靠与意大利的合作，但经过多年的筹备，情况仍然差强人意。当美国空军退役军官陈纳德被宋美龄亲下聘书聘请来中国时，他对当时中国空军的印象非常糟糕，他认为，由于意大利人的阴谋，中国空军建设一无所成。“中国航空委员会的离奇古怪的办事方法，也是意大利人定下来的。从来没有一架飞机因任何原因而在正式簿册上注销。有些飞机已经全毁、已经折毁或者竟完全是废物，可是仍列在飞机的簿册上，因此在纸上看来，空军的实力简直惊人。此外，还有一项典型的行径是，发起民众捐款购买飞机，用一个城市的名字来命名。结果开到献机大会中陈列的都是同一架飞机，只是机身上的城市名称时时改漆而已。至于买飞机的钱到哪里去了，那是谁也

---

① 《美国“中国之友会”致蒋夫人一封信：报告纽约抵制日货运动情形》，《中央日报》1939 年 1 月 11 日，第 3 版。

② 参见《美国“中国之友会”致蒋夫人一封信：报告纽约抵制日货运动情形》，《中央日报》1939 年 1 月 11 日，第 3 版。

③ 参见《各国抵制日货　日输出大减》，《中央日报》1939 年 1 月 11 日，第3 版。

不晓得的事。其结果是当中国抗战开始时，航空委员会簿册上登记的飞机有五百架，但是只有九十一架可用以作战。”① 这就是宋美龄接手空军建设时的情景。她虽然非常努力，还花了很大精力进行技术性的研究，但毕竟许多问题不是一个外行能马上就看出来的。陈纳德到中国后，在端纳的协助下，宋美龄和蒋介石很快就意识到陈纳德是一个值得信赖的、将对中国空军发挥重要影响的人。在陈纳德的协助下，宋美龄对空军一边整顿一边建设，投入积极的备战工作。

宋美龄和陈纳德

从蒋介石日记中，能清楚地看到宋美龄在建设空军过程中的努力。蒋介石在 1937 年 7 月至 8 月间的日记中常记有：“余妻筹备空军，协力谋国之尽诚，世无其匹也”；“吾妻主持空军之劳，如将来胜利，其功实不能没也”；“妻于空军之准备，诚所谓竭其心力，深信上帝必不负吾夫妻之苦心也”；“吾妻冒险巡视句容等机场，代余慰劳空军将士，可感也”。② 然而，宋美龄的竭诚投入并不能弥补中国空军的先天不足，抗战初期中国空军虽然取得了一些战果，却仍难免被动挨打的局面。

宋美龄当时所面对的问题远不只是飞机数量的问题。当日本开始轰炸上海的时候，她才发现所谓的中国空军根本连能够制订作战计划和组织作战任务的人都没有。陈纳德回忆道：“蒋夫人问我星期六可以做些什么。我建议用俯冲轰炸与高空轰炸，去袭击日本军舰。这些日舰正以重炮掩护其步兵作战。这时候，蒋夫人才忽然发现还没有一个中国空军军官知道如何计划及组织作战任务。于是她便请

① ［美］陈纳德著：《我与中国》，第 32 页。

② 黄自进、潘光哲编：《蒋中正“总统”五记：爱记》，第 159—160 页。

我担任。我便在毫无准备，而且对于双方实力，只具有空洞的知晓之下，担负起我的第一次计划作战的任务。”① 宋美龄竭尽全力来使空军能无后顾之忧地投入战斗，当日本每天出动一百架飞机来轰炸南京时，宋美龄却仍然冒着生命危险，多次到机场慰问那些舍身为国的空中战士，“这对于他们，实在是一服很好的兴奋剂。这种工作，虽然是非常伤脑筋的，可是蒋夫人则始终如一。她每次来总是替战士们预备热茶，倾听战士们讲述着出征经过”。有时，她还与指挥者一起守候着去上海执行夜袭任务的飞机。② 但因为前期训练不得法，飞机驾驶员的实际作战能力远远低于预期，使中国本已弱小的空军频频受挫，阵容也减少到不足12架战斗机。上海失陷后，中国空军亦因宋美龄巡视前方将士途中受了重伤而“似乎走到了尽头”③。与此同时，意大利方面也暴露出其破坏中国抗战的阴谋。就在中国被迫放弃长江流域之时，墨索里尼召回了他的空军顾问团，陈纳德认为德国是企图以此来逼迫中国向日本投降。④

宋美龄与陈纳德等美国飞行员在一起

---

① ［美］陈纳德著：《我与中国》，第39页。

② 参见［美］陈纳德著：《我与中国》，第49—50页。

③ ［美］陈纳德著：《我与中国》，第53页。由此可知，陈纳德把宋美龄与中国空军视为等同，可见当时宋美龄对中国空军的重要性。

④ 参见［美］陈纳德著：《我与中国》，第53页；［美］泽勒著：《神秘顾问端纳在中国》，第392页。

方方面面的打击并未使宋美龄气馁，她再三鼓励陈纳德要以美国的办法做模范，来振兴失败了的中国空军，并催促陈纳德暂时丢开实际的战争，要从最基础的战术训练工作开始重新培育中国空军。[①] 此时宋美龄提出从基础开始重新培育中国空军，实际上体现出她的远见，不但对抗日抱有坚决的态度，而且对抗战将是持久的、长期的战斗早已做好了心理准备。而这一时期的经验，也使宋美龄从中受益，她后来回忆说："这一时期之经验，使余更坚信指导政策，如能一本大公，而各级人员，又能认识一切赏罚，俱属分所应得，则任何服务之组织必能建立。"[②] 这也为随后宋美龄转入社会动员和妇女动员工作提供了经验和信心。

另外，很多人相信是基督信仰的缘故，宋美龄和蒋介石在运用空军方面始终采取一种抗击和防御的态度。当时中国虽然有一些性能很好的飞机，"如英国柏灵黑姆（Blenheim）式，和美国道格拉斯（Douglas）式，及波音（Boing）式的轰炸机，这些飞机可以携载一吨重的炸弹，飞往日本毁灭大阪、神户和其他日本工业中心，而仍然能平安地起航中国而返"[③]，但中国却从来没有采取过针对日本本土的实际惩罚措施。1938年5月20日夜，中国空军第一次远征日本九州各地[④]，但飞机上只载有传单，"没有投弹，也没有扫射日本的平民，更没有摧残他们的家室和事业，只是散放传单小册子，告诉日本国民，以日本军阀的暴行，唤醒他们被军阀欺□的理智"[⑤]，以此来警告日本：我们完全有能力对日本的本土实施报复行动，但我们没有这样做，希望日本民众能及早觉醒，影响日本政府停止对中国的暴行；也以此来告诉西方国家：

---

① 参见［美］陈纳德著：《我与中国》，第62页。

② 《在洛杉矶演说》，载《蒋夫人言论汇编》编辑委员会编辑：《蒋夫人言论汇编》（卷三），第126页。

③ Lady Drummond Hay：《蒋夫人与中国空军》，李世雄译，《半月文摘》1938年第1期，第23页。

④ 参见《空军初次远征日本 在九州各地散传单》，《大公报》1938年5月21日，第2版。

⑤ 蒋宋美龄著：《抗战建国中妇女之责任》，《新运导报》1938年第16期，第16页。

中国是被迫抗战的，是在为正义而斗争，中国并非和日本人民作战，而是在与侵略中国、无所不用其极地毁灭我们种族文化事业的日本侵略者作战。当然，用意虽好，但除了使西方国家得到些许有关中国的正义印象以外，对日本并没有达到任何预期效果。

宋美龄不拘一格地起用了陈纳德，后来的事实证明，她的确是慧眼识英雄，这位“对环境考验的克服能力是若干外籍顾问望尘莫及的”① 陈纳德将军，对中国的战时空军建设起到了至关重要的作用。宋美龄因对空军建设投入无量心血，并以真情浇灌她与空军队员之间的友谊，获得了空军队员的尊敬和爱戴，曾有一位飞虎队队员在日记中这样写道：“她是我们的荣誉队长（Honorary Commander），穿着完美得体的中国旗袍，显得雍容华贵而动人，有外交家的练达与迷人的气质。”② 1938 年 4 月，宋美龄把航空委员会的事务交给宋子文来打理。③ 1939 年 7 月，她又辞去了航空委

航空队成员向宋美龄赠送礼物

① 卓文义著：《蒋夫人宋美龄与中国空军》，载秦孝仪主编：《蒋夫人宋美龄女士与近代中国学术讨论集》，第 205 页。

② 卓文义著：《蒋夫人宋美龄与中国空军》，载秦孝仪主编：《蒋夫人宋美龄女士与近代中国学术讨论集》，第 204 页。

③ 参见《复美国纽约某博士书》，载《蒋夫人言论汇编》编辑委员会编辑：《蒋夫人言论汇编》（卷四），第 95 页。

员会秘书长一职，但她仍长期担任航空委员会委员，并始终关注着空军的发展。1942 年，在一次为刚刚从缅甸回来的美国飞虎队队员接风的宴会上，她对“荣誉队长”之称作出了热情的回应：“我想对于这个头衔，较我现有的任何其他头衔，更引以为荣，因为我知道各位非但是以躯体及技术来战斗，而是用你们的热心和精神来战斗。”① 抗战期间，在宋美龄的鼓舞和激励下，飞虎队缔造了击落与击毁日机 268 架、击伤 40 架的辉煌战绩。②

（二）动员抗日

有了前期“新生活运动”中的妇女指导委员会指导长身份和西安事变中舍身救夫义举的轰动效应之后，在 1937 年抗战全面爆发前，宋美龄在国内的政治地位已经达到了前所未有的一个新高度，成为全国妇女心目中的楷模。全面抗战爆发后，“夫唱妇随”，宋美龄以国家元首夫人的身份在动员妇女做好战时工作方面做了很多卓有成效的工作。领导妇女工作是宋美龄从事政治活动的主要方面，她在这方面的思想也是她政治生涯中思想历程的重要组成部分。

从全面抗战爆发到 1938 年五六月份，宋美龄的宣传主要集中针对国际社会，对国内的言论笔者可见的仅有十篇，即 1937 年 8 月 1 日妇女慰劳自卫抗战将士总会成立大会的致辞《告中国妇女》，1938 年 2 月发表的演讲《二十七年春节献辞》、3 月 18 日发表的《从艰苦中缔造崭新的民族》及随后发表的《谨为难童请命》、4 月 6 日在武汉基督教祈祷会上的演讲《告基督教教友》、5 月发表的《母亲节献辞》、5 月 20 日在庐山妇女座谈会上发表的《妇女谈话会演讲词》及大会结束时的讲话《抗战建国中妇女之责任》、6 月发表的《告全国女同胞书》、7 月抗战一周年时发表的《抗战一年来妇女界的贡献》。在这十篇文章中，除针对基督教教

---

① 《对飞虎队讲话》（1942 年 2 月 28 日），载王亚权总编纂：《蒋夫人言论集》（下集），第 1020 页。

② 参见卓文义著：《蒋夫人宋美龄与中国空军》，载秦孝仪主编：《蒋夫人宋美龄女士与近代中国学术讨论集》，第 205 页。

友一篇以外，其他九篇都是针对国内动员的，而且其中又以妇女动员为主。从数量上看，虽远逊于对外宣传的力度，但涵盖面还是很广，且对动员国内各界参与抗日发挥了很好的作用。

1. “抗日到底”

1937年8月1日，由宋美龄发起组织的妇女慰劳自卫抗战将士总会在南京励志社举行了成立大会，宋美龄以主席身份在成立大会上致开会辞。在讲话中，宋美龄首先打消之前各方民众对国民政府抗战决心的怀疑，她说：“我们政府态度，现在已经明白表示了，我们一定不要再迟疑，要勇往向前，用尽我们全副力量，来救国家的危亡。”① 她说：“我们与全国同志，只有绝对服从政府的命令，共同一致来求得民族最后胜利。”② “我知道各妇女团体已经开始组织，我们预备要做的工作，我希望我们大家能联合一起，成功一个大团体，使我们的力量更加雄厚，真的团结便是力量，前线将士的勇气，全靠后方的拥护。”③ 与此同时，她还激励全国妇女对抗战的信心：“我们永远不要忘记，应该时常牢牢记着，国家最后的胜利，无论延迟到哪一天，终久［究］会达到目的，我们一定能扫清重重叠叠堆在我们心头的日历的国耻。”④ 这是全面抗战后，宋美龄第一次面向国内公众的言论，产生了广泛的影响，几日内，上海、广州、汉口、归绥、镇江等地方的妇女组织都积极响应，相继成立了分会，并通电全国妇女界一致响应组织各省市分会。⑤ 而且，这种影响远播海外，美国报纸上就以“封面登载”了宋美龄发起中国妇女慰劳自卫抗战将士运动的消息，更有人盛赞“蒋夫人之勇敢，实为新中国准备团结抗敌之模范”⑥。

但此时的宋美龄，身兼多种工作——扩建空军、对外宣传、代表或跟随蒋介石到前方慰劳将士、接待各方来访者等，使她在

---

① 《蒋夫人开会词》，《中央日报》1937年8月2日，第3版。
② 《蒋夫人开会词》，《中央日报》1937年8月2日，第3版。
③ 《蒋夫人开会词》，《中央日报》1937年8月2日，第3版。
④ 《蒋夫人开会词》，《中央日报》1937年8月2日，第3版。
⑤ 参见《各地妇女响应蒋夫人主张》，《中央日报》1937年8月5日，第4版。
⑥ 《美各报深切注意蒋夫人慰劳运动》，《中央日报》1937年8月4日，第4版。

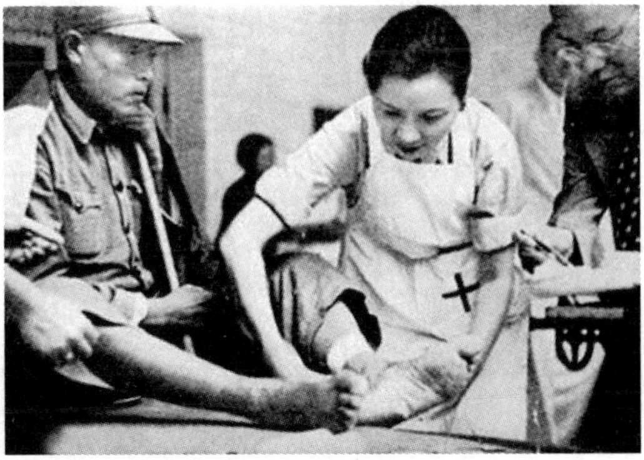
抗日战争中宋美龄为伤员包扎

妇女工作方面难以分身。1937 年 10 月 22 日，上海抗战进行正酣时，宋美龄亲往前线鼓励士气，途中为躲避日本飞机的轰炸，不幸造成车翻人伤，宋美龄在摔断了肋骨的情况下，仍然坚持慰问前线将士后，才入住医院治疗。此后，她因身体和事务繁多等原因，似乎在妇女工作方面没能投入太多精力。1938 年年初，她在香港养病期间，甚至向蒋介石提出辞去航空委员会秘书长一职的请求①，可见，此时她或有力不从心之感。

2 月，宋美龄在香港发表了《二十七年春节献辞》。② 因为所处香港这一中西交汇之地，她在献辞中照顾到对内对外两方面，既简要全面地揭露了日本有计划阴谋侵略中国的事实及其无耻的目的，又以“团结一致，抗战到底”为号召。她说：“没有人能预言将来的结果如何，但我有一句简单的话，告诉我们的同胞，我们是被迫抗战的，我们不仅为保卫我们的田园家室，并且为了维护这伟大故国，先人所遗留的国家光荣，必须以决心与勇毅抗战到底。”“我们对自己、对死者，都负有准备作任何牺牲的义务，并且还得坚信我们是站在正义的一方面，坚韧地、精诚地团结一致，抗战到底，直到获得了光荣的和平和最后的胜利。”③

---

① 参见《宋美龄致蒋介石电》（1938 年 1 月 28 日），载《蒋中正档案：亲批文件》，序号：495，台北“国史馆”藏。

② 1938 年的春节为 1 月 31 日，据蒋介石日记可知，此时，宋美龄仍在香港，直到 2 月 19 日才返回武汉。参见黄自进、潘光哲编：《蒋中正“总统”五记：爱记》，第 166 页。宋美龄的这篇献辞在国民党的《中央日报》上未予登载，由此可以断定，这篇献辞应该是在香港发表的。

③ 《二十七年春节献辞》，载王亚权总编纂：《蒋夫人言论集》（下集），第 695—696 页。

此后，宋美龄始终坚持抗日的宣传，她还注意阐明当前中国被迫应战的这场战争与以往内战“根本上绝对不同”，所以，“我们想避免整个的灭亡，每一个人身上的每根纤维，都应该紧张起来，每一个口袋里的每一个金钱，都应该贡献出来，再接再厉，继续不懈，不是我们打退了凶恶的侵略者，就是我们全部给侵略者消灭了，不到这地步，我们的抵抗是决不停止的”。[①] “中途放弃，便是死亡和毁灭，也便是把我们，自革命以来所完成的劳绩，尽付东流。”[②] 她还针对当时中国败多胜少、防线节节后退的战局形势，告诫各界妇女领袖：“我们时时不要忘记，胜则不骄，败则不馁，以这二句话来做我们持久抗战的警语。”[③]

2. “从艰苦中缔造崭新的民族”

战争持续了八个月后，宋美龄通过对战后国内形势的观察，对中华民族百折不挠的精神有了一种新的认识，特别是当时鲁南战场取得的胜利[④]给她增添了新的勇气。她在向外宣传中国将从战火中重生的同时，写就了一篇鼓舞国内民众斗志的文章——《从艰苦中缔造崭新的民族》。她认为，中国历经数千年无数次的变乱而仍能维持着自己的文化和完整，这是中华民族的“忍耐性和坚韧力”使然，所以，今天的中华民族仍须“继续奋斗”。她赞扬了“新生活运动”中全国在政治上、社会上、经济上表现出来的“切实的合作”。她强调在今天这场中国“不得不战”的战争面前，虽然西方一等国家政府没有表现出应有的正义，但这些国家的人民却对我们提供了精神和物质上的支持，这种举动足以“鼓励我们抗战的决心，鼓励我们对于后方民众应该怎样的救护和救济”。她倡导在当前的非常局势下，“既需要有步骤有组织的规划，而一切

---

① 《谨为难童请命》，载王亚权总编纂：《蒋夫人言论集》（上集），第121—122页。

② 蒋宋美龄著：《抗战建国中妇女之责任》，《新运导报》1938年第16期，第17页。

③ 蒋宋美龄著：《抗战建国中妇女之责任》，《新运导报》1938年第16期，第15页。

④ 1938年3月18日，“临沂前方敌军第五师团，完全被我军击溃，此为开战以来第一次胜利”。参见黄自进、潘光哲编：《蒋中正“总统”五记：爱记》，第166页。

慈善救济团体更应合作联络，以应付这空前严重的局势”。她告诫大家“这时期绝对不能容许再有个人名利的观念，更不容许发生任何私人间的摩擦和怀疑。我们要贡献我们一切的所有，来完成唯一的目标，我们应有统一的信心，这目标就是救国”。她号召全体国民：“我们要从困苦艰难中缔造出一个崭新而坚实的民族”①，“一个伟大崭新永远统一团结的民族”，而“全民一致的合作，实为获得最后胜利的必要条件”②。

她在另一处演讲中指出：“我们一定要自信：我们有缔造新中国的能力，必须用乐观的心理，来应付我们的国难战争的胜利，有赖于战斗员和全国人民的士气，这与物质设备有同样的重要，只要有胆略有眼光，胜利就得到了一半。”③

3. “妇女应当负起抗战及建国的责任”

抗战时期，宋美龄对妇女通过参与社会工作来争取改变自身地位的思想已经更加清晰和完善，并进入力促实践阶段。当时国内各方面的救济工作日见紧急，1938 年 5 月，宋美龄先是借母亲节之际向全国所有的母亲致敬，盛赞“中国无量数之慈母，实已下决心，宁视其子战死沙场，而不愿其子孙为日本侵略者之奴隶。中华民族从来之伟大，既受惠于此无量数慈母之作育，中国民族将来之无穷进步，亦大有赖于此等慈母之熏陶”④。宋美龄勉励全国的母亲为国尽责。

宋美龄对妇女在抗战中可以并应该承担的工作进行了具体说明：“无论是农村的或都会的妇女，是家庭里或有职业的妇女，无论在战区或在后方，都应当负起抗战及建国的责任，不但为目前抗战的直接需要，应当从事救护、慰劳、征募、救济、保育、宣

---

① 《从艰苦中缔造崭新的民族》，载王亚权总编纂：《蒋夫人言论集》（上集），第 112 页。

② 《从艰苦中缔造崭新的民族》，载王亚权总编纂：《蒋夫人言论集》（上集），第 113—119 页。

③ 蒋宋美龄著：《抗战建国中妇女之责任》，《新运导报》1938 年第 16 期，第 14—15 页。

④ 《母亲节献辞》，载王亚权总编纂：《蒋夫人言论集》（下集），第 710—711 页。

1938 年，宋美龄领导汉口妇女为抗日战士缝制征衣

传、组训以及其他战时工作，就是为巩固后方，也应当鼓舞社会、宣传民众、昌明爱国大义、唤起女界责任、铲除汉奸、肃清敌探、尤其是为稳固国民经济的基础，加强长期抗战的力量，我们应当特别从事生产建设……即是有钱赶快投资，有力赶快劳作，有地赶快垦殖。”① 她要求没有参加生产工作的妇女行动起来，以其智力、财力和社会上的地位一齐向生产途径上迈进，“或是设计方案、或是兴办事业、或是领导宣传、唤起当地同胞加紧劳作，定能获得最大的效果”。

宋美龄强调：妇女总动员“应以生产建设为训练的主要标题，务使全国有知识的、有技能的、有劳力的妇女同胞，每个人都拿出她最后的所有，特别从事于生产建设，最低限度须使抗战期内整个民族生产的力量能够适应消费的需要，后方的物质能够供给前方的利用，这样我们才能抗战必胜，建国必成”②。这实际上是在外援无望的情况下，宋美龄动员妇女为中国自力更生坚持抗战努力贡献。

4. “团结合作”

宋美龄在对国内的抗战宣传中特别注重号召全体国民，特别是各界妇女团结合作。她写道：“我们同处在一个遭遇大难的国家中，受苦受辱的人们，应该上下一心，大家联合起来，激励我们爱国的热忱，鼓足我们奋斗的勇气，贡献每一个人的精神力和物

① 《蒋夫人发表告全国女同胞书》，《中央日报》1938 年 6 月 8 日，第 3 版。
② 《蒋夫人发表告全国女同胞书（续）》，《中央日报》1938 年 6 月 9 日，第 3 版。

质力，向着独一无二的目的迈进。”① “要支持这样的战争，最重要的一个原则，是全体民众在政府领导之下，团结奋斗。”②

宋美龄身体力行，着力推动全国各界妇女的团结合作。1938 年 5 月 20 日，宋美龄以个人身份召集了庐山妇女谈话会，会议主要是讨论如何组织动员妇女群众参加抗战建国工作，并建立一个全国性领导机构。③ 在为期五天的座谈会上，宋美龄作了两次重要演讲，她除了强调妇女应负起对国家和民族的责任以外，还着重强调这样两个方面：其一，全国妇女的统一与合作；其二，抗战必胜的信心和抗战到底的决心。由于经过了十个多月的抗战，宋美龄对抗战中全国（当然也包括妇女）的团结合作有了更深层次的认知，因此，这两次演讲所反映出来的思想较抗战爆发初期更实际。

1938 年 5 月，庐山妇女谈话会全体代表合影

在第一次演讲中，宋美龄把团结合作的重要性提高到当前第一要务的高度，认为：“我国现在最大的需要是各党各派以及社会

① 《从艰苦中缔造崭新的民族》，载王亚权总编纂：《蒋夫人言论集》（上集），第 112 页。

② 《谨为难童请命》，载王亚权总编纂：《蒋夫人言论集》（上集），第 120 页。

③ 参见郭建著：《宋美龄动员我加入国民党》，《百年潮》1998 年第 5 期，第61 页。

各部门的团结合作，国家的利益高于一切，不论什么党派的偏见，为顾全国家的利益都应该袪除净尽。在今天的中国，以促成团结为第一件要事。”① 正如前文分析的那样，当时国内政治并没有形成像宋美龄对外宣传那样的真正的团结统一，特别是国共之间的矛盾并没有完全消融，宋美龄对此并非没有察觉，她也想尝试通过妇女工作中各派势力的合作来促进国内各方面的团结合作。所以，她在演讲中特别提到：“在许多方面，我们女子可以影响男子，要是我们女子能够表示合作，以团结的精神来感应全国，我敢信全国同胞就更不得不和衷共济，为国家利益共同奋斗了。”②

经过五天的讨论，在庐山妇女谈话会结束前，宋美龄作了第二次演讲，进一步阐述了团结合作的重要性与坚持抗战的信心，她说：“开会的第一天，我曾谈及团结和合作的必要，今天我很想重复提出来说一说，若使我们要收获良好的结果，必须排除自我的观念，以小我化为大我，大公无私。我们要知道团结就是力量，国家的福利，有赖我们最高的忠诚；对于其他方面的忠诚，如忠诚于我们的组织和团体，必须居于次要的地位。”③

1937 年 8 月，妇女慰劳自卫抗战将士总会的工作主要是针对前方将士的。1938 年 3 月，宋美龄牵头在汉口组织成立了战时儿童保育会，主要进行难童的救济和保育工作；1938 年 5 月，由宋美龄组织召开的庐山妇女谈话会，“不限于哪一党派，哪一种宗教信仰”④，召集了国共两党代表、救国会人士、基督教爱国人士参加，而且还把动员妇女、慰劳将士、救济难民、救济难童、组织工合运动等工作集为一体。这在当时，的确是一盛况，体现了团结合作的意旨。

---

① 《妇女谈话会演讲词》，载《蒋夫人言论汇编》编辑委员会编辑：《蒋夫人言论汇编》（卷二），台北正中书局 1955 年版，第 16 页。

② 《妇女谈话会演讲词》，载《蒋夫人言论汇编》编辑委员会编辑：《蒋夫人言论汇编》（卷二），第 16 页。

③ 蒋宋美龄著：《抗战建国中妇女之责任》，《新运导报》1938 年第 16 期，第 14—15 页。

④ 蒋宋美龄著：《抗战一年来妇女界的贡献》，《新运导报》1938 年第 17 期，第 26 页。

宋美龄在庐山谈话会的两次演讲中以两个形象的比喻来表达她希望会议结果能切实见诸实行的愿望。在开会致辞中，她检讨以往的妇女工作难以发生持久的效果，“庐山的浓雾，看上去非常凝重，可是飘忽的很，一转眼间，会烟消云散，无影无踪。我们今天在这里开会，我希望我们的一切讨论和决议，能够成为一种具体的基础，以订定有价值的工作纲领，而不要像庐山的浓雾一样”①。在大会结束的致辞中，她在强调这次集会应该有个良好有力的结果时讲道：“各位一定还记得，对于这次大会和它的将来，我曾作过一次比喻说：我们的工作，有如把小石子投到池子里去，我们身里虽然只有一把小石子，我们影响国人的力量，也会像投进池子的小石块那样发生□力，石子刚刚投下去时，仅能□动水面小小的一点，可是波汶［纹］渐渐地会荡漾开来，一直展开到整个池子。”② 从宋美龄在给国外友人回复的信函中也特意提及这次庐山的妇女座谈会来看③，宋美龄的确对这次会议能产生良好而有力的效果寄托了很大的希望。

庐山谈话会结束之后，宋美龄发表了《告全国女同胞书》，连续登载在 6 月 8 日和 9 日的国民党《中央日报》上，介绍了发起谈话会的初衷和大致情况，并具体说明妇女应该在抗战建国中发挥的作用，巩固和扩大了谈话会的影响。她对发起谈话会的初衷和意义介绍道：“我们占全国半数的妇女，对于救国工作，是责无旁贷的，为要集中救国的力量，一定要聚合各方面的人才，同来商讨救国的方法。”④“自抗战以来，各界妇女在前线后方服务的不乏其人，尤其是参加前线工作的妇女……但全国妇女组织尚未一致，所以还不能获得最高的效果。”⑤“我们妇女要如何努力抗战的

---

① 《妇女谈话会演讲词》，载《蒋夫人言论汇编》编辑委员会编辑：《蒋夫人言论汇编》（卷二），第 17 页。

② 蒋宋美龄著：《抗战建国中妇女之责任》，《新运导报》1938 年第 16 期，第 13 页。

③ 参见《中国的现在过去与未来》（1938 年 5 月 14 日），载《蒋夫人言论汇编》编辑委员会编辑：《蒋夫人言论汇编》（卷四），第 162 页。

④ 《蒋夫人发表告全国女同胞书》，《中央日报》1938 年 6 月 8 日，第 3 版。

⑤ 《蒋夫人发表告全国女同胞书（续）》，《中央日报》1938 年 6 月 9 日，第 3 版。

工作，要如何努力建国的事业，应当首先认清途径，就是要有整个的计划，不然，定会徘徊歧路，丧失目标，不是挂漏，就是重复，犯着不合理不经济的弊病，所以这次集思广益，共同检讨已往困难的所在，并确定此后全体妇女参加抗战建国工作的方针，实是不可缺少的事。”

同时，她认为，这次座谈会还给全国女界交换意见、联络感情提供了机会，“由于相互认识的增进，使精神愈加团结，思想愈加集中”，使大家都深切地认识到“我们妇女应该全体动员，以应目前大时代的需要，集体的力量，团结的精神，可以排除巨难，可以将本来散漫的能力变作保卫国家的长城”①。

宋美龄还提出对今后妇女工作的希望：“我们感觉此后应当使团结的范围更加扩大，唤起全国的妇女，不顾一切，同心协力去奋斗，能够同心协力，一切困难可以迎刃而解。”她希望这次妇女座谈会的工作大纲可以为全国妇女提供参考和指导，“我们更希望大家站在一条线上，去推动这种抗战建国的工作”。她号召在“寇深祸急”的国难中，“我女界同胞应振作精神，团结一致，奋勇迈进，以增强抗战的力量，巩固建国的基础，使我们中国历史上对于女子救国的伟绩，于已有的纪［记］载以外，更添上光荣灿烂的一页，女界幸甚，民族幸甚”。②

这篇《告全国女同胞书》，堪称宋美龄在抗战全面爆发初期引导国内妇女工作的代表之作。此后，她在战时妇女动员和组织工作中，牢固地确立了抗战时期国内妇女工作的领导地位。

（三）成果和问题

宋美龄不尚空言，身体力行，在很多方面都给妇女们树立了榜样。比如，她带头向国内外组织募捐；她冒着生命危险，到前线慰劳将士，并亲自为伤兵换药包扎；她亲自为难童募款并安排他们到安全的后方；她亲自参与培训妇女干部；等等。一位中国

---

① 《蒋夫人发表告全国女同胞书》，《中央日报》1938年6月8日，第3版。

② 《蒋夫人发表告全国女同胞书（续）》，《中央日报》1938年6月9日，第3版。

的年轻女记者写道："在武汉的那一段长时间，她不断出入于保育院、妇女干训班、伤兵医院、寒衣缝制处、疏散女工的收容所，她站在她的岗位上起了酵母作用，领导着中国的妇女们向抗战的大道迈进。"①

抗日战争中宋美龄亲自动手为前方战士做寒衣

宋美龄的号召和宣传，对国内各方面的动员和救济工作产生了实际效果，尤其是在难童救济和妇女组织等方面。

抗战以来，受难儿童的救助问题逐渐受到政府和社会各界的关注，难童问题也牵动着宋美龄的心。1938年2月前后，她以难童的名义发表了题为《谨为难童请命》的文章。宋美龄鼓励国内那些"不明需要，不明真相"的人行动起来，响应战时儿童保育会正在进行的募款运动，踊跃输将。② 1938年3月，国民政府把救济难童的问题提上日程，教育部颁行了战区儿童教养团暂行办法十五条，要求各省市教育厅责令各县至少举办一到二团收容战区儿童。办法虽公布了，但具体实施还需要有进一步的推动。随后，由宋氏三姐妹、何香凝、陈立夫、沈钧儒、郭沫若、邓颖超、田汉等184人在汉口发起成立了战时儿童保育会，宋美龄被推任为理事长。③ 此后，战时难童的救济和教养工作成为她战时关注的重要方面，她通过各种方式向国际发出救助难童的呼吁。

在宋美龄的积极领导下，到1938年年底，经战时儿童保育会抢救并运到后方加以教养的难童已达一万七千多人，保育院在全

① 子冈著：《蒋夫人印象记》，《妇女生活》1939年第11期，第25页。

② 参见《谨为难童请命》，载王亚权总编纂：《蒋夫人言论集》（上集），第120、124页。

③ 参见秦孝仪主编：《革命文献》第100辑《抗战建国史料——社会建设（五）》，台北"中央文物供应社"1984年版，第235页。

宋美龄与战时难童

国已设有三十余所。宋美龄除奔走呼吁为难童慷慨解囊外，还亲自到保育院视察工作，勉励难童。①

除注意动员妇女负起抗战及建国责任以外，宋美龄在推动妇女组织方面也取得了很大成果。在庐山妇女谈话会的第一次演讲中，宋美龄特别强调此次会议的目标，“在于订定一个试验性质的纲领，以训练全国的妇女工作人员”②。她还明确提出此后妇女工作要依靠的组织形式就是已经存在的、具有全国性的、能够深入各阶层民众的“新生活运动”的组织，“新生活运动，是已经确立了，是已经为民众和政府所知道了，因此，我个人觉得我们很可能通过新生活运动这一个组织，迅速完成我们的任务，达到我们的目的”③，得到了与会者的一致认同。这次会议决定对“新生活运动”妇女指导委员会进行改组，扩大为全国性的动员领导妇女参加抗战建国的总机构，另外，还通过了一个《动员妇女参加抗

① 参见《蒋夫人视察第一保育院》，《中央日报》1938 年 12 月 29 日，第 3 版。

② 《妇女谈话会演讲词》，载《蒋夫人言论汇编》编辑委员会编辑：《蒋夫人言论汇编》（卷二），第 18 页。

③ 《妇女谈话会演讲词》，载《蒋夫人言论汇编》编辑委员会编辑：《蒋夫人言论汇编》（卷二），第 18 页。

战建国工作大纲》。

改组后的中国妇女指导委员会成为抗战时期全国统一的妇女组织，下设九个部门，分别是：总务部、训练部、宣传部、生活部、生产部、战争救济部、战争地区服务团、难民儿童委员会、协调委员会。[①] 宗旨是："指导全国妇女，从事抗战建国工作，并提倡善良风尚，改进民众生活，共负服务社会、复兴民族的责任。"[②] 在该会成立三周年的纪念致辞中，宋美龄阐明了成立该会的意义："三年以前，我们在民族抗战的迫切需要之下，集合起来全国爱国妇女，和本来各不联系的妇女团体，联合起来，完成了本会的组织。这是中国女界同胞意志集中力量集中的开始。"[③]

据钱用和回忆：妇指会为全国最高妇运指导机构，其组织还包括已成立的"中国妇女慰劳自卫抗战将士总会"及"战时儿童保育会"在内。"在避免工作上的重复，并使力量得以集中起见，这三个机构在行政上各自独立，在工作和人事上则完全配合。指导会蒋夫人任指导长，慰劳会蒋夫人任主任委员，保育会蒋夫人任理事长。工作是慰劳会在指导会慰劳组下，保育会在指导会保育组下，这是对外似姊妹同行，对内却祖孙合作。这样组织虽然特殊，但在战乱时期的非常情况下可以收简化灵活运用，使工作推行顺利。"[④]

虽然强调团结合作是这次座谈会的主题之一，但在召集座谈会的方式上却暴露出她的思想在某些方面已经同化于中国政治的大环境，同化于蒋介石认同的政治模式。当时国共两党在各方面的合作仍在磨合过程中，中国共产党希望建立广泛的抗日民族统一战线，其他政治派别也希望国民政府能按照承诺的民主建国纲

① 参见张素我口述，周海滨整理：《我和宋美龄》，《书屋》2010 年第 10 期，第 40—41 页。另据钱用和回忆妇指会下设有十个部门：总务、训练、文化事业、生产事业、生活指导、慰劳工作、儿童保育、战地服务、乡村服务、联络委员会。参见钱用和著：《钱用和回忆录》，第 42 页。

② 钱用和著：《钱用和回忆录》，第 42 页。

③ 蒋宋美龄著：《中国妇女抗战的使命》，载《新运妇女指导委员会三周年纪念特刊》，第 1 页。

④ 钱用和著：《钱用和回忆录》，第 41—42 页。

领来施政。然而，宋美龄虽然表面上也把民主强调得很响亮，并动辄以孙中山的“三民主义”为口号，但在实际行动中，却体现出她真正的老师是蒋介石。

由于当时苏联对抗战提供了帮助，这使蒋介石倍感苏联的重要性。1938 年 2 月 25 日，蒋介石与俄大使谈完话，曾说：“余主张对内求国共合并，对外与俄再进一步合作，以共同应付最近国际形势之变迁。”3 月 25 日，蒋介石在洛阳考察战事后，提出：“对共党主感召，不主排斥；对其他各党派联合，而不加强制。”① 宋美龄在对外宣传和妇女工作的推动上，就直接运用了蒋介石的这一主张于实际工作中。她以高高在上的姿态召集了这次妇女座谈会，对此，中国共产党方面的代表邓颖超代表陕甘宁边区妇女救国会在庐山妇女座谈会上发言时，就委婉地表达了批评意见。邓颖超指出，全国性的妇女组织本应由全国妇女代表民主讨论产生，不过战争时期可以变通，蒋夫人的意见可以考虑接受。②

好在，在妇女指导委员会的改组中，体现了民主原则：在由宋美龄任指导长的前提下，左、中、右各个政治派别在妇指会下设的各组中各自分担任务，呈现了“三三制”的模式。③ 然而，这并不意味着宋美龄在心中真正接受了共产党。一名外国记者对宋美龄的政治现实主义者的态度作了这样的分析：“在和她谈话的时候人觉得她对于共产党员有一种冷酷的情绪，不愿意承认他们的优点。她不但仇恨从前反蒋的人们，以至使她的在别方面那样透彻的判断模糊不清。而且，她的耶教信仰，那是最为虔诚的，使她看不见同道者或似乎同道者的那些人的短处。”④

在妇女指导委员会下设有专门负责训练妇女干部的“妇女干

① 黄自进、潘光哲编：《蒋中正“总统”五记：爱记》，第 176 页。

② 参见郭建著：《宋美龄动员我加入国民党》，《百年潮》1998 年第 5 期，第 61 页。

③ 参见郭建著：《宋美龄动员我加入国民党》，《百年潮》1998 年第 5 期，第 62 页。

④ ［英］弗雷达·阿特丽著：《宋美龄和“新生活运动”及其它》，载岳渭仁等编：《外国人眼中的蒋介石和宋美龄》（上），第 264 页。

部工作人员训练班”。当时，在宋美龄领导下担任训练组大队长的张素我回忆说：“妇女指导委员会还举办了妇女干部培训班。宋美龄常亲自到课堂去演说，她亲切、诚恳地鼓励年轻妇女，走出小屋，投入抗战。在她的领导下，年轻的女性特别是知识女性纷纷行动起来。宋庆龄曾赞叹：宋美龄将中产阶级的代表——大家闺秀们转变成年轻的文明战士。”①

虽然这是给予宋美龄的高度赞誉，但也恰恰说明，她所侧重动员或依赖的基础往往只是社会中上层妇女，而绝不是占有人数更大优势的下层小人物。她希望通过这些人来宣传带动下层群众，但正如外国记者观察到的那样：“当中上层的子弟和丈夫并不投身行伍的时候，他们的母、妻、姐、妹是不会把看护伤兵作为她们的义务的，也更不愿去做不舒服的体力劳动。少数优秀妇女曾经学着蒋夫人的模范去看护伤兵或裁缝冬季军服，而绝对多数的上层妇女却仍然照样过着懒惰无聊的生活。”②

不仅如此，这位记者还对宋美龄对外国人特别是外国传教士的无条件信任表示了异议：“她认为，一般地说来，她的本国人还是腐败无用的居多数，所以在救济工作中顶好还是和外国人合办。而且，她说，即使是最好的中国人也不能像外国人似的无情地攻击和改革种种积弊。他们太多顾忌，太过于留心反对方面，以至进行得太迟缓。”③“她的宗教对于她显然是很重要的，是她的行为的源泉。这对于中国好不好呢，各人的意见不同，但是这确可解释她的行为和性格之中的某些矛盾。她能够看清楚本国人的缺点，她能够看出各党派的私意隐情，除了在她以为和她自己一样是虔诚的基督徒的人们而［以］外。”④ 这些从对事实的观察中得出的

① 张素我口述，周海滨整理：《我和宋美龄》，《书屋》2010 年第 12 期，第 41 页。

② ［英］弗雷达・阿特丽著：《宋美龄和“新生活运动”及其它》，载岳渭仁等编：《外国人眼中的蒋介石和宋美龄》（上），第 270 页。

③ ［英］弗雷达・阿特丽著：《宋美龄和“新生活运动”及其它》，载岳渭仁等编：《外国人眼中的蒋介石和宋美龄》（上），第 272 页。

④ ［英］弗雷达・阿特丽著：《宋美龄和“新生活运动”及其它》，载岳渭仁等编：《外国人眼中的蒋介石和宋美龄》（上），第 272—273 页。

结论显然很具有说服力，而且，这也绝对不是一家之言，当时很多关注中国救亡事业的外国人都提到过在宋美龄身边所谓的“宦官”和“太监”，所指就是那些以“顾问”身份出现在宋美龄身边的传教士和颇得宋美龄信任的各种福利机构的领导人（通常是西方人或教徒）。①

早在全面抗战爆发前，宋美龄就曾对外国媒体赞美过中国的传教士，她说自己和蒋介石走遍中国，“不断为这些传教士的献身精神和所忍受的艰苦而感到惊讶”，她甚至说，“我坦白地认为，没有宗教不能拯救中国。只有政治力量是不够的”。② 但毫无疑问，宋美龄只看到了传教士好的一方面，并且极力以这好的一方面来掩盖另一方面——那是从近代以来很多中外人士都揭露过的传教士在中国的许多不良行为。宋美龄把对宗教的虔诚信仰转移到对传教士和教友的信任上，把对西方文明的信念转移到对外国组织或个人的推崇上，即便传教士和教友们的确作出了像宋美龄所说的那样“极大的功绩”③，即便西方人果真比很多中国人更有见识，这种爱屋及乌做法的不合时宜仍是显而易见的，因为无论是传教士还是外国的什么组织或个人，都不可能比中国人更了解中国和中国人。他们不仅不可避免地会产生一些本来可以避免的失误④，还会在某些问题上影响宋美龄的正确判断，包括她在心中始终未能消除的对共产党的仇恨⑤，甚至使她对知识分子和左派青年也产生了不信任的感觉⑥。

---

① 参见［英］弗雷达·阿特丽著：《宋美龄和“新生活运动”及其它》，载岳渭仁等编：《外国人眼中的蒋介石和宋美龄》（上），第270页；［德］王安娜著：《闲话蒋介石和宋美龄》，载岳渭仁等编：《外国人眼中的蒋介石和宋美龄》（下），三秦出版社1994年版，第234页。

② ［美］埃米莉·哈恩著：《宋氏家族——父女·婚姻·家庭》，第272页。

③ 《告基督教教友》，载王亚权总编纂：《蒋夫人言论集》（下集），第708页。

④ 参见［英］弗雷达·阿特丽著：《宋美龄和“新生活运动”及其它》，载岳渭仁等编：《外国人眼中的蒋介石和宋美龄》（上），第271页。

⑤ 参见［英］弗雷达·阿特丽著：《宋美龄和“新生活运动”及其它》，载岳渭仁等编：《外国人眼中的蒋介石和宋美龄》（上），第268页。

⑥ 参见［德］王安娜著：《闲话蒋介石和宋美龄》，载岳渭仁等编：《外国人眼中的蒋介石和宋美龄》（下），第234页。

而这也使宋美龄陷入一种微妙的境地："她必须尽办［力］避免开罪于同情中国的外国人，也要避免她的本国的权势者的反对她的太过积极的精神。"① 宋美龄的这种周旋恰恰印证了她缺乏可以依靠基础的事实，她既不屑于与国民政府的上层同流合污，又根本不信任那些广泛的下层群众。有人曾讥讽宋美龄"除了她周围一小帮子人以外，她对本国人民的心理毫不懂得"②，言辞虽显刻薄，却不失为对宋美龄矛盾性格的一种解读——她希望对救国有所贡献，却并不真正了解这个国家和这个国家的人民。

尽管如此，宋美龄的努力仍是值得尊敬和肯定的，至少蒋介石对宋美龄的努力已经十分满意。1938 年 10 月 7 日，蒋介石在日记中写道："人生以服务为目的，不是手段？吾妻以此语询余，余曰：'然。'余见吾妻对于服务教育与妇女运动之热心日进，不仅心慰，而使余亦更加兴奋，患难中，唯此得以欣悦耳。"③ 宋美龄的坚毅、沉着、活跃、实干等优秀品质给接触过她的每一个人都留下了深刻印象。当年在英国留学未及毕业就被父亲张治中召回国内参加抗日的张素我，参与了宋美龄领导下的妇女和儿童事业，她在回忆中深有感触："我从自己与她的交往中深知，她为中国的妇女和儿童事业作出了杰出的贡献。一个民族，妇女是它的半边天，儿童是它的未来。当国家和民族遭受外来侵略，面临危机时，组织动员妇女参加抗战，保护民族的幼苗——儿童，是民族自救的根本。对此，她的博爱和远见卓识，是我永志不忘的。"④ 西方的记者也同样赞赏宋美龄的实干精神："蒋夫人只要一明白缺点或需要，就能起而有所作为，这是无疑的事实。"⑤ "蒋夫人是忠实于她的言词的，她曾经带领着她的'新生活运动'的妇女们到武汉

① ［英］弗雷达·阿特丽著：《宋美龄和新生活运动及其它》，载岳渭仁等编：《外国人眼中的蒋介石和宋美龄》（上），第 272 页。

② ［美］杰克·贝尔登著：《蒋介石、宋美龄政治形象素描》，载岳渭仁等编：《外国人眼中的蒋介石和宋美龄》（下），第 295 页。

③ 黄自进、潘光哲编：《蒋中正"总统"五记：爱记》，第 175 页。

④ 张素我口述，周海滨整理：《我和宋美龄》，《书屋》2010 年第 12 期，第40 页。

⑤ ［英］弗雷达·阿特丽著：《宋美龄和"新生活运动"及其它》，载岳渭仁等编：《外国人眼中的蒋介石和宋美龄》（上），第 268 页。

各医院去。她的模范行为在某些方面使中国妇女觉悟到她们在战时的义务与责任。”① 如果不计前文所述宋美龄的个人局限性，这些评价是中肯的。

第二节　战略相持阶段的思想升华（1938 年年底—1941 年年底）

1938 年秋，随着武汉和广州失守，国民政府迁往重庆，标志着中国抗战进入战略相持阶段。1938 年 12 月，宋美龄随蒋介石抵达重庆时，她的影响力已大大提升，并被国人誉为“妇女界的领导人”和“伟大的民族女英雄”②；被国际友人誉为“全世界妇女的楷模”③。

一、“妇女界的领导人”

1938 年 12 月 14 日，在专门为宋美龄举行的重庆市妇女盛大欢迎茶会上，大会主席盛赞宋美龄：“今天我们真是十二万分的荣幸！我们愉快得好像襁褓里的儿童，寻着了慈母！她能指示我们的迷津，纠正我们的错误；我们爱护国家，爱护领袖，同样我们也爱护领袖夫人。”她把宋美龄称作“妇女运动的指南针，是新中国妇女的新生命”。④ 而在 1939 年 1 月举行的另一次欢迎宋美龄集会的新闻报道中，宋美龄被称为“中国妇女运动的创导者”。⑤ 在各种溢美之词和热烈的掌声中，头顶各种光环的宋美龄已经毫无争

---

① ［英］弗雷达·阿特丽著：《宋美龄和“新生活运动”及其它》，载岳渭仁等编：《外国人眼中的蒋介石和宋美龄》（上），第 270 页。

② 少春著：《一个盛大的茶会：欢迎蒋夫人》，《中央日报》1938 年 12 月 15 日，第 3 版。

③ 《美国“中国之友会”致蒋夫人一封信：报告纽约抵制日货运动情形》，《中央日报》1939 年 1 月 11 日，第 3 版。

④ 少春著：《一个盛大的茶会：欢迎蒋夫人》，《中央日报》1938 年 12 月 15 日，第 3 版。

⑤ 少春著：《国际妇女会欢迎蒋夫人：中西妇女情谊交融记》，《中央日报》1939 年 1 月 11 日，第 4 版。

议地成为全国特别是国统区妇女界的领袖。

初到重庆，宋美龄立即投入到对后方妇女的动员和组织工作中。正如她自己所说："中国妇女力量正和中国的资源一样，蕴藏得非常丰富，只是还未开发出来。因为大多数的妇女大众还没有动员和组织起来，所以不能发挥最大的力量。因此，现在我们最大的责任，便是把全中国的妇女大众动员和组织起来，把这些伟大的潜伏力量开发出来，运用到抗战中去。"①

从 1938 年 12 月到 1941 年 12 月珍珠港事件前，整整三年的时间里，宋美龄的主要精力就放在了妇女工作上。在这三年中，她发表了大量针对妇女工作的重要演讲和训词，这其中既有对妇女参与战时工作的动员和组织方面的内容，也有如战时儿童保育和对前方将士的慰劳、妇女干部培训等与妇女工作息息相关的各方面内容，从对已取得成绩的介绍，到对以往经验的总结；从对妇女们的思想动员，到具体工作方法的推广；从组织到培训，涉及面之广，认识程度之深，都远远超过了前一时期，更显示出一种独立的个性和成熟的魅力，并对推动以重庆为中心的国统区广大区域内的妇女积极参与到抗战建国工作中来起了积极的作用。从宋美龄发表言论的内容看，大致可归纳为两种情况：一种就是针对妇女的总体动员；另一种是对与妇女相关的各方面具体工作的指示和推动。

（一）对妇女的精神动员

在针对妇女总体动员的言论中，宋美龄除了继续宣传必胜信心与决心、团结一致的重要性以外，主要侧重以下几个方面。

1. 注重推广较为成熟的妇女动员和组织工作的经验

首先，1938 年 12 月，宋美龄在重庆妇女界欢迎她的茶会演讲中，对前期在汉口等地积累的妇女工作经验作了详尽的介绍。她说："我们在汉口时，觉得还有许多民众不了解抗战的意义，更不

---

① 寄洪记：《发掘伟大的妇女力量——蒋夫人在招待重庆妇女界大会上讲话》，《妇女生活》1939 年第 12 期，第 2 页。

懂得国民对国家应负的责任，新生活妇女指导委员会因而训练一班学生，分赴乡村做宣传工作，目的是要使军民联合，一致努力抗战，这种工作，曾收到很好的效果。”① 接下来，她就以具体事例来进行阐述，如组织乡村服务队发动民众欢送出发的军队，鼓舞士气；登记汉口女工，并组织训练送到后方发展生产事业；发动学生宣传动员无工作妇女踊跃参加服务工作；等等。宋美龄还根据以往的经验，继续强调各妇女团体要有合作精神，并特别提到“不必多组团体，分散力量，应该集中人材［才］共同努力”②。

2. *以海外侨胞和国际舆论的支持，鼓舞妇女乃至全社会的斗志*

对国际舆论的关注是宋美龄的特长，她自然而然地把国际舆论运用到激励妇女参与战时工作的斗志上，在她看来，国际舆论的向背，代表着世界正义公理的向背，也是中国抗战必胜的保障。宋美龄第一次在重庆妇女欢迎茶会上就讲道：“现在国际舆论，对中国妇女战时工作，都很赞扬，称中国妇女替中国开了一个新纪元，我们应该更加奋发，抱定牺牲决心，不怕死、不要钱，人人能如此，中国自然可以复兴。”③

在1939年纪念国际妇女节三十周年的纪念演讲中，她又讲道：“我们要知道，正义公理是属于我们的，世界上全人类的同情是属于我们的。”④ 她还举了三个外国友人对中国抗战进行正义支持的具体事例，以此来说明作为中华民族女儿的中国妇女更应该勉励自己，鞭策自己，来救起我们的国家，求得国家民族的解放。⑤

---

① 《渝妇女界欢迎大会中蒋夫人训词原文》，《中央日报》1938年12月19日，第3版。

② 《渝妇女界欢迎大会中蒋夫人训词原文》，《中央日报》1938年12月19日，第3版。

③ 《渝妇女界欢迎大会中蒋夫人训词原文》，《中央日报》1938年12月19日，第3版。

④ 《二十八年妇女节纪念会讲词》，载王亚权总编纂：《蒋夫人言论集》（下集），第717页。

⑤ 参见《二十八年妇女节纪念会讲词》，载王亚权总编纂：《蒋夫人言论集》（下集），第718页。

1941 年，中国抗战已经坚持了四年，此时，全世界对中国人民所表现出来的耐力和不甘屈服的精神都感到钦佩，宋美龄也接到了很多赞慕中国妇女卓越爱国工作的信函，她借此称赞中国妇女“为举世人类树立了一种临难不苟、舍身救人的模范”[①]。

3. 坚持把时代赋予的国家命运与妇女责任相联系，以历史使命号召妇女踊跃参加战时工作

在 1939 年三八节的讲词中，宋美龄首先阐释了她对女子解放的认识：“我们要认识女子解放，不能单单当做一种权利看，应该当着一种责任看，我们为什么要求女子解放，为的是要负起我们女子的责任，换一句话说，我们要真正求得女子的解放，首先就要我们先能负起责任。”[②] 她认为，在今天国家没有解放的情况下，我们全国的女子就得不到真正的解放。

1939 年，国际妇女节 29 周年纪念大会上，宋美龄发表演讲并带头捐献项链

她从来不赞同那种把女子解放简单理解为少数女子参与政治的观点，“现代的国家，都不能否认女子要有参政权，可是女子解放真正的意义，并不是只求得女界少数得到政治上和经济上的地位，乃是要解放大多数妇女的痛苦，改善大多数女同胞的生活，从教育和组织着手，来增进妇女的能力，提高妇女的地位。而且实际说来，只讲妇女解放还不够，还要用我们妇女的力量，来达到全民族同胞的解放，才算尽了我们的责任”[③]。她坚持强调：“女子对于国家民族和世界人类有确实的贡献，女子的地位，就自然

① 《中国妇女慰劳会四周年讲词》，载王亚权总编纂：《蒋夫人言论集》（下集），第 744 页。

② 《二十八年妇女节纪念会讲词》，载王亚权总编纂：《蒋夫人言论集》（下集），第 713—714 页。

③ 《二十八年妇女节纪念会讲词》，载王亚权总编纂：《蒋夫人言论集》（下集），第 714—715 页。

而然的提高。”①

在纪念妇女慰劳会成立两周年的致辞中，宋美龄以更宏大的历史观，揭示时代赋予中国妇女的历史使命。她说，后代看到这一代人的历史时就会知道：“中国妇女解放真正的开始，不始于中国关心于自己本身的利益，……我们完全忘却了本身个人的利益安危，当着国家艰难的时会，而竭尽作整个无保留的贡献，为抗战求胜利，为改变方向求生存，这在世界妇女运动史上，将是如何别开生面的一页。”②

为开展战地与乡村服务工作，宋美龄专门撰写了《告女界青年》，号召女青年踊跃报名参加。文中宋美龄再次突出地强调了时代赋予中国妇女的历史使命：“一个国家和个人一样，在大困难之中，正是大成就的开始，我们生在这个时代，要能够耐得住非常的艰难，牺牲自由和幸福，贡献所有的能力才能够在民族复兴之后，做一个健全独立俯仰无愧的国民，那些自私自利爱好虚荣计较地位报酬，只求个人安逸享受的心理，已经证明为时代的渣滓，如果现在还要以个人本位作打算，那必然无益于国家，无益于自身，无益于抗战中的工作，新中国的女同胞，定不如此。”③ 宋美龄重申妇女尽到自己的责任是妇女地位提高的前提，她说：“我相信男女地位应当是绝对平等的，但我认为这不是向人去要求的问题，世界上向别人求得的东西，总没有比自己创造出来的东西更来得确实而永久，我们要在抗战中间尽我们女同胞的责任，那么在战争胜利以后，新中国的女子地位，不提高也要提高。”④

当战争进行到第五个年头时，宋美龄进一步阐述了她对妇女与战争成败的关系的思考，她反复强调：“国家战争之能继续维持，与妇女精神力量能支持与持久的程度，有极密切的关系”，甚

① 《二十八年妇女节纪念会讲词》，载王亚权总编纂：《蒋夫人言论集》（下集），第 714 页。

② 《蒋夫人之训词》，《中央日报》1939 年 8 月 3 日，第 3 版。

③ 《告女界青年》，载王亚权总编纂：《蒋夫人言论集》（下集），第 730 页。

④ 《告女界青年》，载王亚权总编纂：《蒋夫人言论集》（下集），第 730 页。

至会“成为一个极重大的决定因素”。[①] 所以，她激励中国妇女，“不应当仅为个人或妇女界的自由平等和解放而努力，我们的更大使命，是要集结全国妇女与全国男子站在同一线上，共同努力，来争取我们中国民族的自由平等和独立，这是……中国妇女在此神圣的反侵略与保卫民族的战争中最崇高的使命”[②]。

4. 要求妇女以勇于奉献的态度和乐于服务的精神投入战时工作

宋美龄在讲话中，多次提到一位被敌机轰炸致残的女学生身残志坚的事迹，也不只一次提到李宗仁 76 岁的老母亲对儿子的生死以及中国命运豁达而朴实的认识。宋美龄曾以台儿庄大捷中女学生危急之时不肯退却，要与军人共生死而感动士兵勇敢作战取得胜利的事实说明：“妇女不但要负治家育儿的责任，她们也是国家英勇斗士，到了国家需要时，她们也和男子一样，应该负担大事的。”[③] 宋美龄通过这些女子勇于为国奉献的真情来鼓舞中国的妇女：中国抗战一定能够胜利！

宋美龄在 1939 年三八节纪念会上告诫参会的妇女团体代表们：“我们是属于民众的，不是民众属于我们的，我们做一切活动的时候，切不可自认为我们可支配民众，而要自认为民众的仆役，我们要接近民众，深入民众中间，诚心诚意的为同胞服务，去教育他们，扶助他们，解放他们的痛苦，创造他们的幸福。”[④] 宋美龄认为，任何工作最主要的都是要有服务的精神，“如果缺乏了服务精神，凭你怎样努力，看去似乎忙碌，实际也必无成效的。服务精神就是热烈和坚忍，凭着热烈坚忍的勇气和热忱，一切工作困难，自然会得到解决，而且最后必能得到最大的成功”，她号召大

---

① 《中国妇女抗战的使命》，载王亚权总编纂：《蒋夫人言论集》（下集），第 736 页。

② 《中国妇女抗战的使命》，载王亚权总编纂：《蒋夫人言论集》（下集），第 741—742 页。

③ 《渝妇女界欢迎大会中蒋夫人训词原文》，《中央日报》1938 年 12 月 19 日，第 3 版。

④ 《二十八年妇女节纪念会讲词》，载王亚权总编纂：《蒋夫人言论集》（下集），第 715—716 页。

家“一致提高我们的服务精神”。①

1941年，她进而阐述了在近代民族间的“全能战争（Total War)”中，不单纯是比拼两国武力，而是全部国力的争胜。“所谓‘国力’是包括一切经济资源，政治教育道德精神，以及一切社会服务，这服务在战时尤其是妇女所贡献的更见重要。”② 她甚至把妇女“对国家争贡献与服务”上升到当前中国妇女运动的中心任务的高度来强调③，并高度赞扬妇女界服务精神之伟大，“如此精神，即为妇女界对于国家最伟大之贡献”④。

抗日战争中宋美龄作妇女动员演讲

通过前一阶段实践的摸索，宋美龄在动员妇女参加战时工作问题上更富有经验，她的进步在演讲技巧上也得到了充分的体现。比如，她注重在演讲中，恰当地运用一些带有激励性的问答，通

① 《对儿童保育会院长会议致辞》，载王亚权总编纂：《蒋夫人言论集》（下集），第724页。

② 《中国妇女抗战的使命》，载王亚权总编纂：《蒋夫人言论集》（下集），第737页。

③ 参见《中国妇女抗战的使命》，载王亚权总编纂：《蒋夫人言论集》（下集），第741页。

④ 《妇女指委会成立三周年纪念聚餐会　蒋委员长夫妇致辞对妇女界备致勗勉》，《中央日报》1941年7月3日，第3版。

过与听众的互动，来调动参会者和聆听者的情绪，以增强动员的效果。这种演讲技巧的运用，当然与她在大学学习期间专门选修了演讲课不无关系，但是，实践的锻炼更重要。

宋美龄在 1939 年 1 月对重庆妇女界的演讲中，曾三次对现场的听众发问。她先是把当前的形势说清楚："姊妹们，敌人不但要侵略我们的领土，掠夺我们的财富，他们是要我们中国人做他们的奴隶，做他们的种牲（畜生），你们愿意吗？"台下千百人回应："不愿意！""千千万万的同胞为我们牺牲了，敌人手上的血迹还没有干，却有人要谈和平，要投降，不知道他们是怀的什么心肠！姊妹们，你们愿意屈伏［服］投降吗？"台下又一次回应："不！"问题都摆清楚了，目标也就明确了，宋美龄第三次发问才切中主题："我们每个人都受了老百姓和政府的恩惠与培植，我们应该注意老百姓的生活，为老百姓服务……所以我要问大家：你们愿意为老百姓服务吗？"台下又一齐回答："愿意！"① 宋美龄这样的演讲达到了"动荡了每个人的心弦"② 的效果。

宋美龄并不满足于动员的手段和技巧上的改进，她更期望实际的工作成效能令人满意，但情况的发展并未达到她的预期。她在报告和演讲中，反复表达了她的这种感觉。例如，1941 年 7 月，在纪念妇女指导委员会成立三周年时，她反复申说中国妇女工作虽然进行了多年，但只打下了初基，"论内容是小规模的，论进度是缓慢的"；而工作人员身体健康也受各种困难困扰，"现在似乎不及抗战开始时身心饱满"；另一方面，"还未能策动更多的同志，普遍深入民间，以推进妇女对经济生产的贡献，——这是抗战现阶段所特感重要的"。③ 可见，宋美龄虽然一再强调深入民众的重要性，但她对这方面工作毕竟不能驾轻就熟，她更熟悉在中上层妇女和社会中发

---

① 寄洪记：《发掘伟大的妇女力量——蒋夫人在招待重庆妇女界大会上讲话》，《妇女生活》1939 年第 12 期，第 1—2 页。

② 玉春著：《抗战建国中之妇女问题——蒋夫人昨对重庆市妇女界演讲》，《中央日报》1939 年 1 月 15 日，第 4 版。

③ 《中国妇女抗战的使命》，载王亚权总编纂：《蒋夫人言论集》（下集），第 739 页。

挥她的动员作用。所以，当时国统区的妇女工作终归不能像在敌后游击战场那样真正实现整体动员、热火朝天的局面。

（二）对妇女工作具体的谋划与推动

为了更好地落实妇女动员工作，宋美龄在向重庆妇女界做完动员后不久，就开始采取实际措施来推动各方面的工作。

1. 发起动员家庭妇女参加战时工作的运动

1939 年 1 月 23 日，宋美龄专程召集国民政府中央各部院长官夫人及妇女界领袖，商讨组织家庭妇女参加战时工作的事宜。在这次集会上决定由各机关长官夫人负责筹备组织妇女工作队，并分八项工作推进：协助征募工作、协助缝制慰劳品、协助救护工作、协助出征军人家属、协助救济难童、协助扫除文盲、协助手工业生产、协助宣传工作，由各工作队自行担任一项或两项工作。① 这次集会原定“由各人集合同志组织之”②，但显然这样的要求太过泛泛，缺乏动力和约束机制，因此，1 月底，宋美龄在再次召集行政、学术、经济等机关主管长官夫人，共同商讨动员各机关职员眷属的办法时，明确规定以每一机关为单位，直接隶属妇女指导委员会，并先就到会代表成立了 28 个妇女工作队，当场或等召集队员会议后由各队认领八项工作中的两项或两项以上的工作任务，同时规定每周举行队员会议一次，每月举行队长会议一次，共同商讨会务之进行。③ 如此以后，妇女工作队的组织和制度都较前有所完备。

当时参与此项组织工作的包括陈立夫夫人（教育部）、谭惕吾女士（内政部）、潘光迥夫人（交通部）、陈诚夫人（政治部）、马洪焕夫人（铨叙部）、马超俊夫人（中央党部）、何谦夫人（农本局）、徐绯明夫人（中国银行）、张继夫人（党史编纂委员会）、罗家伦夫人（中央大学）、谢纬鹏女士（金陵女大）、蒋志澄夫人（重庆市政府）、焦易堂夫人（最高法院）、何应钦夫人（军政部）、王世杰夫

---

① 参见《发动家庭妇女参加战时工作》，《中央日报》1939 年 1 月 24 日，第4 版。
② 《发动家庭妇女参加战时工作》，《中央日报》1939 年 1 月 24 日，第 4 版。
③ 参见《新生活妇女工作队组织成立》，《中央日报》1939 年 2 月 1 日，第 4 版。

人（参政会）、姚琮夫人（军委会）、张静愚夫人（禁烟督察处）、邓季惺女士（新闻界）、陈继承夫人（中央军校）、赵懋华女士（立法院）、张纯明夫人（行政院）、李青选夫人（财政部）、周守良夫人（中央银行）、沈青山夫人（交通银行）、康心如夫人（美丰银行）、程静观夫人（农民银行）、陈果夫夫人（中央政治学校）等[①]，影响面颇广，使动员工作形成一种辐射局面。

宋美龄还对这些长官夫人晓之以民族大义，号召她们"以身作则，实事求是，尽力发动女同胞，共同参加抗建工作，以期对国家民族有所贡献"[②]。一年以后，妇女工作队已增到33队，并在相关工作，如为前方将士征募寒衣运动中发挥了极好的作用[③]，宋美龄在嘉许妇女工作队的工作时，鼓励她们在所属机关中均应设立支队。[④]

2. 重视青年知识女性，希望她们能发挥应有的作用

为了发挥青年知识女性在动员抗战建国工作中的作用，宋美龄曾召集四川省中等以上学校教育行政系统女校长，在勉励她们以身作则努力推进"新生活运动"的同时，还号召她们以四川青年女子教育责任者的身份，"能训练学生切实明了新运真谛，努力实行新生活，真正爱护老百姓"[⑤]。宋美龄还在妇女干部的培训工作中坚持亲自授课，她克服了病痛的折磨，认真地履行一名教师的职责。

履行教师职责的宋美龄

① 参见《新生活妇女工作队组织成立》，《中央日报》1939年2月1日，第4版。

② 《新生活妇女工作队组织成立》，《中央日报》1939年2月1日，第4版。

③ 参见《蒋夫人昨设宴招待各妇女工作队队长》，《中央日报》1939年1月27日，第3版。

④ 参见《教部妇女工作队成立周年纪念》，《中央日报》1940年1月22日，第3版。

⑤ 《蒋夫人设宴招待川省听训女校长》，《中央日报》1939年2月25日，第4版。

宋美龄不仅重视妇女干部培训，而且深以为荣。1939 年秋，她到湘北前线慰劳伤兵、视察战地医院时，看到一百多名“新生活运动”妇女服务团员在她所经过的区域开展工作，她骄傲地称：“他们都是我去年训练出来的，他们的任务是与民众保持密切的接触，而在民众与军队间作连［联］络工作，他们的工作很成功，我们可以从处处见到的军民合作精神上得到证明。”① 宋美龄看到妇女干部培训工作的实际意义，对培训青年知识女性作为妇女工作骨干更具信心。

1940 年 1 月，“新生活运动”妇女指导委员会举办了第一届妇女高级干部训练班，人数达一百三十多人，毕业后将分发各省主持妇女运动。② 时值宋美龄手术康复之中，身体状况不佳，“成年累月地生活在多雾的重庆，连续数小时为师范学校的女孩们讲课，失眠和过度操劳，使她颅穴发炎，遭受到最痛苦疾病的折磨。在［1939 年］12 月，香港来的塔尔伯特大夫为她动了手术……不让她去进行公共演讲，他还竭力地劝她到阳光充足的地方去。蒋夫人感到自己不能离开总司令……她不甘欣然从命的另一个理由是，师范学校正在培养一个最为重要的班级，这一班的女孩将成为本校在全国各地附属学校的教师，她不能让学生们在领受她的几番教诲之前就走入社会”③。但由于“手术没有完全成功，休养是绝对必要”④ 的，宋美龄这才不得不暂时放下这项工作，于 2 月中旬至 3 月底到香港疗养。从香港返回重庆后，她仍然关注训练班的情况，并于 4 月 28 日主持了该班的毕业典礼，“即席致训，对该班

---

① 《从湘北前线归来》（下），《中央日报》1939 年 11 月 30 日，第 3 版。

② 参见《新运妇女干训班举行毕业礼　蒋夫人亲临致训》，《中央日报》1940 年 4 月 29 日，第 3 版。

③ ［美］埃米莉·哈恩著：《宋氏家族——父女·婚姻·家庭》，第 316 页。这里所说的“师范学校”应是指干训班所在的求精中学；“本校在全国各地附属学校”应是对新运妇女指导委员会在各地分会的一种误解。参见《新运妇女干训班举行毕业礼　蒋夫人亲临致训》，《中央日报》1940 年 4 月 29 日，第 3 版。

④ ［美］埃米莉·哈恩著：《宋氏家族——父女·婚姻·家庭》，第 316 页。

学员今后之工作多所指示，并深切勖勉”[①]。

随着抗战的进行，所需要的工作人员不仅在数量上增加，而且在能力水准上也要求更高。为适应形势需要，1940年9月，宋美龄指示“新生活运动”妇女指导委员会训练组举办为期两个月的第五期妇女干部训练班，定额300名，从重庆、成都、贵阳、泸州、万县、内江等六处招收高中毕业以上的女青年，学成后将分派至各乡村服务队工作。为使这项招收工作顺利完成，宋美龄发表了《告女界青年书》一文。

她首先说明“这次我们盼望能招收一批知识基础很优秀，服务志愿很坚定，爱国热诚最深厚的女青年”[②]。当然，这篇言论并不仅仅是针对这一期训练班的，宋美龄对形势的分析使人对妇女干部培训的目的一目了然：“我们的工作还不够，我们还没有动员到应该发动的中国女子的能力，就以四川一省来说，我们准备两年以内将我们推进生产，协助兵役，扶助抗战军人家属等工作，普及到四川全省一百三十余县，而我们现在已进行的，还只有三十四县，这证明了有如何广大的工作范围，等待着我们。”[③]

在《告女界青年书》中，她毫不掩饰参加战时工作的危险和困难，以及待遇微薄的事实，她充满感情地以“如果没有国家哪里还有我们个人的幸福”的道理来勉励女青年“牺牲自我”“尽国民责任”，她赞扬那些女同胞“为工作而牺牲了性命，至少牺牲了健康，许多人为过度辛劳而显得十分憔悴了，但大家的意志更坚定，精神更饱满，对国家民族的前途更乐观”，她们表现出“爱国家爱同胞的伟大的爱”。[④] 她号召“热心爱国的青年女同胞”，响应号召，踊跃来参加战时的实际工作。[⑤] 这篇言论使那些有志于参加抗战建国工作的女青年受到激励。

---

① 《新运妇女干训班举行毕业礼　蒋夫人亲临致训》，《中央日报》1940年4月29日，第3版。

② 《蒋夫人发表告女界青年书》，《中央日报》1940年9月20日，第3版。

③ 《告女界青年》，载王亚权总编纂：《蒋夫人言论集》（下集），第729页。

④ 《告女界青年》，载王亚权总编纂：《蒋夫人言论集》（下集），第729—730页。

⑤ 参见《告女界青年》，载王亚权总编纂：《蒋夫人言论集》（下集），第732页。

3. 积极动员妇女参加生产事业

战争摧残着本已脆弱的中国经济。宋美龄在动员妇女参加战时工作的过程中，也注重通过动员妇女参加生产事业，实现她们服务国家和社会的目标。一方面，她把动员妇女参加生产事业作为“新生活运动”的一个重要方面，要求各种妇女组织积极发展；另一方面，她自己也借助视察一些与生产事业相关的妇女组织来亲自推动这方面的工作。如1939年6月，她曾亲临“新生活运动”委员会妇女工艺社妇女干部训练班的毕业典礼，以示支持。这一训练班的毕业生将被分派到四川省各地，成立“新生活运动”委员会妇女工艺社分社十所，每所动员50个家庭妇女，即可动员500名，从事桌布、披肩等刺绣工艺，销往国外。宋美龄在讲话中，“勉励发挥后方妇女力量，增加生产，争取外汇，稳定战时金融，并以为人民服务，从事工作”①。当年10月，宋美龄又亲往“新生活运动”妇女指导委员会创设的纺织实验区，参加该区的周年纪念，该区以运用合作组织，动员农村妇女从事纺织生产，以供军民需要，借增强抗战力量为实验主旨。② 这是战时动员妇女参加生产事业的一种尝试，宋美龄的支持使这种妇女工合运动组织得以进一步发展。③

1940年以后，随着国内经济形势的恶化，宋美龄对妇女参加生产事业、以济时艰的重要性的宣传有所深化，把它提升到妇女工作的中心地位。这年的三八妇女节，她提出“男子应‘当兵’争取军事胜利，妇女应‘务农’增加经济生产”的口号。当年7月妇女指导委员会成立三周年时，她郑重地向妇女界提出：“际此抗战现阶段中经济的日增重要，我们除推进原有各种工作之外，更应切实策动妇女劳动生产。每一知识妇女，应深入民众，提倡妇女下田工作……希望今后成为妇女宣传与力行的一个中心。”④

---

① 《新运会妇女工艺社昨举行毕业礼》，《中央日报》1939年6月21日，第3版。

② 参见《动员农村妇女从事纺织生产》，《中央日报》1939年10月3日，第2版。

③ 参见《蒋夫人之训词》，《中央日报》1939年8月3日，第3版。

④ 《中国妇女抗战的使命》，载王亚权总编纂：《蒋夫人言论集》（下集），第740—741页。

4. 推动妇女慰劳工作

妇女慰劳会是全面抗战后，宋美龄参与发起的妇女工作之一，并始终予以重视。1939 年 8 月，在妇女慰劳会成立两周年纪念致辞中，宋美龄对妇女慰劳会总会工作提出了几点要求："第一，该普及我们的组织。"她认为单是各省成立了分会还不够，还应该进一步推动下面成立县会、支会，才能广泛地发动我们全国各地方的女同胞，来担任军民联系的工作。[①]"第二，应该作访问伤兵病院的工作。"她要求本会会员应该经常定时到伤兵医院里去慰问、去视察、去帮助，从而使伤兵得到充分周到的看护，减少痛苦。"第三，从本年度起，本会应该积极进行援助抗战将士家属和被难同胞的家族。"要使他们能得到职业以谋生计，可以创办各种手工业和简易的工厂，也可以用工业合作的方法，使他们一面生产，一面有以自养。"另外，我们也正在分别举办小规模的简易工厂、手工业和工业合作社，而这些事业实在应推广到每一省每一县任何地方。"此外，宋美龄还提出除物质贡献以外，精神的鼓励对实现战争的持久、士气的奋发旺盛才是最大的贡献，她希望全国女同胞在这一方面作更进一步的努力。[②]

宋美龄还根据形势变化的需要，及时调整慰劳工作安排。1939 年 9 月，秋风已起，严冬将至，征制棉衣慰劳前方将士成为当务之急，宋美龄即指示妇女慰劳会积极筹备发动全国妇女征募寒衣事宜，并亲自给各省主席夫人、各地妇女工作委员会、慰劳分会、各妇女团体、海外侨胞发电，发起征募棉衣 50 万件运动，得到各地妇女和国内外各团体的积极响应，并取得惊人成绩，两周内就募得代金 200 余万元[③]，最终以筹足代金 400 万元的成果取

---

① 参见《妇女慰劳会二周纪念席上蒋夫人之训词》，《中央日报》1939 年 8 月 3 日，第 2 版。

② 参见《蒋夫人之训词》，《中央日报》1939 年 8 月 3 日，第 3 版。

③ 参见《妇女慰劳总会征募棉衣五十万件　蒋夫人发起　各省响应》，《中央日报》1939 年 9 月 17 日，第 2 版；《蒋夫人领导下募衣成绩惊人》，《中央日报》1939 年 10 月 18 日，第 3 版。

得成功。[①] 征募冬衣的工作取得成功后，宋美龄又发起征募百万夏衣、鞋袜的运动，除致函各地分会及妇女团体努力响应赶制外，还在重庆市筹设缝制工场，招收抗属及难民妇女入场工作，给予工资。[②] 在宋美龄的领导下，妇女慰劳会为前方将士解决了不少实际困难，为鼓舞士气作出了巨大贡献。

宋美龄尽力做到率先垂范，站在妇女工作、战时动员和救助的第一线。1939 年 9 月至 11 月上旬，宋美龄到湖南和广西等地视察慰劳或代蒋介石到前线慰问伤病官兵，使很多人受到鼓舞，蒋介石也为之欣慰感动。他在日记中常有记载："开战以来，余妻对伤病官兵、难民、难童之爱护工作，其赤忱与热心，非任何人所能有，而于近月（指 1939 年 9 月前后——引者注）为尤甚。吾夫妻之爱情，因彼此爱国之故，而更成为知己之爱、同志之爱矣。"[③] "昨今两日（指 1939 年 11 月 2、3 日——引者注），妻往衡阳、邵阳，代余慰问伤病官兵，已可感激，而于赏给食品、衣物必亲手料理，丝毫不苟，其诚心尤可佩焉。""反省上周，由湘经桂回渝，妻代余到各处，慰问伤病官兵，使前方情感更进一步，于抗战之精神力量，增强非尠，今则因劳而致病，感念曷已。"[④]

抗战进入第五个年头，形势仍然没有太明朗的变化，饱受战火摧残的国人更需要精神上的鼓励和支撑。1941 年 8 月，在妇女慰劳会成立四周年的纪念会上，宋美龄在充分肯定该会所取得的成绩和所作贡献的同时，告诫大家"我们对于海内外这种普遍的称誉，觉得很感激很欣幸，可是不能让这些称誉来影响我们的工作"，"我们切不可随着赞美或诽谤而对于自己工作摇摆不定"。[⑤] 她鼓励大家发挥我们的民族精神，"身体的忍耐力虽然有限度，而我们内在的民族精神力量，却是无穷无尽的"，"当我们一步一步

---

① 参见《蒋夫人发起征募夏衣运动》，《中央日报》1940 年 1 月 21 日，第 3 版。

② 参见《蒋夫人发起征募夏衣运动》，《中央日报》1940 年 1 月 21 日，第 3 版。

③ 黄自进、潘光哲编：《蒋中正"总统"五记：爱记》，第 194 页。

④ 黄自进、潘光哲编：《蒋中正"总统"五记：爱记》，第 195 页。

⑤ 《中国妇女慰劳会四周年讲词》，载王亚权总编纂：《蒋夫人言论集》（下集），第 746 页。

在奋斗过程中前进的时候，它仍将继续供给我们以新的力量与新的生命”。[①] 宋美龄指示妇女慰劳会第五年度的工作计划，“要尽可能的注重于残废军人的安顿，我们要使他们有安适的生活，快乐的家室，要使他们自身及他们的家属准备生产事业，这样方能使这些有大功于国的战士……能够自足自给，以使他们更觉得自己的功绩可尊可敬”[②]。这些工作对安定人心发挥了积极的作用。

5. 谋划战时儿童保育工作

在社会上处于弱势地位的儿童承载着民族未来的希望，而战争的残酷性在儿童身上往往表现得更加狰狞恐怖。在这场由日本发动的侵略战争中，被掠走的中国儿童不仅要接受日本的奴化教育充当摧残同胞的炮灰，甚至还会沦为日本伤兵“活的血库”![③] 残忍的精神和肉体上的摧残，使抢救这些幼小的生命成为刻不容缓的神圣工作，宋美龄对此十分重视，并积极筹备和实施救援工作。可以说，对宋美龄作为联合发起人组织成立的战时儿童保育会在这方面所做的努力怎样的好评都不为过。

宋美龄一直都是喜爱孩子的，在她看来，在这民族的苦难岁月中，“中国有了孩子们，就有办法”[④]，所以，在难童问题上她倾注了很多的心血。宋美龄曾多次指示地方有关机构和战时儿童保育会抢救、收容难童。[⑤] 富于政治远见的宋美龄并不满足把工作停留在对难童抢救的层面，在持久战的考验中，她更加关注对难童的教养问题。在战时儿童保育会成立一周年纪念时，宋美龄对该会下一阶段工作重点的转移作了如下总结：“本会过去一年来之工

---

① 《中国妇女慰劳会四周年讲词》，载王亚权总编纂：《蒋夫人言论集》（下集），第 744—745 页。

② 《中国妇女慰劳会四周年讲词》，载王亚权总编纂：《蒋夫人言论集》（下集），第 745 页。

③ 参见寄洪记：《发掘伟大的妇女力量——蒋夫人在招待重庆妇女界大会上讲话》，《妇女生活》1939 年第 12 期，第 1 页。

④ 少春著：《国际妇女会欢迎蒋夫人：中西妇女情谊交融记》，《中央日报》1939 年 1 月 11 日，第 4 版。

⑤ 参见《蒋夫人关怀流浪儿童》，《中央日报》1939 年 2 月 25 日，第 4 版；《抢救鄂省难童　运后方保育　蒋夫人令宜昌站办理》，《中央日报》1939 年 4 月 4 日，第 3 版。

作稍偏于抢救方面，今后对教育方面，应更加注意，如何能使此辈小朋友成为民族优秀的永远继承者，必须在此时打下教养的基础。”① 由于时局和交通所限，这次纪念会范围有限，为了使教养难童的工作得以有效推进，1939 年 10 月 20 日至 29 日，战时儿童保育会又特别召开了战时儿童保育院院长会议，落实教养工作。

在这次战时儿童保育院院长会议上，宋美龄作了两次讲话，集中体现了她对难童实施教养的思想主张。在开幕致辞中，宋美龄以“怎么样陶冶这些儿童们，使成为国家健全的国民”为主题阐述了自己的观点。她认为，强健的身体是养成健全国民的前提，所以，首先必须注意儿童的健康和生活习惯，“使之具备现代国民的基础”②。第二是要培养儿童的人格，启发儿童的义务观念，使其“能自爱自立，具备高尚的人格，富有牺牲的精神，屏绝他们的倨傲心和依赖性”③。在这一点上，宋美龄特别强调：“如果有一个儿童自以为是保育院的院童，以为应该享受优待的，这就是我们教育的失败，我们要教导这些儿童们能劳动、能创造、能贡献、能为保卫国家民族和拯救同胞困苦而牺牲，才是我们教育和训练的要旨。”④ 第三是“要使儿童们知道国家困苦和物力艰难，要他们特别刻苦和俭约”。宋美龄强调“世上唯有生在苦难之中，而不知国家民族同胞困苦的人，是最没有价值的人，唯有愈困苦愈奋斗，立志牺牲自己，爱护国家，救助同胞的人，才是有出息有希望的人”，她要求主持保育院的同仁们“必须使儿童认识这一个意义”。⑤ 宋美龄在讲话中把培养民族新生的幼苗视为最神圣的使命，

① 《战时儿童保育会举行周年纪念　蒋夫人亲临致训》，《中央日报》1939 年 3 月 11 日，第 4 版。

② 《对儿童保育会院长会议致辞》，载王亚权总编纂：《蒋夫人言论集》（下集），第 720—721 页。

③ 《对儿童保育会院长会议致辞》，载王亚权总编纂：《蒋夫人言论集》（下集），第 721 页。

④ 《对儿童保育会院长会议致辞》，载王亚权总编纂：《蒋夫人言论集》（下集），第 722 页。

⑤ 《对儿童保育会院长会议致辞》，载王亚权总编纂：《蒋夫人言论集》（下集），第 723 页。

儿童保育院的工作重心就是要锻炼出特别精粹的国民，她希望保育院的工作人员能一致提高服务精神来完成这项神圣使命。[①]

这次院长会议闭幕时，宋美龄虽因其他工作未能到会，但仍为大会准备了“训词”，由他人代读。她重点谈了两个方面的问题：第一，做战时儿童保育工作不能单凭热情，更主要的是依靠理智，要正确认识持久战的意义，“今后一切的艰苦困难，只有一天天的增加”，只有“尽量发挥个人的理智，使我们的工作有了好基础，更有好办法”。[②] 第二，她再次重申儿童人格培养的重要性。她对当今世界“只有利害，没有是非，只重强权，不重公理”的现状感到失望，强调我们要培养勇敢正直的国民，来建立三民主义的国家作世界和平的支柱，“没有主义是危险的事”，保育院要使所保育的儿童“认识自身对国家民族对世界人类的责任［,］使他们成为三民主义的信徒”。她提议各院的教职员每星期要有一次关于训育儿童和讨论三民主义的会议，要充分讨论如何实行三民主义，如何使儿童们具有牺牲、奋斗、大公无私的高尚人格。[③] 这次为期十天的院长会议重点讨论的一个提案就是《战时儿童教育实施办法纲要》[④]，宋美龄的指示自然为此定下了基调。

二、坚信“中国永生”

从全面抗战开始以来，宋美龄对中华民族的抗战前途抱着一种坚定的信心，她坚信“中国永远不会给敌人屈服，屈服的不是这中华民族”，她充分相信“中国是永生的”。[⑤]

---

① 参见《对儿童保育会院长会议致辞》，载王亚权总编纂：《蒋夫人言论集》（下集），第 723—724 页。

② 《全国儿童保育会院长会议闭幕　蒋夫人致闭会训词》，《中央日报》1939 年 10 月 30 日，第 3 版。

③ 参见《全国儿童保育会院长会议闭幕　蒋夫人致闭会训词》，《中央日报》1939 年 10 月 30 日，第 3 版。

④ 参见《全国儿童保育会院长会议闭幕　蒋夫人致闭会训词》，《中央日报》1939 年 10 月 30 日，第 3 版。

⑤ 少春著：《国际妇女会欢迎蒋夫人：中西妇女情谊交融记》，《中央日报》1939 年 1 月 11 日，第 4 版。

（一）“我将再起”

1. 中华民族再生的希望

在抗战的第一阶段，宋美龄所作的对内宣传并不多，而把主要精力投在对外宣传与联络上。抗战转入第二阶段，形势的变化使宋美龄的活动重心也发生了变化，她更为关注对内的动员和宣传。1939 年 1 月 15 日，宋美龄在重庆对中国妇女团体发表演说时，态度坚决地表明她反对与日本议和的立场：“中国不能与日本言和，亦将不与之言和，余最近数度赴前线视察，前线士兵与民众虽受恐怖之痛苦与艰难，未闻其有何愿意言和的表示，仅至后方，始闻有若干勇气与信心两缺者有和平谈判之建议。”① 在此立场上，宋美龄积极致力于谋求中华民族在战火洗礼中获得重生的宣传，鼓舞全民族的抗战信心。

1939 年 1 月，为配合战时妇女工作的开展，国民党的《中央日报》在周六第六版特别开辟出《妇女新运》周刊，以便可以更迅速更广泛地推动抗战建国妇女工作的商讨，以及报道各方面的妇女消息与工作经验。

宋美龄应《妇女新运》周刊之约，从 1 月 15 日至 3 月 19 日，连续十周以《中华民族的再生》为题（后编辑成册时更名为《我将再起》），为周刊写了十篇专稿。这十篇文章从内容上来看，不局限于妇女工作，是宋美龄在抗战前及抗战第一阶段对中国存在的种种病态和抗日战争对中华民族前途命运影响思考的延续，其最主要的特点正如宋美龄自己所言：“文中曾将我国民族的缺点，作毫无避忌的陈说，希望我们人人能除旧布新，以应付当前的国难，并发扬我伟大的民族精神。”②

正如宋美龄在抗战第一阶段的对外通信中所提到的，她认为

---

① 《蒋夫人快话痛斥主和者》，《申报》1939 年 1 月 16 日，第 3 版。

② 蒋宋美龄著：《我们对于民主国家政策的观感——〈中华民族的再生〉代跋》，《中央日报》1941 年 3 月 17 日，第 4 版。

中国不会白白经历这场战争，将从中“获得国家的灵魂”①，“在灰烬中将诞生出新的民族生命来，发扬成一个完美的国家”②。这种观点延展成为这十篇专稿的主题——中华民族的再生。从总体上看，十篇专稿基本能反映出宋美龄所寄予的希望：“能有助于鼓舞纯正的爱国主义，并为强大复兴的中国奠定在一不可动摇的基础上，铺筑一条正确的路线。”③

宋美龄坚信：中华民族必将在战火中再生。宋美龄从伦敦圣保罗大教堂南门顶上刻有“我将再起”拉丁文字的深刻寓意说来，“这一个碑文，那么简劲有力的一个字，对于我们，对于目睹着同胞伤亡，家残国破的我们，尤其富有特殊的感动力，它将要深深地印刻在我们每个人的心头，鲜明地照耀在旗帜之上！”④ 宋美龄赞扬中华民族世世代代生生不息的奋斗精神：“中国的成为一个民族和国家，只因为她保有一种再生的力量，所以能够克服了几世纪来的天灾人祸，仍旧挺立天壤之间，屹然未动。”而这种再生的力量是“永不磨灭的”，同时代的人“都可以看到我们仍旧保有这种深厚的力量，正像我们几千年来历尽磨拆［折］为了保卫先人悠久遗产而作长期的奋斗一样，我们的历史，写着不少的事迹，处处显出了这种力量的伟大”。宋美龄断定：“在西部，我们将用我们那些天生的勇气，雄迈的肝胆，以及耐久的力量创造一个新中国出来——一个从战争的熔炉里锻炼出来的新国家。”宋美龄饱含深情地预言：“那个不朽的有着预言意味的拉丁字：‘我将再起’……就具体地表现了我们中华民族的精神。”⑤

她倡导全国：“处在现在这个时期，我们更应该把我们的国家

---

① 《复加拿大多伦多某君书》，载《蒋夫人言论汇编》编辑委员会编辑：《蒋夫人言论汇编》（卷四），第116页。

② 《致美国纽约某夫人书》，载《蒋夫人言论汇编》编辑委员会编辑：《蒋夫人言论汇编》（卷四），第118页。

③ 《我将再起——前言》，载王亚权总编纂：《蒋夫人言论集》（上集），第133页。

④ 蒋宋美龄著：《中华民族的再生》，《中央日报》1939年1月15日，第6版。

⑤ 蒋宋美龄著：《中华民族的再生》，《中央日报》1939年1月15日，第6版。

宋美龄

在精神的基础上重新建立起来，培育我们宝贵的文化传统，健全而圆满地建设起我们一切应有的建设。我们中国的人民既已经在精神方面动员起来从事建国的工作，我们一定能促使我们的民族和我们自己的生存权。我们不应当自馁，同时也不用害怕别人，我们可以从那个富有感应性的拉丁字 RESURGAM‘我将再起’当中得到启示，得到无限的安慰和荣誉，我们应该充分的利用这一种启示以完成我们民族的复兴。”①

2. “除旧布新”

宋美龄提倡爱国主义，宣扬中华民族具有不屈不挠的再生力量和民族精神，这是她的主要思想。但是，她又不是一般性的宣扬和提倡，而是站在批评者的立场，甚至站在道德评判的立场来告诫大家：我们中华民族有复兴的希望，但前提是只有把那些积弊改掉，我们才能有复兴的希望。宋美龄在多年的政治参与中，的确对中国人固有的狭隘落后的思想观念，以及不合乎现代文明（即指西方价值观念）的言行深有感触，认为这些是阻碍中国形成统一的民主强国和实现经济社会进步的主要障碍。

例如，她认为，在清代，中国就已有机会推行许多发展经济生活的计划，但是由于官吏们的“自私与愚昧”，“只晓得抓住了这种机会，作自饱私囊的企图，结果利令智昏，完全忘却了国家的需要。就是这班愚而且贪的官吏们把许多专门的企划家和有力的投资家排斥而去，使我们的国家，好些世代以来仍旧滞留在落后的农业生产时代而不能自拔”。她进而直言道：“不幸，这种无

① 蒋宋美龄著：《中华民族的再生（其十）——精神动员的重要》，《中央日报》1939 年 3 月 19 日，第 6 版。

节制的贪污的遗毒，尚存在于现在。”[1] 这种认识显然比她五六年前认为中国已经不存在腐败（虽然这种评价可能言不由衷）的看法要客观真实得多。又如，对七种痼疾，宋美龄认为它们“阻碍着我国的发展使我国不能进为世界第一等强国，到了现在更是延迟了我们抗战的胜利。特别是这抗战期间，竟还有不少的人利用了他们的地位，用爱国的面具，遮掩着自己的罪恶，不管怎么样民穷财尽，仍旧尽量搜刮，自［中］饱私囊，更足证明我所说的痼疾是如何的深重”[2]。

出于对这种现象的深恶痛绝，宋美龄在阐述她的观点过程中，言语犀利尖刻。例如，宋美龄指责一些当官的人，“大多数僭居高位的官僚，表面装出崇高的样子，心里渴望着获得那种不名誉的进款，就不能不假手于一班僚属替他们办理这种卑鄙的勾当。僚属们上行下效，也就养成一种独具的技能，倘不能从中得到利益，就想得出巧妙的办法，使谈判决裂，计划搁置”[3]。她把“爱面子”称为“这死命爱好‘面子’的劣根性”“这可恨的恶习”，认为这种恶习“损失我们国家无数的金钱，耽误许多富贵的光阴，贬损了我们国家的地位和利益”。[4] 她还说，“逃避责任”“是一般人通有的可耻病症”，“在公务员间其害实等于犯罪”。[5] 她在谈到妇女和家庭的责任时，批判道：“这不是优哉游哉的时候，大家应当知道，醉生梦死不肯负责的人，若不在这次战争结束以前受到淘汰，也必难逃于历史的批判。她们将受群众的蔑视，举国的唾

---

① 蒋宋美龄著：《中华民族的再生（其六）——解决国民经济问题》，《中央日报》1939年2月19日，第6版。

② 蒋宋美龄著：《中华民族的再生（其七）——七种致使的痼疾》，《中央日报》1939年2月26日，第6版。

③ 蒋宋美龄著：《中华民族的再生（其六）——解决国民经济问题》，《中央日报》1939年2月19日，第6版。

④ 蒋宋美龄著：《中华民族的再生（其七）——七种致使的痼疾》，《中央日报》1939年2月26日，第6版。

⑤ 蒋宋美龄著：《中华民族的再生（其八）——七种致使的痼疾》，《中央日报》1939年3月5日，第6版。

弃，因为这种习惯是可耻的而且无异于叛国。”[①] 她甚至提出：“如谓我们国家似乎受着国际上种种约束，我们不能归咎于别人，而应归咎于自己。”[②] 蒋介石对宋美龄种种批判的评价是：“若药不瞑眩，厥疾弗瘳”[③]（意为治愈重症，必用猛药），表示完全赞同。

宋美龄深信，反省是民族再生的前提。宋美龄以希腊哲学家苏格拉底的名言“认清你自己”为训，告诫国人：“为求建立一个强大统一的新中国，我们应该全体从事一番深刻的反省，对我们过去的种种缺点的评价，应该恪守诚实的原则，并应坦白承认我们以往的错误，俾求在将来一一加以匡正。”[④] 她所列举的问题主要包括以下几个方面：当政者和有公职的人应摒弃“不诚和腐化”[⑤]、“愚昧与自私”，扫除阻滞国民经济发展的根源[⑥]；知识分子应“解除那种卑屈的沉默所残留的桎梏”，“发展开明的舆论”[⑦]，负起教育民众的责任[⑧]；教师应该承担起启导学生的职责，使他们具有正确的爱国人生观和丰富的服务意识[⑨]；民众应摒弃“自私（营私舞弊）”“爱面子”“派别观念”“自暴自弃（没有法子）”“笼统含糊（差不多）”“缺乏自制能力”“逃避责任”这七种

---

① 蒋宋美龄著：《中华民族的再生（其九）——妇女与家庭》，《中央日报》1939年3月12日，第6版。

② 《我将再起——认清你自己》，载王亚权总编纂：《蒋夫人言论集》（上集），第141页。

③ 蒋中正著：《我将再起——序》，载王亚权总编纂：《蒋夫人言论集》（上集），第128页。

④ 《我将再起——认清你自己》，载王亚权总编纂：《蒋夫人言论集》（上集），第141页。

⑤ 《我将再起——认清你自己》，载王亚权总编纂：《蒋夫人言论集》（上集），第143页。

⑥ 参见蒋宋美龄著：《中华民族的再生（其六）——解决国民经济问题》，《中央日报》1939年2月19日，第6版。

⑦ 蒋宋美龄著：《中华民族的再生（其三）——培养公正舆论之必要》，《中央日报》1939年1月29日，第6版。

⑧ 参见蒋宋美龄著：《中华民族的再生（其五）——民众教育》，《中央日报》1939年2月12日，第6版。

⑨ 参见蒋宋美龄著：《中华民族的再生（其四）——大学及各学校的职员［责］》，《中央日报》1939年2月5日，第6版。

痼疾，打破阻滞社会进步的败德败行[①]；妇女应摒弃过去过严的束缚和现在过宽的放纵，投身于国家工作；家庭（特别是母亲）应该教育好子女，负担起对国家对后辈的职责[②]；等等。她希望通过这种批评揭露来警醒国人，实现“除旧布新”“民族再生”的历史使命。

宋美龄不满干扰抗战的不良行径，号召社会各界起来维护国家利益。“我们每一个人的责任是洗除我们民族记录中，不诚和腐化的古老污迹。”“我们所在后方的人都应严密的监视，是否一切公帑以及一切努力，都确实充分地应用于我们老百姓正在受尽煎熬的、乃至我们的士兵正在生死以赴的义战。”[③]

3. 社会各阶层为民族再生贡献的途径

对于社会各阶层为民族再生贡献的途径，宋美龄也进行了思考，并提出建议。对最有能力扰乱秩序的公职人员，宋美龄要求他们放弃旧日那种“官吏是人民的主人翁”的腐败说法，指出：“凡接受公职的人决不应忘记，且亦不可忘记他是人民的公仆，因为他的薪酬是取自人民的。他的一切行动，都应依照这种认识而进止；而且应该极力作到无可非议的圆满，并应力图间接以至直接为人民有所效力。”[④]

对于知识阶层，宋美龄仍坚持要他们发挥舆论引导的作用。“这里正有一条给我们智［知］识分子施展才能贡献精力的大道。凡是大众间存在着愚昧的地方，我们必须努力于这种愚昧的破除。

---

① 参见蒋宋美龄著：《中华民族的再生（其七）——七种致使的痼疾》，《中央日报》1939 年 2 月 26 日，第 6 版。这七种痼疾后来经过修改，表述稍有不同：自私自利、面子、朋党、失败主义（没有法子）、不求正确（差不多）、缺乏律己性、规避责任。参见《我将再起——七大痼疾》，载王亚权总编纂：《蒋夫人言论集》（上集），第 169 页。

② 参见蒋宋美龄著：《中华民族的再生（其九）——妇女与家庭》，《中央日报》1939 年 3 月 12 日，第 6 版。

③ 《我将再起——认清你自己》，载王亚权总编纂：《蒋夫人言论集》（上集），第 143 页。

④ 《我将再起——认清你自己》，载王亚权总编纂：《蒋夫人言论集》（上集），第 144 页。

凡是有发展公意可能的机会，都要让这种公意，为了实现良好、开明、正直的政治而集中起来。”她认为：“欲使人民的呼声结晶化，而能发生实际的效力，必得着重于导引政治兴趣，使运用于适当的方向［。］假若有时须要批评，那必得是积极的批评，而不是消极的谩骂。发表意见的自由不论是个别的或集体的，都不能离开公共应守的秩序和法则，都要以自己约束自己为特征，再则应用这种发表意见的自由，必需［须］是为了大多数人的最大幸福。”① 除引导舆论以外，宋美龄还要求知识分子尽到提携民众的义务，“凡是知识份［分］子……他们第一步先应当认识他们对愚昧同胞应尽的义务，他们务必无限制地帮助民众使他们每一个人都觉醒公民的职责，明了国家的要政以及将来如何适当运用他们应享的参政权”②。

知识阶层中大中小学校的教师则可以更直接地承担服务国家的责任。宋美龄指出：“全国的学府，都是最先接触青年们易受感应的心理的机构，所以我们的大学、专门学校以及各级学校，对于贡献国家，就有了特殊的机会。我们未来的国民品格、民族精神，都由这些学校给予学生的基本训导和学习的方式来决定的，是优良，是恶劣，是高尚，是卑下，学校教育操着决定的全权，一切身为教师的人们，实在是每一个人都负着十分严重的责任。”③ 这段话体现了宋美龄对学校教育责任及其影响的总体认识。对于教师的职责，宋美龄强调：“教师们必须时刻记着为光大我们民族未来的命运，为增进我们国家的利益，必须鼓舞青年们脆弱的心灵，使他们对于爱国的人生观有正确认识，同时须养成他们丰富的服务意识，更须教导他们，使他们明了以所得的知识造福同胞才是教育的基本用意，使他们将来立身处世都能不愧为真正的大

---

① 蒋宋美龄著：《中华民族的再生（其三）——培养公正舆论之必要》，《中央日报》1939年1月29日，第6版。

② 蒋宋美龄著：《中华民族的再生（其五）——民众教育》，《中央日报》1939年2月12日，第6版。

③ 蒋宋美龄著：《中华民族的再生（其四）——大学及各学校的职员［责］》，《中央日报》1939年2月5日，第6版。

丈夫……等到他们成熟而毕业的时候，他们的心中就自然沸腾着一种为国服务的无餍欲望。这至少是我们教育的目的。”①

对于学生，宋美龄强调应该注意培养他们的服务观念。宋美龄认为：“使学生们凭着他们实际的经验，对邻近学校的居民，作实际而有系统的帮助，或是在假期里面，帮助他们的邻里乡党，这样在青年时期，我们就可以利用这种直接接触民众的机会使他们尝到济困扶弱所得的快感，并且，他们在学校里享到了教育的利益，知道这种学校乃是化［花］费了民众许多血汗才建立起来的，如今能用自己的知识来直接报答民众，一定觉得兴奋而安慰。”②

对于普通民众，宋美龄强调注重对他们实施教育。她认为：“民众教育的目的，应为教导民众能读能写，能够思维；一方面帮助他们革新生活情况；增进生计；改善耕耘畜牧；增加原料的生产；发展农村实业，合作会社，俾以自己生产的原料制成应用的物品。”宋美龄借用孙中山的思想：“人心就是立国的大根本”，主张对民众教育的真正目标是“训导民众迅速而完美地成为现代国民”，“是努力来奠定民众负荷爱国责任的初步基础”。为实现这一目标，她号召知识分子和爱国绅士都尽己所能来推进教育民众的事业。③

对于妇女，宋美龄寄予了厚望。她写道：“在争取抗战胜利，完成民族复兴的工作上，妇女们的贡献，现在已日见其重要了。”她认为，今天的中国妇女不但具有国家意识，而且还兼有慈祥和温柔两种天赋品质，“这种特有的品性，在我们全民族抗战建国的伟大工作上使女子更适宜于特殊方面的服务”。宋美龄推崇“理重于才”的古训为千古不易的至理，相信“任何女子，倘若她要对

---

① 蒋宋美龄著：《中华民族的再生（其四）——大学及各学校的职员［责］》，《中央日报》1939 年 2 月 5 日，第 6 版。

② 蒋宋美龄著：《中华民族的再生（其四）——大学及各学校的职员［责］》，《中央日报》1939 年 2 月 5 日，第 6 版。

③ 蒋宋美龄著：《中华民族的再生（其五）——民众教育》，《中央日报》1939 年 2 月 12 日，第 6 版。

国家的进展有所贡献，一定是贤妻良母，同时是良好的国民，我们教导后辈，也应当以此作为标准”。而现代母亲“不仅教导子女为家庭中一个健全分子，还要把她们的子女扶育成有益国家的良好公民，这种原则在目前更有迫切的需要”。“因为我们要完成抗战建国的事业，就必须培育出多数的人才，继续担当冲破艰难的工作。这种艰巨的工作，应当由做母亲的先从她们本身做起。先得在人格方面作勇敢的改进，她们必须革除怯弱自私和冷淡旁观的缺点，确立起为抗战而不断工作的意愿。”抗战胜利后，母亲们更应教导子女投身于千载一时的伟大的建国事业中，负担国家的工作，促进整个民族的利益。①

4. 思想中的印痕

宋美龄

中国人正在觉醒，中国在战争中重新找到了国魂，这是在抗战第一阶段宋美龄就已得出的印象，这种印象在抗战的第二个阶段更为深化，并转化为《中华民族的再生》系列文章。这是战争进入相持阶段后，面对遥不可期的和平目标，人们精神容易产生懈怠的情况下，宋美龄为国人提神醒脑的一剂良药。在艰苦的抗战环境中，宋美龄不悲观失望，不消极等待，她为伦敦圣保罗大教堂门口上刻有“我将再起”碑文的石头所具有的不朽的预言意味所感动，有感而发，创作了这一系列文字，充分体现了她积极的政治人生态度。专文发表后，“极获读者欢迎”，使宋美龄感觉到欣喜，更使她深信：“我们开始抗战以来的成就已经不止做到了全国的统一了。这次的战争已经把一般痛苦而爱国的人民

① 蒋宋美龄著：《中华民族的再生（其九）——妇女与家庭》，《中央日报》1939年3月12日，第6版。

震醒过来”①，“这战争，把我们从以前那种麻痺［痹］的状态中觉醒过来，激起了我们无限勇武的精神”②。

也许是时间仓促的原因，《中华民族的再生》系列文章所涉及的问题有些杂乱，缺乏层次，而且还有重复论述的现象，文章在风格上也存在明显的差别。1940 年 6 月，以《我将再起》为题把系列专稿编纂成册时，加上了两篇文章——《新生活运动》和《中国妇女工作》，使杂乱的感觉更为明显。但瑕不掩瑜，当时，正值国民政府国防委员会拟订“国民精神总动员方案”出台之际，宋美龄的“民族再生”论成为国民精神总动员的先声。系列文章的影响不断扩大，宋美龄在国内和国际的影响力也随之提升。

值得注意的是，《中华民族的再生》系列文章除呼吁社会各阶层主动承担抗战建国的责任，期望各方面能共同努力以达成中华民族再生目标以外，也体现了属于宋美龄个人的某些思想特征的印痕。这些印痕是早年政治社会化过程中的产物，也将伴随宋美龄一生延续下去。例如，宋美龄在最初发表的《中华民族的再生》系列专稿中，都是使用“国民”一词，1940 年 6 月，这批专稿汇集成册出版时，都改用了“公民”一词，可见，宋美龄意在强调中华民国的再生是要向现代国家的目标迈进，而她关于公职人员与人民的关系、公意和舆论的培养、要民众养成公民意识等思想，也完全符合她对民族再生而成现代国家的期望。

又如，宋美龄在破解中华民族再生这个恢宏命题时，选择的切入点竟是批评和责难，她真诚地希望“这样地责难着社会的各个部份［分］”，“能播下全国响应的种子”。③ 这表明她内心深处更注重从精神和道德的角度，而非从经济或政治的角度来解析中国。这一方面多少暴露出她政治理论的薄弱，就像她早年感叹自

---

① 蒋宋美龄著：《中华民族的再生（其七）——七种致使的痼疾》，《中央日报》1939 年 2 月 26 日，第 6 版。

② 蒋宋美龄著：《中华民族的再生（其六）——解决国民经济问题》，《中央日报》1939 年 2 月 19 日，第 6 版。

③ 蒋宋美龄著：《中华民族的再生（其十）——精神动员的重要》，《中央日报》1939 年 3 月 19 日，第 6 版。

己没有足够的政治史知识一样①，她此时虽然已经在政治上有了很大进步，但从学理的角度她还是无能为力，只能凭着自己的感觉来发表议论。

另一方面则是因为宋美龄自视清白高洁、能够尽职尽责，才敢于这样高高在上地发出如此责难，敢于承担这种教育和引导的责任。对于自己一再的揭穿和责难，宋美龄显然早已意识到这样做会不受欢迎，但她并不因此而退缩，反而立论于国家、民族前途命运的高度，反复强调这种揭穿、责难的必要。例如，她说："为使抗战早日得到胜利，并且使这次战争，永久奠定了建设国家的稳固基础起见，我们必须先就现在情况作一个切实的估计；同时要把阻碍我们达到成功的各种痼疾，作一个毫无掩蔽的精细剖析。"② "如果当我们的国家，真正能专心致志地着手于内部的清除和整理，使她像一间屋子那样弄得秩然有序，那末不要多少时间，就可以在那些擦得又光又亮的家具上反映出我们民族的本来面目来。因为渴欲看到这光明的场面，我就受这种爱国欲望的驱使，愿意在这个全盘清除的服役中，尽我一分的心力，并且不顾忌讳的把那黑暗的角落，公开的在阳光底下展露开来［。］当然有许多人宁愿因陋就简，讳疾忌医，可是为了国家的光荣，为了使国家进步而有秩序，我们就不能有所顾忌而要负起我们应尽的义务。"③她承认"或许过于率直了些，把若干传统的痼疾，说得赤裸裸地全无隐讳"，她说自己之所以明知故犯地这样做，"实因我觉得这是必要的，我们必先了解了自身最坏的缺点，然后可望除旧更新，获得最完美的境地"。④

① 《宋美龄写给艾玛的信》（1918 年 3 月 6 日），载《宋美龄文集》（未刊稿），南京大学中华民国史研究中心藏。

② 蒋宋美龄著：《中华民族的再生（其七）——七种致使的痼疾》，《中央日报》1939 年 2 月 26 日，第 6 版。

③ 蒋宋美龄著：《中华民族的再生（其八）——七种致使的痼疾》，《中央日报》1939 年 3 月 5 日，第 6 版。

④ 蒋宋美龄著：《中华民族的再生（其十）——精神动员的重要》，《中央日报》1939 年 3 月 19 日，第 6 版。

当后来这些文章以《我将再起》为名编纂成册时，蒋介石特意为之写序，毫无保留地支持宋美龄这种批判的立场："作者于撰写此书时，由于她的宗教热忱和爱国心驱使，曾极力指出中国民族的许多缺点，盖欲求中国复生，这些缺点是必须要加以匡正。掩饰和隐藏她的同胞的弱点的诱惑并非没有，但她的良知不容许她那样作。"①

然而，虽然出发点是值得肯定的，所言也诚挚感人，但后来的事实却让人对这种道德的说教和评判生出另一种感想：一者说教者自身虽能以清高自诩，却不能以清高自保，亲属在宋美龄身边的腐败并没有引起她足够的重视和纠正；二者这些道德上的评判虽然具有一定道理，但并没有抓住中国社会的真正病根，自然也难以产生真正的吸引力和教育意义。

再如，宋美龄在《中华民族的再生》系列专稿中仍突出地体现出她把自己所能依靠的主要力量限制在知识阶层的局限性。虽然宋美龄在外国传教士的影响下对本国人缺乏信任感，但她对大多数有能力的国人仍未行动起来感到强烈不满，她急切地希望更多有能力的人主动参与到国家所需要的工作中去。同时，她对共产党所主张的发动群众的做法既感到恐怖，又感到不解，所以，她把自己宣传和发动的对象集中在中产阶级以上，她特别注重选择有知识的阶层作为推动工作所能依靠的主要力量。因此，她宣传和动员的对象也以这些有知识的阶层为重点。

宋美龄在这十篇专稿中反复提到知识分子或知识阶层，向他们发出明确而有建设意义的号召："这里正有一条给我们智［知］识分子施展才能贡献精力的大道。凡是大众间存在着愚昧的地方，我们必须努力于这种愚昧的破除。凡是有发展公意可能的机会，都要让这种公意，为了实现良好、开明、正直的政治而集中起

---

① 蒋中正著：《我将再起——序》，载王亚权总编纂：《蒋夫人言论集》（上集），第 129 页。

来。"[①] 宋美龄把启迪民智的希望都放在知识分子身上："要启迪全国民众的智识，养成健全的公意，并且把他们的能力完全引到建设新中国的路上去，就需要智［知］识份［分］子贡献他们所有的精力才能，为国家民族来尽力。"[②] 她认为，如果知识分子不能承担起这份天职，他们"将无逃于后世的责备，以及国外的讥评"[③]。她希望知识阶层能够认清形势，激流勇进，从而成就自身也是整个国家的大业，"这是千载难逢的良机，要唤起一切有资格有学识的人们，为国家作急剧的革新"[④]。"使我们知识阶级都能通力合作，在行政经济等各种事业中革除那些陈腐的、浪费的、毫无效率的旧方法，以及一切不良的风气和习惯，我并且抱着同样的热忱，渴望知识分子迅速采用已著成效的新方法，尽他们的智慧，忠诚与力量，开发我们所蕴藏的人力与物力，使抗日战争早日胜利，从这次牺牲了这许多同胞，这许多资财的战争洪炉里，镕铸出一个新的中华民国来。"[⑤]

这种思想与宋美龄在前一阶段的思想是一致的，而且在她一生中都不曾改变她对知识阶层的这种期望。宋美龄把中国的知识阶层视为社会中上层最有活力的代表，所以，才会对他们寄予如此厚重的期望。当然，更为关键的是，对知识阶层的重视和习惯于高高在上的评判，还反映出宋美龄的精英情结。宋美龄青年时代受到过美国"进步主义运动"的深刻影响，而她自己在中国的社会大环境中也处于精英阶层之中，这些都可以导致她对精英阶层中最有活力的知识阶层特别感兴趣，即使谈不上像对外国传教

① 蒋宋美龄著：《中华民族的再生（其三）——培养公正舆论之必要》，《中央日报》1939年1月29日，第6版。

② 蒋宋美龄著：《中华民族的再生（其四）——大学及各学校的职员［责］》，《中央日报》1939年2月5日，第6版。

③ 蒋宋美龄著：《中华民族的再生（其五）——民众教育》，《中央日报》1939年2月12日，第6版。

④ 蒋宋美龄著：《中华民族的再生（其十）——精神动员的重要》，《中央日报》1939年3月19日，第6版。

⑤ 蒋宋美龄著：《中华民族的再生（其十）——精神动员的重要》，《中央日报》1939年3月19日，第6版。

士那般的信任，但至少对他们是有好感的。宋美龄把希望寄托在这些有知识的精英阶层身上，想通过他们向普通民众发号施令，来达到政府的意图。这种做法本身实际上也是国民政府精英政治的一种体现，同时也是宋美龄政治归属的一种体现。

（二）对西方国家的观感与对中国国际地位的思考

抗战以来，宋美龄对西方国家对待日本发动侵华战争所持有的“骑墙”态度深为不满。西方国家的政府和民间表面上存在着明显的不同——政府对援华不积极，而民间对华则表现出极大的同情和支持，但实际上西方国家的政府与民间并无本质上的冲突——他们谁都不想卷入中日战争。所以，民间表面上的支持与同情，距离中国所要求的西方国家对日本采取实质性的遏制措施还相差得太远，对此，宋美龄在长期的国际宣传中早已深有体会。在战略相持阶段，宋美龄的侧重点虽在国内的宣传和动员上，但对国外的宣传也没有忽略，她在短暂的沉寂后，开始恢复了向西方国家的宣传，驱动西方国家尽早认清自身维护正义的职责和正视中国的国际地位。

1. “向文明挑战”

1939 年春季，因在妇女工作方面的卓著贡献，美国纽约妇女俱乐部联合会授予宋美龄金质奖章——这一奖章向来只授予国际妇女界著名领袖人物，25 年间连宋美龄在内只有七人膺此荣誉，被视为国际间稀有之荣典。[①] 宋美龄对此并未表现出太高的兴致，她借申谢的电文，仍旧率直地表达敦促美国改变立场的要求：“吾人现正以全力挣扎，捍卫祖国，此项奖章，当为美国妇女对中国妇女友好同情之表示……吾人为□念未来之子孙福利起见，亟盼美国妇女，即能发动断然之步骤，以遏制此空前之侵略行动，俾国际道义、及条约之尊严，得以维系不坠。反之，□侵略者逞暴不已，举世俱□受暴力之统治，民主政治，将因之解体，而人类

---

① 参见《美妇女俱乐部联会赠蒋夫人金质奖章》，《中央日报》1939 年 2 月 7 日，第 3 版；《纽约妇女俱乐部联合会赠蒋夫人荣誉奖章》，《中央日报》1939 年 3 月 18 日，第 4 版。

文明，亦将横受阻碍。”[①] 这段话所表达的意思虽然与之前没有什么不同，但在口气上却明显少了几许浮躁不安，多了几分镇定自若，这种变化实际上是在抗战进入相持阶段后，宋美龄的政治心态正渐趋成熟和稳定的体现。

宋美龄

1939 年是西方国家对中日战争的态度由原来的暧昧、纵容开始发生转变的关键一年。1938 年年底，日本首相近卫文麿发表所谓“东亚新秩序”的声明。几乎同期，日本提出修改九国公约的无理要求，企图迫使英美等西方国家退出东亚，推行其独霸计划。[②] 这种迹象正好验证了包括宋美龄在内的国民政府一直以来向西方国家提出的警告：日本的野心不独在中国，它终将危及西方国家的切身利益。由于日本狂妄自大，威胁到西方国家在东亚的根本利益，西方国家不可能再保持沉默了。

美国首先于 1938 年 12 月作出表态，不会坐视其利益遭到日本所谓“新秩序”的排挤，坚称自己在远东有自己的权利和义务。紧随其后，英法两国也向日本发出照会，否认武力改变九国公约决定的国际秩序的合法性，警告日本勿排挤它们在中国的权益。[③] 1939 年 1 月 4 日，罗斯福在国会发表演说，发出“抵抗侵略国家”“坐视他国被侵必自蒙害”的告诫，并提出民主国家有联合之必

---

① 《美妇女俱乐部联会赠蒋夫人金质奖章》，《中央日报》1939 年 2 月 7 日，第 3 版。

② 参见《九国公约能修改吗》，《大公报》1938 年 12 月 10 日，第 2 版。

③ 参见张宪文等著：《中华民国史》（第三卷），第 116 页；《美国之巨吼　英国或亦对日提出照会　两国均在考虑经济报复》，《大公报》1939 年 1 月 4 日，第 2 版；《英国对日照会发表　光明磊落义正词严》，《大公报》1939 年 1 月 17 日，第 2 版；《法国照会送达东京　国联考虑我国提案》，《大公报》1939 年 1 月 20 日，第 2 版。

要。[1] 西方国家对日本态度的强硬使中国感到振奋。

然而，日本并不以此为戒，仍然一意孤行，扩大战事。2 月，媒体以《太平洋上之“九一八”》为题，报道了日本进犯海南岛，发动南进战事的消息。[2] 日军强占南洋制海权，这是日本在战略上先发制人，以利于对英法美等国在东南亚的势力范围形成直接威胁的手段。在这种情况下，西方国家采取何种态度应对，不仅对东亚战事的发展，而且对这些国家的东亚利益将有至关重要的影响。

在此背景下，宋美龄于 2 月 18 日从重庆发出了一封《致美国的小朋友》的信函。这当然不是一封简单的信函，虽然从头到尾都以一种相对柔和的语气在叙述，几乎没有用到血腥字眼儿，甚至还用“乘龙归天”这样让人遐想联翩的词来避免“死亡”字眼儿的恐怖刺激，但信中却真实地再现了中国难童的血泪经历，那种沉重和悲哀会无声地流淌进每个读者的心田，令人无法无动于衷。在信中，宋美龄在叙述中国难童的悲惨遭遇时，连续两次说道：“我希望你们永远不会看到这种景象”；“我祈祷着——你们也应当这样祈祷着——你们的妈妈和爸爸，永远不要碰到这样的情景”。[3] 这也许既是一种真诚的愿望，也是一种暗示！在信的结尾处，宋美龄特别委婉地提到日本正在扩大战争，“当你听到日本扬言着轰炸或占领更多中国城市的时候，你就可以推想到又有无数的儿童乘龙归天，或失去了父母而孤苦无依，他们只有靠着全世界慈善家的仁爱与援助，方可免于冻饿”[4]。这又何尝不是对西方国家的一种提示呢！

19 日，巴黎晚报登载了宋美龄与法国记者的谈话，除表达中国有团结抗战奋斗到底的决心以外，特别谈及法国在远东的利益

---

① 参见《美总统国会演说》，《大公报》1939 年 1 月 6 日，第 3 版。

② 参见《太平洋上之“九一八”》，《大公报》1939 年 2 月 12 日，第 2 版。

③ 蒋宋美龄著：《致美国的小朋友》（续），《中央日报》1939 年 4 月 9 日，第 4 版。

④ 蒋宋美龄著：《致美国的小朋友》（续），《中央日报》1939 年 4 月 16 日，第 4 版。

问题。宋美龄引用蒋介石的观点："世界各国，凡未采用极权政治者，日本务欲将其摈诸中国之外，此可由该国各阁员及将官所发表之宣言，洞烛无遗，准此而论，中国一方面既为本国独立而奋斗，一方面即所以维护本国与各友邦友好相处通商自由之权利，是已不言而喻，法国既在远东保有重大利益，自当记取此层。"[①]这种提醒当然不是仅仅针对法国，对英国和美国也同样适用。

但此时，无论是美国还是英国和法国，都仍然没有下定要与日本摊牌的决心。美国国内的孤立主义者和集体安全体系支持者之间关于修改"中立法案"的争论[②]暴露出他们对中国利益和中国在争取世界和平斗争中所起重要作用的忽视。[③]美国太平洋所属各舰队虽然在4月被从大西洋召回太平洋[④]，但也并没有震慑住日本的扩张野心。日本反而变本加厉，一方面对南太平洋上大片领土提出要求，在上海公共租界和厦门的鼓浪屿加紧制造紧张局势，并向英国就天津租界发生刺杀伪"维新政府"汉奸事件发难[⑤]，不断以强硬的态度挑战西方国家在东亚利益的底线；另一方面日军加大了对中国的打击力度，5月3日和4日，日本战机疯狂地对重庆连续两天进行了大规模轰炸，造成了超乎想象的无辜平民伤亡和财产损失。而这只不过是日本大规模轰炸重庆的一个开始而已。

在满目疮痍中，宋美龄把原定对澳大利亚听众进行广播的内容临时更改为向全世界痛陈日本在重庆的轰炸暴行。澳大利亚一贯追随英国的政策，此时仍对中国抗战持消极态度，主张对日本妥协，所以改变澳大利亚的态度，也是改变西方国家态度的重要一环。宋美龄在广播中说："以轰炸来大规模屠杀无辜平民，真是这文明时代所产生的最可怕的发明。民众们虽远离战区，可是生

---

① 《蒋夫人对法记者谈话》，《中央日报》1939年2月21日，第2版。

② 参见［英］阿诺德·托因比主编：《第二次世界大战史大全（2）——大战前夕（1939年）》，劳景素、复旦大学历史系世界史教研室译，上海译文出版社1995年版，第1011—1014页。

③ 参见《社论：美国中立法修正问题》，《中央日报》1939年4月13日，第2版。

④ 参见《调太平洋美国舰队》，《中央日报》1939年4月30日，第3版。

⑤ 参见［英］阿诺德·托因比主编：《第二次世界大战史大全（2）——大战前夕（1939年）》，第1024、1026页。

1939 年 5 月 3 日，日机轰炸重庆

命的安全仍随时受到威胁。然而，交战的国家，决不能藉轰炸以获得胜利。”她把这种屠杀比喻为“作战神麦尔斯祭台上的牺牲”，把重庆比喻为意为“骷髅地”的基督受难地①，以使西方人可以从这些宗教寓言中更清楚地了解这两次大轰炸的惨状。她同样表达了，即使如此，中国也将抗战到底的决心：“我们的抗战，是为了保卫我们的大地河山、我们的主权和我们的自由，除非我们的领土，浸透了四万七千万同胞的碧血，敌人是不能使我们屈服的。”②在演讲中，她再次使用了这样的句式：“我由衷地希望，世界上任何城市，不要再受到这同样的灾难。”③ 但这次，她并未止步于此，而是进一步地阐述日本将扩大侵略而置澳大利亚于险境的可能及危害，“你们的资产大都集中于沿海和内地的若干都市，而内地还是少数”，日本轰炸“足以给贵国人民以致命的打击，而弄得毫无

① 参见《蒋夫人向澳洲播讲 痛斥敌机暴行》（国际宣传处译），《重庆各报联合版》1939 年 5 月 11 日，第 1 版。

② 《蒋夫人向澳洲播讲 痛斥敌机暴行》（续）（国际宣传处译），《重庆各报联合版》1939 年 5 月 12 日，第 1 版。

③ 《蒋夫人向澳洲播讲 痛斥敌机暴行》，（国际宣传处译），《重庆各报联合版》1939 年 5 月 11 日，第 1 版。

办法”。宋美龄还用“中国倘停止抗战”的假说，推测澳洲和南洋一带的安全将更加毫无保障。宋美龄告诫澳大利亚不要指望欧洲国家会在战火烧来时主动援助它，因为他们自顾不暇，“欧洲国家决没有分派海军来保护你们的余力”。她连用了几个反问来加重语气，促其正视现实：“日本这样的一个侵略国家，倘加上了从我国掠夺到手的资源，进犯澳洲，你们七百五十万人的抵抗是不足妨碍它的，这种可能的危机，你们考虑过没有？中国，你们北方的屏障，如今所发生的情态，诸位知道它的意义的重大吗？你们矿山区和城市的人们，知道中国苟削弱灭亡，结果将累及澳洲吗？”她毫不客气地向澳大利亚指出：“中国如不能继续抗战，如不能把敌人完全逐退，其意就等于给举世的民主国家以莫大威胁，这种威胁，第一步先将危及澳洲，把和平肃穆的澳洲，变成血和火的废墟。”她在分析了日本对澳大利亚的土地和资源早已有垂涎欲滴的渴求，暗示澳大利亚有可能成为下一个日本扩张势力的跳板之后，话锋一转，直指西方国家漠视支援中国抗战的后果：“中国倘因民主各国的袖手旁观而不幸灭亡，同时也就是澳洲绝大的不幸。”① 这篇广播稿虽是面向澳大利亚的，实际上是在催促澳大利亚赶快觉醒，同时也是在敦促美英支持中国抗战。

宋美龄随即又借申谢美国的大学赠予博士学位的机会，和以致母校学生公开信的方式，继续表达同样的感想。在“申谢”中，宋美龄谈道：“考正义与国际法各种原则，乃系民有政府之基础。此项原则倘若毁灭，即无一国能安全存在。”② 在公开信中，宋美龄详述日本5月3日滥炸的情形，称之为日本冷血屠杀显著之一例。她重点强调：“若非美国坚决反抗侵略行动，则美国人民必难逃于今日中国人民之所遭遇，此事即将见之于下一代美国人民亦

---

① 《蒋夫人向澳洲播讲　痛斥敌机暴行》（续）（国际宣传处译），《重庆各报联合版》1939年5月12日，第1版。

② 《美纽杰赛州大学　赠蒋夫人名誉学位》，《重庆各报联合版》1939年6月5日，第3版。

未可知。”①

当然，宋美龄明白只要推动这些国家支持和同情中国抗战的舆论，就会对中国的抗战产生莫大的慰藉作用，她并不奢望她的言论能从根本上改变西方国家的政策。当时，绝大多数美国人虽然反对卷入任何战争，但“他们很久以来就已不安地注意到他们自己的国家正以提供战争物资的方式援助日本进行反华战争”，并有许多团体要求国会通过立法禁止对日本输出这类物资。② 日本在中国和东亚的侵略行为，严重侵犯了美国在这一地区的利益，而日本与德、意结盟的可能性加重了美国对这个东亚的战争狂人的警惕。在对日本的种种告诫都无济于事，而美国国内反对向日本提供战争物资的舆论日渐高涨的情况下，美国政府终于打破了沉默。7 月，美国照会日本：6 个月以后，将废止美日两国之间的现行商业条约，“以便在新的形势发展可能需要的情况下，更好地保障和促进美国的利益”③。美国对日本率先采取强硬措施，对英法等国产生了积极影响，英国舆论开始督促政府，希望与美国一致行动；法国内阁也开始讨论美国废约的影响。④ 制裁日本，就等于美国又向中国靠近了一步。宋美龄长期坚持宣传，争取西方国家从经济上断绝向日本供应的努力也终于看到了初步成果。10 月 26 日，宋美龄在向美国的广播中对此做了充分肯定。

这次广播是应纽约前锋论坛报妇女座谈特刊之邀，对方限定的主题就是“向文明挑战”。宋美龄对此深为感慨：“日本是第一个在我们中华民国打击一切崇高道义原则的罪魁，凡是举世爱好自由人士所共奉为神圣、共认为文化的化身和民主主义的象征者，

---

① 《蒋夫人致函美大学　述敌机炸渝暴行》，《重庆各报联合版》1939 年 6 月 21 日，第 2 版。

② 参见［英］阿诺德·托因比主编：《第二次世界大战史大全（2）——大战前夕（1939 年）》，第 1029 页。

③ ［英］阿诺德·托因比主编：《第二次世界大战史大全（2）——大战前夕（1939 年）》，第 1029、1031 页。

④ 参见《美日商约废止后　英国舆论督促政府　期与美国一致行动》；《法国内阁讨论美国废约影响》，《中央日报》1939 年 7 月 31 日，第 3 版。

都遭受日本暴力的摧残。”她历陈了从1931年以来西方国家纵容日本对华侵略和中国独自以薄弱的实力对抗强敌的事实，“在我们的面前，虽然存在着不仅保障人类正义，同时也明白规定保障我国主权与独立的条约，而它们的签字国家，似乎已完全放弃了应有的义务，这一件事实，当然使我们对西方文化向来的信赖，发生剧烈的动摇”。所以，“当侵略者的日本已经公开向文明挑战，而只有我们在作孤独抗争的时候，我们觉得民主国家对于文明的命运，实在漠不关心，谁能说我们这种感想是过分的呢”；“当美国不断供给日本以汽油煤油等若干飞机和机械化部队所必需的物资，让它们来残杀我们的同胞，毁灭我们的家室，我们知道美国这种实际帮助强暴的事实以后，请诸位想想，将使我们中国同胞得到怎样结论呢”。强调前面的失责是为了更好地突出美国对日本新举措的意义：“可是，从美国政府最近的措置中，使我们得到了精神的鼓励，见到了一线希望的曙光，知道侵略者的罪恶是决不会永远被放弃而不问的。对于这种鼓励与这种征兆，我们是深深的感谢。美国对日宣布废止商约，乃是民主国家中间谴责日本残暴无道的第一个公开步骤。”当然，仅有这样一个步骤还远远不够，宋美龄进一步指出：中国人民都希望美国“将有继续的表现，决不就此而止”，“美国只要对日撤消［销］一切供给物资的便利，断绝日本以前用来推进野蛮残杀的工具的接济，就可以使□□告日本的宣言发生实际的力量，而不致徒托空言”。对这种毫无约束力和保障性的诉求，宋美龄把它寄托于对上帝的信仰：“我们觉得我们的要求是合理的，因为美国若要不这样做，就等于承认文明已成灰烬，就等于承认人类的心灵中，趋利而忘义的□□已夺了美国一向信仰的上帝之地位而代之了。”宋美龄接下来以近一半的篇幅阐述了宗教信仰与国际政治的关系，这在她非宗教集会场合的言论中是极罕见的。她说：“没有宗教，任何国家都不能长久立足”，“条约的签订者，如能受宗教的道义所约束，就不再会有条约破坏者；意图作毁灭工作的人，倘心中有宗教的情绪促其觉悟，世界上也就不再有毁灭的行为，那些出售军火于破坏国际法律的侵略者、而从中渔利的人们，假使宗教的思想，能深入他们的心中，也就会停止他们助人作恶的行为，因而没有侵略，没有牺牲者了。”如果宗教及其一切的启示能重返人间，大家都受宗教道义的指导与约束，“那末国际间的正义也会重复确立，同时猜忌、偏私、欺骗、倾轧以及战争等现象，将迅速地完全消失，公理将重新支配世界，为人类谋取永久的幸福”①。宋美龄极力以宗教是唯一可以挽救人类灾祸的希望为引线来引起西方社会的共鸣，她巧妙地以宗教信仰的败坏与缺失来对应播讲的主题，既是对世界和平破坏者的讨伐，也是对曾经协助破坏者的鞭挞和警示，以唤醒更多西方人心中的宗教道义，引发思考。

2. 对西方国家政策的观感

然而，1939 年 9 月，以德国进攻波兰为标志，第二次世界大战全面打响，这对刚刚获得转机希望的中国战局来说十分不利。因为无暇东顾，英法两国不仅难以在道义和物质上对中国进行援助，而且还要为减轻负担，缓和与日本的关系。美国的主要注意力也集中于欧洲的事务上。利用这个时机，1940 年 3 月，日本开始扶持汪精卫在南京成立所谓“新政权”。美国和英国虽然对日本重申九国公约，并发表声明不承认汪伪政权，“但是，在这个阶段，美国除了口头抗议以外，不能再有什么举动”②。事实表明，美国在与日本废止商约后，并没有采取进一步制裁日本的措施，与中国所希望的相差甚远。

3 月底，从香港养病归来的宋美龄，把两位姐姐也请到了重庆。4 月 18 日，宋氏三姐妹先后发表了对美广播，宋美龄仍然保持着一贯的文风，犀利地直指美国对日态度的问题所在：“我们请你们制定美国法律的国会议员，对下列两件事，必须做到一件，或者是对于侵略不再表示恐惧，或者停止鼓励侵略的行动，也就

---

① 《向文明挑战——蒋夫人向美国广播讲演》，《中央日报》1939 年 10 月 28 日，第 2 版。

② ［英］阿诺德·托因比主编：《第二次世界大战史大全（3）——轴心国的初期胜利》，许步曾等译，上海译文出版社 1995 年版，第 904 页。

1941 年 4 月，宋氏三姐妹在重庆重聚，共同推动抗战

是对日禁运汽油、煤油以及其他战争原料。”对于美国缺乏实际措施作保障的对日口头抗议，宋美龄并不领情，她义正词严地说：“我们并不是没有放弃争斗的可能，但我们仍旧在这样困难坚［艰］苦的情形之下，不怕挫折，为着自由而继续抗战，我不知道贵国的国会议员，曾否想到，万一中国被日本的武力征服了将发生何等的情形？”“日本会给民主国家，以强大的打击”，包括抢夺印度、缅甸、马来群岛、荷属东印度、澳洲和新西兰等地，“它相信只要它不侵犯到美国的领土，不论美国国民作何感想，美国国会议员，是不会采取反抗日本的步骤的”，然而，日本将因为已控制了足够的资源而不再需要美国的供应和市场。“这几年来理应急剧崩溃的民主主义，由于中国的坚强抵抗与牺牲而得以避免了，若果美国继续帮助日本，竟使日本在东方逞它的野心，那么事态的开展，就不堪闻问了。”宋美龄提醒美国人不要忘记“田中奏折”，日本的侵略计划正在实施。“如果列强不认识援助中国抗战的重要，日本是有获得这种侥幸收获的可能……只要能给我们以正义的同情，到相当时期，一定能使他们完全失败，然后它就根

本不能助长人类的祸患，摧残民主主义和人道正义来扰乱世界的安宁……问题只在能不能对我们表示正义的同情，这个问题只能让美国人民美国国会议员给我们一个答覆［复］。”① 宋美龄再次把美国（主要是美国某些顽固的孤立主义国会议员）推到了接受正义质疑的前排。

5 月，法国在德国的炮火中倒下。接下来在东亚，越南法国当局于 6 月 20 日按日本的要求封闭中越边界，以保证永远禁止任何可能助长中国作战能力的过境运输。② 英国也承受着巨大的压力，为改善与日本的关系，英国政府于 7 月 18 日宣布：三个月内停止中国从当时仅剩的一条国际交通线滇缅路运输物资，香港同样处理。③ 由于国际交通线被阻断，中国面临的局势愈加严重。而美国，迟至 7 月 26 日，才宣布对日本禁运汽油、废铁等战略物资，而且是“有限地禁止向日本出口废钢铁和某几类航空燃料，但没敢禁运石油，生怕促使日本向东印度群岛推进”④，除此以外，没有对日本采取进一步的抵制措施。蒋介石对美国禁运的观感是“此举虽晚，然亡羊补牢，仍于我有利也”⑤。但单是对日本有限禁运，不仅无补于中国急需补给的困顿现状，也不能从根本上阻止日本对中国和其他东亚地区的攻击，整个东亚局势仍有进一步恶化的趋势。特别是在这种敌我已经很分明的形势下，美国政府却依旧只图自保，对宋子文在美国争取对华经济援助的积极活动仍没有作出任何积极反应，这就更让中国人愤慨了。

西方国家再次让处于困顿之中的中国感到失望。以美国为首的西方国家不但无意自省，反而有人对宋美龄在《中国民族的再生》系列文章中公开批评中国人的弱点和陋习的“勇敢态度”表

---

① 《孙孔蒋三夫人对美广播》，《中央日报》1940 年 4 月 19 日，第 3 版。

② 参见［英］阿诺德·托因比主编：《第二次世界大战史大全（3）——轴心国的初期胜利》，第 942 页。

③ 参见张宪文等著：《中华民国史》（第三卷），第 117 页。

④ ［美］巴巴拉·塔奇曼著：《史迪威与美国在华经验（1911—1945）》（上册），第 295 页。

⑤ 黄自进、潘光哲编：《蒋中正“总统”五记：爱记》，第 210 页。

示“敬佩”，竟然还从中得出一种印象：似乎中国今天的一切都像宋美龄所批评的那样，完全应该由中国人自己的错误来承当，而好的地方却都是由于受了外国的影响。[①] 西方国家无视中国的态度和这种混淆是非的片面看法使宋美龄的思想受到强烈刺激，当蒋介石无可奈何地以“倭寇进攻新嘉坡、菲烈滨（即新加坡、菲律宾——引者注）之期在即”的警告提示英美等国注意德意日三国结为同盟的危险时[②]，宋美龄却感觉自己有责任揭开西方国家的虚伪面具，让他们正视自己。于是《我们对于民主国家政策的观感》一文应运而生。该文被附于宋美龄的《中华民族的再生》十篇专稿之后，“以代自跋”，并于1940年12月发表于美国《自由》杂志。[③] 文章一经发表，立即在国外舆论界引起强烈反响。[④]

这篇文章可以说是宋美龄痛斥西方国家消极政策的代表作，全篇语言之犀利、语气之严厉超过了她以往任何著作、电函和演讲。宋美龄直指西方国家的政治家们“太缺乏了崇高的理想，去体认我国人民当前所负的任务”[⑤]，中国“实际已经被那些素认为是我们的朋友而坚信不移的国家领袖抛弃出卖，甚至牺牲了”，她直截了当地指出中国坚持了三年的抗战“竟没有得到一点援助，况且这个战争不仅是我们一个国家的，而是所有各民主国家的”[⑥]。

---

① 参见《我将再起——中国人民对于民主国家政策的想法》，载王亚权总编纂：《蒋夫人言论集》（上集），第235、236页。

② 参见黄自进、潘光哲编：《蒋中正“总统”五记：爱记》，第212页。

③ 参见蒋宋美龄著：《我们对于民主国家政策的观感——〈中华民族的再生〉代跋》，《中央日报》1941年3月17日，第4版。此文在王亚权总编纂的《蒋夫人言论集》中与其他《我将再起》系列文章写作时间一致标注为1940年6月，而在《中央日报》发表此文前有宋美龄加的一段“附记”，特意说明该文成于1940年9月。若参考历史背景，和文中提及英国关闭滇缅公路、美国抑制向日本输出废铁和石油，以及香港停止出口中国茶叶的内容，9月成文的说法应该更为可靠。对比《蒋夫人言论集》所录该文可知，《中央日报》发表时已有所删节，语气也有所缓和。所以，本书在引用时采用的是《蒋夫人言论集》所录该文，以求保持原貌。

④ 参见《蒋夫人〈民主国家政策观感〉一文在国外舆论界的反响》（国际宣传处译），《中央日报》1941年3月24日，第4版。

⑤ 《我将再起——中国人民对于民主国家政策的想法》，载王亚权总编纂：《蒋夫人言论集》（上集），第236—237页。

⑥ 《我将再起——中国人民对于民主国家政策的想法》，载王亚权总编纂：《蒋夫人言论集》（上集），第237页。

她的话无可反驳，“中国实在不得不揭露出民主国家到底是怎样不协助她从事抵抗侵略，同时民主国家又到底怎样在中国抵抗日本侵略的头三年中以物资援助日本而牺牲了中国”。她痛述：“这一铁的事实，是令人痛心的。”① 宋美龄断言：“中国人民都相信，今天席卷欧洲而震惊全世界的大战的爆发，究其责任，实在是由于民主国家没有正确认识日本这个国家的性格和它的野心。”在此，宋美龄把西方国家消极的纵容日本侵略的行为等同于日本实施侵略罪恶的行为，言之凿凿，置他们于同样的受审判地位：“民主国家对于日本侵略中国所持之消极态度，其本身就构成了违反国际条约和国际措施的行为，这种消极的违反态度之破坏国际信誉，国际之善良行为与尊严，其不可宽恕，和日本在一九三一年九月进攻中国东北及一九三七年七月进攻中国本土那种违反国际先例的积极破坏行为是一样的。”②

日本的暴行是受了西方国家纵容的鼓励。日本用欺骗的方法迅速侵占中国东北的行为，不仅“将国际法的原则踢进了地狱去”，而且还能“安然无恙地不但享有了‘被征服的’土地，并且还享有了那些民主国家在政治方面、经济方面及社会方面的好感和友谊；而那些民主国家原来就是谴责侵略叫嚣得最响亮的。日本已经试验过国际间对于不宣而战，对于勾销一切条约的反响，同时她并发现了无论在最近或将来都完全没有危险”。③ 更令人激愤的是，“日本一直没有宣战，但民主国家却让与了日本一切交战国所有的权利，并不给中国任何军事性的援助”。日本在中国的继续侵略，“为欧洲现在疯狂的大屠杀和破坏，树立了一个榜样”。而西方国家对日本“一直到现在还没有实际的惩罚；而对于它的暴行，分割民主国家的权益，以及它好战的威胁行为，也都没有

① 《我将再起——中国人民对于民主国家政策的想法》，载王亚权总编纂：《蒋夫人言论集》（上集），第 237—238 页。

② 《我将再起——中国人民对于民主国家政策的想法》，载王亚权总编纂：《蒋夫人言论集》（上集），第 238 页。

③ 《我将再起——中国人民对于民主国家政策的想法》，载王亚权总编纂：《蒋夫人言论集》（上集），第 238—239 页。

什么谴责”①。

宋美龄针砭西方国家对战争的恐惧：“在过去这三年之中，中国人民丝毫没有看到那些自称为保卫国际法和国际秩序的国家，用任何具体的方法来援救我们于水深火热之中，甚至也没有公开支持我们的主张。我们也知道他们的那个解释，那个藉口：即没有人准备作战。然而，我们也并没有准备作战；我们只是不得不应战而已。”她愤怒地诘问：“试想：假如我们不从事自卫，假如我们投降了，那么今天的世界局势还会成个什么样子?”她指出，那些善用一切方法来保卫公理反抗强权的国家根本“不愿意在亚洲公开地保卫什么”，“相反的，他们似乎是听任日本人摆布，来尽量避免困难，并逃避他们的责任”。②

她历数了这些西方国家破坏中国抗战的行径：“美国政府曾下令将中国在抗战初所订购的飞机，快从当时停泊在美国西岸一个港口中的美国船只上搬下去。澳洲政府也拒绝允许一个私有客机的零件集中在雪梨（即悉尼——引者注）并空运到中国来。但是这两个国家却很热心地供给战争物资与日本，以助长他们的侵略气焰。英法两国政府也小心翼翼地尽一切力量去保持‘中立’，并极力避免有任何不足以使日本憎恶的行动。英国政府并且不准英国陆空军中的专家来协助中国；美国政府甚至以丧失公民权来威胁他们的技术教官协助中国空军，同时对于志愿参加中国空军的任何美国人也是一样看待。然而，他们对于西班牙的战争却采取了一个完全相反的政策。”③

宋美龄指责西方国家逃避责任，从而使日本增加了不顾一切从事征服的野心；同时，西方国家因贪婪日本的金钱而与之通商，又因要保全面子而向日本抗议，不能如愿以偿，这只能使中国人

---

① 《我将再起——中国人民对于民主国家政策的想法》，载王亚权总编纂：《蒋夫人言论集》（上集），第239页。

② 《我将再起——中国人民对于民主国家政策的想法》，载王亚权总编纂：《蒋夫人言论集》（上集），第240页。

③ 《我将再起——中国人民对于民主国家政策的想法》，载王亚权总编纂：《蒋夫人言论集》（上集），第241页。

感到“不胜惊异”，使日本人更加“蔑视”。“所以日本不再重视民主国家的诚意，不再畏惧民主国家的勇敢或报复力量，那是毫不足奇的。”① 她让美国看清自己：“一方面那些公正无私和爱好和平的美国人，虽已尽其所能指出中国抗战的意义，并从事对中国的救济工作，而另方面美国人又将许多战争物资输入日本藉以图利，使日本人得以继续毁灭中国人的生命财产。日本所用的战争物资，百分之八十都来自美国；日本用来从事残酷轰炸的飞机汽油，百分之九十五也是美国人给的。”② 而这些西方国家的市场却对保卫国际的道义、正义和公理的中国关闭着，也极少有人提及中国在这几年来对维护正义的贡献。她正告美国人，“我们中国人民觉得：美国是应当停止帮助日本而感激中国的”③。

不仅如此，宋美龄打破以往倾向于与西方国家站在一起的表态，转而告诫美国：“假如中国的权利同她的贡献还是继续为人家忽视，那么她将来就只有一个途径可循，就是使民主国家的政府都认识，如果中国没有他们而照样能渡过这种可怕的战争，将来在和平时期也一样可以没有他们而克服一切的困难。”④ 她再次提醒西方国家：“中国从来没有要求任何国家为她参战；而只是一再向民主国家指出如果对中国不公平，那么他们就会使他们自己在远东的威望和利益遭受危险。”⑤

宋美龄还借此总结了西方国家对华政策给中国人的教训，一个永不能忘的教训就是“永远不相信那些国际的承诺或宣言，不管它

---

① 《我将再起——中国人民对于民主国家政策的想法》，载王亚权总编纂：《蒋夫人言论集》（上集），第241—242页。

② 《我将再起——中国人民对于民主国家政策的想法》，载王亚权总编纂：《蒋夫人言论集》（上集），第242页。

③ 《我将再起——中国人民对于民主国家政策的想法》，载王亚权总编纂：《蒋夫人言论集》（上集），第243页。

④ 《我将再起——中国人民对于民主国家政策的想法》，载王亚权总编纂：《蒋夫人言论集》（上集），第244页。

⑤ 《我将再起——中国人民对于民主国家政策的想法》，载王亚权总编纂：《蒋夫人言论集》（上集），第245页。

表现得如何冠冕堂皇，如何动听”[1]；另一个教训就是“中国在将来的发展上一定是要以自力更生为目标。它必须想出种种办法永远不靠别人”[2]。文章中还精辟地总结了几个主要西方国家对待日本侵华的心理——英国人姑息、美国人图利、法国人畏惧，而与他们相对照的，她最终强调“中国的精神，是不可能征服的”[3]。

整篇文章给人一种一气呵成的畅快感觉，虽然有很多问题都是旧话重提，但在欧洲也已陷于战争泥潭的新形势下，旧话反而显得更有威力。特别是文章以“中国人民”的视角和立场阐述问题，“我”则基本以“中国人民”的代言人的形象出现在文章中，这在宋美龄以往的言论中是不多见的，增强了这篇文章的分量和力度，让人感受到了四亿多中国人的呐喊——醍醐灌顶，振聋发聩。甚至可以说，这篇文章所反映的思想在某种程度上已经超越了蒋介石在这方面的认识，是宋美龄战时国际政治思想的集大成之作。

3. “民主主义”的中国

也许是各种繁难的工作耗费了宋美龄太多的精力，或者是因为精神上的苦闷、工作上的压力和对重庆阴霾天气的不适应，这篇文章发表之时，宋美龄的身体状况又出现了严重问题。9 月 21 日，蒋介石在日记中记有：“吾妻工作太猛，以致心神不安，脑痛目眩，继以背疼牙痛，数症并发，渝无良医，彼乃不愿远离，以为在此敌机狂炸之中，如离渝他往，不能对人民，尤不愿余独居也。三年来，兵火残酷之中，吾妻能持久不懈，实非其金枝玉叶之身所能忍受者，不能不使余铭感更切矣。”[4]

由于健康状况的迅速恶化，1940 年 10 月到 1941 年 2 月，她

---

① 《我将再起——中国人民对于民主国家政策的想法》，载王亚权总编纂：《蒋夫人言论集》（上集），第 245 页。

② 《我将再起——中国人民对于民主国家政策的想法》，载王亚权总编纂：《蒋夫人言论集》（上集），第 246 页。

③ 《我将再起——中国人民对于民主国家政策的想法》，载王亚权总编纂：《蒋夫人言论集》（上集），第 247 页。

④ 黄自进、潘光哲编：《蒋中正“总统”五记：爱记》，第 212 页。

赴香港医病疗养。在香港期间，宋美龄曾两次通过复电和广播演讲向美国妇女界援华委员会①致谢，在肯定该委员会援华贡献的同时，她仍暗示要对中国抗战的地位以应有的认识。她在复电中对该会赠予的“希望书”② 表示感谢：这“是承认我们和各位之间有着共同的希望，各位所希望的，正如我们中国妇女所希望的，也就是我们中国正在持久奋斗以求的，在于实现正义与直道的理想。希望是最可贵的，有了希望，什么不可能的事也必能做到，没有了希望，我们任何的努力都将无代价”③。在播讲中她说道：“诸位既给我们以物质的援助，又给我们以精神的鼓励，你们信赖我们抗战的立场，了解我们所奋斗的目标，对于世界命运息息相关的重要性，这两点我觉得意义尤为重大。我们中国需要一切对我们表示善意的国家的援助，而这种援助，若是一种含有积极性的鼓励，不仅是消极之周济，则我们将加倍地欢迎。”④

实际上，在宋美龄写完《我们对于民主国家政策的观感》一文后，美国的对华政策已经有所调整，最为显著的，是罗斯福再次当选美国总统后，于1940年12月批准了一项对华直接的实质性的援助——为中国提供信用贷款一亿美金。⑤ 中国全面抗战以来，美国还是第一次如此慷慨地大规模援助中国。《我们对于民主国家

---

① 该委员会成立于1940年6月，由美国著名作家赛珍珠女士等发起组织，并推罗斯福总统夫人任主席，为支持中国抗战进行药品和慈善救济。参见《美妇女界援华 蒋夫人复电致谢》，《中央日报》1940年10月4日，第3版。

② 美国妇女援华委员会为对中国妇女三年来的英勇奋斗、不惜种种牺牲争取正义和平表示精神及物质上的鼓励及声援，发起“希望书”运动，征求美国妇女界题名该书，并认捐款项，捐赠中国以作医药救济及慈善事业之用。该书对中国妇女备致钦敬之意，并表示中美两国妇女为奠定世界和平之基础，日后正须多方合作，寄意深远。在罗斯福总统夫人领衔下，在“希望书”上题名者逾数百人，且各认捐美金数十元至数百元不等，截至1940年9月26日，总数逾美元九万元，并于该日举行赠献典礼，罗斯福总统夫人亲临参与，由中国当时的驻美大使胡适接受该书，然后转陈宋美龄代表中国全国妇女领受。参见《美妇女界援华 蒋夫人复电致谢》，《中央日报》1940年10月4日，第3版。

③ 《美妇女界援华 蒋夫人复电致谢》，《中央日报》1940年10月4日，第3版。

④ 《蒋夫人播讲致谢美妇女界捐款援华》，《中央日报》1940年11月21日，第2版。

⑤ 参见黄自进、潘光哲编：《蒋中正“总统”五记：爱记》，台北“国史馆”2011年版，第217页。

政策的观感》在美国公开发表后，对推动美国援华舆论的继续升温和促进美国的对华积极援助政策向更积极的方向发展仍然发挥了相当的作用，此后，美国采取了一系列意向明确的行动：1940年12月29日，罗斯福的“炉边谈话”明确抨击了美国国内对纳粹搞绥靖的观点；[①] 1941年1月，美国国务卿赫尔“明指日本为战争祸首”[②] 等等，都对中国抗战起到了精神上鼓励和支持的作用，也提振了宋美龄对西方国家的信心。随后，罗斯福还派自己的亲信居里以美国总统特使身份于2月初来华，做进一步了解和沟通，宋美龄对此也作出了积极的回应。

美国总统特使居里访华

在居里访华期间，她回到重庆，参与了蒋介石与居里的会谈，令蒋介石感叹“我内人协助得力，收效甚大”[③]。3月中旬，鉴于形势的变化，宋美龄对《我们对于民主国家政策的观感》进行了修改，发表在国民党的《中央日报》上，并特在文前增写附记，肯定了西方国家政策转变的意义：“此文成于二十九年九月，其中

① 参见［英］阿诺德·托因比主编：《第二次世界大战史大全（3）——轴心国的初期胜利》，第831页。

② 黄自进、潘光哲编：《蒋中正“总统”五记：爱记》，第220页。

③ 黄自进、潘光哲编：《蒋中正“总统”五记：爱记》，第222页。

所叙事实，在今日已有事过境迁之处。以英文译稿已在美国自由杂志十二月中发表，不及追改，而今日民主国家对于共同利害认识之增加，对于保卫自由态度之积极，则固作者所引为深慰者也。民国三十年三月作者附记。”①

此后，中美关系进一步顺利发展。3月31日，罗斯福在广播中宣称必援华到最后胜利为止，使蒋介石欣喜莫名：“此加助于我抗战军事之力，尚在其次，而加于敌国精神之打击更大……不唯恢复失土，已有把握，而太平洋之和平，亦从此奠定矣！”② 4月，罗斯福颁布法令，允许飞行员离职去中国当雇佣兵；③ 美国又宣布《租借法案》适用于中国，这标志着美国开始真正援助中国，旋即在5月，中国就得到首批2500万美元的军火。④ 此时，中国国内因物资紧缺，物价不断上涨，经济形势日渐严峻，4月26日，美国和英国分别与中国达成5000万美元和500万英镑的平准基金协定，以维护中国国内市场稳定。这些变化足以说明美英等西方国家在战争不可避免的大形势下，为使中国的抗战能够继续坚持下去，以便能为西方国家尽量争取时间，终于向中国靠近了一大步。

对此，中国当然也心领神会，宋美龄在4月28日的对英广播中为此许下诺言：“中国精神不知有失败”，“你们可以断然相信，在正义尚未重申之日，中国决不会放下它的武器来”。她还再次提醒西方国家：“我希望你们能感觉到，我们的奋斗与英国的奋斗，精神上事实上都为了同一的目标。”宋美龄所说的这个同一目标，就是“民主主义”。⑤ 这两点正是西方国家最关注的。宋美龄的播讲不仅在英国通过28家电台向全国播放，而且向全世界报告了讲词内容，所以，相当于宋美龄为西方国家送去了“定心丸”。

---

① 蒋宋美龄著：《我们对于民主国家政策的观感——〈中华民族的再生〉代跋》，《中央日报》1941年3月17日，第4版。

② 黄自进、潘光哲编：《蒋中正“总统”五记：爱记》，第223页。

③ 参见［美］巴巴拉·塔奇曼著：《史迪威与美国在华经验（1911—1945）》（上册），第307页。

④ 参见张宪文等著：《中华民国史》（第三卷），第120页。

⑤ 参见《中英两国的奋斗目标同一》，《中央日报》1941年4月29日，第2版。

当然，西方国家不会轻信国民政府的一面之词，他们时刻关注着中国国内政治斗争的动向，因为就在这一年年初，刚刚发生了皖南事变，新四军惨遭国民党军队的屠杀，几乎全军覆灭。这次严重的血腥事件，再次暴露出蒋介石始终没有放弃消灭共产党的决心，国共两党之间的合作面临考验。此时的蒋介石对“剿共”的热情明显增高。当时，包括史迪威在内的被派到中国来的美国驻华军事代表团的军官们得出了同样的结论：中国军队现在还无意打进攻战，他们要求提供作战物资并不是为了推进抗日战争，而是为了把日军赶出中国后“能万无一失地对付叛乱活动”[①]。英国的驻华情报部代表甚至要求美国大使声明“美国不能帮助中国压迫共党，及美国对华之援助，系蒋氏能制止内战之爆发为条件，吾人不应干涉中国之内政，以落入日人之圈套”[②]。

约瑟夫·史迪威（Joseph Stilwell）

拉铁摩尔也有同样的看法，他认为在珍珠港事件之前，国民党内高层人士就普遍认为美国迟早要参战，到那时打败日本的主要任务将由美国人承担。中国必须为战后规划作准备。[③] 从拉铁摩尔回忆的上下行文可以推知，他所说的“战后规划”是指国共两党之间的内战。这是美国不能不警惕的，因为无论如何，美国不想被当成受蒙蔽的傻瓜。当美国总统特使居里来华时，他的任务之一就包括注意中国国共两党之间关系的变化。美国的担心在于援华物资是否能够有效地用于对日本的作战，而不是用于中国国

① ［美］巴巴拉·塔奇曼著：《史迪威与美国在华经验（1911—1945）》（上册），第 310 页。

② 公安部档案馆编注：《在蒋介石身边八年——侍从室高级幕僚唐纵日记》，群众出版社 1991 年版，第 198 页。

③ 参见［日］矶野富士子整理：《蒋介石的美国顾问——欧文·拉铁摩尔回忆录》，第 140 页。

内的派系斗争。

1941年，蒋介石与欧文·拉铁摩尔（Owen Lattimore）

对此，宋美龄在与居里会谈中为国民党和蒋介石作了辩解，可想而知，其辩解的内容无非是让美国人相信，美国援华物资不会被用于内战，而是用来打败日本人。但除此之外，她对国共两党关系的恶化恐怕没有任何办法。纵使宋美龄对共产党成见很深，但她并不希望国共之间在此时发生冲突，使来之不易的美国对华政策受到干扰。长久的对外沟通，使她确信西方国家对华政策的转变并不意味着可以放手中国政府任意妄为，而蒋介石并不这样看。后来的情况证明了这一点，当史迪威希望能在中国的抗日军队中公平分配美国援华物资时，却加剧了他与蒋介石之间的矛盾，宋美龄曾极力从中调解，但收效甚微。

4. 中国与西方国家的平等地位

尽管宋美龄想尽量缓和西方国家与蒋介石之间的不和谐，但事实上很难做到，这不单是因为国民政府心怀他念的问题，西方国家也并未真正把中国放在平等的地位对待。无论是美国、英国还是苏联，都完全是出于自保的需求而希望中国能够坚持抗战到最后一刻，他们希望的是中国像顺从的小孩子一样，只要给他吃的，他就该乖乖听话，而不去问为什么，或要求参与讨论为什么。中国当然不能够接受这种观点，因为对于中国人来说，这显然是

鱼肉”，国家安全还是没有保证。无论是哪一种情况，都与中国如此长久地坚持抗战、为世界作出如此巨大的牺牲和贡献是不相符的。

宋美龄在这次对美广播中就表达了这样的不满：“我们觉得中国已经获得了与其他民主国家平等的地位，可是我们不愿这种地位出于别人慈善式的施与，我们既曾以血战来保卫亚洲及太平洋的正义与民主原则，因此我们觉得在别国讨论亚洲及太平洋问题的时候，与中国磋商，听取中国意见，无疑地应该是中国的权利。在抵抗侵略阵线中，中国是一个先驱的国家，因此在反侵略国家的会议席间，也不能视为次要的份［分］子。”“我们为了反抗侵略，业已偿付了如许的代价，我们当然应该全权参与计划防止未来战争的世界秩序。如果这一点不能获得无条件的承认，我们决不能自认为安全。”①

同样，在 11 月 9 日的对美广播中，宋美龄特意讲述了她在去湘北前线视察途中听到的一个民间故事，大意是秦始皇先后派了三个人在这里修堤，前两个人都以失败告终，而被斩首，第三个人虽然成功了，但他却在成功后自杀了，原因就在于他认为自己不能享受利用别人的失败作为自己成功的晋身之阶。宋美龄借此喻义，实际上是提醒美国要正视与中国的盟友关系，不可坐等获利。她说：“我觉得美国这一个国家，决不会因势乘便，以作便利自己的打算的。美国决不像法西斯国家那样，认为牺牲弱小是正当的行为。美国正在英勇地竭尽一切可能维护着正义与人道。我们中国为了正义人道流血斗争，迄今已四年有半了，因此我相信，我中美两国的友谊，是建基于一致的理想之上的。”②

就在宋美龄发表演说的第二天，蒋介石在日记中记有：“吾妻工作太忙，用脑太过，心身甚见疲劳，可虑！”③ 足见这次对美宣

① 《蒋夫人国庆日对美广播》，《中央日报》1941 年 10 月 11 日，第 3 版。

② 《交换珍贵亲切的友情　孔蒋两夫人对美播讲》，《中央日报》1941 年 11 月 10 日，第 2 版。

③ 黄自进、潘光哲编：《蒋中正“总统”五记：爱记》，第 239 页。

发表对外广播演讲的宋美龄

讲中国的态度，宋美龄是何等用心用力。好在不久，这种努力就显现了成效，“英、美两国领袖对余之要求，皆有协助与诚挚之表示”①。对此，蒋介石颇感欣慰，特别对宋美龄的贡献感到满意：“此次美国对倭态度之强化，固由于自我态度之坚定，决心之强毅与夫不稍迁延时间，乃得于千钧一发时，旋转于顷刻；而内子力助于内，子文辅佐于外，实最为有力”②，“打破倭国专使来栖之阴谋，使美国不至对倭妥协，内助之力，实非尠也”③。

12 月 1 日，宋美龄再次应美国援华组织的要求对美广播。这一次，她的播讲目的仍然是要打消西方国家把中国视为异己的观念，促使西方平等对待中国。她大谈特谈科举制度反映出中国的民主传统，而中国抗战则反映出中国对现代民主主义的追求，“我们民族酷爱独立自由与平等”，“我们常常记在心头，我们跟全世界的民主国家是存亡相共的……我们无怨无尤地担起这个艰辛的责任，使其他民主国家无数的人民，得到我们的感应，并获得富贵的准备时间，以捍卫人类的光明”。当 1937 年日军全面侵华时，“我们遭遇着有史以来最大的危机，我们为保卫民族生存与人类自由，毅然担任民主国家的第一条阵线，与强暴相周旋，尽管别的民主国家没有感觉到侵略的祸害，无人愿意与之对抗，而我们始终沉着地据守了我们的阵线”。她在广播中第一次使用了“自由中国”一词，强调自由中国就像黄河一样，“不可遏制地向前奔流[,] 它并且接受了其他各种源泉所贡献的力量……为了共同的目

① 黄自进、潘光哲编：《蒋中正“总统”五记：爱记》，第 239 页。
② 黄自进、潘光哲编：《蒋中正“总统”五记：爱记》，第 239—240 页。
③ 黄自进、潘光哲编：《蒋中正“总统”五记：爱记》，第 240 页。

标，而分担着责任，一同寻求着和平与自由的鹄的。当我们这条奔放无前的‘黄河’东入太平洋的时候，也就是我们完成创造民主世界工作的时候”①。宋美龄在这次播讲中委婉地反复提醒西方国家不要忘记中国是如何担任了西方国家的第一条阵线，和中国未来必将要汇入民主世界之中。这次播讲在内容实质上自然而然地延续了前两次播讲，宋美龄实际上是在代表中国要求西方国家对中国的民主国家地位给予认同和支持。

电波把宋美龄的播讲送到了每个美国人的耳朵里，对于这样的合理要求，美国人无可否认，至少中国承担了作为西方国家的第一条阵线的责任，西方国家就应该平等对待这个盟友，否则，他们仍然是站在道义的对立面上。宋美龄突出展现了中国在孤立无援抵抗日本的过程中所表现出来的为维护世界民主和正义的原则而作出的牺牲，实际上是通过展开政治伦理论辩，把西方国家置于政治道德困境，从而逐渐消解他们的孤立主义心态和不愿卷入战争的苟且心态，这是促使西方国家转向更积极的备战状态的重要环节。为此，她不放弃任何机会，她曾动员即将回国的美国飞行员，要他们承担起为中国宣传的任务：“中国所要求的，只是一个不受干扰而能与现代各国并驾齐驱的机会。你们对于那些仅凭道听途说来认识中国的人们，必须告诉他们中国人具有一切伟大的潜力。中国的情形，决不可以西方的标准来遽作判断。”② 她还提醒他们：“世界的和平不仅系于物质和科学的进步，尤须有赖于各国人民高尚的理想……世界和平最重要的因素，就是将重点放在精神价值上面。我所谓精神价值，不仅对于我们自己须有公平和正义的精神，而且还须有维护各个民族的精神。”③ 宋美龄希望这些回国过平民生活的美国军人，“必须保持这种良好的战斗精

---

① 《蒋夫人对美广播原文：我们是民主国家的第一条阵线》，《中央日报》1941年12月5日，第3版。

② 《向十四航空队及其附属单位致辞》，参见王亚权总编纂：《蒋夫人言论集》（下集），第996页。

③ 《向十四航空队及其附属单位致辞》，参见王亚权总编纂：《蒋夫人言论集》（下集），第998页。

神”，回到故乡之后“能影响舆论并左右立法机关”。[①]

西方国家以自由、民主、平等、博爱等思想领先于世界为傲，宋美龄成功地抓住这一点，巧妙地将西方国家的“自卫”心理拉到“集体安全”的现实面前，使西方国家丧失了高高在上的心理优势。显而易见，宋美龄所阐述的观点无论是在政治上还是在道德上都占据了无可争辩的主动地位。更有说服力的是，就在宋美龄的讲话播讲后第六天，日本发动了对美国珍珠港的袭击，太平洋战争全面爆发，美国人不但被迫卷入战争，而且真正感受到了宋美龄一再重复强调的日本的野心和疯狂，她曾一再告诫美国人的事情一件一件地得到了应验。

宋美龄的努力得到了回应，12月23日，蒋介石“与英国印度军总司令魏菲尔、美国军事总代表勃兰达等第一次会谈，中、英、美三国军事代表会议，至此乃正式成立，甚可慰也”[②]。中国终于得以参与到大国决策之中。虽然美国等西方国家在制定对华政策时，以自身的利益为主要出发点，但由于中国方面已在战时成为一个相对统一的并在抗击侵略的战争中作出了卓越贡献的国家，美国等西方国家已不能再把中国置于无关痛痒的地位。而宋美龄则在使西方国家认清形势的问题上发挥了驱策者的作用，她用自己的眼光和判断（当然这里也有蒋介石的判断，但两人的观点并不完全相同），以中国国际问题代言人的身份活跃在国际政治视野中，而且逐渐走向国际政治的舞台，她的智慧受到国际社会的认同，并在下一个年度中结出了更多的硕果。

第三节　抗战后期对国际问题的思考（1942年年初—1945年）

1942年是近代以来中国的国际地位带有标志性的转折年份。太

① 《向十四航空队及其附属单位致辞》，参见王亚权总编纂：《蒋夫人言论集》（下集），第995页。

② 黄自进、潘光哲编：《蒋中正“总统”五记：爱记》，第241页。

平洋战争爆发后，美、英、荷、加、澳都向日本宣战，中国孤军奋战的局面终于结束了。1942 年 1 月，中国作为《联合国家宣言》的签字国之一，与英国、美国和苏联结为同盟，同月中国战区统帅部正式成立，蒋介石出任中国战区最高统帅，这意味着西方国家正式承认中国作为盟友的重要地位。反法西斯联盟的形成和各国联系的加强，使中国的地位更加突显。中国在国际政治关系中地位的转变，也拓展了宋美龄的政治活动空间，为她继续为确立中国的世界大国地位发挥积极作用创造了条件。此后，她集中全部精力在对外关系方面，不仅为自己在国际政治中赢得了更多的荣耀，也为中国国际大国地位的崛起作出了卓越贡献。这一阶段是她人生中最辉煌的时期。

一、对中国国际地位问题的进一步思考

（一）妇女共担战时责任的思想远播海外

1942 年 2 月，宋美龄随同蒋介石访问印度，此行的主要目的是调解英印矛盾，缓和中英关系，促进中印军事合作。虽然此行并未达到预期目的，但宋美龄却通过向印度妇女揭示日本的凶残面目和介绍中国抗战的经验——这实际上是从侧面对印度妇女参与抗战工作的动员——而拉近了中印两国的关系。宋美龄在向印度妇女的动员中，以种种事实打破了日本欺骗印度的谎言，劝说印度要认清他们已经面临着战争的威胁。她告诫印度："你们可能会跟一个极狡猾的敌人作战"，这个敌人最擅长以种种欺骗手段搞不宣而战，"直到如今，整个世界已尝到日本军阀在新加坡及马尼拉各项作为的滋味时，他们才认识到我以前所讲的绝非由于受了战争的影响而虚构的，乃是赤裸裸的事实"。① "日本军阀实在是世界上最残暴而毫无人性的敌人。"②

① 《向全印妇女发表演说》，载王亚权总编纂：《蒋夫人言论集》（下集），第 1014 页。

② 《向全印妇女发表演说》，载王亚权总编纂：《蒋夫人言论集》（下集），第 1015—1016 页。

1942 年 2 月 10 日，蒋介石、宋美龄应邀赴新德里访问，与印度总督林里资哥等人合影

她向印度介绍了中国妇女在抗战中的活动和所发挥的重要作用，宣扬“为了拯救国家都得有一种牺牲个人生活的决心”，“新中国的精神就是我为人人、人人为我，我们因国难而团结，我们的努力自必获致胜利”。[①] 宋美龄鼓励印度妇女：“如果印度妇女能得到利用其才能的充分机会，她们对于共同创造新世界的努力，必有无穷的贡献……印度妇女不仅表示着热切的渴望，想学习中国及其他国家妇女的战时活动，并且同时渴望对于我们共同努力得到有所效力的机会。”[②]

回国后，宋美龄借在重庆举办的“印度日”播讲的机会，再次向印度人民表达了她对印度的信心，“中国所做到的一切，印度也能做到”，她用充满鼓励的语言希望激起印度人民抗战的勇气，“如一旦你们也能在这个伟大的搏斗中出一分力量，则整个的联合国便会起来帮助你们。特别是你们的伙伴和近邻，不论在什么时刻都愿意

① 《向全印妇女发表演说》，载王亚权总编纂：《蒋夫人言论集》（下集），第 1017—1018 页。

② 《蒋夫人致辞原文》，《中央日报》1942 年 3 月 10 日，第 3 版。

热忱的以自身的经验来帮助你们，并以她本身为例，鼓舞你们坚强起来”。她把中印联为一体，提出“让我们拿出勇气和决心，不论敌人从何处进击，一律要抵抗到底。未来亚洲的和平与繁荣，将有赖于中印两国抵抗侵略的伟大力量”①。

除了印度以外，宋美龄在 1942 年三八妇女节向所有盟国妇女进行播讲。在播讲中，宋美龄鼓励其他盟国的妇女像中国妇女一样承担起战时的责任，作为同盟国，“现在我们已真正平均负担了一个严重而光荣的任务”。她说，战争虽然可痛可憎，但至少有一个有利的副产物，“凡是获得思想自由的国家，一般都承认妇女为文明进步的有力因素。战争对于这个认识，至少增加了很大的激励”。她同时要求各国妇女明白“在世界历史上，这个千钧一发的时代，妇女的责任非常巨大”②。她认为，战争为妇女界开辟了有益国家的道路，她以中国妇女为例说明妇女在战争中所能发挥的作用。宋美龄还以德日两国妇女地位的低微与民主国家妇女在国家公务上已渐渐获得了负责的地位相对比，说明孰优孰劣，告诫各国妇女，如果侵略者征服世界的企图得逞，就意味着“凡是有自由进步思想的国家，经过了日渐发展的认识，而得到的一切收获，授予妇女与男子政治平等、法律地位平等、社会地位平等的权利，将永远消失”。宋美龄以这种假设来反证：战争的胜利就意味着妇女可以与男子共同向光明愉快的前途携手并进，以此来号召各国妇女勇敢地承担起战时的责任。③

这次播讲是一次名副其实的世界播讲，由重庆国际电台播出，由全世界主要电台网，包括美国广播公司、哥伦比亚广播电台、交换广播电台、加拿大广播委员会、英国广播公司、全印无线电台、澳洲广播委员会共同转播。在北美洲就远及阿拉斯加、檀香山及巴拿马运河区，时媒评价：“此实以远东为中心，转播全世界

① 《向印度人民广播致辞》，载王亚权总编纂：《蒋夫人言论集》（下集），第1032页。
② 《妇女节之夜　蒋夫人广播原文》，《中央日报》1942 年 3 月 10 日，第 2 版。
③ 参见《蒋夫人致辞原文》，《中央日报》1942 年 3 月 10 日，第 3 版。

之首次播讲。”[①] 不仅如此，播讲文还被美国各地报纸均以显著位置刊载[②]，获得了广泛的好评[③]。在评论中，有人感叹宋美龄早对美国有所警告而不被重视，“珍珠港事件，已将一切情形改变，中美两国，现已同舟共济矣”[④]。

1942年的开局对宋美龄来说，博得了满堂彩。作为最早抗击侵略国家的妇女领军人物和对外发言人，她具有不少传奇色彩，积累了较高的国际声望。所以，她的动员很有说服力和感染力，对印度及其他盟国真实地了解这场战争和着手准备应战大有裨益，宋美龄也因此博得了世界的尊重和赞誉。世界也期待着通过宋美龄更多地了解中国。

（二）《如是我观》与世界平等观念

4月中旬，宋美龄应美国《纽约时报》之请写成了《如是我观》一文，阐述了在她的观察视角下西方人对中国扭曲的认知。这篇文章因与《我们对民主国家政策的观感》是姐妹篇，有异曲同工之效而备受瞩目。《我们对民主国家政策的观感》是要让西方人认清自己，而《如是我观》则是要让西方人重新认识中国，其共同的目的就是要让西方人放下妄自尊大的优越感和那些顽固的偏见。而后者还有一种意义——要让西方人在未来和平世界采取平等相待的民族观念。

在文章中，宋美龄把中国与西洋的关系划分为三个时期。第一个时期，西洋人用武力作为对付中国的工具，迫使中国开放通商口岸，并侵犯中国的主权，“在中国领土之内，用他们自己的型[形]式建设了若干自治城市，为了顾全他的面子起见，美其名曰‘租界’来作表面的掩饰，并且还创设了一种法律上十分不公允的制度，名曰‘领事裁判权’，使外人可以不受中国法庭的审判”，西洋人操控着中国政治经济各种主权，把握着中国的命脉，“凡是

① 《妇女节之夜　蒋夫人广播原文》，《中央日报》1942年3月10日，第2版。
② 参见《蒋夫人播讲　美报均予刊载》，《中央日报》1942年3月11日，第2版。
③ 参见《蒋夫人广播在美获好评》，《中央日报》1942年3月16日，第2版。
④ 《蒋夫人广播在美获好评》，《中央日报》1942年3月16日，第2版。

他们所到手的东西，则一点也不肯放松，不肯发还一些给我们”。其根源就在于，“西洋各国对待中国，心中老是抱定了自居优越的宗旨，而且不论时境有没有变迁，总是不肯放弃这种优越之感”。即使他们在文化方面发现中国的伟大而不能不尊重中国，“但似乎觉得中国先天的总不能与西洋平等”①，他们“差不多完全把中国视为低劣的国家”，所以，从来没有基于平等立场与中国订立过条约。“西洋人傲慢顽固轻视中国的观念，多半是由于通商口岸的洋行大班所造成的，这些人所接触的中国人仅限于一些买办阶级等市侩洋奴人物，而他们对中国的知识，也都是从酒吧间俱乐部闲谈妄语中所听来的，于是他对中国自然而然地抱着一种牢不可破的偏见。”②

第二个时期，在抵抗日本侵略的战争中，“中国这条蛰伏的潜龙，其惊天动地的震动，使西洋人不得不认识中国有一种卓异的精神”。但这种认识还有一个过程，初时，西洋人对中国抗战的关心和同情“仍也带着参观足球比赛时的情绪。在安全的看台上还用不着亲冒矢石的危险与辛劳，只是从旁呐喊而已”，逐渐地西洋一般人士方始认识我们的战争也就是他们的战争，但对我们“还没有完全的了解”，仍以不平等立场对待中国。宋美龄借淞沪之战为例，痛责西方国家对待中国的不平等立场：“当时各国不准我们在上海一带设防，甚至在上海近处开掘壕沟亦在所不许；而一方面则允许日本人以上海为海陆军根据地，这是多么奇怪的事情。”③

第三个时期，西洋人完全认识了中国顽强抗战的重要性，但仍对中国有误解，“其时西洋人已亲身领教了日本阴狠毒辣的力量，他们于是开始感觉奇异，以为中国的永不失败，定有外人所不知道的秘密武器。习惯于用物质装备来衡量战争的西洋人，起初就不能了解我们的武器是我们中华民族的精神遗产”，是使前线

---

① 《如是我观》，载王亚权总编纂：《蒋夫人言论集》（上集），第 248—249 页。
② 《如是我观》，载王亚权总编纂：《蒋夫人言论集》（上集），第 250 页。
③ 《如是我观》，载王亚权总编纂：《蒋夫人言论集》（上集），第 250—251 页。

的人个个都知道他们奋斗以求的目标是值得牺牲他们的一切的。[①]与中国的顽强抵抗相对照，自命不凡的西洋军队却以日军实力优越为由处处对敌人屈降，宋美龄的责问颇具讽刺："我们同时不能理解西洋人受辱忍垢，被人困顿已非一日，为什么到今天还能腆［觍］颜说到，因为没有作战的准备？"她指出西洋人自食恶果的原因就在于贻误了战机："向以洞察机先自负的西洋人，为什么竟不知道，当他们以纸上谈兵握笔鼓舌的防卫自慰自满的时候，每蹉跎一小时，就多给敌人以准备的机会，将来给自己以更致命的打击。"[②] 宋美龄一层层剥掉西洋人自命不凡的虚假外衣，又以中国军民顽强抗战的事实让他们自惭形秽："投降一事为今日中国字汇中所没有的；'成仁取义'这句话，深深地铭刻在我中国每一个国民的心中。"[③]

宋美龄话锋转到西洋人对待东方的观念上，以此为视角总结西方国家在新加坡等地惨遭失败，而麦克阿瑟领导的菲律宾抗战却获得胜利的原因：对于同一个顽强的敌人，"美国经麦克阿瑟将军，能以仁爱平等之心，对待菲律宾民众，这种心理是永远颠扑不破的。美国人在菲律宾并没有夸张西洋人的所谓优越感，而且菲律宾确实获得了独立自由的诺言，而深信美国这诺言终必兑现的……他们更知道自己不是被雇佣的，他们的成败，到后来并不仅仅等于更换主人而已"。以此类推，宋美龄暗示英国却没有这样的肚量。她转到印度问题上，借以劝说英国应该给印度同样的自由使之努力参与作战，"如果它们物质及精神力量一旦积极发挥，其对民主阵线的贡献，必可震惊世界"[④]。但她明显对此不抱太大希望，"英国官员之中，固有不少人认为英国现正为自由而奋斗，给印度以自由是合理的，可惜他们之为现在印度政策的牺牲者，

---

① 《如是我观》，载王亚权总编纂：《蒋夫人言论集》（上集），第251—252页。
② 《如是我观》，载王亚权总编纂：《蒋夫人言论集》（上集），第252页。
③ 《如是我观》，载王亚权总编纂：《蒋夫人言论集》（上集），第253—254页。
④ 《如是我观》，载王亚权总编纂：《蒋夫人言论集》（上集），第255页。

恐怕不下于印度人本身”①。不知不觉之中，英国成了反面教材，其所作所为显然不利于反侵略国家的团结合作。

有了前车之鉴，宋美龄最后表达了对未来世界的理想，将来“西洋人必须改变他们对东方的观念”，“在我们所要追寻的未来世界里，不应当再有谁是优秀谁是低劣的思想存在。应当人人平等，全世界各民族的男男女女大家携手向一个伟大的理想迈进……大家都须认识各民族有各民族的长处，可供相互的借镜。我们中国的精神力量曾使我们渡过最恶劣最艰辛的难关，希望西洋人能了解这种精神力量的价值，我们中国也应当学习西方的科学进步”。②文末，宋美龄倡导要“促进东西民族的互相了解，互相认识，达成我们大同世界的目的”③。

时人看到宋美龄的《如是我观》后都大为振奋，“该文首先指出西洋人对中国歧视观念与优越感的错误，到了抗日战争发生之后，西洋人才认识中国精神的伟大。上海没有设防，我们战斗了三个月，新加坡设防十四年，两个星期为敌人占领了，谁优谁劣，不言而喻。对于讽刺英国人，大快人心。同事谈起此文，乃急起取而阅读。公开的正式的批评外国人尤其英国人，这是近年来的第一次”④。

《如是我观》为宋美龄博得了很多赞誉之声，中国人评价它是未来“新世界的心理基础”，富有历史性，举世争诵，且将永垂不朽；⑤ 而西方人则通过此文在精神和文化层面加深了他们对东方的了解，增进了中国是“可信任之盟友”的认识。⑥ 在盛赞之中，1942 年 4 月 26 日，美国的社会科学荣誉学会特向宋美龄颁赠了象

---

① 《如是我观》，载王亚权总编纂：《蒋夫人言论集》（上集），第 256 页。

② 《如是我观》，载王亚权总编纂：《蒋夫人言论集》（上集），第 256 页。

③ 《如是我观》，载王亚权总编纂：《蒋夫人言论集》（上集），第 257 页。

④ 公安部档案馆编注：《在蒋介石身边八年——侍从室高级幕僚唐纵日记》，第 272 页。

⑤ 参见《社论：新世界的心理基础——读蒋夫人的〈如是我观〉》，《中央日报》1942 年 4 月 24 日，第 2 版。

⑥ 参见《美刊物竞载蒋夫人论文》，《中央日报》1942 年 4 月 22 日，第 2 版。

征该会最卓越地位的全国性“荣誉钥匙”。在颁奖颂词中这样写道：“蒋委员长夫人，悠久文化的后裔，新文化创立者之一；东西方思想的调和者；人民欢乐忧患时，愉快而勇敢的顾问；二十世纪的女政治家，一个民族的智慧及精神复兴期间一个卓越的参与者。”① 对宋美龄评价之高，由此可见一斑。

宋美龄的文章完全是有感而发。中国虽加入了盟国，不再是孤军奋战，但中国的战局并没有好转起来。先是军事上的失利——滇缅公路的丧失、云南面临危机以及内地很多地方也面临着日军的大举进攻。随后，她失望地看到盟国在平等对待中国的实际举措上趑趄不前，一方面是在物资援助上没有兑现诺言，另一方面则是在讨论重大问题时仍然不重视中国的地位，这两个方面对中国的抗战信心都造成了严重打击。蒋介石的情绪越来越急躁，他在 5 月警告美国说：如果中国人民看不到得到盟国帮助的明显证据，“他们对盟国的信心就会彻底动摇”，那可能预示着“中国的抗战会彻底崩溃”。宋美龄对此也忧心忡忡，她写信给租借物资管理局局长的信中说，中国的士气“从来没有象［像］现在这样低过”，她还告诉美方，蒋介石也“第一次”感到悲观。②

宋美龄当然不会消极地等待美国的答复，她要主动去争取美国舆论的支持。她从未放弃对美国等西方国家进行这样的政治伦理宣传，因为她熟知西方国家的政治信仰，也了解他们一直以来对待中国的态度，所以，她抓住了西方国家对中国实行不平等的双重政治标准这一违背他们自己政治信仰的弱点，反复敲打，促其修正。当她在谴责日本的无德暴行时，她也对西方的不义进行持续的讨伐，从而在道义上使中国胜出。在这场持久的政治伦理宣传战中，宋美龄始终没有忽视对西方国家政治道德的批判，即使在他们确认了中国的盟友地位以后，她仍然要促使美国等西方国家放弃对中国的政治偏见和歧视，真心诚意地援助中国。不仅

① 《人道的钥匙》，载王亚权总编纂：《蒋夫人言论集》（下集），第 1034 页。

② 参见［美］巴巴拉·塔奇曼著：《史迪威与美国在华经验（1911—1945）》（下册），陆增平译，商务印书馆 1985 年版，第 434—435 页。

如此，宋美龄主要是放眼于长远——争取改善战后中国的国际地位。当她不厌其烦地以精神和道德等问题来拷问西方时，一个看似强大的西方世界被一个纤纤女子置于道德天秤失衡的质问下，往往会产生意想不到的结果。

1942年5月，宋美龄以《新中国》为题在美国《大西洋》月刊上发表了又一篇有分量的文章，集中阐述了她对中国未来发展的设想。文中，她断言战争将使所有国家发生改变，中国未来将永不再容忍外人的剥削，国内也不容有国家或社会的某一阶层去剥削另一阶层之事。她明确否定中国有走“共产主义”道路的可能，但提出了“中国社会主义”的概念，阐明它是一种以民主思想为基础的新思想，并非专事抄袭西方的社会主义。“中国所接触的东西往往都带有我们中国的色彩。”

至于“中国社会主义”的具体形式，她认为，在经济方面，战后中国将实行累进税率制度，以保障人民权益，实行劳资合作，一切公用事业则须由国家经营。在政治方面，她提到“整个的政治思想原是以三民主义为依据的”，又具体描述了由训政而实现的以县为地方自治单位的基层民主（由人民选举代表以实现地方自治），到完全由民选代表组成的各级参议会，再到国民大会这一整套民主体制，并主张发挥各种社会组织的配合作用。她宣称“中国的社会主义”最重要的目的就在于“保持个人与生俱来的权利”，“民主政治的意义就是代议政治”，她反对“任何一种仅让一个政党永久享有绝对权力的制度”。她虽然强调各国民主制度必须遵循民主的基本原则和适合其本国特殊的国情，但实际上，宋美龄设计的“中国社会主义”符合西方国家的观念，并且迎合了当时西方国家对本国经济政治制度的反思。这篇文章与其说是对中国未来的规划和设想，不如说是在与西方国家平等交流，让他们信任中国在未来一定会与他们站在同一个阵营中，期待在这个旧世界瓦解之后出现一个新的世界。文章结尾处，宋美龄寓意深长地反问：“当此黎明将临的新时代，难道我们不能同心协力，共谋政治的修明，获致全人类永久的幸福，因而创造一充满新希望与更崇高之理想的新世界吗？”①

然而，美好的寓意在现实面前往往会遭到意想不到的挫折。太平洋战争爆发后，美国对中国的援助加大了力度，对中国军需物品的援助也有所加强。但由于美国一心要开辟欧洲第二战场，其对欧洲战场的关注仍远胜于对远东战场的关注，即使在缅甸失陷而导致援华军用物资的运输出现困难的情况下，美国也不能保证提供完成援华运输任务的飞机，这让蒋介石十分不满。而此时，有消息称日本正借机造谣说中国拥有大量的武器，现在故意按兵不动，使美国来替它争取胜利，以挑拨中国和美国之间的关系。②所以，当时争取美国尽快满足中国战区的军用物资的需求，特别是武器装备的需求，成为一项重要的对美交涉的任务。

为此，宋美龄利用蒋介石对美广播之余的短暂时间发表看法，以中国道德之可以信赖来驳斥日本的谣言。她说：“在过去，中国已不假思索的贡献它整个国力，为同盟国家共同的前途而努力，它现在当然不会迟疑，将来更不会顾虑。中国能立国五千年，就是我们能坚守某种道德的信条，使我们永远保持着光明的态度。”③但是，情况仍未有任何好转的迹象。

6 月，在丘吉尔第二次访问华盛顿时，盟国的会议仍然没有让中国参加，并且盟国继续不允许中国参加军火分配委员会。“联合参谋长会议的成员就是军火分配委员会的成员，中国曾直截了当地要求参加联合参谋长会议，但在 6 月 13 日遭到拒绝，理由是要保密。”④ 就在这一天，宋美龄再次通过电波表达了中国的不满与期待。

她借母校为她举办的毕业 25 周年纪念活动，向母校，也是向

① 《新中国的出现》，载王亚权总编纂：《蒋夫人言论集》（上集），第 258—267 页。

② 参见《中国必能善尽责任　敌方离间慎勿听信　蒋夫人痛斥敌人造谣》，《中央日报》1942 年 6 月 2 日，第 2 版。

③ 《中国必能善尽责任　敌方离间慎勿听信　蒋夫人痛斥敌人造谣》，《中央日报》1942 年 6 月 2 日，第 2 版。

④ ［美］巴巴拉・塔奇曼著：《史迪威与美国在华经验（1911—1945）》（下册），第 434 页。

“所有在收听的美国朋友们”发表了广播演说，进一步延展了之前的某些观点。

一方面，宋美龄确切地告诉美国：“如果我国现在能得到必要的装备，那末中国人民对他们在无比困难当前仍能坚守一点，是极具信心的，高度的士气便是国人坚韧不拔的意志，坚决反抗而绝不认输的要件之一。”她提醒美国人：“请记住中国从未有过一个机械化的军队，其配备与敌人相当或足资与其匹敌，由于缺乏这种军队，我们迫不得已采取了一项磁性战略……使之陷于进退维谷之困境，我们不曾被敌人征服过，在将来也不会。我国装备拙劣的军队在这些年来一直把敌人挡住。一旦得到我们亟需的飞机枪炮时，我们便能将其打退。”①

另一方面，宋美龄更明确地强调中国人民是为自由而战，对未来新世界秩序的信念将支撑中国抗战到底，并且中国在战后有权利获取应得的国际地位。她说：“我个人在这许多年来，鼓励国人相信在胜利来临后，整个世界制度将要完全改观，我们将全是自由人，同时各国间无论强弱，将公平正直的相往来，要是我们的人民及军队未曾被诱导而相信这些，这场战争，至少在中国来讲，早就是结束了。”② 所以，她呼吁战后应有“国际警察”对侵略者进行惩治法办。而对中国而言，“中国为了我人共同的目标牺牲了如许之多，我有把握，那些相信公道的人一定会坚持中国在战后重建世界制度的和平会议中有其发言权”③。

她描述了中国人对战后新世界的希望，“在这个新的世界社会里，我们必须实实在在地彼此相助”，不再由一个人的肤色、眼睛的形状断定其人或其国的地位，“我们必须建造一个国际社会来合于各种族的需求，而不是蛮横的去截掉一个国家的领土及自由以

① 《献给我的母校》，载《蒋夫人言论汇编》编辑委员会编辑：《蒋夫人言论汇编》（卷三），第69页。

② 《献给我的母校》，载《蒋夫人言论汇编》编辑委员会编辑：《蒋夫人言论汇编》（卷三），第69页。

③ 《献给我的母校》，载《蒋夫人言论汇编》编辑委员会编辑：《蒋夫人言论汇编》（卷三），第71页。

求该国能适合现在状况”。宋美龄并不想让西方国家感觉受到挑战，她认同在这个新世界秩序中，必须承认先进民族的主导地位，“所有各民族有均等的机会在较强大较先进的民族的帮助而不是阻遏之下去发展他们固有的天赋”，才能防止战事发生。[①] 她呼吁美国民众：“用你们的一切力量及声势，促成一事，就是要美国致力给予所有民族以自由公正及平等，与美国自身所享有的一样。”[②]

宋美龄的播讲立即获得美国支持者的回应。在她的母校举行的聚餐会上，纽约方面的出席者立即联名致电罗斯福总统，请求以飞机援华。[③]《纽约时报》在宋美龄播讲的第二天发表的社论即以《吾人必须援助中国》为题，呼吁切实援助中国，指出截至目前，“中国仅名义上为联合国宣言中之一员，并未受各盟国实际之帮助，此为无可讳言之事实。吾人绝不能令中国人发生怀疑，以为中国系被利用为突击队或后卫队，而其盟国则赖此以保全自身……必引起中国人之怨恨，由怨恨而动摇信心。美国实行派遣志愿队之原则，比例必须平衡，中国需要空军，美国应供给中国空军”[④]。美国某家报纸上的文章甚至建议美国派飞机直飞中国，经日本时投弹轰炸，并称：“中国要求轰炸队与□□机，藉可驱出留在中国境内之日军，此［不］仅可分散日方攻印度之兵力，且可使……日军之集中。［，］亦为之减少。”[⑤] 美援华会主席也在宋美龄播讲的第二天发表了对美国邮务部发行纪念中国抗战邮票一事的评价，认为“此举亦可以认为增进中美两国关系之先声。而邮票上在中国国旗之旁，绘以孙中山先生及林肯总统之相片，亦颇合式”。文中还述及孙中山三次赴美，其民权主义之初稿即在纽约

---

① 《献给我的母校》，载《蒋夫人言论汇编》编辑委员会编辑：《蒋夫人言论汇编》（卷三），第 72 页。

② 《献给我的母校》，载《蒋夫人言论汇编》编辑委员会编辑：《蒋夫人言论汇编》（卷三），第 73 页。

③ 参见《魏斯里学院颂扬蒋夫人》，《中央日报》1942 年 6 月 16 日，第 2 版。

④ 《切实援助中国》，《中央日报》1942 年 6 月 16 日，第 2 版。

⑤ 《美机直接飞华》，《中央日报》1942 年 6 月 16 日，第 2 版。

完成，并采纳了林肯“民有”“民治”“民享”原则的精神。①这显然是在从中美关系渊源的角度声援中国对美国援华的要求。

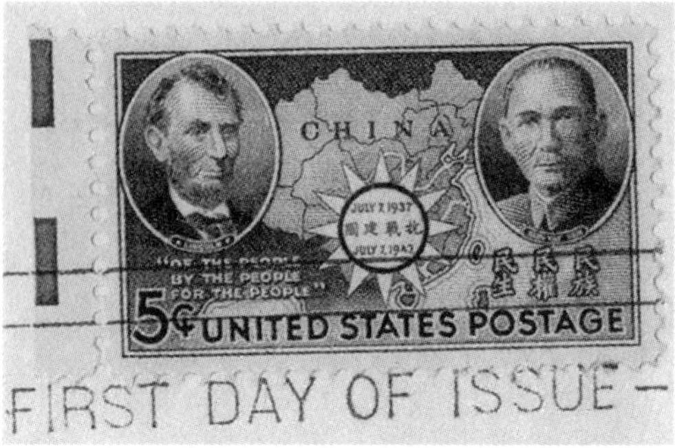

1942 年，美国发行的纪念抗战邮票

在各方舆论的推动下，7 月，时值“中日战争五周年纪念，美国各地均举行纪念，报章杂志并广为宣扬。自外表观之，美国人民对中国在联合国对敌斗争中地位之重要，似已有更充分认识”②。

1942 年，美国邮政总署发行纪念中国抗战五周年的邮票及一批以中国抗战为主题的首日封

除军事援华以外，美国民众也同样关注宋美龄对战后新世界秩序的观点。宋美龄的母校颂扬宋美龄“以蒋委员长夫人之地位，从事求取其本国需要与理想之实现”，是履行其地位上之义务，“因此而使世界获得严密之联系”。③ 国际职业妇女所组织的桑泰职业协会在其年会上通过了决议案，推举宋美龄为该会唯一战后和平会议妇女代表，与世界其他领袖共同出席和

① 参见《美援华会主席论美邮务部发行纪念我抗战邮票》，《中央日报》1942 年 6 月 16 日，第 2 版。

② 《我国地位重要性 美人已充分认识》，《中央日报》1942 年 7 月 13 日，第 2 版。

③ 《魏斯里学院颂扬蒋夫人》，《中央日报》1942 年 6 月 16 日，第 2 版。

会。[①] 这不仅是对宋美龄个人的一种荣誉，更可视为对宋美龄所阐述的战后新世界秩序的一种认同和支持。

宋美龄的政治伦理宣传所获得的成功，还可以通过美国一城市举行的投票活动进一步验证。美国南部的约翰逊城在有数年在华教育机构工作经历的乌特博士的倡议下，发起了“信赖中国运动”，并募款救济中国伤兵及难民。全城联名致函给宋美龄称：“本城男女老幼曾于本月内举行全城投票，以明了全城人民心理之一般，而此函即为投票之结果。易言之，即信赖夫人、信赖蒋委员长、信赖中华民族是也。我等俱知我美依赖贵国五年来喋血抗战者，若何深切，贵国刻下力抗之暴敌倘不能由贵国加以摧毁，因而登我辈于衽席，则我辈势必须于本国境内与之周旋。”[②] 这封联名信函选择致函给宋美龄，已足以说明在多年的对外宣传中，宋美龄已深入美国人心。

稍后，英国也作出了反应。7 月，丘吉尔在讲话中作出保证以道德物质及精神诸方面全力援华之诺言。7 月末，伦敦举行了盛大的联合援华募款会，当场募集三万余英镑，参会的英国外相戈登在致辞中赞扬中国：“吾人今日所以能继续抗战，其受惠于中国精神者，殊匪浅鲜，吾人所以对中国前途抱有信心者，亦由于此。”[③]

更为可喜的是，1942 年 10 月 10 日，中国接到美国和英国自动放弃对中国的治外法权并重订新约的通告。美国还在这一天为中国的国庆敲响了独立厅里的自由钟。[④] 随后，其他各国也相继放弃治外法权。虽然不能妄下断言宋美龄在列强放弃不平等条约和治外法权的问题上到底有多大贡献，但可以肯定的是，她在对西方国家的政治伦理宣传战中一直发挥着督促作用，特别是她对中国正在为求取自由民主而奋斗的宣传使西方国家多多少少找到了

---

① 参见《蒋夫人之荣誉》，《中央日报》1942 年 7 月 13 日，第 2 版。

② 《美一城市发起信赖中国运动》，《中央日报》1942 年 7 月 25 日，第 2 版。

③ 《英伦盛大举行联合援华募款会》，《中央日报》1942 年 7 月 31 日，第 3 版。

④ 参见《宋美龄代蒋介石拟致罗斯福电》（10 月 11 日），载《蒋中正档案：事略稿本——民国三十一年十月》，卷宗号：002000000649A，台北“国史馆”藏。

点感觉，美国鸣自由钟就可以视作对崇尚自由主义之中国的一种肯定或期待[①]，所以，宋美龄至少对减少西方国家朝野抵制废除这些对华不平等关系的阻力助了一臂之力。

二、赴美宣传和战后国际新秩序思想

（一）赴美的使命

由于当时美国国内仍有很多人主张采取孤立主义政策，他们或是在日本巨大的宣传攻势之下误信日本政府中喜爱和平分子完全有可能控制住好战的军人，所以，仍然不赞成美国政府对日本采取强硬立场；或是担心对日本采取强硬立场，可能会刺激日本军阀采取一种“更强硬的态度”。[②] 为了扭转国内的这种气氛，罗斯福总统两度主动致电蒋介石，表达了盼望宋美龄能即来美国的愿望。[③] 随后，美国特使威尔基在访华期间（1942 年 10 月 2 日至 7 日），也表达了同样的愿望，并说明理由：美国人亟须了解亚洲和中国，中国方面有头脑以及有道德力量的人，应该帮助教育美国人。蒋夫人将是最完美的大使，她有极大的能力，会在美国产生极为有效的影响力。他说，凭借蒋夫人的“机智、魔力、一颗大度而体贴的心，高雅美丽的举止与外表，以及炽烈的信念，她正是我们需要的访客”[④]。美国邀请宋美龄意在压缩国内的孤立主义氛围，使对华援助能够在关键时刻发挥作用，使中国坚持抗战，以便为美国争取更多时间。宋美龄恰好是最合适的来帮助美国完成这种转变的人选。

当然，对中国来说，此时能让宋美龄亲自访美也大有益处。1942 年春，蒋介石和宋美龄出访印度后，蒋介石的“内外声望更

① 参见《罗斯福总统复电》（10 月 16 日），载《蒋中正档案：事略稿本——民国三十一年十月》，卷宗号：002000000649A，台北“国史馆”藏。

② 参见［美］约翰·本杰明·鲍惠尔著：《在中国二十五年——上海〈密勒氏评论报〉主持人鲍惠尔回忆录》，尹雪曼等译，黄山书社 2008 年版，第 293 页。

③ 参见杨天石著：《找寻真实的蒋介石：蒋介石日记解读》（上册），山西人民出版社 2008 年版，第 517 页。

④ 杨天石著：《找寻真实的蒋介石：蒋介石日记解读》（上册），第 517 页。

隆”，并开始规划未来中国的目标：“收回失地，恢复旧有领土与民族固有地位。”① 此时，中国已经名正言顺地成为同盟国之一员，全世界共同见证中国对世界反法西斯战争已经作出了英勇的贡献，宋美龄在这种情况下访美只会让世界更加瞩目中国，抬升中国的国际地位，符合中国的利益和蒋介石的愿望。更何况，宋美龄是以治病的名义去美国，使得这次出访表面上更加自然，不显得突兀。

但实际上，宋美龄访美的意义并不只是表面上这些，中国当时的确需要这样的机会。这主要是缘于当时中国国内的局势，一方面腐败严重，士气不振；另一方面经济衰败，通货膨胀严重，人民的生活已经越来越艰难。二者纠结一起，国内形势已经到了非常危险的地步。正如当时在中国进行深度观察的美国新闻记者白修德②所分析的那样，国民政府有两个面孔，“一个朝着农民，保留着中国封建主义的一切古旧的不民主的特点，另一个面孔扮出来向外面看，对着中国的盟邦，这个面孔是用西洋人眼里中意的东西扮出来的，上面有着训政、人身保护法以及民主”③。

那个装扮给外面看的面孔主要是依靠宋美龄等人来打造的，而对内的那张面孔则有几分漠视、几分狰狞。在整个抗日战争中，国民党军政方面的腐败可算是公开的秘密，重庆曾有一段时间公开谈论着一个团长的空缺，市价是多少。国民党军队士兵多半是被抓丁队强迫抓去的，他们挨饿受冻，有相当一部分人不是牺牲在战场，而是在入伍的路途中就丧命了。有一次，冯玉祥到某地，被当地人团团围住，他们向冯玉祥恳求说，他们的孩子（有八九百人）被征入伍，正在去训练营地的路上。但是，地方长官却让这些新入伍的士兵在出发前把棉袄制服脱下来。当地人喊道：这

① 《事略稿本——民国三十一年三月》（3月14日），载《蒋中正档案：事略稿本》，卷宗号：002000000642A，台北“国史馆”藏。

② 白修德，原名西奥多·哈罗德·怀特（Thodore Harold White），美国新闻记者、历史学家和小说家，曾作为《时代》周刊记者在抗战时期访华。

③ ［美］白修德、贾安娜著：《中国的惊雷》，端纳译，新华出版社1988年版，第108页。

么冷的天，他们会冻死的！在冯玉祥的干预下，地方长官派人带着棉袄制服去追赶两小时前出发的新兵队伍。第二天，冯玉祥去视察军队，发现上周还是满员的士兵名册上竟每个营都少了三四十人。冯玉祥询问后得到的回答是：新兵从家里出来时，一路上没有吃的。一到这里，他们就猛吃猛喝，结果把自己撑死了。但冯玉祥后来说，实际上，他们是被饿死的。冯玉祥还去看望伤兵，却发现那些可怜的年轻人都在发烧。他们躺在拆下来当床用的门板上，身下垫着干草。冯玉祥问他们吃过药、喝过水没有，那些伤兵却哭了起来，说：自打我们生病之后，没有一个人来看过我们。我们连一口开水也喝不上。[①] 而军队里的长官吃死人的空饷已是司空见惯的事情，因为他们自己的收入也不能满足生活所需。1939 年国民党一位少校军衔的军官每月工资有六十元，而当时一双鞋都卖到了八十元，到了 1943 年一双鞋涨到九百到一千二百元之间，而少校的工资却一分未涨。[②]

冯玉祥

1941 年以后，中国的经济形势非常糟糕，物价不断高涨，即使是大学教授也难以维持生计，不得不到处应酬差事，更何况普通老百姓，通货膨胀严重腐蚀着广大中国人民对战争的忍受限度。在军队里则出现了活埋病兵、枪毙病兵这种惨无人道的事情。[③] 更糟糕的是，人们在精神上的疲惫感已经达到了临界点。连蒋介石

① 参见［美］布赖恩·克罗泽著：《蒋介石传》，第 187—188 页。

② 参见［美］布赖恩·克罗泽著：《蒋介石传》，第 187 页。

③ 参见公安部档案馆编注：《在蒋介石身边八年——侍从室高级幕僚唐纵日记》，第 195 页。

自己也感叹："重庆连日夜被空袭（指这一年八月日军对重庆的连续轰炸——引者注），民心略觉动摇，以遭受如此未有之惨剧，而且已忍受三年有余，精神体力无论如何精强者，悲惨至此，实不堪久支矣。"[①] "军事抗战四年有余，而精神抗战则十年矣。家人与侍从人员至今疲乏，几乎大半皆病，而人民之痛苦，更何如耶！"[②]

然而，当蒋介石从外国人口中听说腐败严重、民生凋敝等情况时，他却不甘心承认。比如，当他听说在缅甸前线"我军高级将领之腐化营私与多不驻营内，及罗卓英之慌张擅退，形同逃窜，又在途中撞车，以致运输三日不通"，他认为"此皆晴天霹雳，为万不及料之事"。[③] 事后，蒋介石反而指斥这位外国人"错误各点……望其改变对华之心理与态度"[④]。与蒋介石一样，从上到下的政府官员听说老百姓的疾苦时，都表现出令人难以置信的怀疑，并设法极力地掩盖过去。

1942 年至 1943 年，河南发生了历史上最为严重的一次灾荒，甚至出现"人吃人"的惨剧。1943 年 2 月，《大公报》因为刊登了一篇报道真相的报告，而被国民政府"报之以勒令停刊三天"[⑤]。外国记者亲自到河南进行调查后，他们发现"农民是在死亡中。他们正死在大路上，死在山里，死在火车站旁边，死在自己的泥屋里，死在田野间……纵然重庆有了好听的减轻赋税的决议，军事和地方当局却以梦想得到的一切办法来勒索赋税……征实雷厉风行，吃着榆树皮和干树叶的农民，被迫把他们最后一袋谷种缴给税局"[⑥]。而"国民党党务机关的最下级的雇员，每天从税款之中抽取麦子约四磅。在我们回到重庆讲起这事时，什么都给否认了……河南省的主席……也说我们夸张了事实"[⑦]。

---

① 黄自进、潘光哲编：《蒋中正"总统"五记：爱记》，第 233 页。
② 黄自进、潘光哲编：《蒋中正"总统"五记：爱记》，第 237 页。
③ 黄自进、潘光哲编：《蒋中正"总统"五记：爱记》，第 255 页。
④ 黄自进、潘光哲编：《蒋中正"总统"五记：爱记》，第 257 页。
⑤ ［美］白修德、贾安娜著：《中国的惊雷》，第 185 页。
⑥ ［美］白修德、贾安娜著：《中国的惊雷》，第 194—195 页。
⑦ ［美］白修德、贾安娜著：《中国的惊雷》，第 195 页。

1942 年的河南大饥荒

军官和当地官员以抽税的方式贪污自肥，并把多余的谷物私分后送到市场上出售，而这些唯一可以到达市场的谷物又被囤积居奇者把价格抬得天一样高，“出卖谷物的军官们，决不为了人道而稍作让步；按照当时的汇价以及河南灾荒中的价格，能在美国购买六十斗麦子的救济款项，在中国只能买一斗”①。他们调查得出的结论是：国民政府无休止的税收夺去了这二三百万人的生命。“在任何地方，同样的话语重复着同样的呼吁：‘停止征税吧，饥荒我们受得了，但赋税我们吃不消。只要他们停止征税，我们是能够靠树皮和花生壳活命的。’”②这些外国记者在“可是重庆谁也不相信我们”的无奈之中，进一步得出结论：“政府的勒索，已使农民的忠诚化为乌有。”③ 这就是当时的中国，但这些残酷的事实必然被某些正面的宣传掩饰过去。

当白修德向蒋介石讲述在河南的所见所闻时，蒋介石带着明显的厌恶神情，并否认政府正在向农民征收捐税，说他已经下令对灾区豁免捐税。他说，人吃人的事在中国是不可能的。在看到

① ［美］白修德、贾安娜著：《中国的惊雷》，第 196 页。
② ［美］白修德、贾安娜著：《中国的惊雷》，第 196—197 页。
③ ［美］白修德、贾安娜著：《中国的惊雷》，第 198 页。

照片之前，他也不相信野狗在路上吃人的事情。[①] 实际上，他心里十分清楚中国形势的严峻性。1943年3月，蒋介石在日记中写道：“公务员生活穷困万状，其妻室以产育无钱，多谋堕胎者，医药无费，病贫益深；而华侨有粤，有鬻子女过活者；河南灾区饿莩载道，犬兽食尸，其惨状更不忍闻。天乎！若不使倭寇从速败亡，若再延长一年，则中国万难支持，势必蒙受无穷羞辱。”[②] 这恐怕是蒋介石的心声，他当然清楚这种情况并不是刚刚出现的，他当然也清楚，中国需要不断有新的刺激来激励士气，否则可能会一败涂地。也许是他认定对内已没有办法可寻，所以，只能向外寻求这种刺激。

白修德，本名西奥多·H. 怀特（Theodore Harold White），抗日战争时任美国《时代》周刊驻重庆记者

早在1942年2月，国民政府就与英国达成默契，把原定的一千万英镑的平准基金和信用贷款，增加到五千万英镑，对此，英国政府并未准备认真履行，因为当时国民政府所要求的仅是一种姿态而已，“藉此鼓励中国财界的精神”，蒋介石曾在1941年年底向英国大使明确表示：他只是想给他的国家和人民以心理上的鼓舞，恢复他们对中国货币的信任，贷款能否利用关系不大。[③]

除此之外，蒋介石更关注美国的对华态度。然而，此时的美国仍然在为自己的老盟友英国及欧洲的前途焦虑，蒋介石明显感觉到：“美国战略、政略，无不随英国转移，甚至立国主义与自由民主精神，亦将受英国之影响而变化，此为美国与同盟国最大之

① 参见岳渭仁等编：《外国人眼中的蒋介石和宋美龄》（下），第60—61页。
② 黄自进、潘光哲编：《蒋中正“总统”五记：爱记》，第283页。
③ 参见张宪文等著：《中华民国史》（第三卷），第145页。

危机，不得不竭力纠正，使之觉悟与更正，以期补救于万一也。”① 蒋介石显然要采取措施使美国更坚定地支持中国的抗战，而不是等到欧战结束后再来考虑中国的问题。

此时，因为史迪威与蒋介石的矛盾使中美关系发生微妙变化，蒋介石不能确信美国是否还信任他和他领导下的中国。而由来已久的中国与英国之间脆弱的盟友关系同样不容乐观，这不仅因为英国顽固地坚持在印度进行殖民统治触动了中国若干年来受英国殖民主义压迫的神经，更因为英国在缅甸作战过程中无视中国士兵的死活、只顾自己奔命的做法再次严重伤害了中国，也损伤了中国领导人的自尊心，蒋介石越发有感于英国“内心不愿我国之复兴”的傲慢和歧视②，担心其在战后或许还会对中国的国际地位作梗，这是必须提前有所防备的。他反复思考这个问题，自揣中国已是独立之国，决非甲午年三国干涉与上次巴黎和会时为列强所出卖之可比③，确信中国是有主动权的。但他还不够自信，认为关键问题还在于美国的态度，最好的方法便是通过美国的影响力，为中国争取更多的主动。中国迫切需要对美国施加进一步的影响，以确保东亚战场不被忽视，稳固中国的大国地位。所以，在 1942 年 11 月宋美龄赴美之前，蒋介石对宋美龄交付的任务中就包括中美合作、国际与太平洋集体安全等方案。④

1942 年 11 月 18 日，宋美龄由重庆启程赴美，先在纽约就医。正值宋美龄在美养病期间，1943 年 1 月，中国分别与美国和英国订立了《中美关于取消美国在华治外法权及处理有关问题之条约》和《中英关于取消英国在华治外法权及有关特权的条约》。这些新约的订立，预示着中国在未来有完全摆脱政治上受列强压迫状态的可能，并可争取与列强更平等的国际地位。然而就在这些条约签订后没几天，美国总统罗斯福和英国首相丘吉尔就在北非摩洛

① 黄自进、潘光哲编：《蒋中正“总统”五记：爱记》，第 257—258 页。
② 参见黄自进、潘光哲编：《蒋中正“总统”五记：爱记》，第 259 页。
③ 参见周美华编注：《蒋中正“总统”档案：事略稿本㊼》，第 77—78 页。
④ 参见黄自进、潘光哲编：《蒋中正“总统”五记：爱记》，第 270 页。

哥的卡萨布兰卡召开了一次为期 12 天的秘密会议。这次会议的详细内容当时虽然没有公布，但它达成的主要决议已被大家所知道，美英双方折中了彼此的计划，并重申了首先击败德国的基本战略。① 这对中国无疑是一个不利的消息，中国最担心的是西方大国“先欧后亚”的战略会使中国仍陷于独自抗日的局面不得解脱。2 月 12 日，蒋介石曾电示宋美龄，在国会演讲中要特别着重说明：“今后世界重心将由大西洋移于太平洋，如欲获得太平洋永久和平，必须使侵略成性之日本，不能再为太平洋上之祸患。”②

（二）在美演说的主要内容

在上述历史背景下，宋美龄访美期间演讲的内容实质就不言自明了。到美国争取援助和为中国争取战后的国际大国地位就是她此行游说的主要目的。但要实现这些目的，并不意味着就要反复强调这些词句，那种喋喋不休并不是宋美龄的风格，她从不直接索取什么，她会很策略地让对方明白并主动奉上她所要的东西，年轻时代在募捐工作中所取得的经验如今正好得以运用。但此时，她已不再是一个青春调皮的小姑娘，而是肩负着重要使命的、登上了国际大舞台的政治斗士。这一次，她要更完美地把美国人认可的价值与中国抗战的精神融合在一起，让美国重新认识中国，让中国尽快摆脱战争泥潭，并争取树立大国地位的形象。

1. 宣示此行的目的

宋美龄赴美的公开演说是从 2 月 18 日中午的参议院演说开始的。在这次演说中，宋美龄重在强调自己到这里演说“如见家人”般的感受，拉近了她与听众的距离。继而她阐述了中国与美国有共同的价值观念，即追求民主自由的前途，中国人愿意与美国合

---

① 参见［美］威廉·哈代·麦克尼尔著：《第二次世界大战史大全（5）——美国、英国和俄国：它们的合作和冲突（1941—1946 年）》，叶佐译，上海译文出版社 1995 年版，第 413 页。

② 《蒋委员长自重庆致蒋夫人电》，载《中华民国重要史料初编·战时外交（一）》，中国国民党中央委员会党史委员会 1981 年版，第 791 页。转引自杨天石著：《找寻真实的蒋介石：蒋介石日记解读》（下册），山西人民出版社 2008 年版，第 169 页。

作，以实现此种共同理想，她也委婉地提醒听众实际行动是实现理想的唯一途径。[①] 参议院的演说似乎是一个开场白，缩短距离是宋美龄的聪明之选。

接下来，宋美龄又来到众议院，以其精心准备的演讲稿进行了演说，这场演说可以说集中体现了她此次赴美的全部意图，是所有赴美演说中的重中之重。在众议院的演说中通篇没有任何套话、废话，每一句话都在为她所要表达的中心思想服务。她首先赞扬美国众议院是一个庄严伟大的团体，对世界命运之形成有绝大影响，以此引出议员们的历史使命就是要协助争取这场战争的胜利，并创建与维护一种永久之和平。[②]

随后，宋美龄讲述自己的两种印象，这两种印象分别关乎援助与世界新秩序。她并不直接述及中国抗战的艰苦，而是借对美国士兵忠于职守的印象来反观战争的残酷，引导美国的议员们关注美国大兵在中国的生存状态："扰人心灵使人烦闷者，往往并非为生存之主要问题，而系琐细之刺激，尤其是在单调无聊生活中所受之琐细刺激，足以令人性情暴燥［躁］，心魂欲裂。""凡足减轻其烦闷，振奋其精神之一切可能措施均应一一采取。此项神圣责任，自在诸君。"[③] 弦外之音是让议员们考虑振奋精神的最好办法是什么。当然就是增加对战区的援助，尽快结束这场战争，就等于尽早结束美国大兵在中国战区的磨难。

第二个印象是关于美国的民主制度，"美国不仅为民主制度之烘炉，而且为民主主义之胚胎"，"美国人民正在建立与实施一种确系其祖先所怀抱之立国典型"，进而又引出议员们的另一个使命，"诸君为美国人民之代表，目前有一光荣机会，使汝祖先之开国工作，发扬光大，超越物体与地理限制之疆界"，"协助完成解

---

① 参见《在美国参议院演说》，载《蒋夫人言论汇编》编辑委员会编辑：《蒋夫人言论汇编》（卷三），第87—89页。

② 参见《在美国众议院演说》，载《蒋夫人言论汇编》编辑委员会编辑：《蒋夫人言论汇编》（卷三），第80页。

③ 《在美国众议院演说》，载《蒋夫人言论汇编》编辑委员会编辑：《蒋夫人言论汇编》（卷三），第81页。

放全球各地人类之精神”，而中国既属联合国家，“必须尽力加强作战，俾联合国早日获得最后彻底之胜利”。[①] 弦外之音是中国与美国必将站在一个阵营中，并愿意接受美国的领导。这种思想实源于蒋介石，他曾言：“我国在三十年之内，不特［但］不怕美国称霸东亚，而且唯恐其不称霸东亚。”[②]

宋美龄表达了中国的立场后，话锋转向当前“仍有一种轻视吾敌人力量之趋势”，与从前各国对日本武力估计过高和对日本怀疑忧惧的错误判断相对比，当前低估日本危害也是违背事实的。“认为击败日本，为目前比较次要之事，而吾人首应对付者，则为希特勒。但事实证明，并不如此。”她提醒议员们如果继续纵容日本，将使它成为主要的潜伏威胁，并且随时可能危害联合国家整体利益。[③] 她认为美国已经对日本采取了打击的举措，但这只是向正确方向前进的步骤而已，她提醒美国议员们打败日本还“需时而费力”，日本侵略恶魔继续为祸之可能仍然存在，而英国和苏联会站在正义与公道的立场上与美国站在一起，所以，“日本之武力，必须予以彻底摧毁，使其不复能作战，始可解除日本对于文明之威胁”。到此，宋美龄再次重申了美国众议员们的历史使命，“诸君为贵国人民之代表，当有以指示取得胜利之途径，并协助建立一新世界，使一切民族此后得相处于融洽与和平之中”，她希望这是美国国会的决心。[④]

接下来宋美龄诠释了她所希望的新世界：“一方面固不可抱持过高理想，另一方面却亦必须具有相当理想，庶几未来之和平，在精神上不至［致］成为专对战败者之惩罚，在概念上不至［致］以一区域或一国家甚或一大陆为对象，而以全世界为范围，而其

---

① 《在美国众议院演说》，载《蒋夫人言论汇编》编辑委员会编辑：《蒋夫人言论汇编》（卷三），第82 页。

② 黄自进、潘光哲编：《蒋中正“总统”五记：爱记》，第 284 页。

③ 参见《在美国众议院演说》，载《蒋夫人言论汇编》编辑委员会编辑：《蒋夫人言论汇编》（卷三），第83 页。

④ 参见《在美国众议院演说》，载《蒋夫人言论汇编》编辑委员会编辑：《蒋夫人言论汇编》（卷三），第84 页。

1943 年，宋美龄在美国国会演讲

行动亦必须合乎人道主义。”她用“手足”来形容未来国际间相互依赖的关系，“一切国家应成为一集合体之份［分］子”，而中国人则正“渴望并准备与诸君及其他民族合作，共同奠定一种真实与持久之基础，以建设一合理而进步之世界社会”。[①] 宋美龄不讲美国的问题，只是重申中国绝不向日本妥协的决心，实际上这是变相地让美国思考自己是否也有同样的决心或担负了相应的责任。同时，她又提醒议员们只有理想是不够的，“盖欲保存、支撑，并维持此等理想，有时必须不惜牺牲一切，甚至甘冒失败之危险，以努力促其实现”[②]。她还告诫议员们“光明正大之甘冒失败，较诸卑鄙可耻之接受失败，更为明智。吾人将有一项信念，即在订立和议之时，美国以及其他英勇之盟友，将不致为一时种种权宜理由所迷惑”。演说的最后一句是：“个人之品德，于困厄中验之，

① 《在美国众议院演说》，载《蒋夫人言论汇编》编辑委员会编辑：《蒋夫人言论汇编》（卷三），第85 页。

② 《在美国众议院演说》，载《蒋夫人言论汇编》编辑委员会编辑：《蒋夫人言论汇编》（卷三），第85—86 页。

亦于成功中验之。以言一国之精神，倍加真确。”[1] 这无异于是向美国国会议员委婉地说“考验你们的时刻到了，你们看着办吧！”

宋美龄的演说结束后，美国的舆论立即作出了反应。纽约《时报》评论说：以美国之大部力量打击德国，而容许日方巩固其占领区之战绩，乃至为危险之举，“美国人民当无一对此言有所争辩”。但评论还是解释说：目前美国之所以集中注意力于德国，是因为有较好的机会，先击败德国，阻止轴心国与日本在苏伊士及中东会师，这既对中国有利，也会使联合国家胜利的把握性更大。纽约《前锋论坛报》对宋美龄演说的评价是：“吾人须知夫人有尊严之性格，并未有所怨诉，亦未有所要求”，她“仅提出希望有更佳世界及吾人全人类将来之安全”。[2]

美国某议员评价宋美龄的演说：“使吾人窥见中国之灵魂。伊之呼吁，不仅动人而合理［，］且美国人民及国会议员亦均然其言。”另一位女议员称颂宋美龄的演说：乃是一种由衷而动人的呼吁，感动了所有美国人的心灵。纽约《时报》的鲁斯夫人对演说的评价更能准确把握宋美龄的风格：“蒋夫人托意于美妙之寓言。中国之所应得者，伊并不卑躬而求，吾人之力有未尽者，伊亦宽恕不责。”[3] 美国人读懂了宋美龄给他们传递的信息。

国内媒体更是盛赞宋美龄的演说：“句句都是我们中国人所要说的话，句句都是中国人民所想说而过去还没有机会向美国人民代表尽情一吐的话。”[4] 足见宋美龄的演说的确是融汇了中美文化，在中美之间架起了一座对话的桥梁。

2. 引导西方舆论关注中国问题

议会演说抛出了此次访美的主要目的，其后的演说和谈话就都以此为中心来展开。比如，宋美龄在参众两院演说的第二天召

---

① 《在美国众议院演说》，载《蒋夫人言论汇编》编辑委员会编辑：《蒋夫人言论汇编》（卷三），第86页。

② 《美报赞誉蒋夫人》，《中央日报》1943年2月20日，第3版。

③ 《美报赞誉蒋夫人》，《中央日报》1943年2月20日，第3版。

④ 《自由中国之呼声——读蒋夫人在美国国会演词的感想》，《中央日报》1943年2月20日，第2版。

开的白宫记者招待会上，与记者的问答就主要着重于对华援助问题。她驳斥了中国没有充分利用其人力的报道，解释说，没有汽油、飞机和弹药，人力无法有效地用于战争。对于有人问及中国何时能收到所需要物资的问题，她把问题转给了罗斯福，当罗斯福简短地以“上帝叫我们多快就多快”作答时，她并不轻易放过这个话题，而是趁另一位记者询问她对美国如何加速其援华计划有何建议时，她再次转向罗斯福，并接续罗斯福的那句话说：“上帝帮助那些自助者”①，她机智地点明了解决问题的决定权实际上操纵在美国人手里，罗斯福为此脸红②，而更多的美国人则认同这种观点。

3月1日，她在纽约市政厅演说，并再次以三位修堤者（前两位失败被秦始皇杀头，第三位成功后却以不愿他人所付之生命代价以裨益其本身而自杀）的经历警示美国不可坐享别人的成果③，纽约市市长就省去华丽的赞美之词，直接替她言明所指：蒋夫人此次访美，不是来接受美国的赞扬的，她不指望对她个人的赞扬，“她希望大炮”④。

1943年3月，宋美龄登上了美国《时代》周刊的封面

同前面的演说一样，谙熟美国文化的宋美龄已经以美国

---

① 辛慕轩等著：《宋美龄写真》，档案出版社1988年版，第111—112页。

② 参见［美］巴巴拉·塔奇曼著：《史迪威与美国在华经验（1911—1945）》（下册），第505页。

③ 参见《在美国众议院演说》，载《蒋夫人言论汇编》编辑委员会编辑：《蒋夫人言论汇编》（卷三），第90—91页。

④ 《纽约市厅空前盛会　蒋夫人受热烈欢迎》，《中央日报》1943年3月3日，第2版。

式的语言使美国人清楚了中国的需求，而这并不需要她直接向美国民众说：我们需要飞机、大炮和其他武器！这种话也许只有在与美国总统或具体负责人员直接交涉时，或在某些具体场合才会用得上，而绝不是用在对公众的宣传和谈话中。即使在对记者的问答当中直接涉及军事援助问题时，宋美龄也坚持从道义的角度来提出要求，她说："对华援助必须考虑两种因素：一即军事，一即道义。以飞机军火供华，是军事上之援助也。但倘能遣派远征军赴华甚至数目微小之远征军，亦可向世界表示美国系认真从事。"[1] 当然，半个月后，当美国民众基本上都能接受并理解这种要求，记者也更加直截了当地提问："中国军队最□要者为何物"时，宋美龄也更为坦白地回答"飞机"，并坦言希望获得更多军火，"愈速愈妙"。[2]

当美国舆论正热衷于讨论宋美龄关于不能纵容日本威胁的言论时，英国各报也在显著位置刊载了宋美龄在美国众议院的演说，并同样引起了英国舆论的强烈反响。甚至有些媒体公开支持宋美龄的演说，有的媒体评论说：宋美龄告诉听众"日本依然继续其毁灭之工作。并提出警告，日本在占领区内所控制之资源，现较德国者尤多。吾人热烈期望英美两国对于彼之所云，将予以着重之考虑"[3]。

在这种情况下，丘吉尔再不能保持沉默了，他在3月21日发表广播演说，针锋相对地宣称："吾人可击败希特勒，余作此语，即表示希特勒及其作恶之力量，将被粉碎，了无余存，然后吾人将立即前往世界之另一方面，惩处贪婪残暴之日本帝国，拯救中国，于长久磨难之中，解放吾人本身及荷兰盟友之海外领土，并使日本对于澳洲、纽西兰（即新西兰——引者注）及印度海岸之威胁，永远消除。此乃吾人首要与最高无上之工作，任何事物均

---

① 《蒋夫人对记者重大表示　促请美军来华助战》，《中央日报》1943年3月7日，第2版。

② 参见《蒋夫人招待记者谈话》，《中央日报》1943年3月22日，第2版。

③ 《英伦各报重视蒋夫人演说》，《中央日报》1943年2月21日，第2版。

不能诱致吾人离开此一工作。然余认为当希特勒被击败［,］德义两国屈服之际，战争始达其最高点，且亦为吾人对于前面之工作重新发表宣言之时。”①

温斯顿·伦纳德·斯宾塞·丘吉尔（Winston Leonard Spencer Churchill）

丘吉尔的广播演说虽是重申英国固有之立场，但此时发表却意在化解宋美龄在美国演说造成的舆论影响，在他所言负责成立战后世界机构的“主要胜利国家”只有英、美、苏三国，根本看不到中国的影子，而且他只字不提宋美龄代表的中国观点，却又用“诱致”这样的词语表示了对宋美龄的演说甚至是对中国的不屑。在当时舆论几乎一边倒向宋美龄演说的情况下，丘吉尔的演说犹如众多喝彩声中出现的刺耳的嘘声。

对于丘吉尔抛来的不屑嘘声，宋美龄立即回应。第二天，她在演说中含蓄地批评老牌帝国主义国家“袭用老套把戏，互相妒忌，各谋私利”，含沙射影地指责丘吉尔关于英、美、苏三国建立战后世界机构的观点实为给战后各民族更密切的合作“树立栏障，而犹自以为高明”。她还提醒公众注意，“欲博得国人一般之赞许，比较容易。欲一言一行，悉本良心，则必较困难；尤其是当良心告诉吾人，为防止将来之毁灭与屠杀计，不应专着眼于本国之福利，而应兼顾其他民族之福利”②。宋美龄表现出了比丘吉尔大度的胸怀，她在蒋介石的授意下，早在一周前答记者问时，就已主动表示：中国愿意与一切信仰自由之国家——包括苏联在内——结为盟友。③ 这与丘吉尔不愿承认中国六载艰苦抗战的付出已经奠

① 《英首相广播全文》，《中央日报》1943年3月23日，第2版。

② 《在芝加哥演说》，载《蒋夫人言论汇编》编辑委员会编辑：《蒋夫人言论汇编》（卷三），第112—114页。

③ 参见《蒋夫人招待记者谈话》，《中央日报》1943年3月22日，第2版。

定了中国战后国际地位基础的短视，形成了鲜明对照。而宋美龄此次演说兼顾世界各民族福利，又使丘吉尔狭隘的大国民族主义相形见绌。

在宋美龄的“点拨”下，支持中国的舆论非但没有受到丘吉尔演说的影响，反而更加高涨。美国官方也出于维护同盟国团结合作的目的，由众议院领袖麦考梅克于 3 月 24 日出面表示：“世界未来和平，须中美英苏维持。”① 25 日，美国国务卿赫尔也对丘吉尔演说发表评论：“美国对东西轴心国家，均谋予以摧败。美国视轴心各国，绝无轩轾之分。”“倘欧洲战事先太平洋战事结束，美国无意作部分之复员。”② 这实际上表达了对中国的支持，至少体现了美国有在东西方之间寻求一种平衡决策的决心。

在舆论和美国态度的压力下，英国也很快对丘吉尔演说的论调作了调整。正在美国访问的英国外相艾登于 26 日在美国马里兰州议会上发表演说，除表示“整个战争不可分割”之意以外，还保证：英国将协助中国对日本进行作战，直至获得最后胜利而后已。“且中国在战后之和平期间，将与美苏英三国分担完全之责任。”③ 而在英国国内，副首相阿特里（或称艾德礼）于 28 日告英国援华会称：目前虽有两处战争存在，英国希望实现整体之和平。他还承认第一次世界大战时，就是因为各主要国家均不顾实现和平不可分割之理想，结果作战者之希望与理想均告落空。④

初战告捷后，3 月 28 日，在旧金山举行的记者招待会上，宋美龄给已经炽热的美国舆论又点了一把火。当有记者询问宋美龄是否认为美国人民赞成推迟对日战争至两年以后，以符合丘吉尔 3 月 21 日演说之战略时，宋美龄稍加思索答称，她认为美国人民亦如中国人民，乃重视实际之民族。“诸君在实际上已遭受日本之攻击，一如中国人之遭受日本实际攻击者然。德国所以攻击诸君者，

① 《世界未来和平　须中美英苏维持》，《中央日报》1943 年 3 月 26 日，第 2 版。

② 《社论：赫尔国务卿之言》，《中央日报》1943 年 3 月 27 日，第 2 版。

③ 《艾登明快表示　整个战争不可分割》，《中央日报》1943 年 3 月 28 日，第 2 版。

④ 参见《世界和平不可分割》，《中央日报》1943 年 3 月 30 日，第 3 版。

仅言论而已，诸君并未受德国之实际攻击。”而重视现实者应谋自卫。在回答关于中国对美国之希望的问题时，宋美龄强调：中国视美国为真正之友人，中国所希望于美国者，与美国所希望于中国者并无二致，即完全之了解与亲善。中国所希望美国援助的，也就是美国在同样情况下希望中国援助的。[①] 她既巧妙地以实际武力攻击与言论攻击的对比说明日本和德国对美国危害的不同，再次强烈地牵动了美国民众的神经；又坚守了原来的立场——我们并不主动地索取什么，但你们应该知道自觉地给予什么。如此一收一放，实际上已经把中国问题的严峻性对美国利益的影响阐发透彻，使中国在争取美国军火援助的问题上占据了主动地位。事后证明，正如美国舆论所评论的那样，宋美龄虽然没有说要什么，但她从罗斯福那里争得的保证远远多于以往任何时候。

3. 阐述战后世界新秩序和中国国际地位问题

宋美龄宣讲中国关于战后世界新秩序的建立及中国战后国际地位问题的观点集中在三次演说中——即纽约麦迪逊广场演说、芝加哥演说、旧金山演说，主要从以下几个方面进行阐述：

其一，自由民主的力量是战后世界新秩序的基础。宋美龄追述罗马帝国长盛不衰的原因，即在于承认权力来自于人民的民主实践；而波斯帝国的短命则源于暴政与独裁。宋美龄把美国能够成为影响世界命运大国的主要原因也归结为其自由民主的传统。她对美国立国时就已订立民主自由的传统之基大加赞赏，她说美国人的祖先来到美洲大陆，“多数盖欲逃避暴君政治之苦恼束缚，而寻求自由。彼等约定相互遵守所订立之公约而谋自治，公约规定彼等‘顺从公意所建立之政府与所选出之统治者。’”她认为这种公约所含有的健全合理、基于常识之原则，是美国这个伟大的民主国家赖以产生的基础，“彼等仅以简单率直之盟誓，矢志服从公意，并抱持‘正义即权力’之坚决信仰。‘五月花公约’之所以具有力量，历久不减者，不在其为理论，而在其为实用条

① 参见《美实际上已受日攻击　重视现实者应谋自卫》，《中央日报》1943 年 3 月 30 日，第 3 版。

文，所以适应实际目的而演成者也”[①]。正是基于这样的原则和基础，可以使美国国内各种不同的信念协调起来。宋美龄借以表达的是：推之世界，自由民主亦是使各个民族国家协调的共同基础。

其二，战后维持和平局面是世界新秩序的保证。宋美龄认为当前的主要危机“不在于胜利之能否获得，而在战后和平之能否获得”[②]。“战争为人类最狂谬之事，为确保一切民族将来之和平与繁荣计，不应容许战争之再度发生。”[③] 然而，“今日之世界，充满动听之语，往往空谈理想，而并无实现理想之真正愿望与真正努力”[④]。战后问题就应以处理这些危机和避免这些弊端入手。要想破解上述危机和弊端，“唯有联合国家以及今后能遵守‘自存共存’各原则之其他国家，采取共同戒备与行动，始能使世界永享和平”[⑤]。“吾人之任务盖在确使此次作战奋斗所求之正义与自由诸理想，能在当前及在和平安宁之日，见诸事实。”[⑥] 这也是中国人民的理想，并希望对此有所贡献。[⑦]

其三，尊重各民族固有之文化是实现战后和平新秩序的关键。宋美龄批评持“后觉易而先见难”观点是给战后各民族密切合作树下了障碍。她以中国为例，阐明尊重其他民族固有之文化是人类所固有之原则，与促进世界文明的丰富多彩并行不悖。她说：“一国之文化，固为一国之所特有。故凡模仿他国之事物，若不能

---

① 《在芝加哥演说》，载《蒋夫人言论汇编》编辑委员会编辑：《蒋夫人言论汇编》（卷三），第109—110页。

② 《在旧金山演说》，载《蒋夫人言论汇编》编辑委员会编辑：《蒋夫人言论汇编》（卷三），第121页。

③ 《在芝加哥演说》，载《蒋夫人言论汇编》编辑委员会编辑：《蒋夫人言论汇编》（卷三），第111页。

④ 《在纽约麦迪逊广场演说》，载《蒋夫人言论汇编》编辑委员会编辑：《蒋夫人言论汇编》（卷三），第97页。

⑤ 《在芝加哥演说》，载《蒋夫人言论汇编》编辑委员会编辑：《蒋夫人言论汇编》（卷三），第111页。

⑥ 《在旧金山演说》，载《蒋夫人言论汇编》编辑委员会编辑：《蒋夫人言论汇编》（卷三），第118页。

⑦ 参见《在纽约麦迪逊广场演说》，载《蒋夫人言论汇编》编辑委员会编辑：《蒋夫人言论汇编》（卷三），第94页。

融化于人民日常生活之中，终不免呈现其外来之痕迹。中国六年来之抗战与痛苦，乃以事实，而不以空言，证明中国人民认为本国文化之保存，即所以辅助世界文明之维持。正因吾人不以吾国文化单独存在而自满，吾国正在努力奋斗，以协助建造色彩丰富之世界文明，以永保人类不容推翻不容放弃之各项共同誓守原则。"① 她倡导民族间相互深入了解和出于忠实的民族自我检讨，就如美国，虽然有种种进步和成功，"唯吾人慎勿忘却美国在成为今日之伟大民主国家以前，亦曾因争执、分裂与内战，陷于分崩离析，而几至不可收拾"②。

宋美龄在美国旧金山市政厅发表演讲

其四，对战后世界新秩序的理想设计。宋美龄对战后新世界的理想设计包含这样一些关键词：合作、安全、和平、正义、平等、进步等。她判断世界的发展趋势是："经济上与领土上侵略称雄之时代，兹已过去，继之而起者，必以国际间谅解与亲善为人

① 《在芝加哥演说》，载《蒋夫人言论汇编》编辑委员会编辑：《蒋夫人言论汇编》（卷三），第 113 页。

② 《在芝加哥演说》，载《蒋夫人言论汇编》编辑委员会编辑：《蒋夫人言论汇编》（卷三），第 115 页。

类前途之明星。”① 为使此次战争真能结束一切时代之一切战争，使一切国家，“均能于未来世代中彼此生存于和平安全与自由之中，国际间必须实行真正与最高意义之合作”②。“每一个国家均能应用其本有之智慧与能力，建设永远进步之世界，在此世界中一切国家均本公平与正义之基础，参加合作。”③ 所以，她乐观地认为善意与热望合作是起点。宋美龄认为，国际合作早已有之，但都终归失败，究其原因，或因“自相争扰，忘其初旨”，或因初时就以霸权为目的，或因创立者眼光之褊狭。“过去每一共同努力之失败，在其固有之弱点，即袭用老套把戏，互相妒忌，各谋私利，以琐细之故，彼此猜疑，而犹往往美其名曰‘均势’。国际联盟较以前其他组织，诚稍有进步；但因其侧重于应付极少数国家间不相协调之政策，故其破绽即逐渐显露。”④

宋美龄主张，各国在着眼于本国福利的同时，还应兼顾其他民族之福利。⑤ 一切国家，无论大小，都应该有平等发展的机会。较强盛与进步者，应协助弱小国家，使之完成自治，而不以经济剥削为事。⑥ 未来新世界，“系以实行人类正义与美德为其基础”⑦。她赞同美国人“天下一家”的说法，并在演说中引用了他们的话：“吾人不得不以全世界为一切神灵、一切人类共有之一大

① 《在旧金山演说》，载《蒋夫人言论汇编》编辑委员会编辑：《蒋夫人言论汇编》（卷三），第119页。

② 《在纽约麦迪逊广场演说》，载《蒋夫人言论汇编》编辑委员会编辑：《蒋夫人言论汇编》（卷三），第99页。

③ 《在纽约麦迪逊广场演说》，载《蒋夫人言论汇编》编辑委员会编辑：《蒋夫人言论汇编》（卷三），第100页。

④ 《在芝加哥演说》，载《蒋夫人言论汇编》编辑委员会编辑：《蒋夫人言论汇编》（卷三），第112页。

⑤ 参见《在芝加哥演说》，载《蒋夫人言论汇编》编辑委员会编辑：《蒋夫人言论汇编》（卷三），第114页。

⑥ 参见《在纽约麦迪逊广场演说》，载《蒋夫人言论汇编》编辑委员会编辑：《蒋夫人言论汇编》（卷三），第98页。

⑦ 《在芝加哥演说》，载《蒋夫人言论汇编》编辑委员会编辑：《蒋夫人言论汇编》（卷三），第115页。

国家。”[①] 她认为，联合国的最大任务就是要确保人类不要再退化到另一个黑影时代[②]，身属联合国家者，当前的目标就是要“谋人类之进步”，为此目标，各国应以“自动之服务”为最大荣誉。[③]为实现这种新世界理想，“吾人应以坚定之心，不屈之志，向前迈进……在成立公正而永久之和平中，寻求正义与真理”[④]。

其五，呼吁尽快成立国际社会组织维护战后世界和平。早在3月15日，蒋介石就曾电告宋美龄和宋子文，指示他们立即着手倡议成立四国同盟：“对于中、英、美、俄四国同盟，应即提议，虽俄必以对倭未开战为藉口而推托，然此时吾三国为准备工作，以待俄倭开战后而实现，亦未始无益，只要先邀俄加入，如其果坚拒，则吾三国先自联盟，俄亦无辞可责矣。”[⑤] 宋美龄随即在芝加哥会见记者时，表达了赞成设立国际警察的做法，称可保证残暴势力不能再占优势，她认为残暴势力与警察力量的不同在于：前者乃残暴不仁，后者则为维持法律秩序所必要者。[⑥]

这实际上是对成立能够保证新世界理想得以实现的国际社会组织的一种呼吁。但当时因丘吉尔广播演说的干扰，宋美龄对这个问题并没有明确地公开提出。在“先欧后亚”的论调被否定后，再经过她对新世界理想的宣扬，提出四国联盟的时机更为成熟。

4月2日，宋美龄在美国洛杉矶的记者招待会上，不仅坦诚地承认中国对战后负担责任问题并非完全采取利他主义，为中国本身最大利益考虑，“实有致力于安定世界之必要”。最重要的是她否定了战后问题应等到战后解决的观点，用“火到燃眉扑已迟”

① 《在纽约麦迪逊广场演说》，载《蒋夫人言论汇编》编辑委员会编辑：《蒋夫人言论汇编》（卷三），第100页。

② 参见《在纽约麦迪逊广场演说》，载《蒋夫人言论汇编》编辑委员会编辑：《蒋夫人言论汇编》（卷三），第98页。

③ 参见《在旧金山演说》，载《蒋夫人言论汇编》编辑委员会编辑：《蒋夫人言论汇编》（卷三），第122页。

④ 《在芝加哥演说》，载《蒋夫人言论汇编》编辑委员会编辑：《蒋夫人言论汇编》（卷三），第116页。

⑤ 黄自进、潘光哲编：《蒋中正“总统”五记：爱记》，第280页。

⑥ 参见《蒋夫人招待记者谈话》，《中央日报》1943年3月22日，第2版。

宋美龄在美国洛杉矶召开记者招待会

作比，明确提出：“联合国家应以一切力量，以争取战争之胜利，且力求迅速获胜，然战后世界之研究与计划，亦应与争取战争胜利一事，同时进行。”[①] 宋美龄明确提出战时问题即协同作战和战后问题即战后新秩序的规划设计同时并举的思想，已较以前又前进了一步，虽仅点到为止，但因有前面的铺垫，仍颇引人注目。

4 月 4 日，宋美龄在洛杉矶好莱坞广场的演说，可谓她此次访美的总结性演说。这场演说不同于她以往各场在美演说的最大特点是，它完全以中国艰苦抗战的经历为叙事主体，而在以往各场演说中，宋美龄却有意很少提及中国在抗战中经历的苦难。之所以有此不同，宋美龄解释说：她曾踌躇于陈述中国境内战事，担心有故意过分侧重我国人民所受痛苦之嫌，而此次之所以又不避此嫌，是希望从中国的教训中“获得裨益”，“洞悉一个民族，多年以来忍受侵略暴行，其生活与意向，果为如何”。[②]

话虽如此，但从整篇演说来看，宋美龄从中国艰苦抗战之经历入手，仍然是为了突出她此来美国宣扬的两大主题：军援和战后新世界的创建。另外，这篇演说也延续了其他在美演说的风格，

① 《招待美记者席上　蒋夫人纵谈世局》，《中央日报》1943 年 4 月 4 日，第 2 版。

② 《在洛杉矶演说》，载《蒋夫人言论汇编》编辑委员会编辑：《蒋夫人言论汇编》（卷三），第 123 页。

即在整篇演说中没有再提及西方所谓民主国家是如何纵容日本侵略中国的。这与她赴美之前的言论有很大差别，这种变化体现的是此时中美两国之间的相互理解已经加深，特别是美国朝野对援助中国的问题已经越来越趋于一致，宋美龄当然没有必要再以否定的言辞去刺激他们，让他们误解中国仍对他们怀有怨恨。宋美龄考虑更多的是如何增强美国人对中国的同情和信任，使中美两国以她所希望的方式和方向发展合作关系。

在好莱坞的演说中，宋美龄从战争初期中日两国军事装备差距的强烈对比来委婉地表达中国对飞机等军事援助的迫切需要。"就武装而言，敌军在任何方面，实远在吾人之上，盖彼等之军队乃现代式之军队，一切辅助部队应有尽有，除强大之海军与空军外，并有机械化部队与精练之工兵，以及配备齐全之医疗队。"而中国呢？"吾人无海军可言，只有尚在萌芽时期之空军，以及仅持步枪、机关枪、与旧式大炮为主要装备之陆军而已。"① 正是因为武器装备的落后，中国只好利用时间和空间来消耗敌人，"中国在重大困难下之长期抗战，证明吾人对于局势之观察，在心理上与军事上均属正确"②。而敌人数年来的空袭，更暴露了中国军备的薄弱，"在驰名之'飞虎'尚未击退彼空中之匪徒以前，重庆及其近郊，从未稍得宁息。所可惜者，尚无充分数量之'飞虎'，可以护卫中国广大之天空；即为我分驻于九个战区之英勇部队，作少许空中之掩护，亦嫌不足"③。她特别提到，虽然飞机不足，但中国仍然坚持训练飞行员，"以期终有一日，能获得飞机之供应"④。她把中国的需要讲得恰到好处，余下的就要看美国人如何应对了。

宋美龄反复强调中国人民为维护世界正义抗战到底的决心：

---

① 《在洛杉矶演说》，载《蒋夫人言论汇编》编辑委员会编辑：《蒋夫人言论汇编》（卷三），第129页。

② 《在洛杉矶演说》，载《蒋夫人言论汇编》编辑委员会编辑：《蒋夫人言论汇编》（卷三），第130页。

③ 《在洛杉矶演说》，载《蒋夫人言论汇编》编辑委员会编辑：《蒋夫人言论汇编》（卷三），第132页。

④ 《在洛杉矶演说》，载《蒋夫人言论汇编》编辑委员会编辑：《蒋夫人言论汇编》（卷三），第132页。

虽然敌人采取各种方法想消磨中国人的抗战意志，但“吾人誓将敌人驱出国境之决心，从未稍有动摇”[1]。她把之前已反复强调的中国除收复失地以外，并无其他领土野心的承诺重申了一遍[2]，以示中国维护正义的决心。中国之所以能够坚守抗战，首先，因为“生命如欲具有价值，必须无时不以荣誉为伴侣”[3]，“知吾人乃为公道与正义而战，故具有战斗精神”[4]。其次，则因为“吾国人民信仰美国与其他民主国家，最后必能确认吾人之所以作战，并非只为吾人本身。而所以与敌人继续作战者，在使各民主国家有从容准备防御之时间”[5]。

宋美龄借此盛赞罗斯福，更加拉近了中美两国的感情：“当罗斯福总统洞悉正义与强权对抗之意义与结果，而毅然采行措施，使美国成为‘民主国家之兵工厂’，其卓越远见与经世宏才，实为吾人以及后世所不能不钦仰不置者。历史与后世对贵国总统坚定不移之信念，以及努力实现此种信念之道德勇气，将颂扬不已。”[6]

进而，宋美龄再次重申中国人民对争取战争胜利和建立战后世界新秩序并重的主张：“中国人民于应对战时迫切与频繁之需求中，同时准备奠定一公正永久之和平，及努力从事建设一新世界……诸君现亦采取同样步骤，且正复如吾人对于组织一比较美满之新社会秩序，决心尽其贡献，不亚于决心努力作战。”[7] 宋美龄提醒美国人不要忽视协同作战与战后计划同时并举的必要性：“吾

---

① 《在洛杉矶演说》，载《蒋夫人言论汇编》编辑委员会编辑：《蒋夫人言论汇编》（卷三），第133页。

② 参见《在洛杉矶演说》，载《蒋夫人言论汇编》编辑委员会编辑：《蒋夫人言论汇编》（卷三），第130页。

③ 《在洛杉矶演说》，载《蒋夫人言论汇编》编辑委员会编辑：《蒋夫人言论汇编》（卷三），第128页。

④ 《在洛杉矶演说》，载《蒋夫人言论汇编》编辑委员会编辑：《蒋夫人言论汇编》（卷三），第130页。

⑤ 《在洛杉矶演说》，载《蒋夫人言论汇编》编辑委员会编辑：《蒋夫人言论汇编》（卷三），第133页。

⑥ 《在洛杉矶演说》，载《蒋夫人言论汇编》编辑委员会编辑：《蒋夫人言论汇编》（卷三），第133页。

⑦ 《在洛杉矶演说》，载《蒋夫人言论汇编》编辑委员会编辑：《蒋夫人言论汇编》（卷三），第133—134页。

人勿为所谓公允之和平所欺骗。吾人弗许侵略主义重招其魔首，以威胁人类代代相传之最大宝物，即各民族所应享受之生命、自由与康乐也。”①

洛杉矶的好莱坞露天剧场人头攒动，欢迎宋美龄访美演讲

好莱坞广场的演说，无论是从语言还是从所选视角，以及对结论的概括和总结上，都是一场成功的演说，蒋介石在国内看到这篇演说稿后，也感到非常满意：“观妻在美国好莱坞讲词，实一篇动人而有力之文字，不禁为之神驰。”②

这场演说之后，宋美龄休整了十日，这十日正好为美国舆论消化吸收她的演说内容、为她观察舆论反响提供了时间。在这段时间中，美国朝野不断有支持宋美龄关于协同作战与战后计划同时并举主张的舆论出现。比如，美国助理国务卿柏尔发表演说，驳斥了对苏联放松援助的观点，认为这是挑拨英、美、苏关系的伎俩，他宣称：重新组织后之和平世界机构，必须由爱好自由之美、英、苏、中四大国家建立，且建设世界和平机构之工作可能

① 《在洛杉矶演说》，载《蒋夫人言论汇编》编辑委员会编辑：《蒋夫人言论汇编》（卷三），第134页。

② 黄自进、潘光哲编：《蒋中正“总统”五记：爱记》，第283页。

将经历一长久之时间。副总统威尔基出版的新书《四海一家》中主张美国不应忽视中国，如不以像对待英、苏的同等态度对待中国，将无法真正获得胜利。[①] 有美国参议员主张建立联合军队，以保障战后和平，镇压任何侵略。[②] 显然，宋美龄关于警惕战后侵略主义抬头的告诫得到了回应。

美国各报评论在赞扬宋美龄演说的同时，持续特别关注战后计划，并对亚洲在此类计划中所占之地位，不时提醒注意。[③] 美国舆论界一致认为，宋美龄此行将有永久性之影响，并相信中美关系必将因此更趋密切，而尤合时宜者，是此时正会集在华盛顿的联合国家，都可借此机会更多地了解中国之迫切需要与问题。他们认为，宋美龄的演说词已使美国人民对于中国在全球战争中所居之地位，及美国对未来世界组织与战后之责任，加以讨论及考虑。宋美龄之行提高了中国及其人民之国际地位。个别新闻界人士还相信，宋美龄此行不但对中美关系，且对联合国家间之关系，都有重大之影响。美国人对美国政府已宣布废除在华治外法权，并承认中国在全球战争中之地位感到自豪，而对尚未消除“排华法案”和加诸加利福尼亚华侨的种种歧视待遇之规则感到厌恶，并希望宋美龄此行能对此事之矫正发生影响。美国各方都认为中国在国际间之地位，将日见重要。[④]

种种迹象表明，宋美龄代表中国陈述的意见已经广泛地获得接受和支持。经过十天休整后，4月14日，宋美龄在接见记者时才郑重地提出：建议美、英、苏、中四大国应首先成立一个战后世界委员会，以对最终获得绝对自由之国家，加以公正无私统治。她提出应取消第一次世界大战后《凡尔赛条约》规定的以委任统治地委托一国之解决方法，并明确表示，所有小国均应获得自

① 参见《威尔基新著〈四海一家〉之说论》，《中央日报》1943年4月10日，第2版。

② 参见《美议员主张建联合军队》，《中央日报》1943年4月12日，第2版。

③ 参见《美国一周舆论》，《中央日报》1943年4月15日，第2版。

④ 参见《蒋夫人重大表示》，《中央日报》1943年4月16日，第2版。

由。[①] 至此，宋美龄已把此次旅美代表中国或者代表蒋介石所要表达的主张都表达出来了。此后，宋美龄又两度赴华盛顿与罗斯福会商援华事宜。在此期间，她还促成了美国取消限制华人移民的歧视政策——“排华法案”，这也许是宋美龄此次旅美的一项意外收获，却使千千万万的在美华人受益。

（三）赴美成功的“秘诀”

宋美龄旅美获得的成功是毋庸置疑的。她的成功要素首先在于，她不仅以女性的视角带着美国人（甚至是各盟国）重新认识了中国，而且，她也义务担负了对这些国家民众宣传“正义的力量”从而激励他们斗志的任务。在她的演讲中，“正义”的确是最能打动人心的词汇，特别是在当时的世界，正义正遭到践踏的时候。她向美国和其他盟国的人民传递了一种“正义的力量”，并以中国经历的艰苦坚定了世人对战胜邪恶势力的信心。比如，宋美龄曾在向报界演说时指出：“中国现以弹片制成医药工具，竹片制成皮下注射器，此在贵国视之，或则有类乎中世纪之方法，但如具有决心，固亦无所不可成者。”[②] 中国能以如此落后的方式抵抗强敌长达六年之久，那么其他国家有什么理由退缩呢！她被美国人推崇为女界模范[③]，她所宣传的“正义的力量”似乎更加值得信赖，因为人们更容易从一个女性身上联想到母性的崇高和伟大，由此产生的亲切感和信任感足以放大宋美龄宣扬的“正义的力量”。当然，宋美龄自身出色的表现，也是美国民众愿意接受宋美龄和她的主张不可忽视的原因。

另一个使宋美龄获得成功的不可忽视的要素，是她没有忘记告诉美国和其他盟国，在战争胜利后，他们能从中国这里得到什么，那就是贸易。她常用中国的资源被日本所攫夺、中国拥有四万万七千万同胞来提示这些国家，中国可以向世界提供原料，并

---

① 参见《蒋夫人重大表示》，《中央日报》1943 年 4 月 16 日，第 2 版。

② 《对报界演说》，《中央日报》1943 年 3 月 28 日，第 2 版。

③ 参见《蒋夫人为女界模范》，《中央日报》1943 年 4 月 19 日，第 2 版。

且中国有潜在的巨大市场，你们实际上是在为自己而战。她曾在演说中完全否定清朝与世隔绝的政策，宣称“现在中国各小学中，均将当日负责实行此种政策诸人告知学童，并举为目光浅短只知一时便宜之例。凡此诸人，名留历史，永受谴责”①。她还通过各方面的对比来说明中国与美国有很多相似之处，中美原本就是朋友。这些宣传一方面使美国人感觉到中国并非异己分子，另一方面也使美国感受到如果放弃了中国，也将对自己造成重大损失。

所以，当宋美龄尚在美国时，美国和其他盟国的决策层已经在热议攻击日本或者为如何收拾日本加紧准备了。比如，曾指挥轰炸东京的杜立特将军对记者称：唯有进攻日本本部，始可击败日本。而此项任务，只有美国之“白昼重轰炸机”可以担负。② 新西兰驻美公使也表示：吾人此刻正在太平洋集中人力与物力，本年度终了之后，日本必将大为惊骇。他并讥卡萨布兰卡会议所作先击败德国的政策，系“联合国家之领袖于相当期间失眠之后”决定的，但此项政策并非表示我们不对日本采取攻势。英国副首相阿特里（或称艾德礼）也宣称：远东之战争，亦为英国之战争，其重要程度，一如欧洲之战争、为澳洲或新西兰之战争一样。我们迫令日本无条件投降之决心，亦与我们消灭希特勒及其主义之决心同样坚强。如日本成为太平洋上之控制势力，则必为文明之重大祸患，当德国失败屈膝之时，英国之全部兵力，即将用之对付远东之敌，英国在该一战场之实力，已逐渐增长，且准备施行反攻。③ 丘吉尔也于5月19日在美国国会演说，称美、英正商讨对日攻势，希望美、英、中、苏不久举行会商。④

当然，宋美龄获得成功还有一个更为重要而又并非她能控制

① 《在芝加哥演说》，载《蒋夫人言论汇编》编辑委员会编辑：《蒋夫人言论汇编》（卷三），第114页。

② 参见《轰炸东京指挥者杜立特豪语》，《中央日报》1943年4月19日，第2版。

③ 参见《盟国正增强实力将对日采取攻势》，《中央日报》1943年4月23日，第2版。

④ 参见《邱吉尔在美国会演说》，《大公报》1943年5月21日，第3版。

的客观因素，就是美国的太平洋和远东战略。罗斯福积极支持中国的真正原因并不是只取决于宋美龄的表现有多么出色，或她的言论多么有说服力，而是绝大程度上取决于美国需要中国在当前继续抗战，并在将来同美国结盟，以便美国更好地保持在太平洋的霸权和在远东与苏联抗衡的有利地位，这也正是当初美国邀请宋美龄赴美的主要原因。只是罗斯福也许并没有想到，宋美龄纤小的身躯中居然蕴藏着那么大的能量，她不但发挥了美国人预料中的作用，而且还超出了美国人的预想，甚至使美国在某些问题上要被动地随着她的意向而调整。

当宋美龄离开美国后，美国众议院专门把宋美龄在美的演讲汇集成册，“定为美议会档卷与各大学研究之名著，此诚为美国未有之创举”①，这是对此次宋美龄旅美价值的一种肯定。当然，宋美龄的这次美国之旅并非完美没有缺憾，罗斯福可能对她不惮其烦地向美国各界争取军援怀着警惕和不满的心态②，印度甘地可能会为她在记者会上对他“思想偏狭混沌”的评语感到不快③，英国也会为她没有赴英访问感到失望（这很大程度上是因为她个人的骄傲），美国的民众还会为她奢华的生活（诸如每次休息都要重新换上丝质床单）和骄奢的作风（诸如用击掌的方式传唤白宫里的服务人员）感到吃惊和不满④，但无论怎样，瑕不掩瑜，而且，即使考虑到当时还有宋子文等人在美国通过其他各种外交渠道发挥作用，宋美龄在旅美过程中所获得的成功仍远远超出了各方面的预想。蒋介石在日记中也不时感叹：“妻在美国七月之久，其于我国之地位与中美之邦交，实有不可想象之收获也。”⑤“吾妻由美国载誉归来，其成效乃出于预想之外。”⑥

---

① 黄自进、潘光哲编：《蒋中正“总统”五记：爱记》，第296页。

② 参见［美］巴巴拉·塔奇曼著：《史迪威与美国在华经验（1911—1945）》（下册），第504—505页。

③ 参见黄自进、潘光哲编：《蒋中正“总统”五记：爱记》，第284页。

④ 参见［美］巴巴拉·塔奇曼著：《史迪威与美国在华经验（1911—1945）》（下册），第503页。

⑤ 黄自进、潘光哲编：《蒋中正“总统”五记：爱记》，第289页。

⑥ 黄自进、潘光哲编：《蒋中正“总统”五记：爱记》，第292页。

随着宋美龄旅美成功，美国的援助也相继涌来：6月中旬，“美国自我鄂西胜利之后，决定供给我驱逐机三百架、轰炸机四十八架、运输机十架，此固自助而后人助之效，然实美国自我抗战以来，第一次之最大接济也”[①]。7月中旬，“美国已允借现金二万万元美金，为调济我金融与经济，此为抗战转危为安之一大事，如能运用有方，则建国基础亦因此得以建立矣”[②]。8月，“美国到印度之陆军已有二万余人，则罗总统对吾妻所言，必于九月底派二个师到印之诺言，为不虚矣，可见美国对远东之积极，英国亦不能不随之紧张矣”[③]。同时，世界反法西斯战局的重组也加快了进程。10月27日，蒋介石得驻美大使电报：“知四国协定由美国提出，在莫斯科三国外长会议已通过……此［如］果此事能顺利进行，则我国在国际地位又前进一步矣。”[④] 11月召开的开罗会议，蒋介石作为中国的国家元首第一次登上了世界政治大舞台。

当然，也有人对宋美龄此次旅美的意义持有不同观点，比如，宋庆龄在给美国友人的信中所表达的看法就是喜忧参半：“不管人们怎么说，她为中国做了最广泛的宣传，并且正如她自己在一次集会上对倾慕她的人说：‘我让美国人看到，中国人不全是苦力和洗衣工人！’我想，中国必须为此而感激她……说正经的，她这次访美的一个直接结果是委员长决定在美国开展一场反对中共的运动。”[⑤] 事实不幸被宋庆龄言中，在日本人被赶出中国后，蒋介石很快凭借美国的支持打响了针对中国共产党的内战。

三、与蒋介石之间的意见分歧

1943年11月，宋美龄陪同蒋介石出席了开罗会议，尽其所能地充当了蒋介石与美、英两国元首的沟通人，并与蒋介石共商大计，辛苦劳顿一言难尽。当时，她的身体状况仍然十分不好，但

---

① 黄自进、潘光哲编：《蒋中正“总统”五记：爱记》，第289页。
② 黄自进、潘光哲编：《蒋中正“总统”五记：爱记》，第292页。
③ 黄自进、潘光哲编：《蒋中正“总统”五记：爱记》，第294页。
④ 黄自进、潘光哲编：《蒋中正“总统”五记：爱记》，第298页。
⑤ 尚明轩主编：《宋庆龄年谱长编》（上），第456页。

她依然勉力坚持，使蒋介石大为感动："今日吾妻自上午十一时往访罗斯福商谈经济回来，直至晚间霍浦金（即霍普金斯——引者注）辞去，在此十小时之间，几乎无一息暇隙，所谈皆全精会神，未有一语松弛，故至晚十时，见其疲乏不堪，彼目疾未愈，皮肤病又痒痛，而能如此，诚非常人所能任也。"① 蒋介石还说："本周在开罗七日，会谈结果，以政治之收获为第一，军事次之，经济又次之，至如东北四省与台湾、澎湖群岛，乃已失去五十年或十二年以上之领土，而能获得美、英共同声明归还我国，又得共同承认朝鲜于战后独立自由，此固由余平时之人格所感召，而吾妻为余协助之功实更大，否则，当不能得此大成也。"② 可见，在台澎诸岛等归还问题上，蒋介石把宋美龄的功劳看得比自己还大。

宋美龄陪同蒋介石出席开罗会议

从开罗回到重庆后，正值蒋宋结婚十六周年纪念日，蒋介石情义浓浓地在日记中写道："吾妻爱情之笃，悲而欢者，万感交集，余苦无以慰其所怀也。"③ 这证明二人在 1943 年年底之前，关系仍然是和谐的。从"悲而欢者"一语中可以判断，即使之前有什么感情波折，此时也已经过去了。

然而几个月后，宋美龄却突然离开了蒋介石，而且此次一去便是一年零两个月，二人的关系似乎陷于一种莫名其妙的疏离。1944 年 7 月 9 日，宋美龄赴巴西治病；9 月，又转到美国，并且在

① 黄自进、潘光哲编：《蒋中正"总统"五记：爱记》，第 303 页。
② 黄自进、潘光哲编：《蒋中正"总统"五记：爱记》，第 303 页。
③ 黄自进、潘光哲编：《蒋中正"总统"五记：爱记》，第 304 页。

美国一直待到第二年的9月，日本投降之后。1944年，恰恰是日本对中国实施严重打击的重要年份，无论是从士气的鼓舞还是从救济民生的角度来说，此时蒋介石都需要宋美龄的大力协助和支持，然而，令人不解的是，在这一年零两个月的时间里，宋美龄似乎没有承担任何使命，也完全没有急于回国效力的迹象，以养病为名无所作为，这完全不符合她的个性，令人疑惑！

一般的解释是这段时间宋美龄的身体状况特别是皮肤病犯得很厉害，的确有离开工作场合安心养病的必要。蒋介石在为宋美龄赴巴西养病之事发给巴西总统的电报中也是如此解释："彼去岁虽经在美调治，然其旧疾迄未康复。余对其健康甚为忧虑，为此彼已遵其医嘱，完全静养，并停止工作，此均为其恢复健康所必需者也。"① 宋美龄有养病的需要当然不能否认，但疑点在于，就宋美龄的个性，为治病花费如此长的时间而远离她曾与蒋介石共誓的"革命事业"，这是难以想象的。再想想这几年她为抗日大局奋力工作的劲头，前后对比反差之大，也令人有难以接受之感。

正当她精力恢复并在美国纽约曼哈顿大街上闲逛的时候，她怎么会丝毫没有想到她曾对蒋介石说过"无论商家与住室，若无家主与老板娘时刻贯注全神，管理业务，则必不成"的话呢？稍加回想，就不难发现，就宋美龄的个性而言，如果不是在精神上遭受了重大打击，她是绝不会甘于寂寞、落得清闲的。只有1931年她因众多精神上的打击和身体疾病的折磨，而消沉过两年。抗战以后，她的身体本来就是时好时坏，但都能勉力坚持工作，即使1942年到美国治病，实际上也是肩负着重要的使命，奔赴于美、加之间，向全世界发出呼吁，而完成这次使命再加上治疗病痛，也不过只用了七个月的时间。所以，此次去国外的情形，的确事有离奇，背后肯定另有隐情。

另一种说法是宋美龄因为受蒋介石婚外情事件的打击，愤而

① 《委座致巴西总统佛格司函》（1944年7月3日），载《蒋中正档案：一般外交（四）》，卷宗号：0020000001300A，台北"国史馆"藏。

以养病为借口出国。综合前后几年宋美龄的言行来看，这种说法不能完全指为谣言。她曾把蒋介石比喻为“家主”，自喻为“老板娘”，抗战七年中，她舍生忘死地与蒋介石并肩战斗，能使她抛却“老板娘”的责任，完全不顾念“家主”感受的理由，恐怕要算感情危机一端最有杀伤力。有人曾向当年负责收发蒋介石邀陈洁如赴重庆文电的周坤和确认，在宋美龄访美期间，陈洁如的确应蒋介石之邀到了重庆。[①] 而且，1945 年 9 月，宋美龄再次从美国归来，当时抗日战争已经结束，她没有马上回到曾经热情从事的工作当中，在随后举行的国共两党重庆谈判过程中，也没有看到关于宋美龄的公开报道，她似乎躲到一边去了。

不为感情问题，宋美龄如此毅然决然地离开蒋介石是不合情理的；但如果单为感情问题，宋美龄这样做又显得太过荒谬，缺乏政治家的气度。而且在她去国外之前，蒋介石特别召开了一次辟谣茶话会，宋美龄当着在场七十多人的面严正表达了对蒋介石为人的信任[②]，如此一来，宋美龄岂不是自欺欺人的吗！如果单纯为了感情问题，宋美龄完全可以在发现问题时就选择离去，大可不必等那么久才采取行动，而且也没必要在离开前还配合蒋介石搞这样一场闹剧。所以，在感情问题之外，肯定还有其他因素使宋美龄萌生退意。

在宋美龄出色地完成了出访美国的历史使命回国后，她仍然十分关注如何维护好中美关系及中国刚刚取得的新的国际地位的问题。然而，国内政治形势的迅速变化，使宋美龄不能乐观。宋美龄多年的对外宣传，已经把中国描述成一个民主或者向民主方向发展的国家，而蒋介石则是这个发展进程的领袖人物——尽管任何对中国的实际情况有点了解的人都不一定认同这种说法。而且她一直宣称中国的抗战始终都没有松懈，这也是一种不太真实

---

① 参见王舜祁著：《蒋介石召陈洁如赴重庆内情》，《民国春秋》1995 年第 1 期，第 43—44 页。

② 参见杨天石著：《找寻真实的蒋介石：蒋介石日记解读》（上册），第 528—529 页。

的说法，在国民党统治的区域里，“消极和颓废”已经蔓延开来，“外国贷款再也无济于事”[①]。就在宋美龄刚刚回国不久，宋庆龄已经预见到：用一篮子钞票去换一磅面包的日子很快就会来到了。[②]靠拙劣的征兵方式强征来的兵员在路上死亡或逃跑的数目惊人，1943 年中国新兵因死亡或开小差造成的减员达百分之四十，在史迪威眼中，“这是对中国领导人的可怕的控告”[③]。

开罗会议后，中国虽然已经晋升到“四大国”之一的地位，但国内形势并没有些许好转的迹象。1944 年，中国的情况更加糟糕。美国外交人员的报告中显示，中国政府正用一些必然导致形势恶化的方法来控制通货膨胀，他们预见“中国的经济会停滞下来”。大批工矿企业被迫关门，因为“政府根本不去作切实可行的运输安排，实行配给，或是调整税收”。而且，“由于下面官员的贪污和效率不高，中央政府收得税款的总额低于它应收税款的三分之一。农民承受着从来没有过的沉重的征募负担，树木和牲畜都被没收，除了数不清的合法和不合法的捐税以外，农民还被迫上缴定额粮食”[④]。

而这些，当然绝对不是盟国希望看到的。“罗斯福总统不愿正视他决心给予支持的中国政权的弱点，因为他的意图是要使中国作为稳定的世界秩序的四块基石之一。”[⑤] 宋美龄当然乐于配合罗斯福，所以她希望蒋介石能控制国内的局势，最好尽量减少刺激和影响美国对华政策的问题出现。

然而，就在宋美龄出访美国期间，蒋介石完成了一部理论著作——《中国之命运》。虽然这本书是由陶希圣代笔，但其中反映

---

① ［美］巴巴拉 · 塔奇曼著：《史迪威与美国在华经验（1911—1945）》(下册)，第 508 页。

② 参见尚明轩主编：《宋庆龄年谱长编》(上)，第 456 页。

③ ［美］巴巴拉 · 塔奇曼著：《史迪威与美国在华经验（1911—1945）》(下册)，第 520 页。

④ ［美］巴巴拉 · 塔奇曼著：《史迪威与美国在华经验（1911—1945）》(下册)，第 658 页。

⑤ ［美］巴巴拉 · 塔奇曼著：《史迪威与美国在华经验（1911—1945）》(下册)，第 508 页。

的思想却是蒋介石的。书中内容与毛泽东在1940年1月发表的《新民主主义论》针锋相对，实际上是自1941年皖南事变后，在国共统一战线已经出现裂痕的情况下，蒋介石在思想上向中国共产党发动的一次大的进攻。

对宋美龄来说，反共可能并不是这本书的问题所在，她所关注的是这本书所表现出的明显的排外倾向。书中对西方国家的严厉批评和指责，把中国的落后完全归咎于他们。这正是宋美龄在美国游说期间想尽量避免的。“他的顾问先生们看到他对现代中国历史的解释非常惊讶，因为那是恶意地、不分皂白地排外。他把民国初建立时的军阀横行、卖淫、私运军火、抽鸦片、盗匪载道以及一切残暴的混乱，一起归咎到外国人身上；他甚至为外国传教士和他们所创设的大学对中国文化的影响而悲叹。”在发现这个问题后，这本书在卖了五十万本后，缩小了发行范围①，甚至被“撤回修改”。“‘撤回修改’可能是蒋夫人坚持使然的。”②

书中还充满了专制思想的阴影，完全不符合宋美龄所宣扬的蒋介石正带领着中国向民主方向前进的假想和宣传。缩小发行范围后，西方记者还是能够很容易地从延安找到这本书，他们的总体感觉是这本书“实际上是为搞专制、而不是实行民主所做的辩解”③，“所反映的思想具有令人厌恶的极权主义的气味”，所以，“驻重庆的外国特派记者都被禁止翻译此书”。④

这本书早在1943年3月就在国内出版发行了⑤，而此后四年中，却一直没有在西方出版英文版，这与当时蒋介石和宋美龄的

---

① 参见［美］肯尼思·休梅克著：《对蒋介石、海伦、卡尔森等如是说》，载岳渭仁等编：《外国人眼中的蒋介石和宋美龄》（下），第239页。

② ［美］白修德、贾安娜著：《中国的惊雷》，第140页。

③ ［美］肯尼思·休梅克著：《对蒋介石、海伦、卡尔森等如是说》，载岳渭仁等编：《外国人眼中的蒋介石和宋美龄》（下），第239页。

④ ［德］王安娜著：《闲话蒋介石和宋美龄》，载岳渭仁等编：《外国人眼中的蒋介石和宋美龄》（下），第233页。

⑤ 参见《蒋委员长手著〈中国之命运〉提早两日发行》，《中央日报》1943年3月6日，第2版。

言论多数都会在西方出版英文版本的惯例很不相符。不能排除宋美龄的反对成为阻止这本书被译为英文在西方发表的主要因素。在拉铁摩尔的回忆中，曾忆及宋美龄对《中国之命运》的看法：1944 年 6 月的某一天，在拉铁摩尔和宋美龄两人私下谈话中，“她还问及蒋的《中国之命运》在美国的影响”。拉铁摩尔写道：“蒋在 1943 年写了这本书，其中一部分由中国新闻局译成英文发表（它的全译本是 1947 年在美国出版的）。她说她曾建议不要在那里发行这本书。”①

很显然，宋美龄比蒋介石更清楚中国应该以什么形象面对西方世界，而蒋介石对此却并不十分在意，抑或他固执地认为西方有必要了解和接受自己的想法。在宋美龄看来，即使是其中一部分被译成英文发表，也是值得担心的事情。后来的结果表明，蒋介石还是接受了宋美龄的意见，“当《中国之命运》在中国发行高达一百万册并成为必读书时，国民党的审查机关却在外国记者的电文中删去了一切有关此书的内容”。直到 1946 年 1 月，这本书在美国仍然被划入“绝密”文件类，不允许查看。②

但还有更令人头痛的问题在等着宋美龄。当中国政治经济都走在危险边缘的时候，蒋介石不是在想方设法让部队能在前线有所作为，而是在为让美国撤回史迪威，以便自己能掌握美国援华的租借物资而绞尽脑汁。个人性格的缺欠和战略意图的不同是导致蒋介石和史迪威二人矛盾的基本原因，史迪威对蒋介石有意无意的冒犯和蔑视是二人关系彻底破裂的直接原因。而导致二人关系的破裂更深层次的原因，则是中国和美国不同目标冲突使然。③由于当时罗斯福仍然认为史迪威是最适合留在中国的人选，双方进行了一段拉锯战，矛盾仍然不可避免地在升级。

在史迪威问题上，宋美龄内心显然也充满矛盾。在她到美国

① ［日］矶野富士子整理：《蒋介石的美国顾问——欧文·拉铁摩尔回忆录》，第 175 页。

② ［美］布赖恩·克罗泽著：《蒋介石传》，第 189 页。

③ ［美］巴巴拉·塔奇曼著：《史迪威与美国在华经验（1911—1945）》（下册），第 728 页。

治病时，一下飞机就向罗斯福的心腹哈里·霍普金斯明确表达了对史迪威的不满。① 在她回国之后，种种迹象表明，她虽不能接受史迪威对蒋介石的蔑视和冒犯，但还是为挽留史迪威颇下了一番功夫。② 探究宋美龄挽留史迪威的原因，西方学者都习惯从权力斗争阴谋的角度来解读，认为是宋氏家族内部的权力争夺，是宋美龄、宋蔼龄姐妹俩联合起来对付宋子文的斗争。③ 虽然这种解读不完全是空穴来风，但这种观察角度未免过分庸俗化了中国政治。

充满智慧的宋美龄让蒋介石和史迪威短暂地缓和了紧张的关系

① 参见［美］巴巴拉·塔奇曼著：《史迪威与美国在华经验（1911—1945）》(下册)，第502页。

② 史迪威在日记中多次记录了宋美龄、宋蔼龄对他的争取和支持，如“我们（指史迪威与宋美龄、宋蔼龄两姐妹——引者注）订了攻守同盟”；“她们（指宋美龄、宋蔼龄两姐妹——引者注）对‘花生米’（指蒋介石——引者注）做了工作。埃拉（指宋蔼龄——引者注）今天下午让他吃了苦头。告诉他说那帮家伙一直在说我的假话”；宋蔼龄和宋美龄“要我大度一些，坚持一下……她们想代［带］我去见蒋，对他说我只有一个目标即中国的利益，假如我犯了错误，那也是由于误解而非有意，我准备好了要充分合作”；“埃拉和梅（指宋蔼龄、宋美龄两姐妹——引者注）都一再说，她们已把家庭的珍宝寄托在了我身上，她们会继续支持我”；“她们将去做我建议的任何事，并在‘花生米’面前支持我”等等。参见［美］约瑟夫·W. 史迪威著：《史迪威日记》，黄加林等译，世界知识出版社1992年版，第199、201、205、206、209页。

③ 参见［美］巴巴拉·塔奇曼著：《史迪威与美国在华经验（1911—1945）》(下册)，第559—561页。史迪威在日记中曾从另一侧面揭示了宋子文与宋美龄之间的矛盾，他猜测宋子文对罗斯福施加影响想让自己被解职，史迪威认为这是“因为我在同蒋夫人一道工作，而支持大元帅，这会妨害他（指宋子文——引者注）的抱负”。参见［美］约瑟夫·W. 史迪威著：《史迪威日记》，第206页。

虽然不能排除存在权力斗争的可能，但更主要的应该是宋美龄出于对美关系角度的考虑。她最为担心的是美国已经满足了中国那么多的要求，如果现在向美国提出撤回史迪威，是否会触怒罗斯福，进而影响美国的对华援助。在这方面，她显然认为宋子文极力支持蒋介石让美国撤回史迪威[①]的做法是错误的。所以，她一方面竭力地劝说史迪威留下来，另一方面则劝说蒋介石回心转意。这种努力虽然暂时发挥了效用，在史迪威向蒋介石道歉后，好像一切归于平静，但实际上，二人关系并没有真正缓和，宋美龄为此焦虑不安。宋美龄曾说过："我几乎杀了我丈夫，但我不能移动他哪怕两英寸。"她感到非常沮丧，因为她不能让他看到别人的观点。[②] 蒋介石此时的固执己见同样也被其他人看在眼中，美国大使高思曾向国内汇报说，蒋介石同外界的接触越来越少，"除了他自己以外谁也不相信"[③]。

还有一件事令宋美龄不能不担心，这就是蒋介石已经意图鲜明地把矛头指向了中国共产党。宋美龄当然不反对抵制中国共产党，但在抗战进入关键时期，盟国希望援助中国的武器能充分用在对日本的作战当中，强烈反感蒋介石为了维护一己私利，用这些武器去发动内战，中国全力打赢对日战争和战后维持统一与稳定，才是最符合美国利益的。美国人很难理解蒋介石关于中国共产党人是比日本人更危险的敌人的论调。为此，1944年6月，罗斯福还特意派来了副总统华莱士到中国，试图维持国共之间的合作关系，并派了一个军事代表团访问延安。蒋介石借机向华莱士长篇大论抱怨中国共产党，令华莱士感觉蒋介石对中国共产党的批评"充满尖酸的感情和不通的逻辑"，担心蒋介石的"缺乏见识会害了他"，他把这种感想告诉了宋美龄和宋子文。国共之间的紧

① ［美］巴巴拉·塔奇曼著：《史迪威与美国在华经验（1911—1945）》（下册），第561—562页。

② 金·圣托诺：《一位追寻为中国代言的女性崛起足迹的传记作家》，《第二次世界大战》2010年1、2月刊，第24页。

③ ［美］巴巴拉·塔奇曼著：《史迪威与美国在华经验（1911—1945）》（下册），第695页。

张关系引来了美国的关注，这肯定使宋美龄深感不安。而华莱士对蒋介石批评中国共产党的感觉则更令她不能心安。紧接着在下一次会谈中，蒋介石又向华莱士抱怨史迪威。①

1944 年 6 月 20 日，蒋介石夫妇在重庆宴请来访的美国副总统华莱士

华莱士的访华，使宋美龄担心会影响中美关系的问题几乎都暴露出来了。就在华莱士使团访华期间，宋美龄建议蒋介石与拉铁摩尔会谈，在这些谈话中，拉铁摩尔向蒋介石着重阐述了要与俄国搞好关系的重要性。② 可见，宋美龄是赞同拉铁摩尔的观点的，所以才有意向蒋介石提出这个建议。在这次由宋美龄提议进行的会谈中，蒋介石主要是在听拉铁摩尔说，而且听得非常认真。而稍后在蒋介石与华莱士会晤时，他主动表示“赞成跟俄国重新修好的意见，希望由美国调停，并愿意必要的话，在俄国举行一次会议——即便是在莫斯科也行”③。这说明宋美龄想通过拉铁摩尔影响蒋介石对俄态度的做法产生了理想效果，所以，在二人会

① 参见［美］汉娜·帕库拉著：《宋美龄新传：绝代风华一夫人》，第 488—489 页。

② 参见［日］矶野富士子整理：《蒋介石的美国顾问——欧文·拉铁摩尔回忆录》，第 171—172 页。

③ ［日］矶野富士子整理：《蒋介石的美国顾问——欧文·拉铁摩尔回忆录》，第 174 页。

谈后，宋美龄称拉铁摩尔在对总司令的讲话中露了一手①，表明她对此次谈话很满意。

也是在华莱士使团访华期间，宋美龄在与拉铁摩尔的私下谈话中提到了《中国之命运》（部分英译文）在美国的影响。在这次谈话中，宋美龄还表现出了强烈的要出国养病的愿望，这种愿望甚至带有一种想要逃脱的感觉。据拉铁摩尔回忆："她透露说她打算以健康不佳为理由同孔祥熙夫人一道出国。这看起来像是企图逃脱。她希望副总统（指华莱士——引者注）跟总司令谈谈她的健康问题，这使人感到她对靠自己的力量逃走没有把握。她甚至脱下袜子以表明她真的病了。至少那个部位是令人相信的，因为她确实染上了某种皮肤病。"②

很显然，在宋美龄作出出国决定之前，她与蒋介石在很多方面都出现了明显的意见分歧。从宋美龄与拉铁摩尔的谈话中可以了解到，她的确想找到一种途径使自己尽快摆脱这种困扰——她一心想维护蒋介石的地位，而蒋介石却不能体谅她的苦心，反而事事与她南辕北辙。在这种情况下，共同的理想和事业似乎被什么力量从中间挡开，宋美龄看不清蒋介石到底要向何处去。

正好在这样的时间段里，拉铁摩尔在重庆给蒋介石当顾问，所以，必然会形成拉铁摩尔眼中蒋介石与宋美龄彼此并不信任的印象，认为他们两人是不完全相信对方的政治伙伴关系。③ 并且当他们三个人在一起谈话时，"通常是由夫人支配着，蒋介石听任她高谈阔论，一直谈到很晚，最后夫人感到疲倦了，起身去睡觉。这时总司令拉过椅子，我们转入正题"④。

---

① 参见［日］矶野富士子整理：《蒋介石的美国顾问——欧文·拉铁摩尔回忆录》，第175页。

② ［日］矶野富士子整理：《蒋介石的美国顾问——欧文·拉铁摩尔回忆录》，第175页。

③ 参见［日］矶野富士子整理：《蒋介石的美国顾问——欧文·拉铁摩尔回忆录》，第131页。

④ ［日］矶野富士子整理：《蒋介石的美国顾问——欧文·拉铁摩尔回忆录》，第132页。

欧文·拉铁摩尔，蒋介石的政治顾问

拉铁摩尔还注意到，蒋介石对中国共产党的态度与宋美龄大不相同。他感觉宋美龄持有头脑简单的美国式的反共反苏立场，而蒋介石则坚定地认为战后要通过武力解决中国共产党，通过谈判与苏联合作。[①] 如果拉铁摩尔记得没错的话，就意味着蒋介石对中国共产党和苏联的态度都不符合美国的口味。一心想用美国的现代思维包装中国的宋美龄，此时恐怕已经很难找到与蒋介石共同的政治语言了。

这里还要提一下，宋美龄在美国养病期间于1944年10月在纪念联合国日三周年时发表的广播讲话。如果从时间上考察，不难发现，就在宋美龄作此播讲一个月前，她曾接到蒋介石的一封电报，抱怨罗斯福前不久（9月16日）给他的电报中严责中国军事，并强制蒋介石委任史迪威为中国总司令，且电报措辞不堪忍受。蒋介石表示“关于中国立国之三民主义与中国之主权及中国国家与个人之人格如稍有损丧，则余必不惜任何牺牲，不能因循迁就。否则联盟国作战完全胜利，则虽胜尤败”[②]。在这一点上，宋美龄与蒋介石还是有共同语言的。此后一个月，正好是中美双方处理史迪威问题的时期，虽然蒋介石最后如愿以偿，美国以更为平和的魏德迈取代了史迪威给蒋介石担任参谋长和驻华美军司令，但同时，美国也对蒋介石表达了强烈的不满。[③] 在这样的背景下，宋美龄还是尽己所能地代蒋介石在全世界面前作了辩解。

---

① 参见［日］矶野富士子整理：《蒋介石的美国顾问——欧文·拉铁摩尔回忆录》，第132—133页。

② 《蒋介石致孔祥熙宋美龄密电（1944年9月26日）》，载《远征入缅（一）》，台北“国史馆”藏，卷宗号：002000002114A。

③ 参见［美］巴巴拉·塔奇曼著：《史迪威与美国在华经验（1911—1945）》（下册），第727—728页。

宋美龄在纪念联合国日三周年的广播讲话中，用美国式的思维和语言重申了以往的观点，同时也是在委婉地表达蒋介石意欲摆脱美国束缚的想法。她说："不论是国家或是个人，唯有精神保持着自由而不受束缚，即能抗御任何不人道的打击，克服任何的变动与艰难。"[①] "在我们所欲创造的新世界中，人人皆有思想和发表意见及信仰的自由。唯自己的良心之所命，如此，则在他们达到结论的过程中，他们就有精神及物质上的勇气去自作决定，再接受批评。"[②] 她说："没有一个人是没有缺点的，也没有一个国家是没有短处的，欲期个人与国家一切皆臻于完美，是终不免于失望的。然而唯有能接受批评而根据自我检讨的出发点的个人与国家，才能够踏上进步的途程。"她列举了极权国家与民主国家的区别："极权国家意欲毁灭一切反于独裁者的思想……使人类的心思趋于奴化。其结果当然是知识的沉滞和精神的瘫痪"；而民主国家，"则是准许并欢迎自由讨论，因为他们深知唯有真诚交换各人的见解与不同的观感，才能够使思想愈臻于充实与发扬。人类必须有发展他天赋潜力的自由与机会。这里面就包含着进步的途程。这里面就包含着世界的希望"。[③]

这篇讲话虽篇幅短小，却十分娴熟地把史迪威事件的处理纳入了民主自由、世界进步的大框架下点评，虽不点名，却不点自明，再次体现了宋美龄的才华与智慧。这也说明，宋美龄并没有完全放弃与蒋介石继续共同战斗下去的决心，只是还需要时间和耐心来化解二人之间的分歧。

四、理想化的世界和平观念

如果说在访美期间，宋美龄主要秉承了蒋介石的意旨——向

① 《联合国日三周年对美播讲》，载王亚权总编纂：《蒋夫人言论集》（下集），第 1139 页。

② 《联合国日三周年对美播讲》，载王亚权总编纂：《蒋夫人言论集》（下集），第 1139—1140 页。

③ 《联合国日三周年对美播讲》，载王亚权总编纂：《蒋夫人言论集》（下集），第 1140 页。

美国和其他盟国争取军援和战后的国际地位，那么，在 1944 年至 1945 年，无论是在国内还是在国外，宋美龄继续为战后世界和平而呼吁，则更多地体现了她的女性视角——更具理想色彩的世界和平观念；同时，这也是她按照既定的目标继续在为战后中国争取国格资本。

从宋美龄的言论中可以看出，她对未来世界的和平重点强调以下几个方面：

第一，积极的、自动的、永久的、真正的和平要素观。从历史经验可知，国际社会并不乏合作的先例，但终究都归于失败。1943 年在芝加哥演说时，宋美龄就曾强调不能因以往的失败而对继续合作的必要性产生怀疑。1944 年，她进一步提出对和平要素的理解："我们所需要的和平，不是消极的而是积极的和平，不是被动的而是自动的和平，不是暂时的而是久远的和平，不是虚伪的而是真正的和平。必须具备了这些要素，才算是有了真正的进步。"① 虽然宋美龄也看出众多对于战后和平的设计"一般都没有超出随心所欲的理想，而很少出发于较稳固的基础"，然而，她自己也不免落入"一般"的俗套。纵观世界历史，和平永远是相对的，从来没有达到像宋美龄理想中的这种"真正的和平"。但这种理想还是会发挥一种可以预见的激励作用，宋美龄发自内心地呼吁："只要我们有决心使之结束或至少加以抑止，那么残暴已快到将近消灭的顶点。而我们全世界久经惨痛磨折奋斗以求的目标也昭然在望了。"②

第二，各国平等的和平原则观。宋美龄重申在战争结束之前，要先把世界机构建立起来，这是一件急要的事情。但要避免重蹈历史上的覆辙，除教育敌人改造其思想以外，还要教育我们自己。宋美龄所指的"我们自己"是指在国际事务中能发挥作用的大国。她奉劝大国"要成功，就得先抛弃许多偏见，这就是要抛弃我们

① 《答谢美国各大学校友会致赠褒扬状广播词》（1944 年 5 月 12 日），载王亚权总编纂：《蒋夫人言论集》（下集），第 1138 页。

② 《答谢美国各大学校友会致赠褒扬状广播词》（1944 年 5 月 12 日），载王亚权总编纂：《蒋夫人言论集》（下集），第 1138 页。

在考虑既定信念时所常有的偏见”。“大国都须认识，它们是被视为神圣的信托人而才赋予以权力的。它们应当运用权力为全人类谋福利。”[①] 她强调：“任何国家必须抛弃牺牲别国而保持己国利益的谬误观念，准备了自我牺牲的精神，才可以维护国家的生存。权力政治利用弱国为侥幸的工具，必然会引起战争。”[②] 所以，她认为要维护和平必须坚持“基本原则”，“所谓基本原则，一言以蔽之，即全世界所有国家，对于人类进步，都有平等机会发展其卓越的贡献”。她认为，能够坚持这条基本原则，新世界的和平基础就“是建筑于磐石之上而不是建筑在流沙之上了”[③]。

第三，推己及人的和平发展观。宋美龄鼓励世界妇女推动“四海一家”的和平发展愿景：要有远大的眼光，“把全世界的人类一视同仁。到未来的新秩序实现之时，我们必须以过去对于本国人民的爱护与贡献，推广到整个世界的人类”[④]。在另一篇演讲中，她鼓励美国的学生“为了本国，也为了他国”发挥自己的思想与行动，“导引我们的同胞向更完满的生活迈进”[⑤]。她奉劝大国要抛弃偏见，应当运用权力为全人类谋福利，如果运用适当，则会像仁爱一样对于施者与受者都是一种幸福。[⑥]

第四，推崇舆论对未来世界和平发挥重要作用。1945 年 4 月 25 日至 6 月 26 日，联合国制宪大会在旧金山举行，参加会议的五十个国家的代表共同签署了《联合国宪章》。宋美龄称国际合作的计划已经订妥，这意味着未来国际合作的手续和方法已经决定，

---

① 《答谢美国各大学校友会致赠褒扬状广播词》（1944 年 5 月 12 日），载王亚权总编纂：《蒋夫人言论集》（下集），第 1136 页。

② 《答谢美国各大学校友会致赠褒扬状广播词》（1944 年 5 月 12 日），载王亚权总编纂：《蒋夫人言论集》（下集），第 1137 页。

③ 《答谢美国各大学校友会致赠褒扬状广播词》（1944 年 5 月 12 日），载王亚权总编纂：《蒋夫人言论集》（下集），第 1138 页。

④ 《向伦敦国际妇女会致意词》，载王亚权总编纂：《蒋夫人言论集》（下集），第 1132 页。

⑤ 《答谢美国各大学校友会致赠褒扬状广播词》（1944 年 5 月 12 日），载王亚权总编纂：《蒋夫人言论集》（下集），第 1135 页。

⑥ 参见《答谢美国各大学校友会致赠褒扬状广播词》（1944 年 5 月 12 日），载王亚权总编纂：《蒋夫人言论集》（下集），第 1136 页。

从此进入了和平的准备时期，她提醒说："但一切的计划只能当作纸上的向导而已。这个计划无论如何都不能当作和平的实现，正如一个建筑图案之不能被当作一座实实在在的房子一样。要使一座房子出现，泥水匠一点一滴的努力都不可少。"① 她认为，影响历史进程的因素有很多，而从最近美国参加和领导国际事务的经验来看，其决定的力量是表现于"舆论的美国人民的意志"②。所以，她断言："美国这种行动所显示的，不单是舆论对于一个国家的生命和政策所具有的效用，并且也显示它对于整个世界的日渐增加的重要性。在这个趋向于国际合作的时代中，舆论也许会成为一切影响历史进程的因素——包括卓越的领袖的影响在内——中最有力的因素。"③ 她为原子弹可能给未来和平带来的威胁感到忧虑，她说："在现世界中，人类科学进步的机智，远胜于精神方面的成熟，倘使我们仍旧道德堕落，精神昏矇，而不能深切了解那种等待着我们的全体绝灭祸害，则文明与人道将要自趋于灭亡，除非我们对于联合国参加此次战争所预见的崇高理想，能够积极实现，维护力行，否则我们子弟们的流血与牺牲，都将白费的。"④ 她以"空言必败"来号召舆论为缔造世界和平发挥作用。⑤

1944 年至 1945 年宋美龄在国内外虽然只有寥寥几篇言论，但反映了她在认识上的提升。她似乎已不是单纯站在中国的立场上，而是一位纵观世界、为世界和平呼吁的女性先驱。当然，宋美龄的和平要素观体现了人类的一种美好愿望，也体现了女性的善良心性，只是这种美好愿望太难于实现，往往会落入失望之境，这也是造成她日后对国际关系产生复杂心境的主要原因。

---

① 《舆论——世界和平的新因素》，载王亚权总编纂：《蒋夫人言论集》（上集），第 258 页。

② 《舆论——世界和平的新因素》，载王亚权总编纂：《蒋夫人言论集》（上集），第 271 页。

③ 《舆论——世界和平的新因素》，载王亚权总编纂：《蒋夫人言论集》（上集），第 271—272 页。

④ 《胜利播讲》，载王亚权总编纂：《蒋夫人言论集》（下集），第 1142 页。

⑤ 参见《舆论——世界和平的新因素》，载王亚权总编纂：《蒋夫人言论集》（上集），第 273 页。

第四章　抗日战争后政治思想的固化及对台湾前途的忧虑（1946年—2003年）

第一节　对内战和美援的态度（1946年—1950年）

抗日战争终于结束了，中国至少在表面上登上了大国的国际政治舞台。中国的统治当局，本该让被战争彻底打乱的民生得以喘息，把社会的安定、生产的发展、政治的修明作为战后中国的主要任务，使中国朝独立、和平、统一、民主、进步的方向发展，就像宋美龄曾经不断向西方宣扬的那样。然而，一切美好的愿望都被无情的炮火打碎。抗日战争刚刚结束，蒋介石转而就把中国拖入内战的深渊。中国成为第二次世界大战后所有参战国当中唯一一个刚结束反法西斯战争就爆发内战的国家。内战不仅打碎了中国人民期待和平的欢心，也消磨掉了美国对国民政府的耐心，内战的发动者最终失去了在中国的统治地位，退居到了东南的海岛——台湾。

对于内战的爆发，按宋美龄自己的说法，她是早有预见的。1966年，她曾回顾1943年在美国国会演讲的末尾说过："顺逆二境都可以考验一个人的勇气。而一个民族的处境则更是如此。"①

① 《历史必将有公正判断（上）——蒋夫人在美国会议员眷属联谊会演词》，《中央日报》1966年5月27日，第2版。原话在《蒋夫人言论集》中表述如下："个人之品德，于困厄中验之，亦于成功中验之。以言一国之精神，倍加真确。"参见王亚权总编纂：《蒋夫人言论集》（下集），第1060页。

这句话实际上表明她内心对抗日战争结束之后中国命运的忧虑，即“顺境中所得的成功果实，却可能酸苦”① 之谓也。内战爆发时，宋美龄已经回到了国内，但奇怪的是，很难看到她关于内战的看法。当双方的战火不断在各地燃起的时候，宋美龄对内战不置一词。

1945 年 12 月，马歇尔来华调停国共关系

当 1945 年 12 月下旬马歇尔来华调停国共争端，促建联合政府之时，宋美龄也没有表现出积极参与的心态，她对此的解释是：“在马歇尔逗留期间，她除了担任翻译外，试图避免参预［与］任何政治活动。这是因为她完全理解美国人的心理，知道那样做会被怀疑是试图靠女性的诱惑或向马歇尔施以社交的压力，为委员长的利益服务。同时她还意识到，委员长本人不想让她干预美国人，尽管在她看来他并不了解美国人的观点。”②

这段话至少道明了三个方面的含义：一是宋美龄不愿意让人觉得她是单纯在为蒋介石的利益服务；二是蒋介石不想让她干预

① 《历史必将有公正判断（上）——蒋夫人在美国会议员眷属联谊会演词》，《中央日报》1966 年 5 月 27 日，第 2 版。

② ［美］肯尼斯·雷、［美］约翰·布鲁尔编：《被遗忘的大使：司徒雷登驻华报告》，尤存、牛军译，江苏人民出版社 1990 年版，第 181 页。

美国人；三是尽管宋美龄明知道蒋介石不了解美国人的观点，可能会使事情变得更糟，她也没有干预事情的发展。这里面还透露出两种信息：一是蒋介石此时不信任宋美龄。这一方面是由于蒋介石的为人，从来不肯接受与他相左的意见，而是利用那些他认为值得利用的意见为自己的意图服务。抗战胜利以后，蒋介石更加自我感觉良好，甚至把自己当成了永远不会错的神①，他的自以为是阻碍了他对形势的正确判断，显然他认为美国对他的援助是责无旁贷的，甚至认为美国也有同样的看法，所以，不需要施加任何影响，对于宋美龄的外交方法，他认为没有必要。另一方面在于二人的关系还没有完全恢复，这让人想起她曾在抗战后期气急败坏地对史迪威说过的话："我求过他，什么办法都不行，除非干掉他。"② 蒋介石那时就已经听不进宋美龄的劝告了，二人的分歧之大可以想见。二是宋美龄自己也有一种消极的心态。当时国内已经出现的反美情绪以及国民党内部的派系斗争使她感觉厌烦，蒋介石不允许她插手，她就索性冷眼旁观。

在马歇尔调停期间，中国国内的反美情绪就已经出现并不断高涨。当时有人分析说："美国正丧失其在中国道义上的声誉。一种反感情绪正在产生。国民党党徒及那些所谓反动分子怨恨我们没有积极帮助他们消灭俄国支持下的共产党。而实业界、知识界和文职人员中的较大阶层也不满我们，因为我们给予政府充足的援助使得政府自以为能为所欲为，而没有给政府施加足够的压力使其改变作风和手段。非共产党激进分子认为我们的支持既使内战无法避免，又扶持坏人当政。那些极左分子则愤愤不满，确信我们扶持一个法西斯统治，以作为实现我们帝国主义目的的工具。虽然对我们的指责因人而异，但都在指责。我们第一次处在不满和怀疑之下。如果人们听到目前有人提起美国是中国的友邦，那

---

① 参见［美］裴斐、［美］韦慕庭访问整理：《从上海市长到"台湾省主席"（1946—1953年）——吴国桢口述回忆》，吴修垣译，上海人民出版社1999年版，第19—25页。

② ［美］杰克·贝尔登著：《中国震撼世界》，邱应觉译，北京出版社1980年版，第541页。

么往往有一种潜在含义——这或者是来自要我们充分援助军事装备来打败共产主义的那些人之口；或者来自要我们以我们的压力来敦促国民党改革的那些人之口。"① 分析者认为，美国在中国道义上的声誉正在丧失，人们从对美国的失望正转向公开的反美情绪。显而易见，这种反美情绪的出现和滋长对宋美龄所处的地位是非常不利的，这必然会使她在国民党内部的话语权受到削弱。

国民党内部派别林立，常为实施各自的主张而不择手段，她曾挖苦地把蒋介石迫使宋子文在1947年的离职说成"他们使我哥哥成为替罪羊"。所谓"他们"应该是指蒋介石身边那些积极鼓吹和推动内战而阻碍国民政府进行进步改革的人，特别是CC派，也许还应该包括蒋介石本人，他最需要找个"替罪羊"来对日益衰退的经济负责，以便维护自己的个人声誉。② 宋美龄和宋子文从骨子里是亲美派，这也正是他们与国内其他派别间主要矛盾的根源。从这一点来分析也许可以得出结论，宋家兄妹不希望内战打下去，他们倾向于美国的观念，希望中国能进行民主化的改革，比如，宋子文曾向司徒雷登披露了仍被严格保密的土改方案，还谈及正在执行的反对政府官员贪污的新措施等等③，表明他倾向改革的积极态度。宋家兄妹明白，此类改革和建设性的发展是美国继续援华的前提条件。对于这一点，时任美国驻华大使的司徒雷登已经不止一次地向蒋介石进行过说明，但蒋介石只是认真听取却绝不改正他的内战方针，正像宋美龄所说：蒋介石并不了解美国人的观点。因为下定决心要进行内战，消灭中国共产党而后快，蒋介石孤注一掷，当然听不进宋美龄的劝告，二人有严重分歧也是很自然的事情了。

即便如此，宋美龄还是不忍眼看着事情向恶化的方向发展，

---

① ［美］肯尼斯·雷、［美］约翰·布鲁尔编：《被遗忘的大使：司徒雷登驻华报告》，第26—27页。

② 参见［美］肯尼斯·雷、［美］约翰·布鲁尔编：《被遗忘的大使：司徒雷登驻华报告》，第58页。

③ 参见［美］肯尼斯·雷、［美］约翰·布鲁尔编：《被遗忘的大使：司徒雷登驻华报告》，第11页。

而白白丧失获得美国援助的机会，威胁她与蒋介石“共创的事业”。她在马歇尔放弃调停之前，还是对蒋介石提出了忠告。不久后，宋美龄向司徒雷登回顾说：“她担心事情不尽人意的进程和马歇尔使命的可能失败在中国引起后果。因此，她试图帮助委员长意识到问题的严重性，但她的一切努力被证明是失败的，主要是因为他周围的组织，特别是陈诚（总参谋长）和胡宗南(陕西绥靖主任)。她补充说，他的军事助手比行政官员更有影响得多。”① 蒋介石对她的忠告仍然听不进去，他的心中只有武力消灭中国共产党一途，一叶障目，他当然不会相信看不到的东西。蒋介石此时政治上主要依赖的是 CC 派，司徒雷登在 1946 年 11 月写给美国国务卿的报告中称：“迄今为止的事态表明 CC 系至少一直有效地保持着它的控制。委员长仍倾向于依赖陈立夫。正如一位代表所言，陈立夫依然是委员长的专宠耳目。”② 宋美龄的意见在蒋介石那里不能发挥作用，就与蒋介石重视的是这些军事上和政治上与宋美龄持不同观点的人有关。

宋美龄与美国驻华大使司徒雷登

马歇尔离华后，宋美龄强烈感觉到“军队的同志感到兴高采烈，因为这一时期美国的影响缩小了，被人们认为是强烈亲美的宋氏家族的影响也缩小了。这些军队同志除了上面提到的陈诚和胡宗南外，还包括于志石（中华民国政府军事事务局局长）和顾祝同（中国陆军司令长官），以及其他一些在德国受过教育的人。

① ［美］肯尼斯·雷、［美］约翰·布鲁尔编：《被遗忘的大使：司徒雷登驻华报告》，第 181 页。

② ［美］肯尼斯·雷、［美］约翰·布鲁尔编：《被遗忘的大使：司徒雷登驻华报告》，第 38—39 页。

宋子文很快被他们赶走。他们在CC系和政学系帮助下，促成张群取得行政院院长的职务，而张群是一个容易被别人左右的人。他们宣布很快就会打败共产党，但当事情发展到另一条路上时，他们互相指责。陈诚夸口说，长城以内的战争会在三个月内结束。当这些失败时，委员长派他去东北，以证明他能指挥新战区。然而，那里的形势仍在变坏，政府蒙受了可怕的损失，包括十六个大部分是美式装备的师"[①]。可是，"这伙人"的气焰并没有因此而受挫，反而因为美国人的指责更加助长了他们的"威风"，也许，他们觉得必须在美国人面前把"面子"争回来，所以，更加毫无悔改地向错误的深渊走下去。

当宋子文被排挤的时候，宋美龄已经很清楚地感觉到中国正面临着她所经历的最严重的危机。[②] 当时，国内不断出现反民主的事件，如大批逮捕自由主义分子、学生、教授以及所有被怀疑是共产党员的人，封闭报纸，控制舆论，等等。对这些现象的出现，宋美龄自然会感到失望，一方面她希望舆论能与蒋介石政权站在一起，另一方面她又对蒋介石封杀批评言论的做法不能苟同。中国正在朝着反民主的道路向前疾驰。1947年5月下旬，国际新闻机构（*International News Service*）邀请她代表"宪政民主新时期"中国女性发表声明时，她致信董显光，表示她对民主政治无话可说（What can I say about democracy?），请董显光代她拒绝了邀请。[③] 可以想见，她当时的心理是多么悲观。

宋美龄曾几次考虑请司徒雷登来商讨问题，"但担心被指责或怀疑试图影响美国政策，终于没有那样做"[④]。1947年7月，魏德迈使华后，最初中国新闻界和官方流行的主流观点是认为魏德迈

---

① ［美］肯尼斯·雷、［美］约翰·布鲁尔编：《被遗忘的大使：司徒雷登驻华报告》，第181—182页。

② 参见［美］肯尼斯·雷、［美］约翰·布鲁尔编：《被遗忘的大使：司徒雷登驻华报告》，第58页。

③ 参见《宋美龄与董显光翻译稿件》，中国第二历史档案馆藏，档案号：二四/468。转引自李宁编：《宋美龄年谱》（下）未刊稿。

④ ［美］肯尼斯·雷、［美］约翰·布鲁尔编：《被遗忘的大使：司徒雷登驻华报告》，第182页。

会使军援和经援涌进，并带来美国政策大转变。然而，实际情况并非如此，很快国内便由高度期望和兴奋转为失望沮丧。① 特别是在 8 月 22 日魏德迈发表讲话，非常坦白地道出国民政府的缺点后，宋美龄明白美国的政策仍是犹豫不决，此时，她觉得自己还有扭转美国态度的机会，"曾决定接受马歇尔夫人的邀请访美，但委员长不同意"②。蒋介石之所以反对宋美龄访美，表明他仍然幻想美国能站在反苏反共的立场上无条件地援助他和他的政府，他仍然无法理解和相信美国对共产党力量的壮大会如此无动于衷。

阿尔伯特·科蒂·魏德迈
(Albert Coady Wedemeyer)

魏德迈回国后，宋美龄看到中国的"军事形势继续恶化。委员长周围的人继续互相指责，他本人也受到魏德迈批评的压力。她劝宋子文去广东，在那里做他能做的事。在张发奎（蒋介石广东行营的指挥官，1946—1947）和罗卓英（广东的地方长官，1945—1947）管辖下的广东，走私猖獗，这是他帮助国家的机会，让她留在这里同反对派斗争。她由衷认为，美援迟早会到来，她想使中国受美国的政治观念影响。现在党内保守反动分子正失去立足点，美国的影响正在增加，她应该待在这里，提供她能做到的帮助，这使她再次谢绝了马歇尔夫人的邀请"③。宋美龄希望她能留在蒋介石身边，并和司徒雷登等一起改变蒋介石的观念。此后，她开始采取了一些积极的行动。

1947 年 9 月，在南京国际妇女联谊会成立大会上，宋美龄发

---

① 参见［美］肯尼斯·雷、［美］约翰·布鲁尔编：《被遗忘的大使：司徒雷登驻华报告》，第 114 页。

② ［美］肯尼斯·雷、［美］约翰·布鲁尔编：《被遗忘的大使：司徒雷登驻华报告》，第 182 页。

③ ［美］肯尼斯·雷、［美］约翰·布鲁尔编：《被遗忘的大使：司徒雷登驻华报告》，第 182 页。

表了演说，试图再次沟通中国与西方国家之间的相互了解。在演说中，她重申了“四海一家”的信念，并坦言在血与火的考验中，得到了全世界爱好和平的人们的鼓励与援助，而现在的中国又陷入一种让人失望的局面，但她相信在这种克服困难的奋斗中才会产生进步。她特别回忆了曾经与罗斯福之间的一段对话：“我记得罗斯福总统有一次对我讲述他在内政外交上，所进行的许多非常艰巨的工作。当时我问他，有时遇到事情遭受挫折的时候，他会不会感觉失望。他以他那种令人愉快的慈祥神情，笑着说：‘不，我不失望，我已经办好了不知多少事情，我不能□件件都圆满成功，只要到后来，我能够意识到有百分之六十的事情是朝着成功的方向走，我就觉得已经获得了相当优异的平均成绩，我已经满意了。’”[①]宋美龄想借此说明中国的艰难处境，并坚信中国正向平均成绩六十分的方向发展，建立一个新中国。她也代西方人指出了中国人存在着一种最有害的信仰，即“一动不如一静”，她认为，这种信仰阻碍人类的进步。但她又乐观地认为中国人现在已经有了一种坚定的新精神——为改善国家生活而努力工作。[②] 她展示了她惯有的、能打动人心的信心：“中国的前途，还有若干艰难的岁月，但是不论我们获得世界的援助与否，我们准备争取成功，奋斗到底。我们本身自有建立伟大中国所必需具备的条件，西方国家假使愿意的话，也许可以设法缩短我们被钉在十字架上的时间。但无论怎样，我们决不会惶恐失措，因为中国人有自强与自立的精神。”[③]

为鼓舞国军的士气，11 月 5 日，宋美龄亲自参观过境部队招待所，题写了“军队招待所为国服务”，以示鼓励，决定为其申请

① 《南京国际妇女联谊会成立　蒋夫人发表演说》，《中央日报》1947 年 9 月 23 日，第 3 版。

② 参见《南京国际妇女联谊会成立　蒋夫人发表演说》，《中央日报》1947 年 9 月 23 日，第 3 版。

③ 《南京国际妇女联谊会成立　蒋夫人发表演说》，《中央日报》1947 年 9 月 23 日，第 3 版。

政策拨款一亿元充实设备，并希望社会人士协助服务国民党军队。[①] 随后，宋美龄又发起组织“过境部队招待会”，宋美龄说：“决定战争之胜负，士兵身体精神之健康愉快，尤重于军火之供给。”[②] 宋美龄还重操旧业，亲自慰劳军队的伤病官兵[③]，领导新生活妇女指导委员会继续为军事服务[④]，但这种行动的影响力与抗战时期相比已大大降低了。

1947 年 6 月，国民政府对中国共产党实施全面军事进攻，7 月，即在未经征得各方代表同意的情况下单方面宣布国民大会召开的日期是 11 月 12 日，想借此把中国共产党排除在新政府之外。由于遭到来自共产党、民盟以及其他各党派的强烈反对，大会被迫推迟。为了能争取尽可能多的小党派来参加大会，以壮门面，蒋介石使用各种拉拢手段，宋美龄也积极从旁辅助，为国民党玩弄民主的把戏作秀。在 11 月 21 日“国民大会代表投票”的第一日，宋美龄在南京珠江路莲花桥小学投票所，当着中外记者二十余人的面投了票，很快媒体便得知宋美龄投了民社党（以张君劢为首的较有影响的小党派，是蒋介石极力拉拢的党派之一）王涌德女士一票，舆论为之广为宣传，称宋美龄这种超党派的作风，实为真正的民主精神。[⑤]

宋美龄还尽力维护中国当局在国际社会的荣誉与地位。从 1948 年 1 月起，她积极投入联合国儿童救济劝募运动。抗日战争时期成立的战时儿童保育院已经在 1946 年 3 月宣布完成使命，结束工作。[⑥] 然而，当时的中国仍处于战乱状态，难童救济仍是一项

---

① 参见《蒋夫人在过境部队营——本报记者随行参观记》，《中央日报》1947 年 11 月 6 日，第 5 版。

② 《蒋夫人发起组织过境部队招待会》，《中央日报》1947 年 11 月 23 日，第2 版。

③ 参见《蒋夫人在沪慰劳伤病兵》，《中央日报》1947 年 12 月 20 日，第 2 版。

④ 参见《蒋夫人吁请国民拥护财经新措施》，《中央日报》1948 年 8 月 25 日，第 2 版。

⑤ 参见《全国泛选潮　今日为职团选举　蒋夫人昨亲投妇女票》，《中央日报》1947 年 11 月 22 日，第 2 版。

⑥ 参见《儿童保育会八周年纪念　蒋夫人出席致辞》，《中央日报》1946 年 3 月 11 日，第 3 版。

重要的工作。宋美龄在宣布儿童保育会结束工作之时，是否想到了这一点，我们不得而知。1948 年 1 月，联合国救济儿童募捐运动中国委员会成立后，请宋美龄任主席，她不仅欣然允任，还为此投入了很大努力。此时，她不仅是为了救济儿童，更是为了救助国民政府，为其挽回正在流失的声誉。即便如此，因为战事纷扰，经济困难，老百姓连吃饭都困难，捐款自然不可能踊跃热烈。

司徒雷登于 1948 年 7 月向美国国务卿报告说："通货膨胀仍然迅速地呈螺旋上升之势。物价已到了天文数字，其上涨之快，使政府来不及印出每天所需钞票。结果，以物易物就日益成为一个定规。"[①] 当年 10 月 24 日，联合国纪念日之际，宋美龄发表演说并报告儿童救济劝募情况，捐款虽高达一千九百九十六亿七千一百九十万元法币[②]，但如果考虑到当时中国通货膨胀严重，货币急骤贬值，又在 8 月 19 日刚刚进行过币制改革，改行金圆券（三百万法币等于一元金圆券）[③]，而且金圆券从一开始发行就迅速贬值等因素，这些捐款已经很难准确算出相当于多少金圆券了，总之，实际价值之可怜不言而喻。

5 月 4 日，宋美龄利用中国卫理公会建立百年纪念的机会，对全美进行广播讲话，称第二次世界大战虽获得了胜利，但个人自由的原则仍没得到安全的保障；中国由于抗日战争的破坏和"共匪"的"叛乱"，患难持续不断，陷入危机，号召全球的教友为中国祷告。[④] 很明显，实际上宋美龄是希望这样的播讲能间接地向美国政府施加影响。

8 月，国民政府进行币制改革时，宋美龄还向民众发出"拥护

---

① ［美］肯尼斯·雷、［美］约翰·布鲁尔编：《被遗忘的大使：司徒雷登驻华报告》，第 242 页。

② 参见《庆祝联合国日　蒋夫人昨广播　并报告儿救金劝募成绩》，《中央日报》1948 年 10 月 25 日，第 2 版。

③ 参见杨荫溥著：《民国财政史》，中国财政经济出版社 1985 年版，第 210 页。

④ 参见《宋美龄广播词》，中国第二历史档案馆藏，档案号：二四/14。转引自李宁编：《宋美龄年谱》（下）未刊稿。

财经新措施”的号召[①]，尽管那是个无底洞。对当时国际社会特别是美国舆论对中国政府的所谓“过分批评”，她竟然以中国是民主国家、民主政府，所以有接受舆论批评的义务与风度来自我解嘲，并说“我国人民能知及国外之舆论，则已表示政府并不以此等批评为一不愉快之事”[②]。这显然是一种自欺欺人的说法，实际上，她也许只是不愿意相信此时国民党的专制统治已经到了不可救药的地步。

不仅国外对中国提出了尖锐的批评，而且国内的民众也已经到了忍受的极限，蒋介石在全国人民心目中的地位已经降到了有史以来的最低点。司徒雷登对此了然于心，他开始告诫美国国务卿：“也许现在已经到了这种地步了：现时的国民党领导已再也不能充当美国努力阻止中国共产主义扩展的有效工具了。”甚至暗示已经到了抛弃蒋介石的时候了。[③]

1948 年是美国的大选年，1945 年罗斯福总统在任上去世以后，副总统民主党人杜鲁门接替了总统职位，杜鲁门对华政策的态度远不及罗斯福积极，所以，在 1948 年的大选之中，国民政府积极支持杜鲁门的竞争对手、更倾向于积极援助国民政府的共和党人杜威参选，当 11 月 2 日杜鲁门在选举中出人意料地胜出的时候，意味着国民政府在美国将面临更加被动的境地。

11 月 21 日，宋美龄接受美国广播公司的邀请向美国进行广播演说时，仍坚称自己“无法分身”，所以只能通过电波向美国的朋友解释中国的局面。在演说中，她把中国出现混乱局面的责任完全归咎于中国共产党，并向美国人表示：“近来虽曾经有若干令人失望的事情，但总统和我并没有丝毫气馁。”她把自己和蒋介石放在“建设自由中国”这个受人尊重的地位上，保证“总统与我只

---

① 参见《蒋夫人吁请国民拥护财经新措施》，《中央日报》1948 年 8 月 25 日，第 2 版。

② 《蒋夫人吁请国民拥护财经新措施》，《中央日报》1948 年 8 月 25 日，第 2 版。

③ 参见［美］肯尼斯·雷、［美］约翰·布鲁尔编：《被遗忘的大使：司徒雷登驻华报告》，第 252 页。

要一息尚存，必将坚决作战”。她呼吁美国朝野：“未来的任何援助，必须立刻见诸实现。”她把中国共产党完全置于“邪恶”的地位，警告美国不要怀着希望，以为组织所谓联合政府，便能与中国共产党缔造和平，进而夸大其词地鼓吹国民党是在为全人类而战，并牵强附会地把中国的内战说成是过去八年抗战的延续，硬要说两场战争的目标是相同的。[①] 在这篇演说中，实际上已经体现了宋美龄此时争取美援的基本思路，就是要把中国国民党发动的对中国共产党的国内战争，演变成全世界范围内对共产主义运动的“围剿”。

实际上，在美国政坛上始终活跃着一批对国民政府抱有同情态度的“干涉派”，如以在中国出生的亨利·卢斯为首的“时代—生活—幸福”杂志出版集团，斯克里普斯-霍华德报系，共和党的某些头面人物，如杜威州长、范登堡参议员以及艾尔弗雷德·兰登等，以及名气不如他们显赫的人物，如众议员周以德、魏德迈、陈纳德以及曾任过美国驻莫斯科和巴黎的大使、共和党对外政策重要发言人——蒲立特等等。[②] 他们积极游说干涉中国内战，对国民政府实施更为有效的援助。所以，就在宋美龄这次演讲前后，美国共和党主持下的国会竟然真的作出援华的决议，只是美国国务院并没有支持这种决议使之有效。[③] 美国的朝野在是否援助国民政府的问题上出现了巨大的分歧。

也许美国朝野的分化使宋美龄看到一线希望。在国民政府和蒋介石所面临的国内局势日益恶化的情况下，刚刚才宣称不去美国的宋美龄，还是下定决心放手一搏，决定再次去美国游说，争取美国政府对国民政府的切实援助，帮助蒋介石渡过这一难关。

司徒雷登回忆说：“1948 年感恩节午后不一会，蒋夫人激动地给我打来电话，约请我即刻去见她。我一到达，她就告诉我，她

---

① 参见《蒋夫人对美广播　申明我戡乱决心》，《中央日报》1948 年 11 月 23 日，第 2 版。

② 参见［美］杰克·贝尔登著：《中国震撼世界》，第 456—457 页。

③ 参见《美国务院宣布　蒋夫人将访美》，《中央日报》1948 年 11 月 28 日，第 2 版。

通过穿越太平洋的电话线，于前一晚深夜（美国东部时间）同刚从华盛顿到达利斯堡的马歇尔先生通了话，谈了有关她去美国访问的事。我极想劝阻她放弃这次几乎可以肯定不会有什么结果的美国之行，但是，我不好开口，只好帮助她作好实际安排，以便使其一行尽早起程。后来，在委员长向我问到蒋夫人是否就此征求过我的意见时，他说，但愿她事先征求了我的意见，并补充说，对这种冒险行事的做法，他个人也是持怀疑态度的。”[①] 这段话为我们了解宋美龄此去美国的决定是多么仓促留下了无限的想象空间。

关于她仓促决定要出访美国，当时的舆论[②]和后来的学者研究普遍认为，宋美龄是接受了蒋介石的使命，在不情愿的情况下去了美国。但如果真是如此，蒋介石对司徒雷登说的话就令人费解了，更何况在宋美龄刚到美国活动即遭到冷遇之后，蒋介石曾反复强烈要求她尽快返国，强调她的使命是与美国“当局说明中国‘剿共’形势而已，说明后即可别无其他希望，故自应立即回国”[③]；并要求她在未归国之前万勿发表任何言论，恐与美方交涉无望而为人轻侮；等等。蒋介石还告诉宋美龄自己近来身心甚不适，希望她早归。[④] 倒是宋美龄仍然一意孤行，滞留美国，以期有

① ［美］约翰·司徒雷登著：《在华五十年——司徒雷登回忆录》，程宗家译，刘雪芬校，北京出版社 1982 年版，第 196—197 页。

② 参见《美报论宋美龄到美救援失望》，中国第二历史档案馆藏，档案号：二四（2）/264。转引自李宁编：《宋美龄年谱》（下）未刊稿。

③ 《蒋“总统”致蒋夫人十二月电》（1948 年 12 月 6 日），载《蒋中正档案：革命文献——对美外交：一般交涉（二）》，卷宗号：002000000447A，台北“国史馆”藏。

④ 蒋介石催促宋美龄回国的电报频频发出，明显急切地想要宋美龄尽快离开美国。参见《蒋“总统”致蒋夫人电（1948 年 12 月 6 日）》，载《蒋中正档案：革命文献——对美外交：一般交涉（二）》，卷宗号：002000000447A，台北“国史馆”藏；《蒋“总统”致夫人电（1948 年 12 月 13 日）》，载《蒋中正档案：革命文献——对美外交：一般交涉（二）》，卷宗号：002000000447A，台北“国史馆”藏；《蒋介石致宋美龄电（1948 年 12 月 26 日）》，载《蒋中正档案：一般资料——民国三十七年》，卷宗号：0020000001726A，台北“国史馆”藏；《蒋“总统”致蒋夫人电（1949 年 2 月 16 日）》，载《蒋中正档案：革命文献——对美外交：一般交涉（二）》，卷宗号：002000000447A，台北“国史馆”藏；《蒋“总统”致蒋夫人电（1949 年 2 月 24 日）》，载《蒋中正档案：革命文献——对美外交：一般交涉（二）》，卷宗号：002000000447A，台北“国史馆”藏。

所收获，甚至以体检发现患有其母之疾，必须立即治疗为由搪塞蒋介石，拒绝离开美国。[①] 前后对照，蒋介石指示她去美国的说法显得太过牵强。

宋美龄这次美国之行的际遇与 1942 年相比真可谓天壤之别，她没有被邀请到国会演说，没有像预先设想的那样在国会外交拨款两委员会联席会议中演讲[②]，也没有被邀请住进白宫，杜鲁门甚至只是出于礼貌给了她半个小时私人谈话的时间。这段时间，肯定是宋美龄生命历程中一段很受煎熬的时期，她私下里承认“现在真是一团糟”[③]。即使如此，她仍不肯放弃，并坚决反对蒋介石下野。在她发回国内的电文中写道：“总理革命数次失败，而后竟得成功，我等为四万万人民及将来国民计算只能抵抗到底，不惜任何牺牲。如下野回乡对内不能行使政权，对外不能代表国家，无法继续革命，而对不起总理。故此举余绝对反对！”[④] 但在形势的逼迫下，1949 年 1 月 21 日，蒋介石宣告隐退，李宗仁宣布依法代行总统职权。这只不过是蒋介石惯于使用的欲擒故纵手段而已，他希望以此来换取中国共产党接受和谈的条件。

1948 年 12 月，时任美国总统的杜鲁门在白宫会见宋美龄

蒋介石的下野和美国政府的拒绝仍不能使宋美龄有丝毫动

① 参见《蒋中正档案：革命文献——对美外交：一般交涉（二）》，卷宗号：002000000447A，台北“国史馆”藏；《宋美龄致蒋经国文电资料》，卷宗号：0020000002016A，台北“国史馆”藏。

② 参见《美国务院宣布蒋夫人将访美》，《中央日报》1948 年 11 月 28 日，第 2 版。

③ 《宋美龄写给艾玛的信》（1948 年 12 月 14 日），载《宋美龄文集》（未刊稿），南京大学中华民国史研究中心藏。

④ 《宋美龄致蒋经国文电资料》（1948 年 12 月 28 日），载《蒋中正档案：一般资料》，卷宗号：0020000002016A，台北“国史馆”藏。

摇，当蒋介石已经放弃求得美援的时候，她却依然把取得美国的援助作为挽救国民政府在中国大陆统治的最后一根稻草，她以称病的方式搪塞蒋介石要她从速回国、免受轻侮的指示，只在她给蒋经国的电文中才承认她无法回国的原因是考虑到美援的重要。[①] 她表示："余亦归心如箭，但现时归亦无补时艰，而稍留此间于党于国定有裨益。"她仍坚信蒋介石的"革命伟业"并没有"即此竟事"[②]，并仍寄希望于美国，"非有美国出面拥护"蒋介石不可，"故余虽抱病，不甘屈服，应仍继续与各方联络"。况且李宗仁"派员在此多方活动，而赖普汉（美国援蒋贷款执行人——引者注）等回美后，对汝父有不利言论，故余之工作实不能松懈，倘一离此，中心即失，对于汝父之再起必更加多阻力耳。总之，余趁此诊治时间在美，至少对李某及美国对我不利之份［分］子发生抵消作用也"[③]。她还鼓励国内："内部团结，不惧外患。"[④] 宋美龄不肯放弃任何努力挽救国民政府的决心跃然纸上。

宋美龄决定访美之际，中国国内舆论也配合宣传，秉承宋美龄的口吻继续宣称："'剿匪'决不是内战，是二次大战的延长。"[⑤] 美国对国民政府的同情者们也积极地展开宣传，为其摇旗呐喊，鼓唇摇舌，壮大声势。[⑥] 曾有 51 名共和党议员向杜鲁门要

---

① 参见《蒋中正档案：革命文献——对美外交：一般交涉（二）》，卷宗号：002000000447A，台北"国史馆"藏；《宋美龄致蒋经国文电资料》，卷宗号：0020000002016A，台北"国史馆"藏。

② 《宋美龄致蒋经国文电资料》（1949 年 2 月 15 日），载《蒋中正档案：一般资料》，卷宗号：0020000002016A，台北"国史馆"藏。

③ 《宋美龄致蒋经国文电资料》（1949 年 2 月 26 日），载《蒋中正档案：一般资料》，卷宗号：0020000002016A，台北"国史馆"藏。

④ 《宋美龄致蒋经国文电资料》（1949 年 2 月 18 日），载《蒋中正档案：一般资料》，卷宗号：0020000002016A，台北"国史馆"藏。

⑤ 《"剿匪"决不是内战　是二次大战的延长》，《中央日报》1948 年 11 月 30 日，第 2 版。

⑥ 参见《美国务院宣布蒋夫人将访美》《参议员马罗在港称　美予中国援助必需迅速完成》，《中央日报》1948 年 11 月 28 日，第 2 版；《蒋夫人明可抵美　将被邀出席议院报告》，《中央日报》1948 年 11 月 30 日，第 2 版。

求援华，民主党方面也有议员愿意与宋美龄接洽。[1] 宋美龄制定了“先谈原则，而不涉及金额以免引起美方不适”的策略[2]，但一切终归无果，她心急如焚地等来的并不是美国对华政策的松动，而是美国政府在 1949 年 8 月发表了痛斥国民政府的《美国与中国的关系》白皮书，这使她争取美援的希望更加渺茫。

随着中国人民解放军势如破竹的攻势，国民党的防线一道道被突破，特别是 4 月人民解放军发动了渡江战役以后，国民政府划江而治的幻想也破灭了，最后只能选择以台湾岛作为最后的据点。10 月 1 日，中华人民共和国中央人民政府在北京宣告成立，这意味着国民党政权在大陆的统治已经不复存在。败局已定，宋美龄也再无法动摇杜鲁门政府的对华政策。12 月 10 日，在没有任何援助指望的情况下，蒋介石最终飞赴台湾。

1949 年，对于一贯骄傲的宋美龄来说是个痛苦的年份，她不仅要接受访美失败所预示的她个人辉煌不再的痛楚，而且还要面对国民党丧失了在大陆的统治权、退居台湾的现实。身在美国的宋美龄感觉那个时期是黑暗的岁月，身边的人都劝她不要回去，即使是台湾，也可能很快就被攻陷，她感觉如果失去中国，即使她还活着，也会觉得生命毫无意义。[3] 经过激烈的思想斗争，最终宋美龄确信自己受到上帝启示之后，决定奔赴台湾，继续与蒋介石共同奋斗。

离开美国前，宋美龄于 1950 年 1 月 9 日在纽约发表了面向全美国的广播演说。演说基本上延续了一年多以前她在南京对美广播演说的内容，体现了她在美国游说时所循的“为自由而战”的主要思路。她先把中国共产党等同为日本侵略者的一个翻版，强调国民党作战的所谓“正义性”。她把世界划分为“自由”与

---

① 参见《宋美龄致蒋经国文电资料》，卷宗号：0020000002016A，台北“国史馆”藏。

② 参见《蒋中正档案：革命文献——对美外交：一般交涉（二）》，卷宗号：002000000447A，台北“国史馆”藏。

③ 参见 Madame Chiang Kai-shek，*The Sure Victory*，New York：Fleming H. Revell Company，1955，p. 23。

"共产"两大壁垒[①]，把蒋介石描绘成"世界政治家中首先揭发共产党徒阴谋的第一人"[②]，把国民党发动的内战夸耀成是为维护"自由"的战斗[③]，把中国的内战提升到全世界反共产主义战争的前奏的高度[④]。最后，她仍要以自己的骄傲让美国人为不能援助国民党政权而感到惭愧。她说："我要告诉你们我为什么这样缄默。一个国家采取一个正义行动的时候，就和一个人行善一样，必须是出于他的良知，而不是出诸他人的请求或要求。"[⑤] 她把仇恨引向苏联，发誓诅咒地说："俄国永远不能在中国享受一天的和平。俄国永远不能占有中国。中国一定会获得自由。"[⑥]

1950年1月9日，宋美龄在纽约发表广播演说

宋美龄的确表现出了她一贯的勇气，她虽然不曾提及最令美国人失望并导致她的求助最终无果的最主要原因是国民党政权的失措举动，但她清楚地知道这次访美与抗战时期的访美求援存在的本质差别，她承认"恳求而又要能保持尊严是不可能的"，却仍能狡辩地把美国置于被责问的地位。[⑦] 经过了抗战时期对美宣传的

---

① 参见《在纽约向全美广播演说》，载王亚权总编纂：《蒋夫人言论集》（下集），第1144页。

② 《在纽约向全美广播演说》，载王亚权总编纂：《蒋夫人言论集》（下集），第1145页。

③ 参见《在纽约向全美广播演说》，载王亚权总编纂：《蒋夫人言论集》（下集），第1144、1146、1148页。

④ 参见《在纽约向全美广播演说》，载王亚权总编纂：《蒋夫人言论集》（下集），第1144—1145页。

⑤ 《在纽约向全美广播演说》，载王亚权总编纂：《蒋夫人言论集》（下集），第1147页。

⑥ 《在纽约向全美广播演说》，载王亚权总编纂：《蒋夫人言论集》（下集），第1148页。

⑦ 参见《在纽约向全美广播演说》，载王亚权总编纂：《蒋夫人言论集》（下集），第1148页。

历练，这次她更加驾轻就熟，只是与过去对日本侵略者作战时的宣传相比，现在宋美龄所表现出来的已经是一种衰竭的喧嚣，她所宣扬的论调不仅牵强附会，而且已经演变成一种闹剧——一场不能自圆其说的闹剧，这实际上不单是宋美龄个人的问题，而且是蒋介石政权整体的问题。

宋美龄完全没有必要把中国的内战说得那么重要——自由与共产主义搏斗的开始——来动员美国援助蒋介石政权，如果国民党自己争气，美国出于自身利益的考虑也不会坐视蒋介石政权在大陆统治的垮台。美国之所以选择坐视不管，完全出于对蒋介石政权的失望。宋美龄这次访美失败主要的症结即在于：美国不可能毫不计较地援助一个尽失民心、无法补救的政权，而蒋介石和国民政府内部很多人却认为美国援助他们是理所当然的。当宋美龄希望用美国人能够接受的语言表达同一个意思的时候，客观事实却像一条无法填平的沟壑一样，令美国人望而却步。美国的主要利益和主要精力仍在帮助恢复欧洲秩序上，在欧洲恢复秩序以前，两大对立阵营虽然已经开始分裂，但并不存在双方马上开战的可能，在这一点上，宋美龄不但没有说到点子上，反而以耸人听闻破坏了美国人的信任。由于蒋介石政权不能自圆其说，他们亲手破坏了美国人的期待和信任，宋美龄这次访美的失败是历史发展的必然结果。

第二节　顽固的反共意志和抵制“两个中国”谬说（1950 年—1975 年）

国民党政权在大陆的失败，并没有使蒋介石幡然醒悟，他在抵台后，就开始筹划下一步“反攻大陆”的计划。他在日记中写道：“从前种种譬如昨日死，此后种种譬如今日生。过去之一年间，党务、政治、经济、军事、外交、教育……已彻底失败而绝望矣。如余仍能持志养气，贯彻到底，则因彻悟新事业，新历史，皆从今日做起。自觉今日之精力心身，至少尚有二十至三十年之努力奋斗，为天父与基督之工具，而且自信必能有成也。”① 蒋介石新计划的第一步就是结束在野状态，重新掌权。很快，蒋介石撇开在美国治病的李宗仁，宣布 1950 年 3 月 1 日正式复行视事，执行“总统”职权。② 但当时，台湾人心岌岌可危，担心共产党很快攻打台湾，台湾很快也会不保，民众的情绪都降到了最低点，军队的士气甚至更糟。③

宋美龄于 1950 年 1 月从美国直接飞到台湾。一到台湾，她即刻转向新的任务——鼓舞军民士气、宣传和妇女动员的活动。1 月至 2 月，她马不停蹄地进行慰劳伤兵④，飞赴金门劳军⑤，并进行

1950 年 1 月，蒋介石亲自到机场迎接宋美龄

① 《蒋中正日记》，1949 年 12 月 25 日。转引自刘维开著：《蒋中正的一九四九——从下野到复行视事》，台北时英出版社 2009 年版，第 267—268 页。

② 参见《“总统”复行视事》，《“中央”日报》1950 年 3 月 1 日，第 2 版。

③ 参见［美］裴斐、［美］韦慕庭访问整理：《从上海市长到“台湾省主席”（1946—1953 年）——吴国桢口述回忆》，第 103 页。

④ 参见《蒋夫人今赴各院慰光荣负伤将士》，《“中央”日报》1950 年 1 月 21 日，第 4 版；《蒋夫人昨莅各病院，慰问荣誉将士》，《“中央”日报》1950 年 1 月 22 日，第 2 版；《蒋夫人今赴市郊劳军》，《“中央”日报》1950 年 2 月 8 日，第 1 版；《蒋夫人慰劳荣军　赠暖暖军医分院收音机》，《“中央”日报》1950 年 2 月 9 日，第 2 版；《蒋夫人派代表慰莺歌医院荣军》，《“中央”日报》1950 年 2 月 10 日，第 1 版；《蒋夫人宣慰七堵荣军》，《“中央”日报》1950 年 2 月 11 日，第 8 版。

⑤ 参见《蒋夫人昨偕菲侨领袖，飞临金门前线劳军》，《“中央”日报》1950 年 2 月 7 日，第 1 版。

了为期四日的环岛劳军旅行①、慰问烈士子弟②等活动。此后数年，对台湾“国军”的慰劳与鼓励成为她的一项重要工作。

同时，宋美龄对新闻界发表了政治立场鲜明的讲话，宣称：“中国（指台湾的国民党政权——引者注）继续从事反共抗俄的战争，可防止第三次世界大战的发生。”她以上帝作担保说：“我是个笃信教义的基督徒，我可用生命担保，上帝对中国必定有个安排，只要我们不断为人类为自由而奋斗牺牲，上帝必将领导我们获得最后胜利。”③ 出于一贯对舆论的重视，宋美龄对新闻界的现状表示关切，愿意协助解决一切困难④，旨在让他们及各国记者能为台湾当局尽宣传义务。宋美龄所要的宣传是以反共为主旨、能够振作台湾民众“士气”的言论。她自己更是身体力行，尽心尽力地投入其中，1950 年，她在台湾成立了“妇女反共抗俄联合会”；1953 年，她又重组了国民党的妇女组织，并担任负责人，她自讽“愚蠢”的同时坚称：“我不能轻率地抛弃自己身上的责任。”⑤

一、顽固的反共意志

在宋美龄的倡议和主持下，1950 年 4 月 17 日，台湾的“妇女反共抗俄联合会”（简称“妇联会”）在台北成立。宋美龄作鼓动宣传：“虽然‘国家’已到如此严重的地步，仍请大家不要灰心，因为我们只要集中所有的力量来奋斗，相信一定可以得到最后的

---

① 参见《蒋夫人昨晨出发，开始环岛劳军》，《“中央”日报》1950 年 2 月 13 日，第 1 版；《蒋夫人莅止台中》，《“中央”日报》1950 年 2 月 13 日，第 1 版；《蒋夫人派代表沈慧莲昨日赴宜兰慰劳伤兵》，《“中央”日报》1950 年 2 月 28 日，第 2 版。

② 参见《蒋夫人慰问烈士子弟 允设法改善他们生活》，《“中央”日报》1950 年 2 月 5 日，第 2 版。

③ 《蒋夫人宣称：中国“反共抗俄”可防止世界大战的发生 确信“剿共”必获胜利》，《“中央”日报》1950 年 1 月 26 日，第 1 版。

④ 参见《蒋夫人国内新闻事业》，《“中央”日报》1950 年 1 月 26 日，第 1 版。

⑤ 《宋美龄写给艾玛的信》（1953 年 12 月 19 日），载《宋美龄文集》（未刊稿），南京大学中华民国史研究中心藏。

胜利。"[①] 誓要与中国共产党作殊死抗斗。她为"妇联会"确定的宗旨就是"纠合群力，协助军事，反攻大陆"，并提出"建立平等自由和平仁爱的'中华民国'"的目标。[②] 此后，"妇联会"成为宋美龄发动妇女进行"反共抗俄"活动和政治宣传的主要依托，而"反共抗俄""反攻大陆"也成为她此后几十年矢志不渝的信念，成为她后半生政治思想的主体，呈现了以下几个特点：

（一）把国民党失败的责任归咎于所谓中共的"欺骗宣传"和美国的不肯援救

宋美龄对中国共产党充满仇视，诬蔑其为"苏俄帝国主义的走狗，是帮助苏俄侵略中国的赤色汉奸"[③]，"共产党不但是祸国殃民，并且做了俄国的第五纵队和走狗"[④]。这种诬蔑和谩骂当然是符合台湾当局的论调的，在当时不仅成为台湾"民众"的"共同信念"，而且对很多海外华侨和大洋彼岸的美国人也产生了深刻的影响。1955 年 1 月，在给美国妇女国家安全问题座谈会的致电中，宋美龄更把共产党与民主政治视同水火，她说："民主政治和共产主义之不能并存一如善恶之不能并存"，"共存就是天赋的自由的消灭"。[⑤]

宋美龄曾多次站在"反共抗俄"的立场上，总结国民党当局在大陆失败的原因，终归跳不出对中共和苏联的仇视，以及对美国不肯施援的抱怨，却完全不提及国民党政权自身所存在的腐败和混乱造成的严重后果的老框框。比如，1952 年 8 月，她在文章中总结说："我深信历史将能证明自由世界所以在中国大陆上遭受

---

① 《妇女同负保台重任　"反攻大陆"拯救同胞　蒋夫人在妇女"反共"筹备会致辞》，《"中央"日报》1950 年 4 月 4 日，第 2 版。

② 蒋宋美龄著：《今日中华妇女的重要使命》，《"中央"日报》1950 年 4 月 17 日，第 1 版。

③ 蒋宋美龄著：《今日中华妇女的重要使命》，《"中央"日报》1950 年 4 月 17 日，第 1 版。

④ 《中华妇女"反共抗俄"联合会筹备会致辞》，载王亚权总编纂：《蒋夫人言论集》（下集），第749 页。

⑤ 《民主与共党不能并存　蒋夫人特致电美妇女座谈会》，《"中央"日报》1955 年 1 月 29 日，第 1 版。

种种损失，共产党宣传所作的谎言和欺诈，乃是最重要的因素。”①

1953 年 3 月，在美国的一次演讲中，她断定造成中国大陆“沦陷”的致命打击在于“当时世界的舆论，大多受了俄共及其爪牙的影响，一致运用宣传的灵活，发表攻击［国民］政府袒护中共的言论……我政府为了迁就这种世界舆论”②，以致重大决策往往失误。

1958 年 7 月，宋美龄在美国答记者问时，对中国共产党能取得大陆最重要因素的提问，她答称：“因素很多，但是我认为最重要的一项因素正和今天的情形相同，就是苏俄当时的宣传说‘共匪’不是共产党人，而是土地改革者。”她认为这是中国共产党制造的重大骗局：这乃是共党及其同路人的宣传杰作。③

1959 年 4 月，在美国德瑞克大学演说时，宋美龄以其惯有的立场回顾了历史，把中国共产党以“偷袭”“吞并”的方式扩大势力，利用苏俄接受大量装备获得胜利，而美国却以国民党未能实施改革和与中国共产党合作为由拒绝援助国民政府，以致军心突变，战局受到影响等等视为国民党失掉大陆的根本原因。④

1966 年，在美国国会议员眷属联谊会上的演讲中，宋美龄仍以共产党阴谋蓄意夺取政权为攻击，并大篇幅地引用了美国国会众议员、国民党的铁杆支持者劳勃森曾在美国国会众议院外交委员会一个小组委员会席间的一段话，意图以此来说明美国不肯及时援助和支持国民政府是导致国民党失败的主要原因。⑤

---

① 《共党到美国之路是经由中国》，载王亚权总编纂：《蒋夫人言论集》（上集），第 281 页。

② 《在魏斯里大学演说》，载王亚权总编纂：《蒋夫人言论集》（下集），第 1152 页。

③ 参见《蒋夫人答覆［复］美记者问》，《“中央”日报》1958 年 7 月 19 日，第 1 版。

④ 参见《腐败的精神和支离政策的结果——蒋夫人在美德瑞克大学演词全文》（一）、（二）、（三）、（四），分别载《“中央”日报》1959 年 6 月 9 日，第 1 版；6 月 10 日，第 2 版；6 月 11 日，第 2 版；6 月 12 日，第 2 版。

⑤ 参见《历史必将有公正的判断——蒋夫人在美国会议员眷属联谊会演词》（上、下），《“中央”日报》1966 年 5 月 27 日，第 2 版；5 月 28 日，第 2 版。

诸如此类，宋美龄在后半生中，思想固化在这种论调中，不能自拔。对于国民政府在抗战中已经积累的很高声誉却在短短三年内丧失殆尽的根本原因，她从来没有从客观的角度对国民政府自身存在的问题进行分析。

宋美龄有很多不切实际的说法，如 1950 年 1 月，她在对新闻界发表讲话时声称："老百姓都已明白，政府过去虽然不好，有许多地方没能改革，但政府对人民无丝毫坏意，只要有力量，总想积极改革"，"虽然大陆失去，但大陆的人心仍属于我们的"。[①] 可见，她要不是对国民党的所作所为存心掩盖，就是对现实情况没有任何真实的了解。如果是后者，只能表明此时宋美龄对于政治很大程度上是出于感性认知，而绝非理性从事。这种局限实则成为她最终被历史边缘化的主要原因。

（二）以"妇联会"为反共宣传阵地，标榜台湾是"自由中国的最后圣地"

"反共抗俄，反攻大陆"是台湾"妇联会"成立之初即确定的宗旨，宋美龄依托台湾的这一妇女组织，进行了大量的反共宣传。从组织设置上，"妇联会"工作分为组训、慰劳和宣传三个方面，这三个方面的工作实则都与反共宣传密切相联。

所谓"组训"，就是要在台湾选拔和培训适用于反共目的的青年妇女工作者。

所谓"慰劳"，是把对"反共义士"和军眷的关心、慰问、鼓舞他们的"反共士气"作为主要工作内容。宋美龄曾夸赞"妇联会"的慰劳工作"给予军队与民众甚大的鼓励，为军民打成一片的开始……促使民众明了自己的责任，更使海外同胞了解自己祖国的妇女，已经组织起来，从事'反共''抗俄'工作"[②]。

所谓"宣传"，则是把对台湾内部的反共宣传和对大陆的心理

---

① 《蒋夫人宣称：中国"反共抗俄"可防止世界大战的发生　确信"剿共"必获胜利》，《"中央"日报》1950 年 1 月 26 日，第 1 版。

② 《中华妇女"反共抗俄"联合会成立二周年纪念大会致辞》，载王亚权总编纂：《蒋夫人言论集》（下集），第 787—788 页。

战宣传结合在一起，充分发挥了其对台湾内部团结稳定、对大陆扰乱军心的作用。如在“妇联会”成立三周年纪念大会上，“妇联会”发表了“致敬三军电”，内称“我三军将士捍卫国家，勋劳卓著，奠邦家之丕基，保人民于安堵，尚冀继续发挥克难实践之精神，达成戡乱建国之使命”[①] 等等。同时，“妇联会”也发表了“告‘沦陷区’妇女”书，“号召”“敌前敌后爱国妇女团结起来‘反共复国’”[②]。宋美龄又曾在“妇联会”成立六周年纪念致辞中讲道：“最近一年来，‘妇联会’于每一个礼拜都有节目向大陆广播，对‘匪’作心理战，向大陆妇女同胞宣传‘自由中国’进步的情形。”[③] “妇联会”煽动大陆同胞仇视共产党的活动由此可见一斑。

台湾“妇联会”宣传的主要特点是以争取自由和维护正义为标榜，正如宋美龄所美化的：“许多妇女愿意担任妇联工作，是完全为了争取世界的自由。”她还宣扬：“‘妇联会’的组织是完全为了替军人服务，这种服务，不仅是为我们自己的‘国家’，同时也是为了人类的和平和世界的自由。”[④]

宋美龄曾得意地宣称：“我觉得我们的工作最有意义的，就是三年前的今天，全世界人士对台湾都不了解，都以为台湾已经没有了，而今天，台湾在亚洲，不论在军事上和精神上，都是最大的反共力量，这光荣的成就，就是我们‘全国’军民爱‘国’救‘国’，牺牲奋斗的代价和结果，当然，我不客气的讲，我们妇女也有相当的贡献和帮助。”[⑤] 她还武断地下定论：共产党在大陆执

---

① 《致敬三军电》，《“中央”日报》1953 年 4 月 18 日，第 4 版。

② 《敌前敌后爱国妇女团结起来“反共复国”》，《“中央”日报》1953 年 4 月 17 日，第 4 版。

③ 《中华妇女抗俄联合会成立六周年纪念大会致辞》，载王亚权总编纂：《蒋夫人言论集》（下集），第 864 页。

④ 《“妇联会”工作在为军人服务》，载王亚权总编纂：《蒋夫人言论集》（下集），第 1532 页。

⑤ 《早日打回大陆去　“妇联”三周年纪念会　蒋夫人致辞勉会员》，《“中央”日报》1953 年 4 月 18 日，第 4 版。

政后，人民“失掉了所有自由”，而台湾则是“自由中国”的“圣地”[①]，“‘共匪’一天不消灭，一天不会中止进攻台湾的‘阴谋’”，“我们有个共同奋斗的目标，就是‘反共抗俄’的工作”[②]。她还常以牺牲精神来号召台湾的妇女坚定意志，她说：“现在‘自由中国’的妇女们，可以相信一件事，成功不成功是在人去做，有牺牲精神一定可以达到目的。”[③] “最难的事情不是一时的努力，一时的牺牲，而是继续不断的努力与牺牲。”[④] 她的宣传在台湾内部发挥了效用，使很多人都沉浸其中。

（三）血缘关系也不能撼动的政治立场

宋美龄反共意志的坚决也可以从其对亲情的处理态度中反映出来。1971 年 4 月，宋子文因鱼刺卡住喉咙无法呼吸而突然辞世，本来已经做好赴美参加哥哥葬礼的宋美龄，因“获悉‘匪伪政权’可能藉葬礼之机会，派宋庆龄赴美时，立即决定取消此行”[⑤]。不仅如此，十年之后，1981 年 5 月，当宋庆龄病情恶化，处于病危状态时，大陆方面频频发出信号甚至专门拍发了电报到宋美龄在纽约的家里[⑥]，希望身在纽约的宋美龄能够回国探望，但直到宋庆龄去世，宋美龄始终没有任何表示。虽然从常理上讲，宋美龄年事已高，健康状况也不是很好，这是她不能回国探亲和参加葬礼的客观原因，但宋美龄之所以对此不置一词，保持着即使是一封唁电都不肯发的沉默，其政治立场的含义远远超乎其他方面原因，这完全是她出于台湾毫不妥协的反共政策的需求，以及表示对蒋

---

① 《蒋夫人应密大电视访问》，《“中央”日报》1958 年 7 月 11 日，第 1 版。

② 《今日中华妇女的重要使命》，载王亚权总编纂：《蒋夫人言论集》（下集），第 753 页。

③ 《四十四年妇女节大会致辞》，载王亚权总编纂：《蒋夫人言论集》（下集），第 821 页。

④ 《荣军 · 军眷 · 遗族向蒋夫人献旗献花》，《“中央”日报》1953 年 4 月 18 日，第 4 版。

⑤ 《宋子文葬礼今在美举行　蒋夫人决定不参加》，《“中央”日报》1971 年 5 月 1 日，第 2 版。

⑥ 参见《龙布乐说宋美龄可能无法来京》，《参考资料》1981 年 5 月 22 日下午版，第 2 页。

曾经的宋氏三姐妹

介石领导过的国民党和“国民政府”忠诚的需要，她的沉默符合当时台湾对大陆希望通过各种渠道进行统一战线工作不予理睬的惯用姿态。这也体现了宋美龄不惜牺牲亲情，也要坚决反共到底的意志。

一年后，宋美龄在给廖承志的公开信中，透露了她当时的心境。在信中，宋美龄首先抛出来的就是蒋经国提出的“不接触、不谈判、不妥协”的三不方针，以示自己的立场。紧接着回顾了当年孙中山先生病危之时，她与宋蔼龄不惮辛苦、克服种种困难来到北平，“所以赶往者，乃与总理之感情，期能有所相助之处，更予二家姊孙夫人精神上之奥援”，实以此来表示对宋庆龄的姐妹情深，以反驳外界对她亲情冷漠的指责。这种开篇，实际上已经把她不能参加宋庆龄葬礼或答复大陆邀请的原因说得很清楚了，就是血缘关系也无法撼动她的反共政治立场。在信中，宋美龄还完全否定了第三次国共合作的可能，并表达了她仍坚持要“光复大陆”的信念。①

① 参见《蒋夫人发表给廖承志公开信》，《“中央”日报》1982 年 8 月 18 日，第 3 版。

人民日報

RENMIN RIBAO

1982年7月 25 星期日

廖承志致蒋经国先生信

新华社北京7月25日电 7月24日，廖承志致蒋经国先生信，已用电报发往台北。

信的全文如下：

经国吾弟：

咫尺之隔，竟成海天之遥。南京匆匆一晤，瞬逾三十六载。幼时同袍，苏京把晤，往事历历在目。惟长年未通音问，此……

外人巧言令色，意在图我台湾，此世人所共知者。当断不断，必受其乱。……

孙先生手创之中国国民党，历尽艰辛，无数先烈前仆后继，终于推翻帝制，建立民国。光辉业迹，已成定论。国共两度合作，均对国家民族作出巨大贡献。首次合作，孙先生领导，吾辈亲幼，亦知一二。……

1982 年，廖承志向蒋经国发出公开信，宋美龄作出回应

二、理想与现实的差距

（一）退台后第一次赴美游说

初到台湾，宋美龄对国民党重返大陆信心十足，她曾对美国的朋友保证：“我相信，在今年（指 1951 年——引者注）年底之前，我们就能回到大陆。”① 但随着时间推移，她越来越感觉到如果没有美国的支持作为后盾，台湾“反攻大陆”的计划是难以实现的。1951 年 5 月 1 日，美国军事援华顾问团抵达台北。宋美龄对美国访客——参议员、众议员，还有其他人物——络绎不绝到访台湾感到高兴，她希望通过与美国访客的接触，可以让美国公众更好地了解台湾的现状，让美国公众更加清醒地认识到，美国有必要采取明确的行动支持台湾抵御中国共产党。② 当年 10 月，美国国会正式通过了《共同安全法案》，决定向台湾提供大量

① 《宋美龄写给艾玛的信》（1951 年 1 月 26 日），载《宋美龄文集》（未刊稿），南京大学中华民国史研究中心藏。

② 参见《宋美龄写给艾玛的信》（1951 年 12 月 5 日），载《宋美龄文集》（未刊稿），南京大学中华民国史研究中心藏。

援助。

为了适应“反共抗俄”目标的需要，宋美龄在不同时期利用各种重大事件进行充分的宣传和鼓动，意欲促成美国协同台湾“反攻大陆”变为现实。当然，宋美龄在对美鼓吹“反攻大陆”的计划时，从来不会直截了当地说是要夺回大陆，而是以“自由”与“正义”之类的语言来游说美国。

比如，朝鲜战争爆发后，原本打算放弃台湾的美国，出于战略考虑，抛出台湾“中立化”政策，派遣第七舰队侵入台湾海峡，阻止人民解放军解放台湾，并开始加强对台湾的各项援助，使得台湾当局得以喘息，“美台”关系开始好转。1953 年 1 月，艾森豪威尔就任总统后，美国国内反战情绪高涨，美国对台湾政策又有了重大调整，宣布解除台湾“中立化”，改行“放蒋出笼”政策，并提出有可能对中国实施原子弹打击措施，意图迫使中国在朝鲜停战谈判中让步，尽早结束朝鲜战争。就在此时，苏联领导人斯大林于 3 月 5 日去世，美国与苏联的关系也正处于新的考验之中。当时有美国议员提出利用苏联权力转移的不安定时期，向苏联施加压力，也有议员提出要以新的压力加诸于中国，甚至主张台湾对大陆从事更多出袭与破坏的时候业已成熟。①

1952 年 8 月 16 日至 1953 年 3 月 25 日，宋美龄利用赴美就医的机会，不失时机地在她临回台湾之前，向美国展开了游说活动。宋美龄在二三月份与美国政界上层人士进行了广泛的接触，特别是 3 月 9 日到 12 日在华盛顿逗留的这四天当中，她不仅出席了艾森豪威尔总统为她举办的茶会②，还出席了美国众议院议长马丁及参议院临时议长勃里奇为她举行的午宴，与美国副总统尼克松、参议院共和党政策委员会主席参议员诺兰、一直支持国民党当局

① 参见《韩境联军的攻势可能在酝酿中》，《“中央”日报》1953 年 3 月 13 日，第 1 版。

② 参见《蒋夫人访白宫　艾森豪夫妇特茶会接待》，《“中央”日报》1953 年 3 月 11 日，第 1 版。

的众议员周以德以及其他共和党、民主党领袖见面。[①] 另外，通过“大使馆”为她举办的各种形式的宴会，她得以与美国新任国防部部长威尔逊详谈[②]，并会见了包括其他美方军政当局、议院议长与两党领袖、议员、新闻界及广播电台代表和社会要人、国民党当局的旧友等，“前后四日，到者计有二百余人”，宋美龄“乘便分别谈话，间有谈未尽衷者，并经另约续谈”。[③]

1953 年，宋美龄在白宫与艾森豪威尔夫妇合影

在此期间，宋美龄在出席两议长为她举办的午宴上，还作了答谢致辞，充分表达了台湾当局的意愿。她夸赞美国国会最伟大的职责“乃在于诸君藉神的指引而成为自由世界共同良知的领导者”，并借机表白：“我们在自由世界边缘的台湾，将继续不屈不挠，坚定不移的献身于争取全人类的正义与公理，无论可能要我们作什么艰苦的牺牲，我们都将挺身以赴。我们不为自己作何要求，我们只要求为我们共同的标的作最大的贡献。如果自由世界每个国家都准备尽其本分，无疑的，我们将在目前的这场搏斗中，获得胜利。今天的世界尚有待自‘共党暴政’与横蛮的灾难中求得解脱。”[④] 这无疑是在暗示，美国负有领导这场反共产主义战争的责任，而台湾已经为“反攻大陆”作好了充分准备。

但是，美国的意图并非是要帮助台湾“反攻大陆”，“放蒋出

① 参见《我与“共匪”搏斗具有必胜信心》，《“中央”日报》1953 年 3 月 13 日，第 1 版。

② 参见天津编译中心编：《顾维钧回忆录缩编》（下册），中华书局 1997 年版，第 1115—1116 页。

③ 《顾维钧致蒋介石密电（1953 年 3 月 13 日）》，载《蒋中正档案——对美关系（六）》，卷宗号：002000002096A，台北“国史馆”藏。

④ 《我与“共匪”搏斗具有必胜信心》，《“中央”日报》1953 年 3 月 13 日，第 1 版。

笼”的政治威慑意义远远大于其军事行动意义。二者之间的差距实在太大，宋美龄的游说自然很难起作用。

（二）退台后第二次赴美游说

随着朝鲜战事的结束，美国出于对本国远东战略利益的考虑，把台湾作为其在西太平洋上构筑的环形防线中不可或缺的重要一环。为实现其遏制共产主义对亚太“自由世界”“威胁与扩张”的战略目标，美国相应改变了对台政策，要求台湾放弃闽、浙沿海岛屿，台湾当局采取任何重大军事行动之前必须征得美国同意，与此同时，美国又在炮制“两个中国”的论调，想迫使大陆与台湾接受，以维护其在亚太地区的和平战略。美国的这种政策，不唯大陆不能接受，台湾的蒋介石也难以接受。正当其时，1954 年，在中国的军事援助下，越南历时已久向法国争夺主权的战争取得了决定性胜利，随后在为解决朝鲜和越南问题而召开的日内瓦会议上，中华人民共和国第一次登上国际政治大舞台。然而，在台湾当局看来，这是美国在对共产主义世界实行“姑息政策”，自然心生猜疑和不满。

1954 年 8 月，再次赴美就医数月后的宋美龄对美国政界展开沟通攻势，企图对美国政策有所影响。这次不巧的是“美国国会方休会，两院议员大都回籍预备竞选或去国外旅行。艾总统、尼副总统、各部首长亦多离京避暑”①。尽管如此，顾维钧仍为宋美龄进行了广泛的联络：“卅、卅一两日，钧在馆设备午宴二次，晚宴一次，邀请现在华府美政府当局及两院重要议员与夫人会见，以便谈话。来宾中到有国防部代理部长安德生及马克尼尔次长、雷德福总长、卡尼海军参谋总长、国务院代副国务卿墨裴、援外总署史达生署长夫妇、财政部国库署长潘义司夫人、罗柏森次长、鲁斯夫人与马加伦·马丁等参议员、两院原子能联合委员会会长、

① 《顾维钧致蒋介石密电（1954 年 9 月 2 日）》，载《蒋中正档案——对美关系（六）》，卷宗号：002000002096A，台北“国史馆”藏。

众议员高尔等多人，均系我国好友，叙谈欢洽。”①

在此期间，宋美龄还应美国退伍军人协会的邀请参加了该协会的第三十六届年会。退伍军人协会是美国自由团体集会中规模最大者之一，而且会员中有相当多数的人对台湾当局持同情和支持的态度，宋美龄利用这样的场合发表演讲，以扩大影响，为达到其反共目的推波助澜。在她的演讲中重点是要强调：台湾是中国人一个自由的庇护地，“大陆人民都把自由的高度希望，寄托于那个地方”。她保证说：“大陆上的中国人民将不致长期陷于‘奴役’，而中国将重获自由。”她最后还声称：“有上帝的帮助，我们不会失败，中国将重获自由，世界也将如是。”②

时值朝鲜战争结束不到一年，宋美龄在演讲中专门以朝鲜战争的战俘遣返为例，说明多数中国人向往自由。为了使这种说法更具“说服力”，台湾方面还选送了五个所谓“反共义士”，作为志愿军战俘“向往自由”的代表在宋美龄演讲的第二天参加了美国退伍军人年会的第三次大会，并由五人中的一人诵读了预先拟妥的声明。他们自称是应旅美华侨之邀来到美国游历，“代表一万四千三百四十三位华籍反共义士”，声称他们选择台湾是“选择了自由之路”，并不无煽动地说：“我们一刻也不能忘掉大陆上仍在‘匪党’控制下的亿万人民。”“我敢确信你们将继续给予我们以支持，一如过去那样伟大的成就。”③ 这些所谓的“义士”在当天下午还得到宋美龄的亲自接见④，以示鼓励。

受此煽动，美国退伍军人协会迅速作出回应，公布他们的外交立场，称深恐艾森豪威尔政府会以“大规模姑息”的外交政策

---

① 《顾维钧致蒋介石密电（1954 年 9 月 2 日）》，载《蒋中正档案——对美关系（六）》，卷宗号：002000002096A，台北“国史馆”藏。

② 《大陆人民不甘“奴役”　一切希望寄托台湾　蒋夫人在美退伍军人协会演说保证中国必将重获自由》，《“中央”日报》1954 年 9 月 1 日，第 1 版。

③ 《美退伍军人协会年会中　我五义士备受欢迎　发表演说呼吁协助我大陆人民争取自由》，《“中央”日报》1954 年 9 月 3 日，第 1 版。

④ 参见《蒋夫人返纽约　离华府前曾接见五义士》，《“中央”日报》1954 年 9 月 3 日，第 1 版。

来代替“大规模报复”的国防政策；主张为东南亚地区迅速组织一支集体安全武力，并重申极力反对美国承认中华人民共和国或让其进入联合国；并鼓动美国政府警告苏联及中国共产党“如再事‘侵略’，即将被认为是‘战争行动’，美国即令没有其他自由国家合作，也将立即予以军事上的报复”①。

不仅如此，时任美国驻联合国大使、极力反共人士洛奇也积极出来助阵，激烈地抨击中国共产党。他向美国退伍军人协会年会发表演说称，他得到情报，证实中国共产党已有“征服亚洲全部的企图”。他说：中国共产党“阴谋家”于1949年曾在一次职工联合会会议的掩饰下，在北平举行过会议，以计划征服亚洲。中国共产党那时得到苏联的密切合作，被赋予为征服亚洲打先锋的使命。从那时起，中国共产党乃发动“血腥”的“侵韩攻击”和其他的“横暴”行动。在提到苏联要促成中华人民共和国进入联合国一事时，洛奇又说：“允许这个以战争为国家政策的工具的政权进入联合国，是在把联合国驱到一个岩石上，而使之颠覆。”②这些完全歪曲事实却符合台湾当局利益需求的鼓噪之声，在台湾地区被大肆宣扬，但对美国政策的影响却极其有限，宋美龄此次活动的收获仅限于一些同情，而没有任何实质性价值。

（三）不屑于“两个中国”论调和对威尔逊国际道德和诚信理念的赞扬

1954—1955年，在第一次台海危机中，由于战略出发点的不同，“美台”之间的关系虽然因为“美台共同防御条约”的签订而进入一个相对稳定的时期，但彼此之间的分歧仍然很大。特别是美国及其盟国从自身利益考虑对台湾当局“反攻大陆”的主张始终不予支持，以及美国要求台湾放弃台澎以外岛屿的态度，并主使联合国试图以“两个中国”的模式来解决中国问题的做法，都

---

① 《美退伍军协会年会揭橥外交立场　希望美政府宣布的报复政策不会被“姑息政策”所代替》，《“中央”日报》1954年9月3日，第1版。

② 《美将促联大派员监视越南局势　洛奇向美退伍军协演说　揭发共党“侵略”亚洲企图》，《“中央”日报》1954年9月3日，第1版。

使台湾当局备受打击。

1955 年 2 月，蒋介石专门就联合国安理会针对海峡两岸提出的“停火案”发表讲话，对联合国安理会要中华人民共和国列席参加讨论与台湾的停火事宜表示不满，要求联合国对台湾外岛所发生的战事采取堂堂正正的制裁“侵略”措施，不应该在“停火”上白费功夫，他还批驳“台湾地位未定论”，是“完全抹煞现实的谬论，他们的用心，显然是别有阴谋所在”，他强调台湾、澎湖列岛、大陆都是“中华民国”不可分割的领土，在任何情形下都不会放弃驱逐“侵略者”收回失土的责任。他还称“两个中国”的奇论“尤其荒谬绝伦”，指责有些所谓民主国家为了自私自利的目的出卖了“中华民国”，宣称：“在这里，我要正告全世界人士，‘中华民国’人民和政府决不容许任何人割裂我‘中华民国’的领土。”他愤然表示：“今天发扬国际正义和法律的精神力量，其重要性不在发展原子武器和氢武器之下。”① 蒋介石在这篇讲话中，虽然没有明确指责美国，甚至还多处吹捧美国，如“美国的立国精神是自由和正义”等等，给美国戴了不少高帽，而把矛头指向联合国，但实际上“两个中国”的论调和“台湾地位未定论”都是当时美国的主张，蒋介石指桑骂槐，是不满于美国和联合国对台政策的政治宣泄。

就在蒋介石讲话发表的同时，宋美龄紧随其后。她在回答美国共同广播公司的记者有关“妇联会”的提问时，强调了“自由与正义”的问题，并委婉地表示近期没有访美的计划，“我相信我在这里比较适于为我的‘国家’工作”②。这似乎也在暗示对美国的不满。稍后，宋美龄单独接见美国新闻垄断巨头斯克里普斯报团旗下的《克利夫兰新闻报》的记者，对“‘两个中国’”的观点发表评论。她说：“‘两个中国’政策很像是信奉两个上帝”，她把

① 《“总统”讲述当前国际局势　唯有伸张国际正义　才能克服“侵略”危机》，《“中央”日报》1955 年 2 月 11 日，第 1 版。

② 《蒋夫人接见外宾说明“妇女联”工作全为军人服务》，《“中央”日报》1955 年 2 月 11 日，第 1 版。

承认“中华民国”又承认中华人民共和国一事，比作圣经上所提勿一面信奉上帝一面信奉玛拿的警告。之后，她又郑重其事地请该记者吁请美国人，把制造绷带的材料运来台湾。[①] 报上所载这条消息很短，并把两件看似毫不相干的事情机械地放在一起，不经意间，透露出了宋美龄对“两个中国”论调的不满和不屑。

1955 年的宋美龄

4 月 20 日，宋美龄在与蒋介石视察马祖后，对“国外”媒体记者表示：对于保卫金门、马祖，“不论美国援助与否，我们均有此决心并予以实现”，“我们希望自由世界能够帮助，即使不帮助，我们也要独立达成之”。她提醒道：“有些外国人认为他们可以代替我们作何决定；其实，任何我们命运之事，只有我们能自作决定。”[②]

第一次台海危机解除后，台湾当局不仅失去了对一江山岛和大陈岛的控制权，而且清醒地意识到台湾不会从所谓的“盟友”那里得到预期的支持，“反攻大陆”不可能在短时间内实现。对此，宋美龄在美国的电视节目谈话中，声称台湾“为求保持自由世界终将战胜共产主义‘黑暗力量’的信念”，“不应徒耗时间，为过去数年的缺点，感觉悲哀”。她说：“我们曾经努力，并正继续努力，为我们的未来建立力量，我们在这样做的时候，深知此项战斗是长期的，艰苦而且必须不惜牺牲的。”但她仍坚持“反攻大陆”的信念，她说：“我们常常被人询问：‘你们盼望返回中国大陆吗？’这样的问，使我们觉得十分诧异……是的，我们相信我们将要回去。”“我们不必为什么时候我们能够‘收复大陆’而忧

① 参见《蒋夫人向美女记者称 上帝只有一位 中国岂能两个》，《“中央”日报》1955 年 2 月 27 日，第 4 版。

② 《决心保卫金马》，载王亚权总编纂：《蒋夫人言论集》（下集），第 1535—1536 页。

虑，那个时候将要到来的。”①

随着时间的推移，宋美龄对以美国为首的西方世界在国际事务中的表现越来越难以接受。1956年3月，宋美龄发表了一篇赞扬第一次世界大战时期任美国总统伍德罗·威尔逊（Woodrow Wilson）的文章，文中写道：“尽管门罗主义和海约翰的门户开放政策预示了美国在处理国际事务方面的新概念，但是直到威尔逊主张所有国家，无论强弱都应享有权利与正义后，整个世界才意识到旧秩序将会被新秩序所取代。威尔逊经常倡导说民众并非棋子，政府必须顺从民意，小国大国一概享有民族自决权。他的这些理念犹如一道道闪光照亮了笼罩在国际地平线上的阴霾。他秉承着这样一个信念：美国将向全人类展示通向自由的道路。”她借用威尔逊对“正义”的解读，希望唤起西方世界的“醒悟”，“东西方的独立国家不妨好好回顾一下威尔逊关于国际道德与诚信的理念，从而使一次又一次‘陷入失望甚至绝望苦痛中’的民族重拾希望与信念。只有这样，亚洲人民才能有望实现威尔逊那闪电般光明的目标；只有这样，世界人民的心愿才能达成”。② 这样强烈的信号能否“唤醒”西方的“觉悟”呢？

（四）退台后第三次赴美游说

西方国家当然不会按照宋美龄的意识来反省自己。1956年6月，一位美国朋友在给宋美龄的信中表示了他对联合国会在1957年承认“两个中国”的合法地位的担心。③ 虽然后来联合国计划的会议没能开成，但这种事情足以让台湾当局紧张一场。宋美龄没有中断以各种方式提醒美国要改变当前对大陆和台湾不温不火的政策，这种做法显然刺激了某些人。1958年2月，罗斯福夫人在

---

① 《美播蒋夫人演讲“我正建立力量　必能‘光复大陆’”》，《“中央”日报》1955年12月1日，第1版。

② 宋美龄著：《伍德罗·威尔逊在亚洲的影响》（1956年3月6日），载《宋美龄文集》（未刊稿），南京大学中华民国史研究中心藏。

③ 参见《George E. Sokolsky写给宋美龄的信》（1956年6月4日），载《宋美龄文集》（未刊稿），南京大学中华民国史研究中心藏。

《星期六晚邮报》上发表文章，“一直在攻击”宋美龄[①]，而宋美龄私下里对此以嘲讽的语气评价说“现在思维混乱似乎是伪自由主义者们谈论民主的特征，特别在此时”[②]。这已说明他们并非民主路上的同路人。即便如此，宋美龄仍不放弃对“伪自由主义者”们的游说。

1958年，正当大陆热火朝天地进行“大跃进”和人民公社化运动的时候，宋美龄再次踏上了赴美之旅。这次赴美仍以检查身体为事由，但必然也是一次宣传攻势。宋美龄此次美国之行的背景是，1958年夏季，由于美国对台湾的支持和防卫体系已经基本形成，促使大陆方面加紧了东南沿海的军事部署工作，为解放台湾做好准备。大陆方面的行动引起了美国和台湾的关注。由于美国始终不肯进入台湾当局武力“反攻大陆”的框框，极大地限制了台湾的行动。在大陆方面积极准备的情形下，台湾也不想坐以待毙，于是他们设法破除美国束缚在台湾当局头上的紧箍咒，积极寻求促使美国打破防御框架的途径，这就成为宋美龄此次美国之行的主要目的。

在宋美龄出发之行，她的美国朋友就郑重地告知她：“美国的注意力已经转移到埃及、沙特阿拉伯，现在又转移到秘鲁。东亚问题似乎又被抛诸脑后了。”“您还会发现美国人民一方面对苏联抱有前所未有的深度敌对情绪，另一方面又想避免战争的发生。为了和平，美国人民愿意付出并正在付出惨重的代价。”他强调说：“我必须坦诚地告诉您，美国人民固然痛恨红色中国，但他们几乎忘记了台湾的存在。”他提醒宋美龄，如果要做工作让美国人民记住台湾，必须悄悄进行，不露声色，最好只由驻联合国代表团出面做些值得做的工作。[③]

---

① 参见《George E. Sokolsky 写给宋美龄的信》（1958年2月15日），载《宋美龄文集》（未刊稿），南京大学中华民国史研究中心藏。

② 《宋美龄写给 George E. Sokolsky 的信》（1958年3月18日），载《宋美龄文集》（未刊稿），南京大学中华民国史研究中心藏。

③ 参见《George E. Sokolsky 写给宋美龄的信》（1958年5月12日），载《宋美龄文集》（未刊稿），南京大学中华民国史研究中心藏。

很显然，宋美龄只是部分采纳了朋友的意见，她尽量避免让美国人以为她是来拉他们去打仗的，但她没有做到“不露声色”。6月27日，宋美龄在对美国记者的谈话中，继续保持她固有的高傲、不卑不亢的姿态，说明她此行的目的。她说，一俟时机来临，自由中国便将自己“反攻大陆”。她特别强调：“我们不希望美国为我们‘光复大陆’。”她猛烈抨击了“骑墙”的中立主义者，企图在两大阵营之间玩弄“渔翁得利”的手法。[①] 她仍坚持那种似是而非的谬误观点，认为大陆的中国共产党政权是听命于克里姆林宫的，她说：“现在决定共党在亚洲战略的仍是苏俄，不是‘共匪’，‘共匪’仍是仰从苏俄主子的意旨，听命从事。”[②] 在这一点上，宋美龄代表台湾当局所表达的观点与事实相去甚远，他们对中苏关系真实情况的了解却是在两年之后。[③] 而此时，她适时地重申这种观点倒是引发很多倾向这种观点的美国人的共鸣，并使他们大受鼓舞。[④] 她的美国盟友们为她摇旗呐喊：“在她的一生中，常常不顾她身躯的健康情形，奋勇地和共产主义相对抗。所以她对共产主义的见解，特别是对亚洲方面共产主义的见解，是应予尊重及值得加以慎重研究的。”[⑤]

此后，宋美龄围绕着这一话题对美国各界展开进一步宣传。她宣扬“自由中国对自由世界有极重要的贡献，它粉碎了共党征服世界的阴谋”，“如果台湾失去时，整个东南亚——即使不使整

---

① 参见《蒋夫人告美国人民　“我国”必将“光复大陆”　呼吁自由世界支持反共国家　停止支持骑墙的中立主义者》，《“中央”日报》1958年6月29日，第1版。

② 《蒋夫人告美国人民　“我国”必将“光复大陆”　呼吁自由世界支持反共国家　停止支持骑墙的中立主义者》，《“中央”日报》1958年6月29日，第1版。

③ 宋美龄在1958年9月25日写给George E. Sokolsky的信中提到：“我也觉得毛泽东要比赫鲁晓夫志高一筹，而且也许他对马克思理论的阐释更加正确。因此，赫鲁晓夫不敢与毛泽东对抗，不然一旦需要公开辩论共产党的路线和战略时，赫鲁晓夫在共产党知识分子中的影响力就会被削弱。”参见《宋美龄文集》（未刊稿），南京大学中华民国史研究中心藏。

④ 参见《美报著论赞扬蒋夫人睿智》，《“中央”日报》1958年6月30日，第1版。

⑤ 《反共战争不容中立　美报纸同意蒋夫人见解》，《“中央”日报》1958年7月2日，第1版。

个亚洲——将入于共产党统治之下”。[①] 她严厉指责那种为了避免核战争、两大阵营需要和解的观点，讥讽他们“纠缠在诸如缓和紧张局势、绥靖姑息、以致奴役胜似毁灭这些论调之中而无法自解，一心幻想苟延生命，实在不幸”[②]。

也许是因为大陆方面的举动使美国也感到紧张，宋美龄此次访美得到了美方的热烈回应。上到艾森豪威尔总统、尼克松副总统、国务卿杜勒斯、主管远东事务的助理国务卿劳勃森、参议院外交委员会主席葛林、前参谋首长联席会议主席雷德福、助理国防部部长麦克尼尔夫人、众议院外交委员会女委员邱池、海军军令部长勃克、陆军部长布鲁克、陆军参谋长泰勃、海军陆战队司令派特等，下到美国全国记者俱乐部，都纷纷宴请宋美龄，以示热诚。[③]

宋美龄与艾森豪威尔夫妇

通过这种宴请而非正式会谈的方式，美国方面使宋美龄接触到众多美国政要和民间有影响的人士。如在白宫举行的宴会上，除宋美龄、董显光夫妇和台湾驻联合国首席代表蒋廷黻夫妇以外，艾森豪威尔夫妇还邀请了另外十五名宾客作陪；参议院外交委员会主席葛林为宋美龄举办的午宴，“即欲使这个处理国际事务极有

---

① 《蒋夫人应密大电视访问　强调自由中国重要　对世界有极大贡献》，《“中央”日报》1958 年 7 月 11 日，第 1 版。

② 《蒋夫人在密大演说》，《“中央”日报》1958 年 7 月 12 日，第 2 版。

③ 参见《蒋夫人抵达华府　白宫设宴款待　在十天非正式访问中　美官员将纷设宴招待》，《“中央”日报》1958 年 7 月 16 日，第 1 版；《蒋夫人赞扬艾森豪　对中东作明智决定　谓如不采积极行动俄将得寸进尺》，《“中央”日报》1958 年 7 月 17 日，第 1 版。

权力的委员会诸委员与蒋夫人一见”；而美国记者俱乐部（又称联谊会）也罕见地邀请宋美龄在午宴上发表演说，此举被认为是“记者联谊会对一位妇女稀有的邀请”，有史以来只有四位妇女得此机会。①

从宋美龄在美国记者联谊会上的演讲稿修改情况可以看出她真实的想法。她明显非常重视这次在新闻人圈子里所作的演讲。7 月 2 日，宋美龄把自己准备在美国记者联谊会上的演讲稿寄给美国的朋友，请他过目。② 朋友的复信毫不客气地指出她的败笔：“我想提醒您第十二页和第十三页内容直击美国过去十年的政策要害之处，未免太直接了。您想在这种时候如此直言不讳吗？您想要如此尖锐地提起这个问题吗？”显然，宋美龄在演讲稿的结尾处还是忍不住提了一个很不受美国人欢迎的问题，这个问题应该是直接涉及美国人要极力避免的参加战争的问题。她的美国朋友批评道：“我觉得您在结尾问的问题不是很好……美国人心中当然已经有了答案，答案就是：我们的人民还没有也不可能为第三次世界大战做好准备。”他直言：“演讲结束后，人们必然会说您到美国来是为了挑起战争情绪。这对于您的事业没有一点好处，因为无论是政府还是人民都没有准备打仗。艾森豪威尔总统只要在新闻发布会上说‘美国之所以没有主动出击是因为美国想要避免战争’就可以回答您的问题。实话跟您说，这番答复就是放在现在说，也会受到广泛拥护的。”他要宋美龄重写或删掉那一部分，建议她抨击美国以往政策的内容不要太多，而且最后的问题也不要涉及美国立即陷入战争的可能性。③

朋友的指点让宋美龄原本急于要重语点悟美国的盛气平息了许多，从后来公开发表的她在美国记者联谊会上的演讲稿可以看

---

① 参见《蒋夫人抵达华府　白宫设宴款待　在十天非正式访问中　美官员将纷设宴招待》，《“中央”日报》1958 年 7 月 16 日，第 1 版。

② 参见《宋美龄写给 George E. Sokolsky 的信》（1958 年 7 月 2 日），载《宋美龄文集》（未刊稿），南京大学中华民国史研究中心藏。

③ 参见《George E. Sokolsky 写给宋美龄的信》（1958 年 7 月 5 日），载《宋美龄文集》（未刊稿），南京大学中华民国史研究中心藏。

出，她已经完全按照朋友的指点修改过了，没有对美国的强硬批评，也没有显露让美国人立即参与到对中国共产党发动战争的冒险意图中，所以演讲获得了成功。《纽约时报》仍以“蒋夫人赞扬美国”为标题报道了宋美龄的华盛顿之行。[①]

董显光“大使”为宋美龄举行的鸡尾酒会规模盛大，约有一千四百位以上的美国及其他国籍的宾客参加，来宾中包括白宫官员、内阁成员、最高法院法官、大部分的驻美大使、参议员、众议员、政府各部局高级官员、国防部军事领袖和官员、社会名流、报界人士等等，可谓把美国上层政界人物一网打尽，更值得注意的是，此时已远离政治的孔祥熙专程从纽约赶来助兴。[②]

周旋于热闹的宴会、酒会之中，预计十天对华府的非正式访问匆匆而过，宋美龄不得不延宕了三天。[③] 这种火爆的场面令人联想到 1943 年宋美龄在美国的风光，但不同的是，这次美方似乎是有意而为之，人为地为宋美龄制造了这种声势。

宋美龄充分利用了这种声势，在宴请期间频频发表言论。她赞扬艾森豪威尔出兵干预中东危机是明智的决定，断然否定伊拉克政变、黎巴嫩的叛乱以及中东一般的反西方情绪是所谓一种正当的阿拉伯民族主义的表现的说法，坚信克里姆林宫是“幕后指使者”。她认为美国如果不采取行动，苏联将会“得寸进尺”。她强调苏联的目标是要征服世界，警告“西方对于和苏俄协议裁军必须谨慎将事”。对于苏联提议在联合国内部举行最高阶层会议的问题，宋美龄斥为是苏联的“宣传”和“欺骗伎俩”。[④] 宋美龄赞扬了美国对中东的干预行动后，向参议院外交委员会委员提出保证，“‘自由中国’人民以及那些暂时被关在中国大陆‘铁幕’之后而不敢申张其要求的人民，必将继续与你们合作，只要我们振

① 参见《蒋夫人在美演说》，《“中央”日报》1958 年 7 月 18 日，第 2 版。

② 参见《蒋夫人在美演说》，《“中央”日报》1958 年 7 月 18 日，第 2 版。

③ 参见《蒋夫人在华府延长留访三日》，《“中央”日报》1958 年 7 月 26 日，第 1 版。

④ 参见《蒋夫人赞扬艾森豪　对中东作明智决定　谓如不采积极行动　俄将得寸进尺》，《“中央”日报》1958 年 7 月 17 日，第 1 版。

臂一呼，中国人民必然会群起响应”①，她仍然在暗示台湾当局同样希望美国出兵中国大陆。

宋美龄向美国记者联谊会演讲时，否认美苏之间有发生核战争的危险，而是大谈特谈她对共产主义危险性的认识，警告美国人与苏联谈判会中苏联的陷阱，实际上是在隐晦地暗示对苏联和共产主义只能动用武力来解决。随后，宋美龄在答复记者们提问时完全否定了大陆的进步和发展，极力宣扬：大陆必须尽早推翻中国共产党的统治，“等待愈久，大陆同胞所受的痛苦亦愈深”②，实则仍是在暗指美国要支持台湾“反攻大陆”的陈词而已。进而，她在美国众议院外交委员会远东暨太平洋小组委员会的演说中进一步抛出她的中心思想：克制国际共产主义征服世界的总战略的最好办法，就是协助和鼓动亚洲人民，特别是中国大陆的同胞，起而反共。③ 宋美龄再次以耸人听闻的言辞宣泄内心中对中国共产党和苏联的仇恨，但她没有直接指向美国应该采取什么措施的问题，美国人当然就装聋作哑、尽职尽责地当好她的听众，不用也不会采取任何实质的举措。

就在宋美龄结束在华盛顿的访问不久，8月23日，为打击台湾当局的挑衅，大陆开始炮击金门，第二次台海危机正式爆发。美国再次介入台海冲突，并把对金门、马祖防卫的重要性上升到与台、澎同等地位。④ 对此，艾森豪威尔表示：如果发现对台湾的安全有所必要，他将毫不迟疑地使用美军防卫“中华民国”所防卫的外岛⑤，这使“美台”之间原来存在分歧的金马岛屿防卫问题达成一致。滞留在美国芝加哥的宋美龄借机大肆宣传：美国采取

---

① 《蒋夫人在美演说》，《“中央”日报》1958年7月18日，第2版。

② 《蒋夫人答覆［复］美记者问 大陆必须及早“光复” 以解救我同胞痛苦》，《“中央”日报》1958年7月19日，第1版。

③ 参见《蒋夫人在华府发表演说 协助亚洲人民反共可克制俄侵略计划》，《“中央”日报》1958年7月23日，第1版。

④ 参见《艾森豪昨在记者会表示 支持杜卿对“匪”警告 不得妄图攻占金马》，《“中央”日报》1958年8月28日，第1版。

⑤ 参见《艾森豪总统警告“共匪” 对台安全如有必要 美军立即协防金马》，《“中央”日报》1958年9月5日，第1版。

强硬立场，即能阻止共产党扩张，无须世界大战即可推翻共产党政权，自由世界应挺身而起对付“侵略”①；并继续鼓吹台湾“收复大陆”的决心②。

但实际上，美国对台湾外岛的政策虽有调整，却并不意味着美国已脱离原有的对台政策轨迹，美国对可能被台湾拖入一场全面战争感到忧虑，仍然希望台湾放弃武力“反攻大陆”的计划，希望台湾外岛解除军事化，与大陆通过和谈解决问题。但台湾方面对此不能接受，宋美龄按照蒋介石的指示，在美国声明“中国政府（指台湾当局——引者注）保留对华沙会谈中，美国与中共之间的任何台湾地区协议加以拒绝的权利”，“不承认大陆上的共党政权，无论如何绝不与共党政权谈判”，对大陆的共产党政权“让步徒然鼓励战争”，她表示在目前台湾海峡危机中，台湾方面没有接受外岛解除军事化的任何可能性。她把台湾要“反攻大陆”说成是响应大陆人民的呼声。③

10月23日，美国与台湾方面达成妥协，通过了“美台联合公报”，“公报”一方面，认同金门、马祖与台湾、澎湖在防卫上有密切之关联，满足了台湾的要求；另一方面，台湾当局首次公开承诺完成统一使命的主要途径为实行三民主义，而非凭借武力，这也使美国感到满意。④

然而，台湾当局当然不甘心受此束缚。宋美龄仍然在美国继续活动，她不便突破台湾当局的承诺直接鼓吹“反攻大陆”的问题，而是猛烈攻击大陆当时正热火朝天地进行的人民公社化运动，预言大陆必然发生“人民革命”，并扬言“绝不放弃‘光复大

---

① 参见《蒋夫人在芝加哥告诉记者　美国采取强硬立场　即能阻止共党扩张》，《“中央”日报》1958年9月5日，第1版。

② 参见《蒋夫人告芝城侨领　政府决心“收复大陆”》，《“中央”日报》1958年9月6日，第1版。

③ 参见《蒋夫人答美记者问　如对共党让步　即是鼓励战争　我绝难接受外岛解除军事化》，《“中央”日报》1958年9月23日，第1版。

④ 参见林正义撰：《1958年台海危机期间美国对华政策》，台北商务印书馆1985年版，第135—137页。

陆'，恢复大陆同胞自由的神圣使命"。[①]

在半年多的宣传没有取得任何实质进展的情况下，回台之前，宋美龄在一所大学里又发表了一篇题为《腐败的精神和支离政策的结果》的回顾性演说，这篇篇幅颇长的演说主题不外是再次提醒美国，中国国民党失去大陆是因为美国的"静观政策"影响了军心所致，希望这种提醒"有助于促使美国人对于共产主义的危险作更严密的戒备"[②]。

宋美龄的此次赴美游说依然是无果而终，对此，她难掩失望。回到台湾后，在给朋友的信中，她写道："现在美国方面已经给赫鲁晓夫铺开了一张红色的地毯（我发誓，是一张真正的红地毯），接下来会发生什么事情呢？"[③] 失望之余，宋美龄又不可能完全放弃对美国的期待，她曾接受美国朋友的建议，为了让台湾不至于被淡忘或根本无人知晓，她一直不断地向台湾的"外交"部门和新闻部门强调在宣传工作方面的不足，努力把政界、新闻界的外国代表团请到台湾，让他们了解台湾的情况。但这种做法的成效，连她自己也不确定。她只能不断地强调共产党强一分，则自由世界就弱一分。1961 年 1 月，美国大选结束，宋美龄又寄希望于新当选的肯尼迪总统能够"充分认识到与共产主义共存的想法只是

---

① 参见《蒋夫人在迈阿密谈话　对于"收复大陆"　表示坚定信念》、《蒋夫人在迈阿密谈话　大陆人民普遍革命　事实上有其必然性》、《蒋夫人对美记者谈话　大陆人民"抗暴"决心　比较以前更为强烈》、《全美反共大会席上　蒋夫人演说全文》、《蒋夫人向美农联会演说　"匪"对农民残酷剥削　业已遭受彻底失败》、《蒋夫人在波士顿　应侨胞款宴　报告"共匪""公社"暴政　表示我决心"光复大陆"》、《"匪"实行"公社"暴政　自种毁灭之机　蒋夫人在美演说表最大信心》、《底特律行政学校午餐会上　蒋夫人发表演说　揭发"匪"公社暴政》（上、中、下）、《大陆上大规模革命　必将提早爆发　蒋夫人在檀香山对记者谈话》等，分见《"中央"日报》1958 年 11 月 7 日，第 1 版；11 月 10 日，第 1 版；11 月 15 日，第 1 版；11 月 27 日、28 日，第 2 版；12 月 11 日，第 2 版；12 月 14 日，第 1 版；1959 年 4 月 8 日，第 1 版；1959 年 4 月 10 日、11 日、12 日，第 1 版、第 2 版、第 2 版；1959 年 6 月 15 日，第 1 版。

② 《腐败的精神和支离政策的结果——蒋夫人在美德瑞克大学演词全文》（四），《"中央"日报》1959 年 6 月 12 日，第 2 版。

③ 《宋美龄写给艾玛的信》（1959 年 9 月 14 日），载《宋美龄文集》（未刊稿），南京大学中华民国史研究中心藏。

空中阁楼，不可能实现。到那时地平线也许会更加明亮”①。可是，她对肯尼迪政府的新希望却因肯尼迪遇刺而永远没有机会展开了。

（五）退台后第四次赴美游说

1965 年是美国对华政策的战略思路调整的重要年份，从 1949 年至 1963 年，杜鲁门、艾森豪威尔、肯尼迪几位美国总统对待台湾问题虽然各有不同的主张，但对大陆始终执行的是“遏制并孤立”的政策。1963 年肯尼迪遇刺后，约翰逊接任美国总统，并在 1965 年的总统大选中获胜。1964 年后，美国在越战中越陷越深，国内反战呼声不断高涨，美国政府焦头烂额，急欲摆脱这种不利局面。另外，中法建交（1964 年 1 月）、中苏关系破裂、中国核爆炸成功以及共产党政权在第三世界中影响的不断扩大等等，表明中华人民共和国的国际地位正在日益提高，客观上影响了美国对华政策的调整，要求打破对中国“孤立”政策的舆论呼声逐渐壮大。

中美关系的微妙变化对台湾当局来说则是危险的信号。当时，大陆核武器研制的成功使台湾倍感压力，1965 年美国对台湾的经济援助计划已经到期，军事援助方面也在迅速减少，台湾当局对其与美国关系的前景深为担忧。而中苏关系的裂痕日渐加深，又使台湾感觉有机可乘。年近八旬的蒋介石担心错失“反攻大陆”的时机，在这一年的 6 月，正式决定“反攻大陆”，并对大陆发起了实质性的攻击，结果遭到惨败。在这种背景下，1965 年 8 月，宋美龄再次赴美。这次赴美，宋美龄肩负着重要的使命，一是要拉住美国与台湾继续保持盟友关系；二是怂恿美国为台湾提供工具以摧毁大陆的核设施或帮助台湾“反攻大陆”。为达成此行，宋美龄不得不离开正受病痛折磨的蒋介石②，台湾当局对宋美龄此行

---

① 《宋美龄写给 George E. Sokolsky 的信》（1958 年 3 月 18 日），载《宋美龄文集》（未刊稿），南京大学中华民国史研究中心藏。

② 在宋美龄此次赴美期间，蒋经国曾多次拍发电报告之蒋介石手术情况。如 9 月 3 日，蒋经国致电，告之蒋介石第三次手术经过良好；10 月 7 日，蒋经国致电，告之蒋介石当日手术状况良好；11 月 6 日，蒋经国致电，告之蒋介石是日清晨手术后感觉尚好；12 月 22 日，蒋经国致电，告之手术经过良好，父亲安好如常，今后两个月内似无须再动手术。参见《蒋中正档案：一般资料——蒋经国致宋美龄电文资料》，台北“国史馆”藏，卷宗号：0020000002016A。

的重视于此可证。

此次访美，宋美龄在美国滞留了一年零两个月的时间，在此期间，她五赴华府，展开了漫长的游说，但这次与上一次访美的热闹景象大相径庭，美国官方对她的来访保持着一种礼貌而低调的热情，绝对无意为她制造任何声势。

旧金山是宋美龄此次赴美的第一站。一到旧金山，她就对记者放出信息：她将拜访约翰逊总统，并将与他讨论他希望讨论的任何问题。[①] 宋美龄的信息虽然放出去了，但美国总统似乎并没有打算见她。据当事人、时任台湾“驻美大使”的周书楷回忆说：“六零年代局促台湾一隅，被美国视为流亡政府的‘中华民国’，已非战时的中国可比，而蒋夫人则不能忘情于战时访美在国会发表演说、在白宫为罗斯福总统夫妇上宾的峥嵘岁月。可是此一时，彼一时，况且她六五年是私人访问，没有任何官方任务，美国的政要们有各式各样的理由不见她”，周书楷“几经努力，总算找到国务卿鲁斯克帮忙，透过国务院礼宾司的安排，由詹森总统（即约翰逊总统——引者注）夫人于九月十四日（一九六五）那天一点在白宫请蒋夫人喝茶”。可见，即使是总统夫人的茶会也是争取来的。而约翰逊总统则是在两位夫人聊了半个小时之后，已经到了无话可说的尴尬节骨眼儿上才出现。约翰逊总统“一看到夫人，就挽着她起身上楼。在面对华盛顿纪念碑的阳台上单独谈了七八分钟，然后回到茶会现场，但没有停留，立即又从另一道门走了出去”，约翰逊总统单独带领宋美龄参观了白宫，但在这二十多分钟里，他们到底谈了什么，至今无人知道。[②] 约翰逊采用这种方式会见宋美龄的确独特，堪称“非正式”中的“非正式”了。

随后，参议院外交委员会的第二号人物为她举办了午宴，而副总统也是在她的演说进行到一半时才来参加午宴，对宋美龄演说中

---

① 参见《蒋夫人告美新闻界　我必“光复大陆”》，《“中央”日报》1965 年 8 月 26 日，第 1 版；《蒋夫人在纽约告记者　“匪”支持巴基斯坦　实怀有吞并阴谋　强调我必能打回大陆》，《“中央”日报》1965 年 9 月 8 日，第 1 版。

② 参见《蒋夫人当年访美的风光岁月　并追忆与周书楷的最后谈话》，《“中央”日报》1995 年 5 月 2 日，第 2 版。

所提到的“自由不会便宜得来”的背后含义，副总统无意附和，只是客气地称赞宋美龄的“有勇气和对自由的热爱”；而在与众议员“欢宴”时，宋美龄则被含糊地誉为“亲善大使”，似乎看不出她此行有何重要的政治意图……总之，从宋美龄在美滞留如此长的时间和五赴华府的举动来看，她要争取达到目标几乎没有可能。

也许是因为在上层政要中的活动没有成果，宋美龄把视线转而投向其他渠道。她对美国的新闻界、军校、华侨界和支持台湾当局的其他美国社会团体展开强烈的宣传攻势。她不断向美国舆论灌输：台湾已完成“反攻”准备，大陆人民正在等待“国军”前去“解救”他们；① 她不厌其烦地向美国人推销摧毁中国大陆核设施的计划，鼓吹中国获得自由统一，亚洲和平始有保障，恐吓中国大陆会发动核战争威胁自由世界的安全，甚至大肆渲染大陆可能对美国发动核偷袭的谬论；② 她老调重弹，极力地把台湾与大陆政权的对抗夸大为自由世界与共产主义的对抗，警告美国人：如不采取“反侵略立场”，美国本土将面临战争，她告诫美国：你们可以忍耐，但不能牺牲原则；③ 她强烈地反对“两个中国”的说法，理由却只是主观地断言共产党政权不能代表大陆人民。④

也许是为了安抚台湾，让宋美龄这一次美国之行能有所安慰，美国国务院在宋美龄回国前两天宣布：将继续反对准许中华人民共和国取得联合国席位。⑤ 但形势的变化并不以台湾的意志为转移，美国对大陆政权的政策正逐渐向“遏制而不孤立”的方向转变。五年后，中华人民共和国成为联合国的会员国，当年美国许

---

① 参见《蒋夫人在美作电视谈话》，《“中央”日报》1965年8月29日，第1版；《蒋夫人在纽约告记者　“匪”支持巴基斯坦　实怀有吞并阴谋　强调我必能打回大陆》，《“中央”日报》1965年9月8日，第1版。

② 参见《摧毁“匪”原子设区　蒋夫人卓见美舆论重视》，《“中央”日报》1965年9月1日，第2版。

③ 参见《蒋夫人警告美国人民　如不采反侵略立场　美本土将面临战争》，《“中央”日报》1965年12月18日，第1版。

④ 参见《蒋夫人在美演说斥姑息份［分］子谬论　指“匪伪”不能代表大陆人民》，《“中央”日报》1966年5月14日，第1版。

⑤ 参见《美国务院重申立场　不容“共匪”入联合国》，《“中央”日报》1966年10月23日，第1版。

给宋美龄和台湾的只不过是一张空头支票而已。

对于宋美龄来说，这次美国之行虽然得到了台湾当局的积极赞颂和呼应，但她的言论再次暴露了此时她在政治方面已经陷入一种江郎才尽又缺乏理性的状态，一切皆在蒋介石意志的指挥下，想把美国一直绑在台湾的战车上。这种不切实际的想法与更为现实的蒋经国形成对比，在 1965 年前后，正处于权力交接酝酿期中的蒋经国，似乎已经做好“和美国维持亲密、合作的理解，支持美国的东亚政策”的准备了。[①] 宋美龄与蒋经国日后的分歧已是必然。

宋美龄与蒋经国

（六）忠于理想与原则的告白

1971 年 3 月，中国通过“乒乓外交”与美国建立沟通，中美关系迅速回暖。美国要与中国缓和关系，一个不可逾越的障碍就是台湾问题，美国显然不会因为维护台湾的地位而无视其在大陆潜在的利益。

宋美龄对此感到愤愤不平。4 月，她在中国国民党中央委员会妇女工作会第十次工作会议上发表致辞，通过对英国 19 世纪两位政治家的对比，否定那种认为“如果要成功，需要识时机，知道潮流，应付环境”的政治观念，肯定那种“应该有坚定的主张，坚持原则到底，不管他的目的结果如何”的政治观念。宋美龄继而指出，现在世界时势的变化很快，有一种人姑息，有一种人投机，有一种人不顾一切，只要自己的企求可以成功，样样可以不计。她认为真正的大政治家是“可以牺牲自己的政治生命，以维

① 参见［美］汉娜·帕库拉著：《宋美龄新传——风华绝代一夫人》，第 636 页。

护正义，坚持原则”的。她强调：“现在的世界如此晦暝动荡，我们要‘国家’生存，只有维护正义，坚持原则，才能够表现出我们不会为时势欺压，给时势动摇。”① 从宋美龄这段讲词中可以看出，她批评的矛头是针对美国的，同时，也是在给台湾岛内的人打强心针——要坚守原则，不为时势所动摇。

7月，基辛格秘密抵达北京，并与中国达成了和解条件，这些条件无一不涉及台湾方面，包括美国从台湾撤军问题和废除“美台共同防御条约”的问题。此时，美国已经决定支持中国加入联合国，但同时也表示要支持台湾当局保持在联合国大会的席次。美国对此严守秘密，直到消息公布前才通知台湾当局。台湾当局经过紧急讨论后，蒋经国决定以“行政院院长”严家淦的名义，发表一项温和的声明，表示消息来得“非常突然”，接着照例批评中国共产党，而后声称“中华民国”不会向“任何暴力或强权”低头。第二天，台湾报纸都宣称再也不能信赖美国，但整体上“反应可谓非常镇静”②。很显然，此时已处在蒋经国主导下的台湾当局不想为这个问题与美国闹僵。

表面上宋美龄与蒋经国的主张似乎并没有什么不同，但实际上，宋美龄所表达的对美国的不满态度要强硬于此时实际上已由蒋经国主导的台湾当局。这一点在台湾当局退出联合国的问题上反映得更为清楚。

1971年8月，美国在指使联合国以“两个中国”形式解决中国大陆与中国台湾在联合国的代表权问题之后，又在联合国内推动“中国双重代表权”的解决方案。对此，宋美龄始终坚持抨击西方的“姑息主义”，坚持要求西方特别是美国坚守对台湾当局的承诺——只承认台湾当局是中国唯一合法政府，坚持抵制中华人民共和国加入联合国。而蒋经国则客观地承认世界发展大势，又鉴于蒋介石身体状况已每况愈下，他更倾向于顺应时势，以接受

---

① 《妇工会工作会议昨揭幕　蒋夫人主持并致训》，《“中央”日报》1971年4月3日，第1版。

② ［美］陶涵著：《蒋经国传》，林添贵译，新华出版社2002年版，第330页。

丢掉安理会席次为代价，保住台湾当局在联合国的会员身份的方案。① 宋美龄当时主张台湾当局不派代表团出席第二十六届联大，蒋经国则认为那会造成“不战而退”的局面，主张派代表团作背水一战。最后，由蒋介石拍板决定台湾当局仍派代表团参加，但同时授权当时的台湾“外交部部长”周书楷在适当时机可以见机行事。所以，10 月 25 日，在美国提出“中国双重代表权案”遭到大会否决后，眼见大势已去，周书楷立即发表声明，宣布“退出”联合国及其下属组织，并随即离开会场。② 台湾当局选择“退出”联合国，这对宋美龄来说，一定是非常痛心的，毕竟当初中国能够成为联合国创始国之一，她是做过非常多努力的，但是此时她却表现出更坚决的退意，这也许就是她所主张的“坚持原则”的含义，她选择绝不与中国共产党妥协。

蒋介石、宋美龄与蒋经国

当蒋介石渐渐退隐于幕后，蒋经国逐渐掌握台湾大权的时候，宋美龄与他的分歧就更加突显出来。蒋介石的私人医生熊丸回忆

---

① 参见［美］陶涵著：《蒋经国传》，第 330—331 页。

② 参见周鸿特著：《台湾被驱逐出联合国的见证人》，《两岸关系》2004 年第 11 期，第 41 页。

说，宋美龄与蒋经国对外交的意见不一致①，其言应该可以征信。

1972年5月，蒋经国当选为台湾的“行政院院长”，开始正式进入接管权力的程序，对此，宋美龄的看法虽未见记载，但就台湾形势发展而言，蒋经国主政是必然的趋势，宋美龄不应对此有任何异议。只是有些话，宋美龄还是要说一说。

就在蒋经国当选台湾“行政院院长”的前两天，宋美龄对由美返台参加蒋介石就职第五届台湾“总统”大典的鼓乐队、女子操队和女子篮球队发表了一通耐人寻味的致辞。致辞中她强调了两件事：第一件，要忠于你自己的理想与原则，不论别人怎么说、怎么做，或许你的朋友认为不对，只要你自己认为是对的，就勇往直前地做。第二件，绝对不要失去勇气，当你遭到打击时，每一次打击，都可能是促使你步入成功的阶梯，所以，当你们遇到困难与失败时，切记要保有勇气与信心，这样无论你计划什么，你都将获得成功。② 表面上，这是对年轻人的一种训诫，但联系到所会见的人和场合，这番致辞又显得过于严肃而且不同寻常，这更像是当时宋美龄内心的写照，是一通有感而发的政治言论。

有人可能会以权力欲望来解读宋美龄的心态，却忽略了宋美龄的一生从来没有为权力去争夺过，她在台湾寓所的墙上挂着一幅英文字幅，上面写着：“I come to this world only once, what I should do I will do right now, I will not pass them because I come to this world only once.”（我到这个世上只有一次，假使有需要我做的，我现在就得做，因为我到这世上只有一次）③ 她喜欢这段话，把它作为座右铭，平淡中反映出她的处世原则。

随着台湾的权力向蒋经国平稳过渡，宋美龄再难以像在蒋介石时期那样发挥作用，她也逐渐把自己的公开活动局限在妇女工

---

① 参见陈三井访问，李郁青记录，熊丸口述：《熊丸先生访谈录：我做蒋介石“御医”40年》，第162页。

② 参见《蒋夫人昨接见中华鼓乐队等》，《“中央”日报》1972年5月25日，第1版。

③ 参见陈三井访问，李郁青记录，熊丸口述：《熊丸先生访谈录：我做蒋介石“御医”40年》，第107页。

作和社会工作方面了。[①]

第三节 对“自由世界”的忧虑（1975 年—1987 年）

1975 年 4 月 5 日，掌握权柄近半个世纪的蒋介石闭上了双眼。此后的台湾正式进入蒋经国时代，而宋美龄政治活动的空间也随之越来越受局限，最后竟置身台湾事外，远避美国。

1975 年 4 月 16 日，宋美龄、蒋经国及蒋纬国走在蒋介石的灵车后

蒋介石去世后，宋美龄第一次离台去美多少有些负气的成分。宋美龄与蒋介石对于裙带关系的不能割舍，曾给他们的政治生涯带来许多弊端和损失，这使蒋经国引以为戒，他下意识要尽量避免这样的问题重现。所以，当蒋经国在台湾掌政后，对某些涉及裙带关系事件的处理也就难免令宋美龄心中不悦。例如，蒋介石去世后不久，蒋经国指示：对大陆释放来台的十位前国民党军队将领，只有 1950 年以后突击大陆被俘人员才可以被考虑回台湾定居，结果“其余的人虽然多数历尽战乱、关押，且依然忠于蒋介石，却只能留在大陆或滞居香港……其中有一个获释国民党军队军官，就在香港旅馆里自杀身亡”[②]。又如，对王正谊（蒋介石母亲王太夫人娘家的唯一后代）受贿弊案的处理，蒋经国坚持不讲情面，亲自批准逮捕王正谊，

① 参见［美］陶涵著：《蒋经国传》，第 336 页。

② ［美］陶涵著：《蒋经国传》，第 349 页。这件事情被视为台湾的元老派与少壮派严重分歧的一个代表事件。参见《香港〈南华早报〉社论〈元老死亡临头〉评宋美龄去美国》，《参考资料》1975 年 9 月 23 日上午版，第 12 页。

后王正谊被判处无期徒刑。[①] 再如，圆山饭店的经营问题，蒋经国不肯姑息宋美龄最疼爱的孔令仪的任意妄为等等。当然他也不像蒋介石那样念旧恶，为争取人心，蒋介石去世后，他就宣布“大赦减刑”，在三千多名被赦人员中约有二百名政治犯。[②] 这一收一放之间，蒋经国的做法显然触动了一些人的利益，特别是难以为国民党内的元老们所接受，而与蒋介石已经形成难以割舍的连带关系的宋美龄，在感情上更是难以接受。另外，蒋经国对宋美龄身边的人，特别是以孔家为代表的亲属并不买账，早在 1948 年蒋经国到上海治理经济形势抓捕孔令侃时就已经显露出来，而眼下，宋美龄身边的人则更没有用武之地了。[③] 宋美龄与蒋经国之间的摩擦是不可避免的，当政者是蒋经国，宋美龄在心理上必然会产生挫折感，再加上外交思路的不同，宋美龄自然会有事事看不惯的苦恼。所以，在蒋介石去世后不久，宋美龄远赴美国，虽不能说完全是蒋经国的原因，但二人存在诸多不能苟同之处至少是一个重要因素。

1975 年 9 月，宋美龄离台赴美治病，香港有媒体称这可能标志着台湾政治中的元老时代已经结束了。[④] 还有人注意到，宋美龄在启程赴美前夕发表的书面声明中，再次奉劝台湾的人民继续拥护前“总统”珍视的一切原则，却一处也没有提及蒋经国。[⑤] 有人以此来揣度宋美龄与蒋经国之间争夺权力的矛盾激化。二人的意见分歧在所难免，但权力之争的说法未免难以使人信服，毕竟宋美龄已是年近八旬的老妪。更为重要的一点是，他们的观点虽有所不同，但在根本主张和原则上是一致的：都坚持反共，坚持只

---

① 参见陈三井访问，李郁青记录，熊丸口述：《熊丸先生访谈录：我做蒋介石“御医”40 年》，第 145 页。

② 参见［美］陶涵著：《蒋经国传》，第 351 页。

③ 参见周宏涛口述，汪士淳撰写：《蒋公与我——见证“中华民国”关键变局》，台北天下远见出版股份有限公司 2003 年版，第 488—489 页。

④ 参见《香港〈南华早报〉社论〈元老死亡临头〉评宋美龄去美国》，《参考资料》1975 年 9 月 23 日上午版，第 11 页。

⑤ 参见《香港〈南华早报〉社论〈元老死亡临头〉评宋美龄去美国》，《参考资料》1975 年 9 月 23 日上午版，第 12 页。

有“中华民国”是中国唯一合法的代表。立足于此，在很多重大问题的处理上，宋美龄虽然不能与蒋经国意见完全一致，但仍能客观对待。

1977 年，当美国开始谋求与中华人民共和国关系正常化的时候，蒋经国仍然重申世界上只有一个中国，“中华民国”代表这个国家概念的立场，但他也客观地承认：目前看来，这么说似乎有些牵强。为了减缓事态演变的步伐，蒋经国批准了台湾岛内一人一信运动，号召台湾居民发出二十五万封写给美国卡特总统的信，力促美国不要抛弃台湾，还邀请了数百位美国高层人员亲到台湾了解台湾的发展和变化。与此同时，宋美龄在美国也尽力配合，“她开始忙着打电话动员美国重要人物出面支持台湾”①。可见，在台湾利益攸关的时刻，宋美龄并没有坐视旁观，共同的利益和诉求是使她人在美国、心系台湾政局的重要因素。

置身于她一生向往的“自由世界”里，在政治上渐趋低调的宋美龄，在思想上却不曾有所动摇。因远离昔日政治喧嚣，反而使宋美龄获得进一步观察和思考的时间，只不过此时她的观察和思考仍然不可能超越她已经固化的政治架构的局限，而且，她的评论仍然是以鞭策美国政策能向她理想中的方向迈进为目标的。通过观察，她为西方“自由世界”的“总退却”感到忧虑，这种忧虑较显著地反映在她于 1978 年 6 月写给台湾辅仁大学毕业生的赠言中：“一些权威性的刊物，如战略研究中心、史丹福研究所、华盛顿美国战略研究所等所出版的，以及在其他著名的周刊、双周刊、季刊、月刊随时登出的无数文章，篇篇都从不同角度，或隐或显地诉说着同一悲哀的消息：‘自由世界’的衰弱和无能，尤其被视为世界安定力的美国的衰落。”她寄希望于美国能从自身的利益和安全以及它对“自由世界”承诺的可靠性出发，能够尽快“觉醒”。② 这当然是她的一厢情愿，美国正是出于自身利益的考

---

① ［美］陶涵著：《蒋经国传》，第 355 页。

② 参见《董事长为“民国”六十六学年度毕业同学赠言》，《辅仁大学董事长蒋宋为历届毕业同学赠言》，台北天主教辅仁大学 1988 年版，第 26—27 页。

虑，而要在世界范围内维持一种地缘政治的平衡。

1978 年 12 月，美国与台湾最后摊牌，宣布从 1979 年 1 月 1 日起，“美国将通知台湾即将中止‘外交’关系，美国与‘中华民国’之间的‘共同防御条约’也将遵照条约规定予以中止……未来，美国人民和台湾人民将在没有官方政府代表、没有外交关系之下，维持商业、文化及其他关系”。当时，蒋经国以超乎寻常的平静态度对待美国的转变。他通过电视转播发表了对台湾岛内民众的演讲，号召他们自强、自信。他说，美国违背条约承诺，“对整个‘自由世界’产生极为不利的影响”。“中华民国”不会跟共产党政权谈判，也不会放弃“光复大陆”的神圣使命。[①]

蒋经国的这种表现当然不能令宋美龄感到满意，在她的潜意识中，也许已经认定蒋经国如同蒋介石一样，不能理解美国政治运作的方式；她也不能接受台湾不做任何努力就对美国政府的决策照单全收的态度。很快，美国政坛上又活跃起一批支持台湾的人物，这些保守派和自由派的参议员联手支持要求美国持续对台湾遵守承诺的主张。他们的表现比台湾的蒋经国更为积极，其中有人提议台北发动全面游说工作，争取维系“共同防御条约”及“政府对政府”的关系。某些美国国会议员还赶往台湾，以示他们对台湾当局的支持。[②]

这种局面的出现不能排除宋美龄出面干预的可能，她擅长于此，而且在过去的几十年政治生涯当中她都曾义无反顾地冲在这条战线的第一线，为台湾当局的利益游说于美国政坛。此时，她依然认为自己是与美国人打交道当仁不让的最佳人选。“她与孔家甥侄从 12 月 16 日（美国公布对台断交的日期——引者注）起就一直通过电话，鼓励美国友人制止卡特的计划。”她甚至对台湾的“外交部次长”杨西崑明确表示，“你最好别处理对美国人交涉事”，她让蒋经国最不喜欢的表亲、她的外甥孔令侃来负责对美交

---

① 参见［美］陶涵著：《蒋经国传》，第 367—368 页。

② 参见［美］陶涵著：《蒋经国传》，第 370 页。

涉。杨西崑拒绝了宋美龄的要求，他想按照蒋经国的指示做好工作。①

蒋经国对宋美龄和美国亲台人士的“好意”并不领情，当美国参议员邀请蒋经国立即来美国，与卡特政府对抗时，蒋经国婉谢了他们的邀请，“宋美龄对于他如此自制大为震骇”，而美国的亲台人士因而疑惧。② 最后，蒋经国授权杨西崑，把美国与台湾的“非官方”关系的交往形式以美方设立“美国在台协会”和台湾设立“北美事务协调委员会”的方式确定下来。

这种做法更使宋美龄感到遗憾，她“不能公开批评蒋经国，但是她责备杨西崑让步太多。蒋经国则在杨西崑回到台北时，亲到机场迎接，表示他支持杨西崑”③。后来的事实证明，蒋经国的灵活低调——用他自己的话来说是“打落牙齿和血吞”——反而更胜一筹，在当时的形势下，台湾的利益得到了最大限度的保护。④ 经过这件事后，宋美龄似乎彻底看清了自己所处的地位，此后，她对涉及台湾岛内的事务更加低调处理、谨慎对待了。

蒋经国时代，台湾当局在尽力强化与美国的关系的同时，在政治、经济方面都作出了重大变革，以适应形势的变化。最大的变革莫过于开放言论和“党禁”，这种变革是由当时的形势决定的。蒋介石在台湾主政的 25 年当中，虽然表面上以威权压住了岛内的反对之声，但实际上内部的斗争早在“外省人”和“本省人”之间展开。特别是他去世后，正值台湾岛内、岛外形势大变之期，正如亲历台湾这段历史的当事人所总结的，20 世纪 70 年代中期以后，台湾岛内外“包括中国大陆在内，不论冷战策略、外交关系、经贸利益以及民主趋势各方面，都发生了许多前所未有的变化，任何一个重要地区及国家几乎都难置身事外。台湾由于主观与客观多元因素的影响，仿佛处于此一重大变局的漩涡中心地带。这

---

① 参见［美］陶涵著：《蒋经国传》，第 370、371 页。

② 参见［美］陶涵著：《蒋经国传》，第 371 页。

③ ［美］陶涵著：《蒋经国传》，第 371—372 页。

④ 参见［美］陶涵著：《蒋经国传》，第 372—373、385 页。

也正是蒋经国必须面对的空前挑战”，时代、环境、潮流三者都在急变之秋，“他一直在思考如何求新求变”，以便为台湾生存和发展领航。①

在蒋经国的引领下，台湾出现了经济起飞，并以令人瞩目的成绩跻身于亚洲四小龙的行列。政治上，开放言论、取消“党禁”等方面也取得了了不起的成绩，他正式开启了台湾的民主化进程，被认为是台湾“民主的开拓者”。② 但上层建筑的变革是痛苦的，与之相伴随的纷乱困扰层出不穷。

岛内的变革，引起宋美龄的无限忧虑。蒋纬国曾谈到：“从哥哥主政开始，她（指宋美龄——引者注）就对‘国内’（指台湾岛内——引者注）政治感到失望了，父亲几十年来的领导，始终都是推崇国父，领导期间都是以三民主义为皈依；但是哥哥领导的时候就把父亲的领导线一刀一刀的切断，所以才造成李登辉有今天的机会。”③ 这段评论大概多少表达出了宋美龄的感受。

经历了前一轮“美台”关系变化后，蒋经国在世时，宋美龄似乎再没有干预过台湾岛内的事务，她选择的是眼不见为净。但正如她自己后来所言：“美龄身在‘国外’，但对‘国内’戋戋忧喜休戚，实无时不犹如亲身经受之感。”④ 她关心台湾的政治，却从不主动地过问台湾的政治。对各派之间激烈的政争，宋美龄也极少表态，即使当台湾的元老派开始抱怨蒋经国太软弱的时候⑤，宋美龄也只是立足党内团结略表心志。如 1986 年 4 月，她借回复中国国民党第十二届三中全会致敬电的机会表示：在大陆谋台日亟的情势下，“谋国尤赖老成，中兴仍仗群力，我全党同志务须精

---

① 吕芳上、黄克武访问，王景玲记录：《览尽沧桑八十年：楚崧秋先生访问纪录》，台北“中研院”近代史研究所 2001 年版，第 271 页。

② 吕芳上、黄克武访问，王景玲记录：《览尽沧桑八十年：楚崧秋先生访问纪录》，第 230 页。

③ 蒋纬国口述，刘凤翰整理：《蒋纬国口述自传》，中国大百科全书出版社 2008 年版，第 260 页。

④ 《蒋夫人手撰先“总统”蒋公百年诞辰纪念文》，《“中央”日报》1986 年 10 月 31 日，第 3 版。

⑤ 参见［美］陶涵著：《蒋经国传》，第 438 页。

诚团结，和衷共济”[①]。

在审慎处置台湾岛内事务的同时，宋美龄以八旬有半之躯，还在努力地帮助蒋经国在外围固守台湾“与北京政权不接触、不谈判和不妥协”的城垣。1982 年 8 月，宋美龄在纽约发表了一封给廖承志的公开信，即是一例。宋美龄是在代为回复廖承志在 7 月 24 日写给蒋经国的信。信中，她首先肯定的就是蒋经国的“三不”原则，继以三民主义为感召，最后竟向廖承志发出“招降”信号，让他“幡然来归，以承父志”。[②] 当然，台湾的“三不”原则并没有坚持多久，宋美龄也随之转变。1984 年，针对邓颖超在当年 1 月 16 日北京举行的中国国民党第一次全国代表大会六十周年纪念大会讲话中，提出要台湾国民党人重温国共首次合作的历史，发出“学习孙中山先生的伟大榜样”，实现第三次国共合作，完成祖国统一大业的呼吁，宋美龄再次披挂上阵，以老资格对老资格，给邓颖超写了一封公开信。尽管有人猜测执笔写信的并不是宋美龄本人，而是另有其人[③]，但信中所体现的拒绝邓颖超提出的国共三度合作的建议和要求“大陆迷途诸君，‘学习中山先生榜样’再次信服三民主义统一中国”[④] 的主要意旨显然是宋美龄的口吻和执念，而且与台湾当局的主张也完全相符。这些情况都表明，宋美龄对蒋经国主政理念采取的基本上是默认的态度。

直到 1986 年 10 月 7 日，蒋经国出人意料地对外媒宣布要废除在台湾实行了三十多年的“戒严法”这一关乎国民党和台湾未来命运的决定后，宋美龄感觉到事态的严重性，她才急匆匆地赶回台湾，此时与她上次回台湾已经相距十年之久。对这一次回台，

---

① 《蒋夫人电谢三中全会同志关怀　盼精诚团结和衷共济　宏扬三民主义于大陆》，《“中央”日报》1986 年 4 月 10 日，第 1 版。

② 参见《蒋夫人发表给廖承志公开信》，《“中央”日报》1982 年 8 月 18 日，第 4 版。

③ 参见《香港〈镜报〉月刊文章〈闲话宋美龄致邓颖超公开信〉》，《参考资料》1984 年 3 月 23 日上午版，第 12 页。

④ 《蒋夫人以公开信劝告邓颖超　信服三民主义统一中国大道》，《“中央”日报》1984 年 2 月 17 日，第 3 版。

宋美龄公开的理由是参加10月底举行的蒋介石百岁诞辰纪念，所以，她回台后，一直保持着沉默静观。直到蒋介石诞辰纪念当天，她在公开发表的蒋介石百年诞辰纪念文章中，才对十年来台湾的变化作出评价。她说："此项被誉为二十世纪后期奇迹之成就，固然是由于政府的奖励与决策所得之成效，但更是全体同胞共同努力所缔造的成果"，并以"我将再起"勉励岛内人士，"一个古老的民族在天荆地棘的苦难环境中，经过一场生死挣扎，必能重建它的声望和力量，崛起而为一个充满朝气和正气的强大'国家'"。①

宋美龄"我将再起"一语即出，立即使岛内敏感的舆论联想到是台湾的"保守派人物（随蒋介石到台湾的外省人——引者注）敦促她回台协助、阻滞即将落到他们头上的改革巨石"。甚至有人猜测，她此番回台是要集结力量促成蒋家家族继承大权。② 凡此种种说法，不一而足。但也有人持不同看法："夫人的意思其实是：'中华民国'不会永远被国际拒绝，有朝一天，我们'国家'会再立足于全世界。她［是］曾经跟着委员长，将中华民国从弱国带到世界四强，列为联合国创始国的人，她是唯一和丘吉尔、罗斯福总统共同会商世界大事的人，她还在乎什么权，她只在乎'中华民国'的名字，能否再度耀眼于世界！"③ 相比之下，后一种看法更合情合理。

然而，已经淡出台湾政治的宋美龄，在参加完蒋介石百年诞辰纪念后，并没有马上离开台湾，而是在旧士林"总统"官邸长住下来，而且"不时举行茶话会，邀请若干党、政、军官员谈话"④。此时，蒋经国的健康状况正迅速恶化，已经离不开轮椅，他力不从心的感觉正在逐日增加。由于身体不好，蒋经国把很多

---

① 《蒋夫人手撰先"总统"蒋公百年诞辰纪念文》，《"中央"日报》1986年10月31日，第3版。

② 参见［美］陶涵著：《蒋经国传》，第439—440页。

③ 《敬悼永远的指导长》，《"中央"日报》2003年10月25日，第17版。

④ ［美］陶涵著：《蒋经国传》，第440页。

人事权方面的事就交给别人去做。[①] 他想尽自己的努力使台湾平稳渡过这个危急关头，以致有些重大事件难免仓促决定，有许多未能配套作业的缺憾，当时他身边的人也有感觉，知道他恐怕自己“身体等不及了，如不在他手中处理好，深恐节外生枝，反增对……全局一些不好也不需要的困扰”[②]。久经政治考验的宋美龄也许从中嗅到了危险的气息，“在她看来，政局一定相当危疑震撼，濒于失控。她认为蒋经国岁数大了，身体差了，逐渐控制不住局势”[③]。这也许才是宋美龄滞留台湾的真正原因，她终是不忍就这样转身离去。

“戒严法”的废除毕竟不同于其他一般问题，这几乎等同于推翻了蒋介石时代为台湾一手打造起来的专制政治藩篱，使台湾赫然裸露于世人面前。对此，宋美龄一定不愿苟同，她于 12 月 6 日发表了一篇文章表达自己对台湾局势的忧虑。她说：“时下有‘即溶咖啡’，或‘即饮茶’，然而只有蒙骗才能提供立即的民主。狂暴野心分子想要的是从混乱中图利而不遵循法律与秩序。”[④] 如果这算是对台湾当局的一种警告，后来台湾的民主乱象在某种程度上验证了她当时的担忧不无道理。然而，“落花有意，流水无情”，台湾由国民党一党独存独大的岁月终归一去不返，在现实面前，宋美龄也只能顺其自然了。

第四节　老干新枝的期待与静默（1988 年—2003 年）

天不假年！才刚刚宣布废除戒严令，台湾岛内形势尚不明朗，蒋经国就撒手而去了。1988 年 1 月 12 日，蒋经国突然去世，这使台湾岛内尚未明晰的政治发展形势更加疑云密布。对于蒋经国身

① 参见刘凤翰访问，李郁青记录：《温哈熊先生访问纪录》，台北“中研院”近代史研究所 1997 年版，第 259 页。

② 吕芳上、黄克武访问，王景玲记录：《览尽沧桑八十年：楚崧秋先生访问纪录》，第 273 页。

③ ［美］陶涵著：《蒋经国传》，第 440 页。

④ ［美］陶涵著：《蒋经国传》，第 440 页。

后的继承人问题，特别是国民党代理主席的人选问题，宋美龄感觉有必要谨慎对待。当时有人提出议案由李登辉代理国民党主席之职，党内并无异议，宋美龄却不以为然。在蒋经国去世后十天，宋美龄以“中评会”主席团主席的身份写了一封信给时任台湾“首席中常委”“行政院院长”的俞国华，信中建议党主席人选可待七月即将举行的“十三全会”解决，目前不妨缓冲一下。[①] 据蒋纬国回忆说，宋美龄对在1月27日即将召开的“中常会”上要提李登辉做国民党代理主席的案子明确表态，她“言明此事万万不可，主席可以轮流担任，但是中国国民党不能够被人控制”[②]。

宋美龄的建议再次被某些人解读为她本人有争取该职的意愿，这未免荒谬，此时她已年满九十岁高龄，怎可能还有如此不自量力的想法。[③] 但她对为什么不主张由李登辉（此时李登辉还没有表现出来明显的“台独”倾向）来代理国民党主席之职，她自己似乎没有任何明确的解释。蒋纬国认为，宋美龄的意图是此时应以执政党集体领导方式，带领整个台湾，而不宜由李登辉继承前“总统”在党政方面的所有实权，台湾须经过一段时间，俟“政权稳定”后，自然产生新的领导人。[④] 由宋美龄前后言行可知，她此时仍持“谋国尤赖老成”之念，主张集体领导的模式，蒋纬国对她意图的解读应是合理的。

宋美龄在蒋介石百年诞辰纪念文章中，曾回顾她与蒋介石结婚时的公开宣言：“决为中国革命尽其最大之努力”，从这种心态可见，她对这个曾与蒋介石一起“甘苦与共，几近半个世纪”的中国国民党仍然充满了情感[⑤]，她此次建议也是完全本着对国民党的忠诚，希望选人任事要为国民党的未来多作设想。后来台湾政

---

① 参见吕芳上、黄克武访问，王景玲记录：《览尽沧桑八十年：楚崧秋先生访问纪录》，第210页。

② 蒋纬国口述，刘凤翰整理：《蒋纬国口述自传》，第260页。

③ 参见吕芳上、黄克武访问，王景玲记录：《览尽沧桑八十年：楚崧秋先生访问纪录》，第210页。

④ 参见汪士淳著：《千山独行——蒋纬国的人生之旅》，第275页。

⑤ 参见《蒋夫人手撰先“总统”蒋公百年诞辰纪念文》，《“中央”日报》1986年10月31日，第3版。

情的变化令很多人追悔不已，蒋纬国在回忆中就忍不住抱怨宋美龄："我在'中常会'是列席身份，不好随便开口，老夫人那次没有指示我，其实只要她通知我，我只要有所本，就可以临机处理。所以当时孝勇如果一方面通知俞国华，另一方面通知我，只要是老夫人的意思，我就会在'中常会'力争，只要我力争，再有一个人起来呼应，其他人就会附和了。"① 蒋纬国的抱怨道出的是一种惋惜，但也恰好使那种认为宋美龄此次回台是为了"集结力量促成蒋家家族继承大权"的说法不攻自破，若宋美龄果有此意图，何以蒋纬国事先都不知道呢?!

宋美龄当时也许只是感觉不宜仓促行事（她在不久后7月份举行的中国国民党"十三大"上所作《老干新枝》的讲话中也公开提到），却未有其他明确打算，或打算推其他人选去竞争这个职位，否则，她不可能不与上下通气，做好准备。正因为宋美龄是当时唯一一位对由李登辉出任国民党代主席的提案提出缓议意见的人②，而且此项建议来得突然，才会使俞国华感觉措手不及，反而被宋楚瑜"临门一脚"，把这个后来被称为"中国国民党命运的终结者"的李登辉踢上了国民党主席的宝座。③ 对此，宋美龄虽然颇感遗憾，"但也接受了此一事实"④，没有再提出其他异议。

蒋家人刚刚失去权力，问题就接踵而至。外界不仅损毁两蒋的声名，而且开始盛传宋美龄干政、染指外汇存底等等，有"立法委员"对蒋孝武和蒋孝勇发难，说蒋孝武（时任台湾驻新加坡"副代表"）参与过情治工作（即情报工作），涉及"国共接触"；说蒋孝勇（时任台湾中兴电工董事长）涉嫌工程舞弊问题，一时把蒋氏家族推上风口浪尖，以至于台湾"行政院院长"俞国华不

---

① 蒋纬国口述，刘凤翰整理：《蒋纬国口述自传》，第261页。

② 参见吕芳上、黄克武访问，王景玲记录：《览尽沧桑八十年：楚崧秋先生访问纪录》，第210页。

③ 参见吕芳上、黄克武访问，王景玲记录：《览尽沧桑八十年：楚崧秋先生访问纪录》，第210—211页。

④ 汪士淳著：《千山独行——蒋纬国的人生之旅》，第276页。

得不出面“澄清对蒋氏家族的不实传闻”。[①] “人走茶凉”，用来形容蒋家当时在台湾的处境倒是十分贴切。对此，蒋孝勇选择离开台湾这个是非之地，到加拿大定居。宋美龄要何去何从呢？

宋美龄选择留了下来。她显然不甘心自己和蒋家被如此弃之如敝屣，她要找机会为自己和两蒋辩护，为台湾的未来找回根基、指明出路，她一定认为自己有这个责任和义务。但今非昔比，台湾岛内毕竟已不再是蒋家的天下，她必须好好把握时机。6月9日，她借邀集“妇联会”各分会主任委员、总干事举行联谊茶会公开露面的机会，发表了对台湾时政的看法。她说：“我们往往会以现在的眼光，批评过去是不公平的，因为时过境迁，当时的情况与今日有天渊之别，世间没有完美到不能加以改善的事，若是建设性的批评，是应该的，但为一己的私心而作批评或诋毁，是不道德会遭人唾弃的……建设是不容易的，毁损是极容易的，一个人一身英名可被捏造污蔑毁之于一旦，惟善良的同胞眼睛是明亮的，自会辨别是非曲直。”她强调：“有权利相对的必有义务，民主与自由都有它的规范，民主则是在法治下的民主，自由则不得侵犯他人的自由。”[②]

似乎仍然意犹未尽。7月5日，宋美龄又召见国民党中央妇工会的二十一位本党妇女工作干部，鼓励她们在当前情势下，“更应坚持革命精神，以贯彻民主政治之建设”。她批评一部分台湾民众有不健全的崇洋心理，指示：“欲使我们社会成为安宁而不紊乱，富裕而不奢侈，自由而不越轨，必须重整家教，复苏固有亲情伦理，敬老尊贤，崇尚道德，守法重纪，提倡公德，改正风气，始可成为安和乐健社会之民主‘国家’。”她敦促台湾妇女工作干部返回岗位后，在全台推行重整家教、改正风气的工作。[③]

7月8日，宋美龄又在中国国民党第十三次“全国代表大会”

---

① 参见《蒋夫人从未干政　俞院长澄清对蒋氏家族的不实传闻》，《“中央”日报》1988年4月6日，第2版。

② 《蒋夫人吁同胞慎思明辨　勿受蛊惑利用自毁成果》，《“中央”日报》1988年6月10日，第2版。

③ 参见《蒋夫人吁重整家教改正风气》，《“中央”日报》1988年7月6日，第2版。

上露面，发表了著名的《老干新枝》讲话。在讲话中，通过对中国国民党历史发展的回顾，宋美龄表达了自己对今日之国民党的看法："眼前正值紧要关头，老成引退，新血继之，譬比大树虽新叶丛生，而卓然置基于地者，则赖老根老干……其对'党国'之贡献，丝毫不容抹杀，当思前人种树，后人乘凉。夫'国'之强，党之壮，赖有一定之原则，连续生存之轨迹，创新而不忘旧，前进而不忘本……饮水思源发人深省。"转而，宋美龄直指"台独"，她说："今后党的发扬光大，有赖纪律之克遵，有品有德优秀人员之引进，然而其不容变者则是党之精神、党之原则、党之方向，及党之纪律，其不可有者则为藉党逞私欲，个体求眩众，标新立异，动摇'国本'；坊间新闻媒体对'国事'之批评与建言，应诉诸社论专栏，堂堂正正供大众判读，如任意制造民意，淆惑视听，则非所应为，而为'国人'所共弃。总理创五族共和，志在团结；同为汉族，自无所谓独立之理……夫崇尚民主，慎防尔'民'我'主'。如今社会正受冲击，人民企求法制民主，持旧创新，在在

1988 年，蒋经国去世后，宋美龄以中评会主席团主席身份在中国国民党"十三大"上作《老干新枝》的讲话，这是她最后一次在台湾政治场合公开发表演说

需求准则。”宋美龄公开表明对党主席选任的态度：“党设主席表率全党，其产生应根据党章，不宜草率为之。”她呼吁与会代表：“诸位同志身负重托，心系安危，自当内和不同外纳舆情，求新而非排旧，守纪而拒乖张，法律必须严格遵守，暴乱亟应依法切实制止，庶几可以推行民主巩固经济，在党主席领导下群策群力继续发扬本党辉煌历史。”①

《老干新枝》可以说是宋美龄为维护两蒋地位的辩护书和对两蒋之后的台湾发表的政治宣言书。她重申了反对“台独”的立场，公开建言慎重对待党主席的选任，并要求与会代表们负起对国民党的责任，言辞恳切，意蕴深厚。当宋美龄频频回头向与会代表挥手告别时，她心中也许对他们充满了希望。

但结果还是令她失望，台湾岛内和国民党内的政治气候丝毫没有改变的迹象。李登辉正式当选为中国国民党主席，“台独”势力仍未得到有效抵制。10 月 30 日，宋美龄又借国民革命军遗族学校六十周年校庆之机公开表达了她的失望。她再度批评少数人不知饮水思源“感念‘党国’”，“而在坐享其成之余，反而处处弥漫横蛮乖戾之气，制造是非丑化政府，藉民主为口号违法乱纪，不择手段尽百般诬蔑之能事”，她再指“台独”之荒谬：“竟有人异想天开，在外国活动，企图于种族（Ethnic）类，中国人项下将台湾人分出另列，实为‘弃’祖灭宗荒谬绝伦。”②

这一时期，宋美龄针对“台独”而发的言论明显增多，当然，她完全是在坚持以“三民主义”统一中国，以“中华民国”作为中国唯一合法政权的政治前提下反对“台独”的。她对“台独”所鼓吹各种迷惑人心的政治概念保持着清醒的认识，对所谓“标新立异”的思想和理论，她一概保持警惕的态度。正如她自己所讲：“由于我们的真知灼见，这些毫无根据、标新立异、浮夸不实

① 《蒋夫人莅临全会，指出‘国’强党壮原则》，《“中央”日报》1988 年 7 月 9 日，第 2 版。该讲话由“大会秘书长”李焕代为宣读。

② 《有决策奇迹才有经济奇迹　少数人不知感念‘党国’蒋夫人认为荒谬绝伦》，《“中央”日报》1988 年 10 月 31 日，第 2 版。

的理念，虽然辞藻华丽，我们亦不为所动。”①

与此同时，宋美龄对中国大陆仍没有改变看法，所以，她在《老干新枝》的讲话中有“以复兴基地为起点，拯救十亿大陆同胞”② 之语。1990 年，她在“妇联会”成立四十周年纪念会上，仍然攻击“中共的阴谋与统战伎俩”，号召“协助大陆同胞解脱桎梏，重获自由”。③ 由此可知，她心中对共产党和共产主义的仇恨仍然丝毫未消。

尽管如此，以宋美龄的敏锐和智慧，在时代变动的大趋势下，她还是快速感应到并及时调整了某些方面的思维，如她对“妇联会”工作的指导就体现了这种调整。一直以来，宋美龄都坚信中国妇女运动的中心并非向国家争取妇女权力地位的平等，而是对国家争贡献与服务，她认为妇女对国家社会的贡献是不可忽视的，她说：“观察世界各国历史，不难发现：无论战时或平时，保持国家社会元气，泰半责在妇女；而维系民族文化道德于不坠，妇女更有其天赋使命。”④ 正是基于这样一种认知，1991 年，宋美龄顺应台湾岛内社会正处于转型时期的需求，指示“妇联总会”的会务要配合时代脉动，适度调整，扩大服务层面，在针对军人军属的服务以外，更加致力于社会公益事业。在宋美龄的指示下，台湾“妇联会”此后成功转型为民间公益团体，为台湾的社会建设作出了卓越的贡献。

1991 年，台湾岛内频频发生议会暴力，宋美龄对此深感痛心，她没有回避或漠视，而是选择公开表达对台湾政治的忧虑，以警醒台湾政坛：“我民生活优渥，随之奢靡不羁贪婪妄为，公权力不

① 《辅仁大学六十周年校庆　蒋夫人勉学生追求知识报效国家》，《“中央”日报》1989 年 12 月 8 日，第 12 版。

② 《蒋夫人莅临全会，指出‘国’强党壮原则》，《“中央”日报》1988 年 7 月 9 日，第 2 版。

③ 《蒋夫人：对宪法要爱之惜之》，《“中央”日报》1990 年 4 月 18 日，第 2 版。

④ 蒋宋美龄著：《恳祈赐福我“中华民国”同胞——“妇联会”成立 50 周年蒋夫人专文勉励中华妇女“天赋使命，要继续奋斗”》，《“中央”日报》2003 年 10 月 25 日，第 4 版。

彰，司法偏颇，致盗贼猖獗肆无忌惮，甚而目无法纪以身试法。所幸年来政府毅然伸展公权力，大公无私彻底整顿，已显成效，唯国会中却暴力此起彼落，遭国际讥嘲之为马戏，令人羞愤。”①

宋美龄曾在1958年对西方民主制度的效率问题表示遗憾，她曾在演讲中指出：“我们的民主制度，包含着各派的意见，除非受到显然的全面攻击，即无法迅速地起而行动，因为获得一致意见的迟缓，所以常在最初时处于不利的地位，并且，一个没有成见的心也就没有真正的定见，除非是经过真正推理和信念的程序而获得观念和意见。”② 但无论如何，宋美龄可能不会想到，台湾的“民主”竟然不是患在效率，而是患在如此暴力和无序的乱象。

她对此提出过警告。她曾赞扬台湾教育传承了中国的传统文化，拥有“用三民主义所刻划［画］出的传统价值”，她认为这是台湾必定能“战胜”大陆的根本所在。③ 但随着岛内自由主义的泛滥，社会风尚遭受重大冲击，宋美龄对台湾文化传承的信心已不似之前那样充足。她时刻关注着自由主义对教育的破坏和对社会风气的不良影响。她追踪着美国自由主义泛滥造成的种种恶劣现象，她把这种自由主义的泛滥归咎于“姑息主义”的恶果。④ 这也许是她潜意识中对台湾岛内“公权力不彰”可能带来不良后果的一种忧虑。

1987年，宋美龄在给辅仁大学毕业生致赠言的时候，认同这样一种结论：“美国的教育已濒临破产。美国教育破产的责任，应由传播媒介、懒惰的家长、无知而恶劣的同辈压力，特别是那些剥夺青年思考能力的所谓前卫、时髦的自由主义者来共同承担。”她深刻地指出：“言论自由的口实已遮掩了是非真相，推倒了真民

---

① 《国会暴力遭国际讥嘲为马戏　蒋夫人沉痛表示“令人羞愤”》，《“中央”日报》1991年4月18日，第2版。

② 《蒋夫人在密大演说》，《“中央”日报》1958年7月12日，第2版。

③ 参见《董事长为“民国”六十六学年度毕业同学赠言》，载《辅仁大学董事长蒋宋为历届毕业同学赠言》，第31页。

④ 参见《蒋夫人赠言辅大应届毕业同学　勤于思考把持正确方向　明辨是非为理想而奋斗》，《“中央”日报》1985年6月15日，第2版。

主，但并没有推倒我们举世所见之代用的假民主。”最后，她用“世风日下的世界”对她所看到的一切作了总结。[①] 但眼前台湾的民主乱象，仍然超出了她的意料。

对于民进党肆意退出“国会”，发动民众的做法，宋美龄很是反感，她批评说：“在此数年中，社会变化甚多，尤以风气败坏、乱象丛生、影响‘国家’形象、社会安定与经济发展，有些人士歪曲民主，唯我独尊，为所欲为，甚而以顺我即民主，不顺即不民主。”[②] 但此时，谁还会去在意一个已经边缘化了的政治人物的规劝呢？1991年9月，宋美龄在台湾岛内政情忧患之中，黯然离台赴美。亲近她的人表示：“她了解自己身分［份］，一直很小心地避免引起外界误会。”[③] 而在她离台后，攻击之声不绝于耳[④]，使她内心倍感失望。

1994年，宋美龄为探视孔令伟的病情专程返台，但只在台湾停留了短短十日，当时台湾正值“省市长暨省市议员”选举前夕，这是台湾岛内首次“省级”行政首长的选举，关系重大，有人担心宋美龄此行会被李登辉所利用，制造党内团结的假象来造势。[⑤] 这种担心其实是多余的，就在宋美龄起程返美登机之前，她向李登辉赠书一本，是文生·朴瑞斯所著的英文书籍《信仰上帝》，并以“神祐中国”来祝福岛内民众[⑥]，这是在向对她有利用企图的人表达一种远离政治的心愿。宋美龄当然不能让自己被李登辉利用，

---

① 《人类真正的成就是来自知识　经由教育追求知识为“国”奉献　蒋夫人对辅仁大学毕业同学赠言》，《“中央”日报》1987年6月13日，第2版。

② 《感念“蒋妈妈”抚育之恩“战时保育会”百余师生重聚一堂　蒋夫人颁书面致辞勉择善固执导正社会乱象》，《“中央”日报》1991年4月29日，第11版。

③ 《真实生活中的蒋夫人是何面貌?》，《“中央”日报》1991年9月21日，第3版。

④ 参见《蒋夫人搭华航专机赴美案　地检署调查后签结》，《“中央”日报》1992年1月5日，第3版；《蒋夫人“出国”持外交护照　林纯子拟弹劾钱复》，《“中央”日报》1992年9月2日，第4版；《蒋夫人赴美使用通行状一案　“监察院”通过调查报告》，《“中央”日报》1992年9月11日，第4版。

⑤ 参见蒋纬国口述，刘凤翰整理：《蒋纬国口述自传》，第262页。

⑥ 参见《蒋夫人昨搭机返纽约寓所》，《“中央”日报》1994年9月20日，第2版。

此时李登辉的“台独”倾向已经越来越明显，已经偏离了“一个中国”的轨道。

1995—1996年，因“台独”问题导致海峡两岸出现新一轮台海危机的时候，宋美龄也没有像往常那样站出来为台湾辩护。事实上，她当时有很好的机会来发表高见。1995年7月27日，宋美龄受美国国会邀请到华盛顿接受美国对她第二次世界大战时期所作贡献致敬，并作了简短的致辞。致辞是由她本人亲拟，但“本着追怀中华民国和美国并肩抗战的历史、关怀‘国人’、关心‘中华民国’，但不愿再涉入台湾政治的心情为出发点”①。随后，宋美龄在双橡园茶会中发表书面致辞，但对台湾当时的内外处境却未置一词，对当时正在美国访问想与她会面的李登辉也避而不见。宋美龄以这种策略表明了她不支持“台独”的一贯政治立场。

1995年，美国国会特意为宋美龄举办庆祝第二次世界大战胜利50周年的酒会

时隔四年，当2000年台湾进行第二次“总统”“副总统”“全民”直选时，她以另一种方式表达了她对“台独”旗帜鲜明的反

① 《到美国国会接受致敬　自拟十分钟讲话　蒋夫人将以“关心‘中华民国’”公开致辞》，《“中央”日报》1995年7月26日，第4版。

对立场。

在 2000 年的台湾“大选”中，宋美龄高调地站出来支持国民党的候选人连战。当时三个最具有竞争实力的“总统”候选人当中，除连战外，还有民进党代表陈水扁和脱离国民党、以无党籍身份参选的宋楚瑜。宋美龄破天荒地在纽约召开记者会，发表声明，高调支持连战。这件事本身就已表明宋美龄对台湾政治并未远离，她仍然时刻关注着岛内的政治动向，并等待着合适的时机出手襄助国民党。在由宋美龄亲笔签名，呼吁台湾“选民”支持、信赖连战的公开信中，明确表达了她的这种心态。她说：“目前‘国内’正面临民主的痛苦抉择，美龄虽寄身域外，但对‘国是’，倍感关切！因为走向民主的脚步，如果一旦跌倒，那将使‘国家’民族万劫不复。”她认为，只有连战具有“国家领航人”的要件——具备坚忍刚毅的性格、前瞻远见的眼光、久经历练的政治经验，能把“国家”领向安全繁荣、领向自由民主。她指出，只有连战“提出的政策和方法，能为弱势者创造平等互惠的大环境！为两岸开创恢复协商、沟通协进的新局！”①

从这封公开信可以看出，宋美龄对台湾政治的关注主要在这样几个方面：其一，国民党内部的团结，宋楚瑜是国民党中脱离出去的人，他即使再符合要件，也难辞分裂国民党之咎，这应该是宋美龄不考虑支持宋楚瑜的主要原因；其二，台湾的发展目标——安全繁荣、自由民主，而民进党自建党以来，频频利用“自由”“民主”为旗号寻求自己立稳脚跟，却并非真正的自由、民主的推动者，而且在“台独”问题上，完全偏离了“一个中国”的原则，这是宋美龄最不能接受的；其三，与第二点相联系，台湾的未来发展与内部和外部环境都有很大关系，宋美龄认为只要内部平等互惠，外部搞好两岸关系，就可以保证台湾的发展目标顺利实现，可见此时她对两岸关系已经不再执着于“反攻大陆”一途了，这体现了她在人生的最后阶段，作为一个政治老人顺应

---

① 《发公开信亲笔签名　蒋夫人吁支持国民党连战》，《“中央”日报》2000 年 3 月 15 日，第 1 版。

历史潮流的大智慧。

然而，这一年就在宋美龄庆生之日，台湾当局的“大选”结果传来，中国国民党惨遭失败，宋美龄对此“感到十分遗憾”①，她当时是否意识到这可能是自己最后一次参与台湾政治，我们不得而知，但这次选举的结果的确对台湾政治的走向产生了重大影响，此后，台湾政坛逐渐走向蓝绿两大政治势力的对抗局面。特别是在2000年民进党上台后，台湾经济一路下滑，民进党却大搞政治动员以掩盖其施政的无能，并刻意将本土化扭曲成“去中国化”，居心叵测地打出分裂中国的“台独”大旗。

2000年的宋美龄

对宋美龄来说，此时的台湾政治已经走入歧途，她也无力再挽回什么，她能够做到的只有坚定自己的信念。直到宋美龄去世，她一直坚持“一个中国”的立场，坚决反对“台独”倾向。她成为台湾民众心目中反对“台独”的标杆。

2003年10月25日，宋美龄安详地走完了跨越三个世纪的人生。此时，正是台湾泛绿阵营意欲通过“公投制宪”来实现台湾“独立建国”的关键时刻。就在宋美龄去世的当天，台北中正纪念堂门前举行了以“庆祝台湾‘光复’，反对‘台独’制宪”暨“向蒋夫人致敬”为诉求的游行活动。② 人们仍然以她为典范，树起了“反对‘台独’制宪”的大旗。

回顾宋美龄的后半生，不禁令人回想起她用以衡量政治家标准的那句评语，她说真正的大政治家是“可以牺牲自己的政治生

---

① 《蒋夫人欢度103岁大寿　关切台湾选举结果　遗憾国民党失利》，《“中央”日报》2000年3月20日，第6版。

② 《游行较劲：反独护国VS. 催生公投》，《“中央”日报》2003年10月26日，第4版。

命，以维护正义，坚持原则”[①] 的。虽然她所说的“正义”与“原则”的内涵以及由此关联着的政治立场、政治价值、政治信仰等等在她经历的某些时段存在争议，但不置可否的是她自身的确很好地践行了这种标准，为了维护她心中的正义、坚持她崇尚的原则，她宁可牺牲自己的政治生命。而且，也许正因为这样，作为政治家的宋美龄，无论是在生前还是在身后，都能受到世人的尊重，并能够持续保持她的政治荣耀，并最终在史册上留下只属于她的那独特一笔。

① 《妇工会工作会议昨揭幕　蒋夫人主持并致训》，《“中央”日报》1971 年 4 月 3 日，第 1 版。

第五章 宗教信仰对其政治心路的影响

如果不讨论宋美龄的宗教信仰问题，对其一生政治生活的思想历程的讨论终究会有未尽其意之感。宗教信仰是宋美龄一生的重要精神支柱，并贯穿她政治生活的始终，越是关键时刻越能彰显宗教对其思想的影响，宋美龄宗教信仰的虔诚也与其政治成长的历程紧密相关，甚至可以说，如果没有宗教信仰的支撑，宋美龄就不会成为这样一位有影响的政治人物。所以，梳理宋美龄一生的宗教信仰有助于增进对其一生政治选择的理解。

第一节 来源于家族的宗教信仰及早年印象

宋美龄终身信仰基督教，起源是家庭的信仰，宋美龄的父亲和母亲都是虔诚的基督教徒。宋美龄对宗教的最初感受完全是被迫接受，根本谈不上虔诚："我在幼年时，对于母亲强迫我的宗教训练，多少有些不肯受命……那时的家庭祈祷，往往使我厌倦，我就借着口渴为推托，偷偷地溜到外面去，这常常使母亲烦恼。那时我也像我的兄弟姊妹一样，必须常常上教堂去，而冗长的说教，使我觉得非常憎厌。"① 宋美龄认为，她对宗教的这种感受完全是因为她的天性——不喜欢玄虚，而爱好实际，以及她的怀疑心态。"我而且多少带些怀疑心的。我常常想，所谓忠诚、信仰、

① 《我的宗教观》，载《蒋夫人言论集》（上），第2页。

不朽等等，不免有些近乎理想的。世上所看得见的东西，我才相信，否则我就不相信。别人承认的事情，我未必因而也加以承认。换句话说：适合我父亲的宗教，不一定能引动我。那只适口舌，宛如糖衣药丸的宗教，我并不信仰的。”① 宋美龄意识到自己对世间事物的重视，“有时或许重视得有些过度了”，而她所指的世间事物，却又并非是单指物质方面的，更多是指精神方面的，她说：“我爱好一个美丽的瓷瓶，比较高价的珍宝为甚。”②

从宋美龄的叙述中，我们可以看到一个天性任性而率真的小女孩，也可以了解到宗教在她心目中的地位——宗教虽然在她的父母眼中是神圣的，是无价的珍宝，但对她个人而言，甚至有些不屑，她更喜欢干自己喜欢干的事。

尽管被强迫信教有种种不愉快，宋美龄对母亲的虔诚仍深有感触，她从母亲对信仰的虔诚中看到了母亲的伟大，看到母亲的个性“处处表示出她的严厉刚强，而绝对不是优柔善感的”③。母亲虔诚的祈祷竟往往能化出善果，这种神奇又使宋美龄迷惑不解。“我们有什么难题要求解决，母亲一定对我们道：‘让我去叩问上帝。’我们不能催促她立刻回答，因为叩询上帝，不是五分钟可得到效果的事情，一定要耐心等待上帝的启示。但奇怪的是，凡母亲祈祷上帝以求决定的任何事情，结果都是良好的。”④ 母亲的祈祷成为幼年时期宋美龄的一种抚慰心灵的良药，而母亲则成为她心灵的依靠。“当我母亲在世的时候，我常常以为我所应做或不应做的事情，母亲会替我祷告上帝，叩询上帝的。她虽然坚持着我们必须自己祈祷，她不能做我们的居间人，然而我确信她有无数长时间的祷告，是专替我们举行的，或许因为有这样一个母亲在我心中和宗教发生了联系，就使我怎样也没有法子把它舍弃了。”⑤ 所以，母亲在世时，与其说宋美龄信仰上帝，不如说那时的上帝

---

① 《我的宗教观》，载《蒋夫人言论集》（上），第1页。
② 《我的宗教观》，载《蒋夫人言论集》（上），第1页。
③ 《我的宗教观》，载《蒋夫人言论集》（上），第2页。
④ 《我的宗教观》，载《蒋夫人言论集》（上），第2页。
⑤ 《我的宗教观》，载《蒋夫人言论集》（上），第2—3页。

对宋美龄而言，只是母亲给她的精神力量的外延，母亲便是宋美龄与宗教信仰之间的桥梁和纽带，她因母亲，而与宗教间接地联系在一起。

第二节　对宗教信仰认识的转变

随着年龄的增长，宋美龄对宗教信仰的认识发生了重大转变。促成宋美龄对宗教信仰的认识发生转变的原因主要有三个：一个是她的大姐宋蔼龄对宗教态度的转变；另一个是宋美龄实现了参与国家工作的夙愿，在一个全新的领域中，她无意之中对母亲的祈祷产生了更强烈的信任感和依赖感；再一个原因则是宋母的去世。

1921 年 7 月，宋美龄曾在给朋友艾玛的信中提到，她对自己空虚的生活感到厌倦，“强烈感到生活没有意思”，“一切可能让我过上看起来丰富、充实生活的方法我都试过，但都没有成功”！但她正在做一种新的尝试，那就是信仰宗教。她写道：“你是知道的，我不是教徒，我十分独立、无拘无束、不听话、不卑躬屈膝。你或许也知道，我姐姐孔夫人甚至比我还要独立……她甚至否认上帝的存在……但现在她笃信宗教，她对我说她如此变化的原因是她认识到过去对待上帝的态度是错误的……正由于她的悲惨遭遇和痛苦使她改信了上帝，现在她已经在生活中找到了慰藉，找到了生活的信念。”她说她的姐姐现在对宗教十分虔诚，“她正祈求上帝帮助解决她的问题。不仅如此，她还找到了安宁，从未有过的安宁”。她以前认为姐姐是在有意识地从心理上麻痹自己，但“现在我不这样看了。她对我说克服我的厌世情绪的唯一方法就是宗教，真正与上帝沟通”。宋美龄为此往往感到恼羞成怒，甚至让姐姐闭嘴，“但现在我正按照她的话去做，很难说已经有多少效果，不过我要说的是，自从按照她的话做以来，我感到开心多了，仿佛我已不再独自承担重负。现在当我祈祷时，可以说我能听得进别人的话了”。对此，她自己也解释不清。但她告诉朋友：“与上帝加强沟通，最重要是坚信主就在你身边，始终和你在一起。只有在你靠拢上帝时，那些诸如教堂、圣经之类的有形物才会对你有帮助，所以最重要的是信奉全能上帝的爱心。”她劝艾玛也“尝试一下”，她说她发现“与上帝紧密交流的最好方法是选择一段意思完全符合你期望的赞美诗，然后朗诵或者唱出诗句，直到诗意渗透你的意识，真的感到自己的思想要与上帝融为一体，然后祈祷，就像你在与父亲或一位好友交谈”。她肯定“这确是我最能强烈地感受到上帝存在的方法”。

这封信明显体现出宋美龄对待宗教态度的转变，而引导她发生转变的是她的大姐宋蔼龄的劝导。尽管她对宗教的态度有所转变，但此时，她仍然毫不犹豫地否定她已经变得“虔诚”。①

希望服务社会和为国家工作的理想与宋美龄出身革命家庭有很大关系，但也不能忽略宋母出于宗教信仰的仁慈而坚持在平日里乐善好施、关注下层民众生活疾苦的行为所带来的影响，而且这种影响往往更有春风化雨的效果。在有关记述中这样写道：“宋夫人是早期新式中国主妇的样板，个人受到的教育和家庭的培养把她造成一个热衷于传道的基督教徒。她笃信祈祷的效应和个人行善的永衡［恒］价值，并把行善发展成社会性的服务。如今，你如果问任何一个上海居民他记忆中的宋夫人，他会回答说：‘她总是出门向穷人施舍财物。’”②这里就出现了一种有趣的现象，宋美龄所重视的世间事物（此时已可以明确为她的理想）与她从前并未认真对待的宗教信仰之间的这种最初的、轮廓难以辨认的联系，而宋母再次扮演了这种联系的居间人的角色。这只是理想与宗教之间联系的最初形态，随着时间的推移，这种联系将更加清晰，并更为紧密，特别是在宋母去世以后。这一点，我们可以从宋美龄自己的叙述中得到证实。

1918年5月，宋美龄的父亲宋耀如去世，葬礼结束后不久，

---

① 《宋美龄写给艾玛的信》（1921年7月6日），载《宋美龄文集》（未刊稿），美国斯坦福大学胡佛图书馆藏。

② ［美］埃米莉·哈恩著：《宋氏家族——父女·婚姻·家庭》，第28页。

两位姐姐相继回到各自家中，只有宋美龄陪伴在母亲的身旁。此后，“宋夫人放弃了她的大部分爱好，较之以前更加忙碌于教会工作”①。这也带动了宋美龄对基督教女青年会工作的热情。

几年后，宋美龄不得不把未来的事业与婚姻的选择联系起来。宋美龄在众多追求者中选择了具有超强政治抱负的蒋介石，但由于宗教信仰关系，宋母出手干预宋美龄的婚事。除了因为蒋介石曾经结过婚、娶过妾，且丑闻不断以外，宋母最不能接受蒋介石做女婿的最重要一条是蒋介石不是基督徒，这一事实使宋母坚定了不接纳已经高居国民革命军总司令职位的蒋介石的决心。所以，她千方百计地拒绝和躲避蒋介石，对此，宋美龄丝毫没有办法，即便她已经对蒋介石表示了首肯，确信自己能和他一起实现理想和抱负。

这犹如一道“门槛”，宗教信仰把宋美龄的理想和实现理想的希望分割开来。当然，在宋蔼龄的劝说下，宋母很快同意与蒋介石见面。最后宋母被蒋介石对宗教信仰问题的答复所打动，他说“他很愿意试一试，他将尽力研究圣经，但他不能未经体察就随便允诺接受基督教”②。蒋介石的回答很巧妙，使本来持怀疑态度的宋母最终改变了初衷。这道看似难以逾越的“门槛”就这样被蒋介石轻而易举地给搬开了。在这个过程中，宗教信仰问题几乎成为宋美龄通往婚姻殿堂和实现她的理想的“准入证”。

但客观地说，跨过这道“门槛”时，宋美龄并未意识到宗教信仰问题和蒋介石对宋母作出的研究圣经的允诺，将会对她未来的生活产生怎样的影响，这一点我们在她后来的叙述中可以得到证实：“即在我与蒋‘总统’结婚后，我还仅是一个名义上的基督徒。凭理智的判断，我确信基督是神。我也相信，耶稣来到世间是为了要替人赎罪，但是这对于我并没有多少意义。他虽为我而死，也为人人而死。这件事没有个人的关系。就像在火热的夏日享受一阵凉风。凡能感觉到它的人都能享受。至于罪恶，每个人

---

① ［美］埃米莉·哈恩著：《宋氏家族——父女·婚姻·家庭》，第 120 页。
② ［美］埃米莉·哈恩著：《宋氏家族——父女·婚姻·家庭》，第 152 页。

都是罪人；我的罪决不比一般人更重。”[①] 她甚至对蒋介石的允诺也未必持认真态度，因为多年后，她竟然以带有惊讶的语气用“发现”两个字来描述蒋介石一直谨守与宋母约定的现实。[②] 然而，不以宋美龄的意志为转移的是，宗教在她生活中的影响正悄然增加。

“回忆我若干年来的结婚生活，我与宗教发生关系，可分三个阶段：第一个阶段，我极度的热心与爱国，也就是渴欲替国家做些事情。我的机会很好，我与丈夫合作，就不难对国家有所贡献了。我虽有这样的抱负，但只赖自我，我实在还缺少一种精神上的定力。”[③] 当为国家做些事情的理想开始可以付诸实际的行动时，往往不可避免地会遇到很多意想不到的困难，甚至使宋美龄感到悲观。在这个过程中，精神上的定力、毅力与恒心的价值会越来越突显出来。宋美龄的这段话初步说明了她此时精神上需要支持的事实，实现理想与宗教信仰之间的联系似乎开始逐渐地廓清轮廓了。

宋母的去世是宋美龄对宗教信仰认识发生转变的一个重要转折点，这种转变最初完全是源于她对母亲的思念。“她的去世对于她的子女是极惨重的打击，可是对于我的打击也许比较更重，因为我是她最小的女儿，曾十分依靠她而不自知。”[④] 母亲在世时，对母亲的爱戴，成为宋美龄对上帝始终不弃不舍的最主要的理由，也许因为母亲作为居间人，宋美龄并未亲身真切地体会到“向上帝的叩询”对其精神生活的影响。但当1931年7月23日，宋母去世后，宋美龄忽然之间失去了从前习以为常的精神力量，而此时国家的内忧外患、天灾人祸、军政纠纷交迫而来，不禁使宋美龄陷入迷茫之中。“我应该怎么办？我应该去找谁呢？”[⑤] 当宋美龄悲

---

① 《祈祷的力量》，载《蒋夫人言论集》（上），第293—294页。
② 参见《我的宗教观》，载《蒋夫人言论集》（上），第5页。
③ 《我的宗教观》，载《蒋夫人言论集》（上），第4页。
④ 《祈祷的力量》，载《蒋夫人言论集》（上），第294页。
⑤ 《祈祷的力量》，载《蒋夫人言论集》（上），第294页。

观到了极点，并深深陷入对慈母的思念之中时，却意外地从中领悟到从前不曾认真思索的关于上帝的问题，她自己这样写道："母亲谢世之后，我常常自己想，我的精神生活将渐渐成长了。说得更直截［接］一些，我觉得上帝的所以召我母亲，为了要使她的儿女得以自立。"① 精神自立的感悟，成为宋美龄与宗教关系密切的关键阶段，这就进入了她自己所说的与宗教发生关系的第二阶段。

在这种感悟的推动下，她开始朝母亲指引的方向重新去寻求精神支柱。"我母亲的宗教精神，给了蒋委员长很大的影响，我于是想到，我在精神方面，不能鼓励我的丈夫，实在觉得万分遗憾。委员长的太夫人是热心的佛教徒，他的信仰基督教，完全由于我母的劝导。为了要使我们的婚约得她的许可，委员长允许研究基督教义，并且诵习圣经。后来我发现他谨守前约，我母去世后，也丝毫不变初衷，但教义中，他真实很有一些不能了解的地方，读时很觉沉闷。他每天诵习旧约，苦思冥索，自多困难，所以我在日常谈话中，实有把难解之处，委婉示意的必要。

"于是我方始明了，我只要就丈夫的需要，尽力帮助他，就是为国家尽了最大的责任。我就把我所知道的精神园地，引导丈夫进去。同时我因生活纷乱，陷于悲愁的深渊，也想找一自拔的途径，于是不知不觉地重又回到了母亲所信仰的上帝那里。我知道有一种力量，它的伟大，决不是人们所可企及的，那就是上帝的力量，母亲鼓励委员长精神生活的任务，既由我担负了起来，我也日渐和上帝接近了。

"由此而入第三个阶段。我所愿做的一切，都出于上帝的意思，而不是自己的。"②

在悲观失望中徘徊的宋美龄，在国家命运内忧外患交迫而来的冲击下，逐渐意识到自己在精神生活中将独立成长，潜意识中，宋美龄把对母亲的怀念转化为替母亲在精神领域引导蒋介石的行

① 《我的宗教观》，载《蒋夫人言论集》（上），第2页。

② 《我的宗教观》，载王亚权等编纂：《蒋夫人言论集》（上集），第4—5页。

动，拉近了她与上帝的距离，此时，仿佛上帝成为了她与母亲之间的桥梁和纽带。这种转换一旦完成，她很快就抛却了先前的迷茫与徘徊。

经过两年的徘徊，在精神上重新获得动力后，宋美龄立即投入了另一种角色，她继承了母亲的角色，开始力图像当初母亲引导自己那样，以这种宗教引导的方式为蒋介石提供精神上的支持，“我知道，我应该像母亲以前一样地帮助他”①。这是她为自己确定的新的方向，是可以使她在失去母亲后，在各种忧患层出不穷的境遇中，重新振作起来的选择。从而，她从失望悲观中挣脱出来，重新看到了“叩询上帝”的价值，她后来一直认为，“这是我灵性上第一个大关头”②。在精神支柱重建后，宋美龄重新获得了信心，她写道：“中国目下所有的问题，都是十分艰巨，诚为从来所未有的。但是我如今丝毫不再沮丧，不再消极了。我信仰的上帝，他有无限力量可以帮助我们，他的恩惠，简直超出我们的想望和祈求。”③ 自此，宋美龄终于能真正接近上帝，“我自己的信仰和新得的了解同时滋长。一种更深刻的意义浸润了我们的婚姻。我已走上我灵性发展的初步高原”④。

第三节　对上帝的虔诚信仰

1955 年，美国佛莱明·李维尔公司（Fleming H. Revell Company）出版宋美龄的《稳操胜券》（*The Sure Victory*）一书。原版书中英文正文的开头上方是个大大的汉字——“信”，正文结尾的

---

① 《祈祷的力量》，载王亚权等编纂：《蒋夫人言论集》（上集），第 295 页。

② 《祈祷的力量》，载王亚权等编纂：《蒋夫人言论集》（上集），第 294 页。另外参见中国国民党《“中央”日报》2003 年 10 月 25 日第 17 版，蒋宋美龄的《我怎样成为一个基督徒》。两篇文章应该同为宋美龄英文著作 *The Sure Victory* 的中文缩写版，后者是更为简略的缩写版，其中对这句话的翻译是“这是我第一次的灵性转机”，也许更为恰当。英文原文为“This was my first great spiritual crisis.”参见 Madame Chiang Kai-shek, *The Sure Victory*, New York: Fleming H. Revell Company, 1955, p. 11。

③ 《我的宗教观》，载王亚权等编纂：《蒋夫人言论集》（上集），第 9 页。

④ 《祈祷的力量》，载王亚权等编纂：《蒋夫人言论集》（上集），第 295 页。

下方则是汉字——“天之道”，连起来便是“信天之道”四个字。[①] 这本书被称为“近年来最好的圣诞节书”[②]，也被认为是最能体现宋美龄信仰的著作，而这“信天之道”四个字则可以看作是以一种少有的张扬方式传递了宋美龄对上帝的虔诚。这本书被两次缩写，第一次是在1955年该书出版之前，发表在美国《读者文摘》中文版第七卷第四期，后被收录在台湾出版的《蒋夫人言论集》（上集），题目为《祈祷的力量》；第二次缩写是在2003年，宋美龄去世的第二天，10月25日《“中央”日报》第17版上登载的《我怎样成为一名基督徒》，内容更为简略。从这几篇文献中，我们可以更深入地了解宋美龄的精神世界。

对上帝的虔诚信仰使宋美龄的精神境界得到升华，她的视界越来越开阔。以下几个方面的事例能帮助我们了解这一切。

先介绍的两个事例都是在实际危机发生时，圣经中的话像预言一样巧合地被“应验”了。第一件事发生在1930年11月末，在宋美龄与蒋介石结婚纪念日（12月1日）前夕，当时他们住在南京。蒋介石建议到江对岸的乡下度假来庆贺结婚纪念日，但在临近动身的时候，宋美龄开始不安起来，但又说不清是为什么，她把不想去乡下的想法告诉了蒋介石，两人决定留在原来的住处。结果就在那晚，刚刚对蒋介石表白了忠心的石友三发动了叛变，带着部队在江对岸闹事，而那儿正是蒋氏夫妇原来打算度假的地方。当时整个南京城都面临着危机，而毫不知情的宋蔼龄仍按原来的计划在第二天上午来到南京宋美龄的住处。宋美龄劝她尽快离开南京，宋蔼龄却拒绝离开。她通过长途电话对在上海的母亲说：“妈妈，将要发生一件非常不好的事情。我不能向您诉说实情，但是我和美龄希望您能为我们祈祷。”两个小时以后，她们收到母亲打来的一份电报。宋母在电报上引用了《圣经》上的一句

① Madame Chiang Kai-shek, *The Sure Victory*, New York: Fleming H. Revell Company, 1955, pp. 7, 45.

② 《宋美龄写给 Mr. George E. Sokolsky 的信》（1955年12月17日），载《宋美龄文集》（未刊稿），南京大学中华民国史研究中心藏。

话："敌人将主动撤退。"结果宋母引用的经文如预言一样巧合地"应验"，当天下午，石友三的部队改变计划，向后撤退了。[1]

另一件事就是发生在1936年12月的西安事变。蒋介石在此前连续数次与张学良就是否要立刻组织抗日的问题发生争执之后，亲自飞到西安，督促张学良继续攻打共产党的军队。然而，就在蒋介石下榻的临潼华清池温泉，张学良、杨虎城发动兵变，并扣押了他。当时，宋美龄仍然担任着航空建设委员会的主席，她到上海处理航空建设委员会的事务。西安事变消息传出后，南京方面一片混乱，宋美龄连夜赶回南京，力劝主战派暂缓动用武力，随后，在端纳、黄仁霖、宋子文铺垫后——尽管蒋介石曾通过他们嘱咐宋美龄不要到西安冒险——宋美龄力排众议飞往西安，下定了与丈夫同生共死的决心。当宋美龄初见蒋介石时，他惊诧得以为是一个幻影，在他稍为安定后，他给宋美龄看了那天早晨他所读的圣经，其中恰好有一节："耶和华在地上造了一件新事，就是女子护卫男子。"《圣经》中的经文再次像预言一般巧合地"应验"，再次"预告"了结果。宋美龄的西安之行，不但在精神上给蒋介石带去莫大的安慰，同时，由于她代替蒋介石与那些蒋介石不愿见面和接触的人进行正面谈话，对西安事变最后以和平方式解决发挥了至关重要的作用。每当宋美龄回想起西安事变时，都对上帝的神奇力量表示折服，从而更笃信上帝。[2]

除了上面两件事情以外，宋美龄在宗教信仰中所获得的精神启示似乎远远超过其他方式，而且，她不懈地坚持，使她完成了定期的进化，在她看来，如果没有定期进化，就意味着"将退化"。[3] 值得注意的是，每次宋美龄提到灵性进化，都伴随着她在政治生活中的低潮。在政治生活中处于低潮时，往往宗教信仰带来的心灵的抚慰使她在精神层面向更高的层次靠近，在她看来，每当她在上帝的指引下克服了心里的低潮，她在信仰的灵性上就

---

① 参见［美］埃米莉·哈恩著：《宋氏家族——父女·婚姻·家庭》，第182页。

② 参见《蒋委员长西安半月记　蒋夫人西安事变回忆录》，第39—80页。

③ 参见《祈祷的力量》，载王亚权等编纂：《蒋夫人言论集》（上集），第298页。

上一个台阶，就会与上帝更为接近，并引导她走出政治低潮的阴影。

宋母在世时，宋美龄已经习惯在遭遇困难时，请母亲代她祷告以获取解决问题的途径。在宋母卧病在床的一段时间里，日本正在加紧对东北地区的侵略，宋美龄对此不胜烦恼。终于有一天，她忍不住向母亲提出一个请求："母亲，你的祈祷很有力量，为什么不祈求上帝，用地震或类此的灾祸惩罚日本呢?"宋母把脸转过去好一会儿，接着用严肃的目光，看着宋美龄，并说："当你祈祷，或求我替你祈祷的时候，切不要拿这种要求侮辱上帝，我们凡人尚且不应当有此存心，何况祈求上帝呢?"母亲的态度对宋美龄的影响很深，她虽然承认母亲是正确的，但心中却仍充满了对侵略者的仇恨，而且随着日本侵略的扩大，这种仇恨与日俱增，在国民政府迁都重庆的第三年，她感觉自己"走上一种新的凄凉的心境"，"已被愤怒仇恨及苦痛渐渐毒化"。[①] 她知道母亲是对的，知道基督指示人们要替敌人祈祷，但是她却无论如何做不到。"无论我如何尝试，我不能祝福'那些侵略者'。是的，就是上帝要我这样做，我也做不到。"[②] 一个信仰上帝的教徒却不能听从上帝的指示，这是一种心灵的煎熬。面临多劫的国运，宋美龄正经历着又一个低落期，她虽然仍旧祈祷，"但是这些祈祷已失去意义"。[③]

然而，问题突然出现了转机，这是基督教徒感受"圣灵"[④] 降临的经历。"然而在一天早晨，正是轰炸最激烈的时候，在我记忆起一个经验时得到了灵性的援助。在许多星期之前，'总统'与我

---

① 《祈祷的力量》，载王亚权等编纂：《蒋夫人言论集》（上集），第296—297页。

② 《祈祷的力量》，载王亚权等编纂：《蒋夫人言论集》（上集），第297页。

③ 《祈祷的力量》，载王亚权等编纂：《蒋夫人言论集》（上集），第296页。

④ 《福音书》记载，耶稣被害死后于第三天复活，并向门徒和众人显现，第四十日升天，第五十日差遣圣灵降临。众门徒领受圣灵，开始传教。所以，"圣灵"（Holy Spirit）成为基督教崇拜对象三位一体上帝中的第三位。基督教教义认为，"圣灵"在世界和人类心中工作，使人知罪、悔改、成圣。参见梁工主编：《圣经百科辞典》"基督教""圣灵""耶稣"等词条，辽宁人民出版社1990年版，第317—319、709、1054—1056页。

在某次赴前线时，曾在一个盲童孤儿院中小驻。虽然我痛恨我这种习惯，但是，任何精神或肉体的残废一直都使我发生反感；我之去孤儿院仅是为了尽责任。当我望着那些孩子，他们脸上的表情，全是一种令人受不住的迟钝和麻木。在他们环绕着我时，我本能地躲开他们，这时候，突然有一个思想来临，而使我拥抱着他们：假如我，即使是暂时的，对于肉体的盲目抱着如此的反感，上帝对于我灵性的盲目当有何等的反感呢？"① 宋美龄突然在这天早晨省悟到自己是因恨而故作"灵性的盲目"。随后，她耳边似乎响起了宋母的声音："'主说：申冤在我。'当然不是你。"② 宋美龄感觉自己在上帝和母亲的引导下，竟然能将恨的重负卸脱在十字架下。"现在，如若我祈祷时，我能将敌人交与上帝，随他的慈悲，他的公平处理。"③ "从此我再不被恨心所困惑。我仍然会生气，但这只是一时的反应。恨心不复能深入我心而占据我一切的思想。"④

从这个困扰自己已久的问题中解脱出来，能够对自己的敌人释怀，使宋美龄感觉自己重新获得了自由与新精力，感觉到自己的进化，从而在抗日战争期间，她走上了灵性生长的第二高原。⑤宋美龄曾经以为自己已经领悟了宗教的真谛："宗教是很简单的事情。其意义就是尽我心、我力、我意，以实行上帝的意志。"⑥ 但实际上，真正能领略其中的奥妙并不像宋美龄想象的那样简单。在整个抗日战争中，"上帝给我一份为国家出力的工作"⑦ 的认识也许可以支撑她在艰难中仍不懈努力，为她与蒋介石共同的"革命"理想而努力，但当这种理想失去原来赋予的载体——原来意

---

① 《祈祷的力量》，载王亚权等编纂：《蒋夫人言论集》（上集），第297页。

② Madame Chiang Kai-shek, *The Sure Victory*, New York: Fleming H. Revell Company, 1955, p. 19. 原文是：Then my ears seemed to echo my mother's voice, saying: "Vengeance is mine, saith the Lord. It certainly isn't yours."

③ 《祈祷的力量》，载王亚权等编纂：《蒋夫人言论集》（上集），第297页。

④ 《祈祷的力量》，载王亚权等编纂：《蒋夫人言论集》（上集），第297—298页。

⑤ 参见《祈祷的力量》，载王亚权等编纂：《蒋夫人言论集》（上集），第296页。

⑥ 《我的宗教观》，载王亚权等编纂：《蒋夫人言论集》（上集），第8页。

⑦ 《我的宗教观》，载王亚权等编纂：《蒋夫人言论集》（上集），第8页。

义上的那个“国家”的时候，她就必然会再次陷入迷茫和灵性的低落。

1949年，对宋美龄来说又是个痛苦的年份，国民党丧失了在大陆的统治权，退居台湾。身在美国的宋美龄感觉那个时期是黑暗的岁月，身边的人都劝她不要回去，即使是台湾，也可能很快就被攻陷，她感觉如果失去中国，即使她还活着，也会觉得生命毫无意义。她内心存在着痛苦的挣扎，她认为自己不能在丈夫最困难的时候让他独自去面对。在那段时间里，她仍然坚持祈祷，但她的祈祷已经变得机械而重复。她一遍又一遍地问宋蔼龄：上帝怎么会允许出现这样坏的情况？宋蔼龄让她继续坚持祈祷并保持耐心，她确信上帝将会指明出路。然后在一天的拂晓时分，处于半梦半醒中的宋美龄听到一个来自远方的缥缈的声音说道：“一切正常！”被惊醒后，宋美龄第一意识就是她得到了上帝的保证和指示，“一切正常”就意味着她可以加入丈夫不安定的行踪，陪伴在他的身边。所以，宋美龄立即起身跑到姐姐的房间，宋蔼龄看到她容光焕发的样子不解地问她发生了什么事情。她告诉姐姐她听到的声音，并告诉姐姐她要坐最早一班飞机回家！宋蔼龄没有再表示反对，而是帮助宋美龄收拾好行装。

在去台湾的途中，宋美龄回想起多年来与蒋介石共同经营的事业就这样付之东流，她感慨万千，在心中问自己：“我是不是已经失败了？我还能再做些什么呢？”“为什么社会主义会胜利？”“我现在还能做什么？”一个接一个的问题在宋美龄心中激荡，使她难以平静。宋美龄深刻地反省：

“答案出现在我的脑海中——当准备过基督徒式的生活，并为社会和政治作贡献的时候，我没有直接在为上帝、在上帝的保护下、和与上帝同在。我只是在上帝指导的外围，但我没有消除自我地为上帝直接工作。很显然我是在上帝的帮助下按照蒋宋美龄的想法在做事，而不是把宋美龄作为上帝的工具按照上帝的方式做事。

“我在运用上帝，而不是让上帝运用我。我从来没有单独为上帝做过任何事。

“当我飞越太平洋时，一种不太明确的想法渐渐使我明白，我也许应该组织一个祈祷会。我曾经自认为是一个了解上帝能量的基督徒，但我却没能使上帝（运用）我的驱动力和控制力。”①

此时，应该说宋美龄的“灵性”正在“觉醒”，使她重新找回坚定政治信念的理由。宋美龄承认起初她对这种想法有过退缩，她感到极不自然想要躲避，但最后，她还是克服了自己不自然的心态，带领着五位笃信基督教的朋友开始在台湾的家里建起了祈祷会。之所以能够克服自己的害羞心态，原因在于宋美龄认识到人们都不愿让别人知道自己对基督的归顺，所以，对上帝的信仰才会干萎，而只有在重申对主的信仰时，才能保持爱心的存在。②从某种意义上看，祈祷会的成立和发展，预示着宋美龄对宗教信仰的虔诚又向前迈了一步，去实践她要单独为上帝做些事的“灵性觉醒”。然而，她并不认为自己已经有资格说与“圣灵”相通了，直到另一次的经历，她才发现“圣灵”已经在她的心里了。这也许就是宋美龄宗教信仰中“灵性”成长的第三高原。

宋美龄写道：“一天我读到耶稣被钉在十字架时，我停止在叙述兵士用枪刺他的肋旁有水和血流出来那一节。其时，那一节我已念过许多遍，从来没有特别受感动。这一次，我却哭泣不已，感觉到自己实在不配。这是一种特殊的经验，是极大的忧伤也是极大的解脱。我难得哭泣，因为自幼我们便学习不让感情流露。但是这是一阵急流，是洪水。我无法自制。同时我的心感到轻快和安慰，觉得我的罪已被这些泪水洗净。

“我经验到的是老辈所谓的‘得重生’（Conversion）没有别的名字可以代替。从此我不但理智上信主，而且更与我主有了个人而亲切的关系。‘若有人在基督里，他就是新造的人；旧事已过；

---

① Madame Chiang Kai-shek, *The Sure Victory*, New York: Fleming H. Revell Company, 1955, pp. 24-27.

② 《祈祷的力量》，载王亚权等编纂：《蒋夫人言论集》（上集），第298页。

都变成新的了。’”①

随着祈祷会规模不断扩大，宋美龄对上帝的信仰也与日俱增。她不止自己祈祷，还开始以“圣灵指示”的名义组织牧师到军医院和军队中布道，宋美龄和她的祈祷会会友也会每星期访问军医院一次，去“促进”上帝的旨意，为上帝做工。从这项工作中，宋美龄进一步确信祈祷的力量，越来越多的人参与祈祷的活动。“我体验到以前我常听见人说起而从未了解的事情。就是：‘灵性’的快乐和奋兴。不久我发现其他的会友也有同样的感觉。这就是一个祈祷会所能产生的神效：全体会友都能理智地确信祈祷的力量，再加上一种新生的内心欢乐。这是宗教真正成为属于个人的一种方式。”②

台北士林官邸内的“凯歌堂”，蒋介石和宋美龄生前在这里祈祷

台湾时期的宋美龄在宗教活动中扮演着重要的角色，她对宗教的认识也与在大陆时有了巨大的变化。当一个人内心世界越来越向上帝靠拢的时候，她本应内心更为纯净、更为安宁，但基督

① 《祈祷的力量》，载王亚权等编纂：《蒋夫人言论集》（上集），第299—300页。
② 《祈祷的力量》，载王亚权等编纂：《蒋夫人言论集》（上集），第301页。

教并不像佛教所主张的那样，要放弃自己的执着心。正如马克斯·韦伯所分析的新教伦理的核心内容：上帝应许的唯一的生存方式，不是要人们以苦修的禁欲主义超越世俗道德，而是要人完成个人在现世里其所处地位赋予他的责任和义务。① 基督新教鼓励教徒们走入世俗，要人们从工作中去证明自己是上帝的选民。因此，当宋美龄与上帝不断靠近时，她多次在复活节的耶稣受难日举行的礼拜上作长篇讲话，在祈祷会上组织大家为世界的和平祈祷，但这并不影响她更积极地投身于世俗工作，而且要用这种方式来进一步证明自己是上帝的选民。这其中既包括她积极地投身于组织台湾“中华妇女反共抗俄联合会”，也包括她积极推动台湾各方面的社会建设。这种情形恰恰表明，宋美龄的宗教信仰与政治活动相辅相成、紧密地联系在一起。对于宋美龄来说，也许到台湾之后，她才更加清楚地领悟到“尽我心、我力、我意，以实行上帝的意志”的真谛，她更热衷于对上帝的信仰和精神依赖，而且已不再是为了建立与母亲之间的桥梁，而是为她先前的理想——当然这种理想随着时空的转换，已经发生了巨大的变化。

无论是在台湾，还是后来旅居美国，宋美龄的宗教信仰基本上达到了一种新的境界：把一切交给上帝裁决！她不过是为上帝做工的信徒，而她的“为国家出力的工作”是上帝的意志，所以，她必须尽心、尽力、尽意去完成，至于其他留给上帝来裁决，亦即“‘主说：申冤在我。’当然不是你”②。而以前，她把这个顺序完全倒了过来，认为宗教是“尽我心、我力、我意，以实行上帝的意志”，而结果她是可以控制的。对当初的一些宗教理念，宋美龄逐渐从那种只知其一、不知其二的懵懂状态中觉醒过来，她终于登上了“灵性”成长的最后高原。

---

① 参见［德］马克斯·韦伯著：《新教伦理与资本主义精神》，于晓、陈维纲等译，三联书店1987年版，第59页。

② Madame Chiang Kai-shek, *The Sure Victory*, New York: Fleming H. Revell Company, 1955, p. 19. 原文是：Then my ears seemed to echo my mother's voice, saying: "Vengeance is mine, saith the Lord. It certainly isn't yours."

第四节　宗教信仰是其政治心路的重要导引

综观宋美龄的一生，她对宗教信仰认识的变化过程，正好与其政治生活发生变化的过程相吻合。所以，我们完全可以根据宋美龄宗教信仰的变化历程，来划分其政治生涯的不同阶段。

当宋美龄与宗教的关系尚处于需要宋母来维系的时候，她只能算是一个有志向的基督教女青年。宋美龄婚前的一位女友说，那时她总有这样一种感觉：上海的生活以及她那个阶层的姑娘所能有的社会工作，都满足不了她的需要。特别是当她参加某项以消磨时光为目的的娱乐活动时，常常违反常规地突然离去，“给人这样一种印象，似乎她突然意识到她正在干的是一件毫无意义的事情”①。在这稍显漫长的时段里，宋美龄虽然曾经因被强迫进行宗教训练感觉难以受命，但长期不懈的宗教训练对她产生了积极的影响，这就是养成了她“做事的恒心”②，铸造了她锲而不舍的精神。这种恒心和精神对后来投身于政治舞台的宋美龄来说至关重要，因为这种恒心和精神与宋美龄的政治生活结合起来，就形成了一种坚韧的政治性格。宋美龄在宗教熏陶下养成的坚强意志，使她在面对复杂而艰难的问题时，更加意志坚定，不易被动摇，这种特点在西安事变、访美游说等重大事件的处理和应对上都突显出来。

当她开始深切体会到宗教对其生活产生的影响时，她正努力踏上政治道路，但所处的位置是追随在蒋介石的左右。作为追随者，她不但可以忍受新婚蜜月中独自一人的寂寞，可以放弃婚前“惬意而又舒适的”生活，去接受一种她这个阶层的绝大多数妇女所不愿经受的磨炼，去适应各种为政治目的而安排的宴会和招待会——宋美龄往往是这种场合中绝无仅有的妇女。③ 但她逐渐克服

---

① ［美］埃米莉·哈恩著：《宋氏家族——父女·婚姻·家庭》，第168页。
② 《我的宗教观》，载《蒋夫人言论集》（上），第2页。
③ 参见［美］埃米莉·哈恩著：《宋氏家族——父女·婚姻·家庭》，第158页。

了最初的尴尬，她说："我认为官员们也觉得我是一个妇女，后来我索性忘掉自己，一心一意帮助丈夫工作，他们也就不再把我看做一个妇女，而当成他们之中的一个成员了。"① 她借助长期系统训练所获得的教育常识，与第一次国共合作过程中军队中形成的政治教育传统相结合，创办了革命军遗族学校和军官励志社，为蒋介石聚拢军心提供了有效的帮助。当然，无意之中，宋美龄把她的宗教信仰也融合在最初的政治事业中，她用宗教博爱的情怀关注着每一位遗族儿童，她起用基督教青年会颇有经验的工作人员黄仁霖来筹办和直接主持军官励志社的工作。另外，她的宗教常识还运用在帮助蒋介石阅读和研究圣经方面。除此之外，宋美龄一直身体力行地跟随着蒋介石来往于北伐前线。在那里，"他们走到哪儿，就住在哪儿，因此他们常常要在茅草屋、火车站和农舍里过夜"②。她以宗教训练造就的坚毅性格，同懒散、混日子的作风进行着不同寻常的斗争，同时，她借此一步步地向政治舞台靠近。丰富而刺激的政治追随者的生活不但满足了她的心理需求，而且也进一步激起了她对政治的兴趣。

当 20 世纪 30 年代，她离开了母亲的引领开始走向精神独立的时候，又恰恰是她更主动地参与到政治生活中的契机。在这一阶段，由被动转入主动，由依赖者转为引导者，宗教信仰中这种角色的转换，使宋美龄的宗教意志完全被激发出来，转化为政治观念。宗教信仰成为宋美龄政治观形成和发展的一个重要基石，并贯穿其一生。在完成这种转换之前，她对丈夫事业的关注和为国效力只限于随丈夫到处巡视；时时关怀着她所创办的国民革命军遗族学校，如何把学生们培养成良好的公民，使他们将来对社会对国家有宝贵的贡献；如何改良同胞的生活等等③，对这些问题的关注意义虽然重要，但从行为角色的角度看，此时的宋美龄只限于一般元首夫人的所作所为。但完成转换之后，她的目光不再仅

---

① ［美］埃米莉·哈恩著：《宋氏家族——父女·婚姻·家庭》，第 158—159 页。
② ［美］埃米莉·哈恩著：《宋氏家族——父女·婚姻·家庭》，第 162 页。
③ 参见《我的宗教观》，载王亚权等编纂：《蒋夫人言论集》（上集），第 1 页。

仅局限于此，她更多地从各方面渗透到丈夫的事业当中，所以，此时她对政治的追求不再是简单地追随在蒋介石的左右，而是更积极地从内政、外交各方面辅佐蒋介石，并逐步走上一条完全政治化的人生之路，而一直指引她走下去并强烈影响其政治观念的则是她的宗教信仰和宗教意志。

当她意识到自己要真正为上帝工作时，她的政治生活开始走向一种不执着于事、只执着于心的历程，她把一切裁定权都交给了上帝。宋美龄去世后，早年为她及蒋介石讲道并为宋美龄生前属意主持其追思礼拜的周联华牧师回忆说：蒋夫人生前最关心的就是“国家”的前途，连祷告的内容都多与“国家”发展有关。此时的宋美龄也许真正回归了基督新教“尽心、尽力、尽意”的教义本位，因为她有宗教信仰作为精神的支撑，从而能从容不迫地逐渐淡出政治舞台。

宗教信仰对宋美龄政治生活的影响无疑是深刻的，宗教信仰对宋美龄的政治生活既有推波助澜的作用，也有助她急流勇退的功效。之所以说有推波助澜的作用，比如，当她感觉到自己在精神上已经开始接近上帝并能代替母亲为蒋介石作精神上的指引时，宋美龄不仅感觉他们的夫妻生活得到滋润，而且，她更加义无反顾地决心与丈夫并肩作战。即使是在炮火纷飞的前线，随时有发生危险的情况下，她“一点不怕”，因为“我确信在我们工作没有完成以前，决不会有意外降临到丈夫和我的身上来。将来工作完成，纵有意外，还有什么关系呢？”[①] 证之以

宋美龄

① 《我的宗教观》，载王亚权等编纂：《蒋夫人言论集》（上集），第9页。

后来的实际行动，这种说法不会让人产生故作标榜的感觉，只会让人钦佩她的勇敢与坚定。

至于说宗教信仰对宋美龄的政治生活有助她急流勇退的功效，也同样可以用事实来佐证。比如，到台湾之后，政治舞台虽然缩小了，然而宋美龄因相信自己要真正为上帝“作工”，并没有流于对权力的执着追求，反而返身于宗教推广和社会建设；当她在对美外交方面与蒋经国发生分歧时，她没采用斗争或坚持一己之见的做法，而是选择了放手；特别是在蒋介石去世后，宋美龄从台湾的政治舞台上逐渐退隐的时候，很多人倾向于相信她是权力斗争的失败者，然而，如果从宗教信仰的变化历程来分析，则不难得出另一种结论——她信由上帝裁决的因素远远大于其他方面的因素。

晚年的宋美龄对宗教信仰的推崇甚至到了一种极端，她曾在《庆祝林语堂先生八十生日论文集·序》的短文中，用一半篇幅对林语堂先生一生的功业进行简短总结后，竟用另一半的篇幅对林语堂重新恢复对基督教的信仰表示了极大的关注和赞赏。她写道：“还有一件具有独特意义的事，那是在一九五八年，我们的这位作家公开宣布重新皈依基督教。他的上两代原为基督教徒。像大多数深通世故者与知识份［分］子一样，他历经了怀疑与曲折的人生道路，其间充满着可知与不可知的世俗的影响力。同时，也像所有深通世故者和知识份［分］子一样，寻求最终的真理，也就是经过了严密的推求和彻悟。唯有超越过智慧，一个人最后才能了解：要探求至上的真理——上帝——只有依靠信仰的明灯，才能达到。在这方面，我不必为我的基督教友作任何表示，我只是就经验有所陈述。

“而且，重新皈依基督，是表示精神胜过物质，信仰胜过理念，心胜过物。世人有时都会突然背离我们的造物主，有些人常会背离得更多更快。但是，如果在屈服于人类的缺点之后，终能藉圣灵之助，经由赎罪而重新奉献于正义之路，这不是十分合乎人性的表现吗？这是每一个人藉着他的上帝——我的上帝，所必须正视和努力以求达成之道。

“衡量才华如此卓绝的林语堂博士，赞誉他是一位十足完美的文明人，像法国人所说的‘un homme très civilisé’（一个极度文明的人），可说是极其恰当的评价。”① 可见，在宋美龄看来，任何世俗的成就都未必能成就一个“极度文明的人”，只有宗教信仰才能使人在追求真理的道路上得到“圣灵”的帮助，完成精神的升华，这种成功在成就人的完美方面的作用远远高于世俗的功业。从这一点来看，宋美龄把一切都交给上帝去裁决的观念更加突显。所以，晚年的宋美龄“宗教信仰是她最大精神支柱”②，她对政治尽心尽力，却不刻意地执着于此，她教育孙辈：“你如果想要为上帝工作，首先要能无我。”③ 这也许就是她的自然生命和政治生命可以延续如此之长的秘诀。

华盛顿华府西北十六街一所卫里公会的教堂彩窗——圣徒宋美龄在庄严宣讲中升华

① 蒋宋美龄著：《庆祝林语堂先生八十生日论文集序》，《“中央”日报》1974年10月14日，第10版。

② 《晚年恬淡　读经祈祷作画　据随侍夫人身边武官描述　宗教信仰是她最大精神支柱》，《“中央”日报》2003年10月25日，第2版。

③ 朱秀娟访谈，陈秋美编辑：《点滴在心头——42位身边人谈二位蒋“总统”》，台北天下文化出版股份有限公司1995年版，第XVI页。

参考文献

档案：

台北“国史馆”藏《蒋中正档案》

中国第二历史档案馆藏档案

美国斯坦福大学胡佛研究所藏《蒋介石日记》

《蒋中正“总统”档案：事略稿本》（①—62），台北“国史馆”2003—2011年版。

书籍、文章：

王亚权编纂：《蒋夫人言论集》（上集、下集），台北“中华妇女联合会”1977年版。

《蒋夫人言论汇编》编辑委员会编辑：《蒋夫人言论汇编》（卷一至卷四），台北中正书局1956年版。

[美] 埃米莉·哈恩著：《宋氏家族——父女·婚姻·家庭》，李豫生、靳建国、王秋海译，新华出版社1985年版。

[美] 罗比·尤恩森著：《宋氏三姐妹——宋蔼龄、宋庆龄、宋美龄》，赵云侠译，海吟等校，世界知识出版社1984年版。

尚明轩主编：《宋庆龄年谱长编》（上、下），社会科学文献出版社2009年版。

林博文著：《跨世纪第一夫人宋美龄》，台北时报文化出版企业股份有限公司2000年版。

章文灿、玉英编著：《百年风流宋美龄档案照片》，团结出版社 2008 年版。

黄自进、潘光哲编：《蒋中正“总统”五记：爱记》，台北“国史馆”2011 年版。

汪日章等著：《在蒋介石宋美龄身边的日子：侍卫官回忆录》，团结出版社 2005 年版。

徐友春主编：《民国人物大辞典》，河北人民出版社 1991 年版。

新华通讯社参考材料编辑部译编：《宋家王朝和对它的评论》，新华通讯社发行处内部发行 1985 年版。

［美］泽勒著：《神秘顾问端纳在中国》，林本椿、陈普译，译林出版社 2001 年版。

［澳］端纳口述，［美］泽勒撰：《我在孙中山、张学良、蒋介石身边的日子》，团结出版社 2011 年版。

［美］汉娜·帕库拉著：《宋美龄新传——风华绝代一夫人》，林添贵译，台北远流出版事业股份有限公司 2011 年版。

刘志琴主编：《近代中国社会文化变迁录》（第三卷），浙江人民出版社 1998 年版。

秦孝仪主编：《蒋夫人宋美龄女士与近代中国学术讨论集》，台北财团法人中正文教基金会出版发行 2003 年版。

钱用和著：《钱用和回忆录》，东方出版社 2011 年版。

陈三井访问，李郁青记录，熊丸口述：《我做蒋介石“御医”40 年：熊丸先生访谈录》，团结出版社 2006 年版。

汪士淳著：《千山独行——蒋纬国的人生之旅》，台北天下文化出版股份有限公司 1996 年版。

王科编著：《政治心理学》，四川人民出版社 1988 年版。

林荫庭著：《寻找世纪宋美龄：一个纪录片工作者的旅程》，台北天下远见出版股份有限公司 2004 年版。

杨树标、杨菁著：《宋美龄传》，浙江大学出版社 2010 年版。

蒋云根著：《政治人的心理世界》，学林出版社 2002 年版。

赵海成著：《宋美龄回母校》，载褚钰泉主编：《悦读 MOOK》（第 17 卷），二十一世纪出版社 2010 年版。

李剑鸣著：《大转折的年代——美国进步主义运动研究》，天津教育出版社 1992 年版。

展江主编：《中国社会转型的守望者——新世纪新闻舆论监督的语境与实践》，中国海关出版社 2002 年版。

[美] 约翰·杜威著：《明日之学校》，朱经农、潘梓年译，商务印书馆 1923 年版。

[美] 加里·纳什（Gary B. Nash）等编著：《美国人民：创建一个国家和一种社会》（下卷），刘德斌主译，刘德斌、任东波审校，北京大学出版社 2008 年版。

[日] 砚野富士子整理：《蒋介石的美国顾问——欧文·拉铁摩尔回忆录》，吴心伯译，复旦大学出版社 1996 年版。

张莲波著：《中国近代妇女解放思想历程》，河南大学出版社 2006 年版。

李勇、张仲田编：《蒋介石年谱》，中共党史出版社 1995 年版。

[美] 布赖恩·克罗泽著：《蒋介石传》，封长虹译，国际文化出版公司 2010 年版。

[美] 斯特林·西格雷夫著：《宋家王朝》（全译本），澳门星光书店 1985 年版。

[美] 吉尔伯特·罗兹曼主编：《中国的现代化》，国家社会科学基金"比较现代化"课题组译，江苏人民出版社 2003 年版。

[美] 史诺等著：《委员长生活漫记》，张雪怀译，台北文化印书馆 1945 年版。

张宪文等著：《中华民国史》（第一至三卷），南京大学出版社 2006 年版。

张宪文、方庆秋、黄美真主编：《中华民国史大辞典》，江苏古籍出版社 2002 年版。

张宪文、姜良芹等编著：《宋美龄、严倬云与中华妇女》，台北黎明文化事业股份有限公司 2012 年版。

［美］陈纳德著：《我与中国》，陈香梅译，台北华国出版社 1952 年版。

［美］海伦·福斯特·斯诺编著：《中国新女性》，中国新闻出版社 1985 年版。

《蒋委员长西安半月记　蒋夫人西安事变回忆录》，台北“中央文物供应社”印行 1977 年版。

岳渭仁等编：《外国人眼中的蒋介石和宋美龄》（上、下），三秦出版社 1994 年版。

罗时叙著：《祈祷的王朝——1926—1949 年蒋介石政治生涯》，四川人民出版社 1996 年版。

［美］巴巴拉·塔奇曼著：《史迪威与美国在华经验（1911—1945）》（上、下册），陆增平译，商务印书馆 1984 年版。

［美］罗斯福著：《罗斯福选集》，关在汉编译，商务印书馆 1982 年版。

秦孝仪主编：《革命文献》第 100 辑《抗战建国史料——社会建设（五）》，台北“中央文物供应社”1984 年版。

［英］阿诺德·托因比主编：《第二次世界大战史大全（2）——大战前夕（1939 年）》，劳景素、复旦大学历史系世界史教研室译，上海译文出版社 1995 年版。

［英］阿诺德·托因比主编：《第二次世界大战史大全（3）——轴心国的初期胜利》，许步曾等译，上海译文出版社 1995 年版。

［英］阿诺德·托因比主编：《第二次世界大战史大全（5）——美国、英国和俄国：它们的合作和冲突（1941—1946 年）》，叶佐译，译文出版社 1995 年版。

［美］约翰·本杰明·鲍惠尔著：《在中国二十五年——上海〈密勒氏评论报〉主持人鲍惠尔回忆录》，尹雪曼等译，黄山书社 2008 年版。

杨天石著：《找寻真实的蒋介石：蒋介石日记解读》（上册、

下册)，山西人民出版社 2008 年版。

［美］白修德、［美］贾安娜著：《中国的惊雷》，端纳译，新华出版社 1988 年版。

辛慕轩等著：《宋美龄写真》，档案出版社 1988 年版。

［美］约瑟夫·W. 史迪威著：《史迪威日记》，黄加林、张红叶、陈宇、米小平译，世界知识出版社 1992 年版。

［美］肯尼斯·雷、［美］约翰·布鲁尔编：《被遗忘的大使：司徒雷登驻华报告》，尤存、牛军译，江苏人民出版社 1990 年版。

［美］裴斐、［美］韦慕庭访问整理：《从上海市长到“台湾省主席”（1946—1953 年）——吴国桢口述回忆》，吴修垣译，上海人民出版社 1999 年版。

［美］杰克·贝尔登著：《中国震撼世界》，邱应觉译，北京出版社 1980 年版。

杨荫溥著：《民国财政史》，中国财政经济出版社 1985 年版。

［美］约翰·司徒雷登著：《在华五十年——司徒雷登回忆录》，程宗家译，刘雪芬校，北京出版社 1982 年版。

刘维开著：《蒋中正的一九四九——从下野到复行视事》，台北时英出版社 2009 年版。

天津编译中心编：《顾维钧回忆录缩编》（下册），中华书局 1997 年版。

林正义撰：《1958 年台海危机期间美国对华政策》，台北商务印书馆 1985 年版。

［美］陶涵著：《蒋经国传》，林添贵译，新华出版社 2002 年版。

周宏涛口述，汪士淳撰写：《蒋公与我——见证“中华民国”关键变局》，台北天下远见出版股份有限公司 2003 年版。

宋美龄著：《董事长为“民国”六十六学年度毕业同学赠言》，《辅仁大学董事长蒋宋为历届毕业同学赠言》，台北天主教辅仁大学 1988 年版。

吕芳上、黄克武访问，王景玲记录：《览尽沧桑八十年：楚崧秋先生访问纪录》，台北“中研院”近代史研究所2001年版。

蒋纬国口述，刘凤翰整理：《蒋纬国口述自传》，中国大百科全书出版社2008年版。

刘凤翰访问，李郁青记录：《温哈熊先生访问记录》，台北“中研院”近代史研究所1997年版。

梁工主编：《圣经百科辞典》，辽宁人民出版社1990年版。

［德］马克斯·韦伯著：《新教伦理与资本主义精神》，于晓、陈维纲等译，生活·读书·新知三联书店1987年版。

石之瑜著：《宋美龄与中国》，台北商智文化事业股份有限公司1998年版。

翁元著：《我在蒋介石父子身边的日子》，远方出版社2002年版。

沈剑虹著：《使美八年纪要——沈剑虹回忆录》，世界知识出版社1983年版。

黄仁霖著：《蒋介石特勤总管回忆录》，团结出版社2009年版。

寇维勇编著：《孔宋世家》，台北海王印刷厂。

董显光著：《蒋“总统”传》（一、二、三），台北中华文化出版事业委员会1957年版。

朱秀娟访谈，陈秋美编辑：《点滴在心头——42位身边人谈二位蒋“总统”》，台北天下文化出版股份有限公司1995年版。

［美］考门夫人著：《荒漠甘泉》，陈刚编译，中国广播电视出版社2011年版。

胡春惠、陈红民主编：《宋美龄及其时代国际学术研讨会论文集》，香港珠海书院亚洲研究中心2009年版。

公安部档案馆编注：《在蒋介石身边八年——侍从室高级幕僚唐纵日记》，群众出版社1991年版。

蒋宋美龄著：《中国妇女抗战的使命》，载《新运妇女指导委员会三周年纪念特刊》。

寄洪记：《发掘伟大的妇女力量——蒋夫人在招待重庆妇女界

大会上讲话》，《妇女生活》1939 年第 12 期。

Madame Chiang Kai-shek, *The Sure Victory*, New York: Fleming H. Revell Company, 1955.

报纸杂志：

《"中央"日报》1927—2006 年（1939 年五六月间，因国民政府迁往重庆，《中央日报》与其他各报联合刊发，即《重庆各报联合版》）

《大公报》

《申报》

《益世报》

《学生文艺丛刊》

《向导》

《京报副刊》

《幻洲半月刊》

《一般》

《文摘杂志》

《红旗》

《北洋画报》

《妇女新生活月刊》

《妇女生活》

《新运导报》

《半月文摘》

《玲珑》

《三民主义月刊》

《外交评论》

《杂志半月刊》

《东方杂志》

《湖南妇女》

《环球人物》

《参考资料》
《两岸关系》
《海峡两岸》
《民国春秋》
《百年潮》
《书屋》
《当代世界与社会主义》
《民国档案》
《公共行政评论》
《辽宁大学学报》
《钟山风雨》
《现代快报》
《联合报》（台北）（1951—1960 年）

网站：

TZE History, http://www.tauzetaepsilon.com/history.php.

History of the College, http://www.wesleyancollege.edu/About/HistoryoftheCollege/tabid/134/Default.aspx.

First for Women, http://www.wesleyancollege.edu/About/First-forWomen/tabid/133/Default.aspx.

Alpha Delta Pi, WIKIPEDIA, http://en.wikipedia.org/wiki/Alpha_Delta_Pi.

Philomathean Society, WIKIPEDIA, http://en.wikipedia.org/wiki/Philomathean_Society.